P_μ
10

ÉTUDES

sur

L'HISTOIRE D'HAÏTI.

ÉTUDES

SUR

L'HISTOIRE D'HAÏTI

PAR B. ARDOUIN

ANCIEN MINISTRE D'HAÏTI PRÈS LE GOUVERNEMENT FRANÇAIS,
ANCIEN SECRÉTAIRE D'ÉTAT DE LA JUSTICE, DE L'INSTRUCTION PUBLIQUE ET DES CULTES

—

TOME HUITIÈME.

PARIS,
CHEZ L'AUTEUR,
RUE VANNEAU, 40.
—
1858

PÉRIODE HAÏTIENNE.

TROISIÈME ÉPOQUE.

LIVRE TROISIÈME.

CHAPITRE PREMIER.

Situation d'Haïti après le siége du Port-au-Prince par H. Christophe. — Il commet des assassinats à son retour dans l'Artibonite et le Nord : examen de leur cause. — Défections que ces atrocités produisent en faveur de la République : beaux traits d'humanité qu'elles inspirent. — Pétion va recevoir la soumission du Mirebalais et des Grands-Bois, et en forme un arrondissement. — Il se porte dans la plaine des Verrettes. — Transfuges venus au Port-au-Prince : Pétion y retourne. — Il permet l'exportation des denrées alimentaires à la Jamaïque et aux autres îles de l'Archipel. — Il assimile les caboteurs haïtiens aux navires étrangers, à raison de ce commerce. — Affaire de J.-B. Beaugé, relative à l'assassinat de Sangosse. — Vaine démarche de l'Anglais O. Carter pour jouir de la qualité d'Haïtien. — Pétion envoie aux États-Unis un navire sous pavillon haïtien : il y est bien accueilli. — Le sénat accorde à Pétion deux sucreries, et une autre à Imbert, à titre de don national. — Loi sur l'établissement d'un hôtel des monnaies. — Le sénat invite Lys à reprendre dans son sein l'exercice de ses fonctions. — Daumec, devenu avocat, exerce une influence utile sur la magistrature. — Défense faite aux Haïtiens de servir sur les corsaires étrangers, de laisser entrer dans les ports ces corsaires et leurs prises, sous peine de confiscation. — Pétion envoie à Londres un navire sous pavillon haïtien qui y est bien accueilli. — Émission de billets de caisse pour le retrait de la petite monnaie dite *d'Haïti*. — Les réclamations pour anciennes créances d'Étrangers contre des Haïtiens sont ajournées à la paix intérieure. — Arrêté du Président d'Haïti relatif aux voleurs d'animaux. — Loi portant tarif des frais judiciaires et civils. — Loi sur les enfans nés hors mariage : examen des motifs et des dispositions de cette loi, comparées à d'autres antérieures. — Le sénat décharge Imbert des comptes généraux de 1810. — Loi additionnelle à celle sur les douanes. — Mort du général Wagnac, aux Cayes : il est remplacé par le général Marion. — Mission secrète de Liot, envoyé par le gouvernement français.

En commençant ce nouveau livre de l'histoire que nous étudions, il est peut-être convenable de rappeler au lecteur dans quelle situation se trouvait l'île d'Haïti, aussitôt que la défection d'une partie des troupes de H. Christophe l'eut contraint à lever le siége qu'il avait entrepris contre la ville du Port-au-Prince.

La guerre civile allumée le 1er janvier 1807, par l'ambition orgueilleuse et dominatrice de ce chef, avait divisé l'ancienne partie française en deux États, distincts par les principes et les institutions qui les régissaient.

D'un côté, l'ÉTAT D'HAÏTI comprenant les départemens du Nord et de l'Artibonite, gouverné par Christophe sous un régime devenu plus arbitraire, depuis qu'en 1811 il en avait fait le ROYAUME D'HAÏTI, en établissant l'hérédité de son trône au profit de sa descendance masculine, en créant une noblesse également héréditaire dans la famille de ceux de ses sujets qui en reçurent des titres. De telles institutions ne pouvaient que fonder les priviléges qui y sont inhérens.

De l'autre, la RÉPUBLIQUE D'HAÏTI comprenant les départemens de l'Ouest et du Sud, gouvernée par Pétion sous le régime démocratique et constitutionnel qui garantit la liberté des citoyens, l'égalité la plus parfaite entre eux, et avec ces deux droits civils et politiques, la jouissance de tous autres dans l'état social, surtout celui de propriété.

Le régime tyrannique de Christophe ayant triomphé de tous les obstacles qu'il rencontra pour le fonder, son Royaume offrait déjà une apparence de force et de vitalité qui semblait devoir lui assurer une longue durée. Néanmoins, l'échec qu'il venait de subir faisait présumer qu'il n'oserait plus faire aucune tentative contre la République.

Dans celle-ci, le régime de douceur et de persuasion établi par Pétion avait triomphé aussi des agitations politiques que suscitèrent ses concurrens. Mais en ce moment, le département du Sud recélait encore dans son sein la révolte de Goman, laquelle, réduite à de faibles proportions, ne pouvait être un obstacle sérieux à la tranquillité publique obtenue par la modération du chef de l'État.

Dans la partie de l'Est d'Haïti, une population paisible s'était replacée sous la domination absolue de son ancienne métropole. Rien ne faisait prévoir actuellement aucune altération dans ces nouvelles relations. Mais comme cette population allait subir, lentement il est vrai, l'influence des idées révolutionnaires qui avaient provoqué déjà l'émancipation de plusieurs colonies de l'Espagne en Amérique, et celle des principes réformateurs de cette vieille monarchie, introduits dans la constitution de 1812 par les Cortès, à la suite de l'invasion française, la situation de l'Est devait changer avec le temps.

Si cette dernière portion du territoire *haïtien* n'avait presque rien à craindre de la France contre laquelle ses habitans s'étaient insurgés, parce qu'alors, — en 1812, — les armées de cette puissance éprouvaient des revers par la résistance héroïque de l'Espagne, et qu'une rétrocession de ce territoire, de sa part, pouvait en être un résultat, il n'en était pas de même pour la partie occidentale de l'île, toujours tenue sous la menace d'une expédition française, dans le cas où la paix générale aurait lieu en Europe. En paix elle-même avec le reste du monde, depuis la déclaration de l'indépendance ; recevant dans ses ports les navires de toutes les nations commerçantes, la partie occidentale ne voyait pas un seul gouvernement se prononcer encore sur son existence politique. Cet état de choses dénotait que les préjugés de race, nés du régime colonial, réservaient la question tout entière en faveur de la France.

Dans une telle situation, il était donc de l'intérêt respectif bien entendu du Royaume et de la République d'Haïti, portés à une trêve nécessaire entre eux après cinq années de lutte, de consolider leur état intérieur par une administration sage et appropriée aux institutions qui les régissaient, par le respect du droit de leurs populations, afin de les y attacher et que si ces États venaient à être attaqués un jour par la France, ils pussent lui opposer, chacun de son côté, la plus vigoureuse résistance pour maintenir leur indépendance commune et la souveraineté de la nation.

Ces considérations étant posées, on verra dans ce volume ce que firent le Président et le Roi d'Haïti. Commençons par Christophe.

A son retour à Saint-Marc avec son armée, dans la seconde quinzaine de juin, il tint un conseil privé où il réunit ceux de ses officiers et de ses fonctionnaires sur les sentimens desquels il pouvait compter le plus, pour le projet de vengeance qu'il nourrissait dans son cœur haineux, par rapport à la défection de ses navires de guerre et de ses troupes. Il leur exposa que ces deux faits ayant eu pour auteurs deux *mulâtres*, il fallait exterminer tous *les hommes* de cette classe, à l'exception de ceux qu'il se réservait de conserver, parce qu'il était déjà assuré de leur fidélité [1].

Renchérissant sur ce projet atroce, le nommé *Bazin*, intendant des finances dans l'Artibonite, fut le premier, dit-on, qui lui conseilla d'y comprendre *les femmes et*

---

[1] Le fait est, que Christophe avait un extrême besoin de bien des mulâtres pour la rédaction de ses actes, pour son administration intérieure, pour augmenter le lustre de sa royauté, pour en faire parade, enfin, aux yeux des étrangers, commerçans ou visiteurs dans son royaume.

les enfans, afin que cette classe disparût entièrement de la surface du Royaume. Et cet avis prévalut ! à la honte des autres membres du conseil privé, aussi lâches que pervers.

Néanmoins, il faut reconnaître que la terreur qu'exerçait Christophe était telle, et la servilité qu'il exigeait de ses subordonnés était arrivée à un si haut degré, la postérité impartiale doit attribuer surtout à sa férocité naturelle, ce plan affreux de destruction d'êtres humains, innocens des faits qu'il reprochait à Eutrope Bellarmin et au colonel Marc Servant. En 1799 et 1800, Christophe avait si bien secondé Toussaint Louverture dans les assassinats ordonnés par ce dernier ; sous les gouvernemens postérieurs et depuis le sien propre, il avait montré si souvent une cruauté inexorable, qu'on doit penser qu'il n'avait pas besoin de conseils pour commettre les crimes qu'il ordonna en 1812, et que l'avis qu'il réclama en cette circonstance n'était plutôt qu'un avertissement donné à ceux dont il voulait faire les serviles exécuteurs de sa volonté sanguinaire.

Sans doute, l'histoire peut constater qu'en tout temps et en tous pays, lorsque de pareilles occasions se présentent, les chefs qui conçoivent de tels desseins trouvent toujours parmi leurs subordonnés des êtres assez dégradés, assez lâches pour y applaudir et les exécuter ; mais on ne doit pas oublier que de tels chefs n'arrivent à ce résultat, qu'après avoir avili les âmes par un système de terreur qui fait courber les fronts devant leurs exigences capricieuses, — à moins cependant que ce ne soit à l'une de ces époques où les passions surexcitent la colère, et font naître la soif d'une vengeance aveugle dans le cœur de tout un peuple.

Tel n'était pas le cas, quand Christophe délibérait à Saint-Marc sur les assassinats qu'il voulait ordonner. On n'éprouvait dans son royaume aucun ressentiment contre la classe des mulâtres, par rapport aux défections imputables à deux d'entre eux ; car la plus grande partie de son armée, au siége du Port-au-Prince, eût fait défection à l'imitation des trois corps qui passèrent au service de la République, s'il ne fût arrivé promptement à Drouillard pour décider de lever ce siége. La cause de la défection de la flotille et de celle des troupes, — nous croyons l'avoir prouvé, — était dans le régime inhumain établi depuis 1807 et renforcé par des dispositions de lois pénales d'une atrocité révoltante. Eutrope Bellarmin et Marc Servant ne furent que *les interprètes* d'une pensée commune à tous ceux qui en souffraient comme eux. Quelle que fût leur énergie, ils n'eussent pas réussi dans leur entreprise, ils n'eussent pas même osé en concevoir l'idée ni la communiquer, s'ils n'avaient pas reconnu dns leurs frères noirs une disposition à secouer ce joug ignoble. Cette disposition se manifestait chaque jour dans le siége, par les désertions individuelles qui s'opéraient parmi les assiégeans et qui faisaient entrer au Port-au-Prince des soldats noirs [1].

---

[1] Dans une *Notice sur H. Christophe*, publiée sur la *Feuille de commerce* du 13 mars 1842, n° 11, le citoyen Jean-Baptiste Francisque, qui devint ministre de la justice, etc., parlant du siége du Port-au-Prince, a dit de Christophe :

« ... Il y renouvela de terribles exemples de sévérité ; et à la veille de l'emporter, il vit ses efforts échouer par une nouvelle défection de ses troupes qui passèrent du côté de l'ennemi avec Marc Servant et quelques autres chefs, d'intelligence avec Pétion. Craignant avec raison les conséquences de cet évènement, il lève le siége avec précipitation et repasse dans le Nord, frémissant de colère et de rage. Imputant *aux hommes de couleur*, qu'il se représente, dans le *délire* de son imagination, comme autant de conjurés qui avaient résolu sa ruine, cette dernière défection, celle de sa flotte, les guerres précédentes qu'il avait soutenues, et croyant *des conseillers pervers*, il proscrit, il ordonne..., rien ne fut épargné... Et d'épouvantables scènes ont ensanglanté la fin de cette année 1812 et 1813. Ainsi dévoua-t-il, *le Tyran*, sa mémoire à *l'exécration !...* »

Et dans la supposition même qu'il n'en fût pas ainsi, Christophe et ses barbares adhérens avaient-ils raison, en rendant *solidaires* des faits dont il s'agit, les hommes de couleur soumis à son autorité dans l'Artibonite et dans le Nord ? Avaient-ils raison de comprendre dans cette proscription cruelle, les vieillards, les femmes et leurs pauvres enfans ? Si ces nombreuses victimes, tombées sous le fer assassin des bourreaux, étaient coupables, toute la classe de couleur l'était également. En épargnant une partie de cette classe, cette conservation condamne irrémissiblement le funeste sort fait aux victimes ; et nul mulâtre ne devait être *responsable* des deux défections, non plus qu'aucun noir, par rapport aux noirs qui y furent compris.

Mais en singeant Toussaint Louverture, Christophe prouva qu'il n'était pas aussi *conséquent* que lui dans son système de meurtre, que sa fureur n'avait d'autre cause que la férocité de sa nature.

Toussaint Louverture, instrument des colons, fit assassiner surtout les hommes qui avaient marqué dans le cours de la révolution depuis 1791, pour la revendication de leurs droits contre le régime colonial. Comme ces hommes partageaient les idées et les principes de Rigaud et qu'il les redoutait, de même que ses conseillers, il les tua pour ne pas trouver en eux un obstacle au rétablissement de ce régime, qu'il effectua après ses succès dans la guerre civile : aussi n'épargna-t-il ni des hommes *noirs* anciens libres, tels que Christophe Mornet, etc., ni même des affranchis de 1793 qui avaient adopté les mêmes principes. Mais Toussaint Louverture ne fit tuer *ni femmes ni enfans* de la classe des mulâtres.

En assassinant hommes, vieillards, femmes et enfans, Henry Christophe cédait à l'instinct carnassier du Tigre qui tue en quelque sorte pour le plaisir de tuer, qui abat ses victimes sans être pressé par la faim. Orgueilleux de sa pourpre royale, ayant marché contre le Port-au-Prince avec une armée nombreuse, à l'aide de laquelle il espérait un triomphe facile par ses premiers succès dans la plaine ; mais honteux de se voir contraint à en lever le siége par la défection de ses troupes, il assouvit sa rage sur des innocens soumis à son autorité, comme une sorte de compensation de toutes les scélératesses qu'il s'était promis de commettre dans l'Ouest et le Sud, si le sort des armes l'avait favorisé. Voilà la seule explication qu'on puisse donner des massacres qu'il dicta dans sa fureur anthropophage.

On a dit, on a cru vainement que ces faits sont la preuve la plus évidente de la *guerre de couleur ou de caste* entre Christophe et Pétion. D'abord, nous avons démontré à quelle cause il faut attribuer cette guerre civile, de même que nous l'avons fait relativement à celle qui eut lieu entre Toussaint Louverture et Rigaud. Ensuite, si ceux qui ont avancé cette assertion avaient raison, ils auraient dû prouver aussi que Pétion fit tuer *des noirs*, par rapport à la *couleur noire* de Christophe. Et quand ils ont prétendu qu'en *assassinant* des femmes et des enfans, même des hommes *de couleur jaune*, tous soumis à son autorité, Christophe fit une guerre de couleur ou de caste par rapport à son ennemi, ils n'ont fait que déraisonner étrangement : *la guerre a lieu entre des combattans*, et non pas quand *des assassins* immolent des personnes inoffensives. N'eût-il pas conservé même un seul membre de cette *classe*, ce n'aurait toujours été de sa part qu'une tyrannie exécrable, exerçant ses fureurs sur des innocens, et non pas *une guerre de caste*. Et ne fit-il pas mourir injustement *plus de noirs* que de mulâtres ? Ce sont des faits attestés par les témoins oculaires. Comment les interpréter alors, sinon comme nous le faisons nous-même ?

En histoire, il faut appeler les choses par leur nom, afin de pouvoir qualifier les actions comme louables, honteuses ou criminelles, selon qu'elles le méritent, et de ne pas fausser le jugement du lecteur. Il ne faut pas représenter sous l'aspect *de la guerre*, ce qui ne fut que *des férocités* de la part d'un monstre, d'un tigre à face d'homme, se vautrant dans le sang de ses innocentes victimes [1].

Il est digne aussi de l'histoire, de faire remarquer que Christophe prit cette résolution barbare à Saint-Marc où, en 1790, en apprenant la résistance de quelques hommes de couleur du Fond-Parisien aux blancs de ce canton, *des colons* de l'assemblée générale manifestèrent le désir d'un massacre sur toute la classe intermédiaire; et que ce fut dans cette même ville qu'éclata, en 1820, la première résistance à son odieuse tyrannie pour aboutir, en moins d'un mois, à son suicide et à la Réunion de l'Artibonite et du Nord sous les lois de la République. Ne semble-t-il pas que la Providence voulut que cet acte énergique prît naissance dans le lieu même où ce cruel avait abusé davantage de l'autorité qu'il exerçait ? On a compté plus de 800 victimes dans cette seule ville !

[1] « Il n'y a pas de plus grand malheur pour un pays, que *les idées fausses* répandues dans les masses. C'est souvent la source des plus grandes calamités publiques ; c'est au moins une des causes qui arrêtent le plus tout essor et tout progrès. »
          Le comte Siméon, sénateur français.

Après avoir prescrit à ses satellites de n'épargner ni le sexe ni l'âge dans l'Artibonite, il se rendit au Cap pour ordonner les mêmes crimes dans le Nord. Il trouva partout des exécuteurs dociles à ses ordres barbares : parmi tant d'autres, l'opinion publique désigna, comme ayant montré la plus aveugle obéissance, *Bazin* et le général *Jean-Philippe Daut*, dans l'Artibonite, et les généraux *Charles Charlot* et *Jean-Baptiste Riché*, dans le Nord.

Mais il est consolant de pouvoir citer aussi des hommes honorables, parmi *les noirs*, qui se refusèrent à l'exécution de ces assassinats, qui se révoltèrent contre l'ordre atroce de leur infâme chef, en faisant ainsi une distinction intelligente entre *l'obéissance* qui est légalement due à tout gouvernement régulier, et *l'aveugle soumission* que prescrit et exige un odieux tyran [1]. Ces officiers humains passèrent au service de la République, en sau-

---

[1] Étant à Santo-Domingo, en 1828, j'entendis le général Riché dire à une dame qu'il appelait sa commère : « En m'envoyant ici pour être sous les ordres du général Borgella, « le Président d'Haïti m'a recommandé *de lui obéir* en tout ce qu'il m'ordonnera *pour le* « *bien du service*. Je suis militaire, je sais que *je dois obéir aveuglément* à mon chef. « Donc, ma commère, si le général Borgella m'ordonnait de vous arrêter et de vous *tuer*, « j'exécuterais cet ordre sans hésitation. Je n'ai point à discuter ses motifs ; c'est à lui « d'en rendre compte au président. C'est ainsi que, dans le Nord, j'ai exécuté les ordres du « Roi, en faisant tuer hommes, femmes et enfans de couleur. Mais, l'on m'a accusé « *injustement* d'avoir fait périr une femme et les enfans qu'elle avait eus de ma cohabi- « tation avec elle : c'est faux (a). »

Voilà à quoi aboutit un faux raisonnement, le préjugé fondé sur *l'obéissance passive* à laquelle le militaire est tenu envers son chef. Riché a sans doute cru que c'était un devoir dans tous les cas possibles, tandis que cette obéissance passive n'est due que pour *faits militaires et légaux*, jamais pour *des actes de cruauté*.

Devenu à son tour Chef de l'État, RICHÉ s'est distingué et a honoré son pays par une conduite digne des éloges de la postérité et en suivant les vrais principes de gouvernement envers tous ses concitoyens. L'historien qui écrira sa courte administration devra lui consacrer de belles pages.

(a) On a su, en effet, d'une manière certaine, que ce fut *Charles Charlot* qui commit cette atrocité.

vant les malheureux, de tout sexe et de tout âge, qu'ils étaient chargés de faire périr.

Dans le Nord, à l'est et à quelques lieues du Cap, le chef d'escadron *Étienne Auba* ou *Obas*, commandant d'une commune, les assembla et s'enfuit avec eux en passant dans la partie de l'Est. Ils arrivèrent tous au Port-au-Prince où Pétion les accueillit, en félicitant ce digne officier de sa vertueuse action, et en l'élevant au grade de colonel [1].

Plusieurs autres hommes de couleur s'échappèrent par la même route, des communes limitrophes de ce territoire, soit par leur propre impulsion, soit à l'aide du concours généreux qu'ils trouvèrent en leurs concitoyens, hommes ou femmes noirs. D'autres purent aussi se sauver des communes de l'Artibonite ; mais les vieillards, les femmes et leurs enfans, incapables d'énergie, succombèrent sous le fer des assassins.

Un beau trait de courage et d'humanité honora alors le capitaine *Jacques Louis*, du 7e régiment, qui a eu depuis tant d'autres faits honorables dans sa conduite. Étant au Port-au-Prince, il eut avis par un de ses parens venu des environs de Saint-Marc, que sa femme de couleur laissée parmi eux se trouvait cachée avec d'autres malheureuses, du côté de la Rivière-Salée dont l'embouchure est dans la baie ; n'écoutant que son cœur, il partit sur un canot et se rendit sur les lieux où il eut le bonheur de les trouver. Le canot ne suffisant pas pour les prendre toutes à la fois, il en amena une

[1] *Étienne Obas* était le descendant du vénérable centenaire, portant le même nom, dont il a été parlé à la page 97 du 1er vol. de cet ouvrage. Il fut toujours digne de son aïeul, par une conduite honorable. Il avait abandonné ses propriétés et son bien-être pour suivre l'impulsion de son cœur ; mais Pétion lui en procura d'autres, et il devint sénateur de la République en 1815, général de brigade en 1820.

partie au Port-au-Prince et fit un second voyage où il sauva les autres. Ce simple récit ne suffit-il pas pour faire l'éloge de cet estimable noir qui s'est distingué plus tard dans des grades supérieurs, à côté du président Guerrier?

Le fait le plus important de résistance à la barbarie de Christophe eut lieu au Mirebalais à la fin de juillet : il entraîna la défection de tout ce bel arrondissement en faveur de la République. Le valeureux militaire qui l'accomplit a montré de si nobles sentimens en cette circonstance, que nous devons à sa mémoire de relater quelques particularités qui précédèrent cet heureux événement.

Avant le siége du Port-au-Prince, le colonel Louis Ladouceur commandait cet arrondissement et y avait commis des exactions au préjudice des habitans, et des actes de cruauté envers des militaires de la 10ᵉ demi-brigade dont Benjamin Noël était le colonel. A raison de ces faits que ce dernier n'approuvait pas, Ladouceur se voyant aussi haï que Benjamin était aimé, il l'avait dénoncé à Christophe ; mais Benjamin avait eu le bonheur de se justifier. Durant le siége, quelques soldats de la 10ᵉ, ayant déserté et s'étant rendus au Mirebalais, Ladouceur les fit fusiller sans pitié et saisit cette occasion pour vexer la famille de leur colonel, presque toute composée de personnes de couleur. Avisé de cela, alors que des désertions partielles de militaires avaient lieu chaque jour dans les rangs des assiégeans, Benjamin Noël conçut l'espoir de parvenir aussi à la défection de sa troupe en entier et de l'arrondissement du Mirebalais, lorsque Marc Servant eut effectué la sienne et eut contraint Christophe à lever le siége. Ce dernier, en prenant sa barbare résolution de faire immoler la classe des mulâtres, pensa sans doute que Ladouceur était trop détesté au Mirebalais pour pouvoir exécuter complètement ses ordres, et il y envoya le général Almanjor dans ce but. Celui-ci se défia aussitôt de Ladouceur qu'il remplaçait, et du chef d'escadron Sébastien qui l'avait toujours secondé ; il manifesta son dessein de les arrêter et de les envoyer au Roi : ce qui porta ces deux officiers à concevoir le projet de s'évader et de se rendre au Port-au-Prince.

En même temps, et pour bien remplir sa cruelle mission, Almanjor, qui avait fait arrêter et mettre en prison quelques hommes de couleur, tenta de persuader Benjamin Noël de la nécessité des massacres ordonnés par Christophe. Mais ce colonel lui fit observer que toute cette classe était restée constamment fidèle à son autorité ; que dans la 10e, il y avait des officiers qui servaient sous les mêmes drapeaux depuis le temps de Toussaint Louverture, qui venaient encore de se distinguer à la bataille de Santo et au siége du Port-au-Prince, pour le service du Roi ; que la plupart des musiciens de ce corps étaient des mulâtres ; qu'aucun d'eux, enfin, n'avait même essayé de passer à l'ennemi ; qu'en exécutant un ordre aussi rigoureux, surtout sur les femmes et les enfans, cela pouvait occasionner une commotion dans tout l'arrondissement du Mirebalais, qui serait funeste à l'autorité royale. Le bourreau lui répliqua : « Soyez tran-
« quille, colonel, le Roi sait ce qu'il fait, et son ordre est
« irrévocable. »

Afin de l'exécuter contre les mulâtres de la 10e, Almanjor lui ordonna de réunir ce corps pour une revue qu'il passerait le lendemain. Cependant, se défiant de

Benjamin Noël par rapport à ses observations, et méditant probablement sa mort, il appela plusieurs officiers noirs et leur dit : « Je crois que votre colonel est un « *mulâtre*, non-seulement par le langage qu'il m'a tenu « à propos des ordres du Roi, mais à cause de *ses yeux*. « A-t-on jamais vu *un nègre ayant des yeux gris* ? Et « puis, toute sa famille est composée de mulâtres et de « mulâtresses ! » Le barbare se promettait de les assassiner ! Il fit arrêter d'autres hommes qui, réunis aux premiers détenus, portaient le nombre de ces infortunés à environ une centaine : c'étaient des habitans.

En donnant ses ordres pour la revue de la 10ᵉ, Benjamin Noël avait fait secrètement dire aux mulâtres de ce corps de n'y pas se présenter, en se servant de ce proverbe créole : *Couleuvre qui caché, vini gros*[1]. Mais ces infortunés y vinrent cependant, la plupart, ne se sentant coupables d'aucun fait : ils furent arrêtés et mis en prison. Un des officiers auxquels Almanjor avait parlé de leur colonel, vint lui rapporter tout ce que ce général leur avait dit de lui. Benjamin Noël pensa alors que sa mort était résolue, pour atteindre les membres de sa famille ; il se décida à prévenir ce résultat, et s'adressa à quatre de ses officiers dont l'attachement lui était garanti : Dessables, Pierre Sarthe, J.-B. Gaston et Hyppolite Turbé. Il leur déclara qu'il ne pouvait plus supporter la tyrannie monstrueuse de Christophe, qui assouvissait sa rage sur les femmes et les enfans, ces êtres faibles et innocens qu'on a toujours épargnés dans les temps des plus grandes proscriptions, et qu'il était résolu à se soumettre à la République ; mais qu'il était

---

[1] « La couleuvre qui se cache devient grosse : » traduction littérale. C'est-à-dire, que pour éviter un danger, il ne faut pas se laisser voir.

urgent de l'aider à entraîner les autres officiers et tout le corps de la 10ᵉ, afin de décapiter Almanjor [1]. Ces quatre officiers répondirent à son attente et se mirent en devoir de gagner leurs camarades : ce qu'ils parvinrent à obtenir de la plupart, dans la même journée de la revue.

Benjamin Noël avait fixé le moment de l'exécution de son projet à l'heure consacrée à la prière du soir ; car, de même que l'hypocrite Toussaint Louverture, Christophe imposait à ses troupes l'obligation de prier Dieu, de chanter des cantiques dans leurs casernes, dans les vues de mieux s'assurer de leur soumission par ces pratiques de dévotion. Avant de s'y rendre, B. Noël chargea Pierre Sarthe de prendre un détachement et de se porter chez le général Almanjor pour l'arrêter, ou tout au moins l'empêcher d'aller aux casernes. Cet officier remplit d'autant plus facilement sa mission, qu'il avait gagné l'officier de garde et les autres militaires : ils le laissèrent s'approcher de la demeure d'Almanjor qui, vers sept heures et demie du soir, était au bain d'où il sortit pour se mettre à table.

Dans l'intervalle, le colonel Benjamin Noël se porta aux casernes avec une caisse de cartouches. Il harangua aussitôt ses soldats, en leur disant qu'il fallait, non pas prier, mais sauver leurs camarades, leurs frères, qu'Almanjor avait fait arrêter à la revue ; qu'il était temps de secouer le joug odieux de Christophe qui ne cessait de se baigner dans le sang des innocens, et qu'il

---

[1] B. Noël était officier de ce corps, lorsque Pétion l'entraîna à l'insurrection avec la 13ᵉ demi-brigade, au Haut-du-Cap, en 1802. Le souvenir de sa conduite dans la guerre de l'indépendance, devint en 1812 aussi puissant sur l'âme de B. Noël que sur celle de Marc Servant.

était résolu à ne reconnaître désormais que le régime de la République, à n'obéir qu'au président Pétion qui était un chef humain. A ces paroles, prononcées avec énergie, tous les militaires de la 10° se manifestèrent en faveur de sa résolution, moins cependant le chef de bataillon Fleurant qui essaya d'émettre quelques observations ; mais Benjamin Noël ordonna de lui trancher la tête. Alors Fleurant s'excusa de n'avoir pas bien compris ses paroles, et déclara se ranger au parti qu'il venait de prendre. Le colonel, généreux, contremanda son ordre. Il se mit à la tête d'environ cent hommes et se rendit chez Almanjor, en ordonnant aux autres de rester aux casernes.

Almanjor était à table avec l'officier de garde, quand parut dans sa salle à manger, Pierre Sarthe, suivi des soldats du détachement qu'il commandait. « Que voulez-vous, officier ? » lui dit Almanjor d'un ton menaçant, en lui lançant aussitôt un pot d'argent qui lui servait à boire. Mais, voyant les soldats à sa suite, il saisit un couteau et sortit par une autre porte : là, il rencontra le colonel Benjamin Noël et son détachement, auquel ce dernier ordonna de faire feu sur lui. Almanjor montra du courage, mais étant blessé seulement, il fit le mort. Benjamin Noël commanda à un sapeur de lui trancher la tête, en rappelant le fait relatif au colonel Étienne Mentor, des Cayes, qui, laissé pour mort, avait échappé à la vengeance populaire. En ce moment, Almanjor dit : « Tuez-moi, mais ne me faites pas souffrir. »

Un nommé Noël Juré subit le même sort : c'était lui qui avait fait périr, par ordre de Ladouceur, les militaires de la 10°, déserteurs durant le siége du Port-au-Prince.

La punition du coupable exécuteur des ordres sanguinaires de Christophe fut suivie immédiatement de la libération d'environ 300 hommes, femmes et enfans de couleur qu'il avait réunis dans la prison, pour être égorgés le lendemain. Ce fut aux cris de : Vive la République ! Vive le Président d'Haïti ! que cet acte humain s'accomplit.

Cependant, en ce moment même, les cent hommes qu'Almanjor avait d'abord fait arrêter, venaient d'être assassinés à une demi-lieue du bourg du Mirebalais, d'après ses ordres, par le chef de bataillon Jean-Louis Mongoin. En allant contre ce général, Benjamin Noël avait envoyé le lieutenant Logossou pour contremander cette horrible exécution ; mais il était arrivé trop tard. Ce brave colonel et ceux qui l'assistaient n'en éprouvèrent que plus de regret.

Il compensa en quelque sorte ce sentiment douloureux par une autre belle action. Ladouceur et Sébastien, qui avaient craint d'être mis à mort par Almanjor, étaient allés se cacher, attendant la nuit pour se rendre au Port-au-Prince. Benjamin Noël leur fit dire de revenir auprès de lui, qu'il oubliait le passé entre eux, puisqu'ils étaient tous désormais soumis à la République. A leur arrivée, il les chargea de la rédaction de la dépêche qu'il allait envoyer à Pétion à cet effet : c'était un moyen qu'il employait autant pour leur prouver sa sincérité à leur égard, que pour les réhabiliter dans l'opinion des militaires de la 10e, que Ladouceur surtout avait tant vexés quand il était commandant de l'arrondissement. Heureux de cette générosité, ce dernier crut faire plaisir à Benjamin Noël, en le qualifiant de « général de bri-« gade » dans la dépêche. Mais le modeste colonel, qui n'avait agi dans cette circonstance par d'autre ambition que celle d'être utile à sa patrie, en sauvant d'innocentes victimes dévouées à la mort, en traçant par là un bel exemple à la postérité, fit effacer cette qualification pour y substituer son seul titre de « Colonel de la 10e demi-« brigade. »

Il expédia aussitôt au Port-au-Prince, le chef de bataillon Fleurant (le même qui avait hésité un instant), le capitaine Dessables et le lieutenant Logossou, porteurs de sa dépêche à Pétion, en date du 30 juillet, qui lui annonçait la soumisssion aux lois de la République et à ses ordres, de tout l'arrondissement du Mirebalais, y compris le canton des Grands-Bois; car il était certain que les citoyens de ces belles montagnes se rallieraient tous à sa résolution si patriotique, ce qui ne souffrit, en effet, aucune difficulté. Le colonel Abeille y commandait, et il seconda les vues de Benjamin Noël.

En accueillant les officiers venus auprès de lui avec cette bienveillance qui le caractérisait si éminemment, Pétion partit de suite avec sa garde et d'autres troupes du Port-au-Prince, et se rendit au bourg du Mirebalais. Là, et dans sa route, il vit accourir autour de lui tous les citoyens de cet arrondissement, venant faire leur soumission à la République. Mais ce qu'il y eut de plus touchant en cette circonstance, ce fut le concert de la reconnaissance de toutes les familles de couleur, hautement manifestée en faveur du colonel Benjamin Noël et de tous les autres dignes citoyens noirs qui avaient si bien compris leur devoir fraternel envers elles. Ils méritèrent tous également de la gratitude de la patrie commune et de l'humanité, car leur généreux dévouement est un de ces traits qui honorent le plus les hommes d'un pays quelconque [1].

Le Président d'Haïti récompensa militairement le colonel Benjamin Noël, en l'élevant au grade de général de brigade : il y joignit sa haute estime, son amitié affectueuse, qui furent pour lui des récompenses civiques, et qui, dans l'ordre moral, rehaussaient encore le mérite de ce brave. Les colonels Ladouceur et Abeille furent nommés adjudans-généraux, et d'autres promotions accompagnèrent celles-là en faveur des officiers qui avaient le plus secondé le mouvement.

Prévoyant que Christophe enverrait des troupes contre le Mirebalais, le président fit abandonner le bourg qui, comme nous l'avons déjà dit, avait été fondé en 1808 sur la rive droite de l'Artibonite ; il le fit rétablir dans son ancienne position sur la rive gauche de ce fleuve : ce qui offrait plus de facilité pour recevoir des secours du Port-au-Prince et y entretenir des relations, l'Artibonite étant sujette à des crues extraordinaires pendant lesquelles on ne peut le traverser. Les anciennes fortifications furent rétablies et garnies de canons.

Ces opérations, quoique poussées avec activité, portèrent Pétion à rester au Mirebalais environ trois semaines. Il se rendit ensuite dans la plaine des Verrettes, afin de faciliter les désertions partielles de militaires qui s'effectuaient parmi les troupes de l'Artibonite, depuis l'événement qui avait occasionné la juste punition d'Almanjor.

Dès son départ du Port-au-Prince, des transfuges y

---

[1] L'histoire a honoré avec raison la mémoire des gouverneurs de provinces qui résistèrent aux ordres de Charles IX, à l'occasion des massacres de la Saint-Barthélemy : la conduite de Benjamin Noël et d'Obas ne fut-elle pas aussi louable ?

arrivaient incessamment. Le 2 août, le général Boyer lui écrivit que quinze militaires des 3e, 4e, 8e et 20e régimens venaient d'y entrer, en déclarant que beaucoup d'autres s'étaient répandus dans les bois pour s'y rendre comme eux. Le 7, huit autres des 4e et 20e y vinrent. Le 9, trois dragons des chevau-légers vinrent aussi de Saint-Marc. Le 14, une chaloupe canonnière, ayant une pièce de 12 à son bord, et trois barges armées, arrivèrent des Gonaïves avec 44 hommes et 15 femmes de couleur qu'on y avait embarqués pour être noyés : *les noirs* qui les montaient, indignés des atrocités que Christophe faisait commettre, sauvèrent ces infortunés. Tous ces transfuges s'accordèrent à dire, que les populations noires de l'Artibonite étaient généralement consternées de ces massacres. Le ciel se réservait de fixer le jour où elles en tireraient vengeance contre le *Roi-Bourreau !*

En ce temps-là, il était au Cap où il poursuivait l'exécution de ses hautes œuvres. Le général Jean-Philippe Daut était à la Petite-Rivière ; le général Toussaint Brave, à Saint-Marc ; et le général Guerrier, aux Verrettes. Aucun de ces généraux ne marcha contre Pétion et ses troupes, parce qu'ils craignaient la défection en masse de celles qu'ils commandaient.

A la fin du mois d'août, le président rentra au Port-au-Prince avec les troupes. Un grand résultat avait été obtenu par la défection de tout l'arrondissement du Mirebalais, où fut comprise la commune de Las Caobas ; et par là, les relations de commerce entre celles de Las Matas et de Saint-Jean et le Port-au-Prince devinrent actives : leurs habitans y vinrent vendre leurs bestiaux avec sécurité.

Pendant quelque temps, le président fit occuper le Boucassin par le colonel Jean Dugotier; mais cet officier vint ensuite se placer au poste avancé des Sources-Puantes qui couvrait le fort rétabli à Sibert. Toute la plaine de l'Arcahaie jusqu'au Mont-Roui, où était un poste avancé de l'ennemi, resta déserte et abandonnée de part et d'autre, pour servir de limite entre les parties belligérantes. Cette plaine, jadis si productive en sucre, les montagnes qui la bordent, où se récoltaient de si beaux cafés, furent ainsi livrées à la riche végétation d'un sol fertile.

A la relation des crimes épouvantables commis par Christophe, opposons des faits en harmonie avec les devoirs moraux imposés aux peuples dans leurs relations réciproques. C'est Pétion qui en fut l'auteur et qui nous offre ce spectacle consolant.

A peine de retour au Port-au-Prince, apprenant que plusieurs des Antilles et l'île de la Jamaïque surtout, étaient affamées par l'effet de la guerre qui venait d'être déclarée par les États-Unis à la Grande-Bretagne, — les provisions alimentaires ne leur arrivant presque pas de l'Union américaine, — il publia un arrêté, le 27 août, par lequel il permit l'exportation, par les navires étrangers, des vivres et grains produits dans la République, en les affranchissant de tous droits à la sortie. La seule condition qu'il mit à cette permission, fut que les exportateurs seraient tenus de vendre à l'État, dix livres de poudre à canon par chaque tonneau desdits navires, en fixant un minimum et un maximum de prix, calculés sur le cours de cette marchandise dans les circonstances où l'on se trouvait. Et, comme il était à prévoir que les producteurs agricoles allaient augmenter la plantation de ces vivres et grains, en raison de la demande, peut-être au détriment de la production des autres denrées d'exportation, une imposition territoriale en nature fut établie sur ces denrées alimentaires, pour être versée dans les magasins de l'État et servir à la nourriture de l'armée : rien n'était plus juste [1].

Déjà, pendant le siége du Port-au-Prince, — nous l'avons dit, — les caboteurs de la Jamaïque venaient dans les ports du Sud, pour acheter ces denrées alimentaires, et le président avait dû défendre ce commerce, parce qu'il fallait nourrir l'armée qui était dans cette place. Mais cette nécessité n'existant plus, il motiva son arrêté sur les considérations suivantes, puisées à la source des sentimens humains qui doivent toujours, — qui *devraient*, voulons-nous dire, — exister dans les relations internationales :

« Considérant que la guerre qui vient d'être déclarée
« entre les États-Unis et la Grande-Bretagne, peut occa-
« sionner dans les îles voisines, une telle rareté de pro-
« visions, qu'il deviendrait nécessaire à l'existence de
« leur population de recourir aux productions de ce
« pays, telles que riz, etc., etc. — Considérant que les
« principes d'humanité qui ont toujours dirigé le gouver-
« nement depuis la fondation de la République, com-
« mandent en ce moment de lever un ordre dont
« l'existence pourrait être nuisible aux habitans desdites
« îles... »

---

[1] Par une lettre du 3 juillet, Manigat, directeur de douanes aux Cayes, provoqua du président la mesure de l'exportation des grains, vu leur abondance, moyennant un impôt quelconque. Ce digne fonctionnaire se ressouvenait qu'il avait été sénateur, législateur de son pays.

En décembre 1808, la Grande-Bretagne interdisait, avec hauteur, toutes relations entre les Haïtiens et ses possessions des Antilles. Mais, en 1809, la fierté républicaine de ses anciennes colonies s'était révoltée contre *la presse* de leurs matelots ; elles avaient établi peu après un embargo général sur leur commerce : dès lors la Jamaïque surtout souffrit de cet état de choses [1]. Les autorités de cette île se virent donc forcées de se radoucir et de venir solliciter des Haïtiens, les subsistances nécessaires à l'alimentation de sa population : de là la fréquentation des ports de la République et du Royaume d'Haïti par les caboteurs anglo-jamaïcains, et par suite l'arrêté de Pétion, et probablement une autorisation semblable de la part de Christophe. A la fin, les besoins devenant plus pressans chaque jour, ces mêmes autorités firent engager les caboteurs haïtiens à venir eux-mêmes à la Jamaïque avec les provisions de leur pays ; et ce commerce dura ainsi, de notre côté, jusqu'au mois d'août 1814 où Pétion l'interdit, par rapport à la paix européenne. Il présenta ce fait singulier, que les Républicains et les Royalistes d'Haïti se rencontraient en pays *neutre*, sans se quereller et sans déroger non plus aux lois de police et de sûreté de ce pays ; mais, à raison de l'acte en conseil du 14 décembre 1808, les caboteurs haïtiens empruntaient des pavillons étrangers.

Il faut dire encore, que ce commerce de denrées ali-

---

[1] On sait que les colons de la Jamaïque nourrissaient leurs esclaves, surtout avec les denrées alimentaires venant des États-Unis, parce qu'ils appropriaient leurs terres à produire celles qu'ils exportaient en Europe. Ils agissaient ainsi par mesure politique également : l'existence des noirs indépendans des montagnes Bleues de cette île, leur fit toujours craindre que la plantation des vivres pourrait exciter leurs esclaves à l'insurrection, parce qu'ils seraient assurés de leur subsistance. Par ce moyen, les colons les tenaient mieux sous le joug. Que d'horreurs dans cet affreux régime colonial !

mentaires avec la Jamaïque, profitait aux Haïtiens qui en rapportaient des marchandises manufacturées dans la Grande-Bretagne, bien que les navires européens de cette puissance en importassent aussi directement à Haïti. A cette époque, le système continental établi par Napoléon depuis la fin de 1806, avait produit une telle baisse dans le prix du café, notre principale denrée d'exportation, que les producteurs trouvaient plus d'intérêt à cultiver les vivres et grains pour être exportés dans les îles de notre archipel.

Il n'en était pas tout à fait de même dans le royaume de Christophe, où le sucre et le coton étaient les principaux produits d'exportation, pour le roi et les nobles.

Par suite de l'expédition des bâtimens haïtiens avec des vivres, dans les îles de l'archipel, le président se vit dans la nécessité de les assimiler aux navires étrangers : il adressa une circulaire aux commissaires du gouvernement, en date du 26 septembre, qui expliqua les motifs de cette mesure. Ces bâtimens nationaux, revenant avec des marchandises soumises aux droits à l'importation, le fisc eût perdu ses revenus en cette matière, s'ils pouvaient les introduire dans les ports non ouverts, en qualité de *caboteurs* ; ils durent les faire entrer en douanes, dans les ports ouverts au commerce étranger.

Quelques mois après, le 16 février 1813, la sollicitude de Pétion pour l'approvisionnement de la Jamaïque et des autres possessions anglaises dans les Antilles, le porta à publier un nouvel arrêté qui permit la réexportation de la farine introduite dans la République, mais en payant un droit de sortie fixé à une piastre, par chaque baril. Les navires des États-Unis venaient à Haïti et y apportaient cette marchandise, sans pouvoir aller dans les îles anglaises ; par cette mesure, les caboteurs de la Jamaïque, etc., et plus encore ceux de la République, ravitaillaient ces îles en farine. On ne peut faire assez d'éloges d'une mesure aussi humaine, qui prouve en même temps qu'il y avait surabondance des denrées alimentaires dans la République.

Une affaire judiciaire se présenta à l'examen du sénat et du président, dans le cours du mois de septembre. Elle avait rapport à un assassinat commis par *J.-B. Beaugé*, cet ennemi personnel du général Delva, qui mit tant de zèle à le poursuivre le jour où il sortit du Port-au-Prince.

Beaugé avait une fille qui eut des relations avec Sangosse, aide de camp de Pétion. Il appela Sangosse chez lui, sous prétexte de lui proposer un arrangement à ce sujet ; et là, il le tua d'un coup de pistolet et s'enfuit immédiatement, restant caché hors de la ville : la police ne put le découvrir. Cet assassinat avait été commis peu de temps avant le siége ; et au mois de septembre, la famille du coupable adressa au sénat une pétition pour solliciter sa grâce. Le sénat envoya cette pièce au président par un message, auquel il répondit : « qu'il était obligé de faire « exécuter la loi à l'égard de Beaugé, si l'on réussissait à « l'arrêter, à moins que la famille de Sangosse et ses « compagnons d'armes, (qui s'étaient montrés indignés « de sa mort), ne voulussent *se désister* de toutes pour- « suites contre l'assassin. » Les parties intéressées crurent trouver dans la réponse de Pétion, une disposition à la clémence, comme il en avait été plusieurs fois pour des faits analogues, sinon semblables, et elles déclarèrent que leur intention n'était pas de poursuivre l'affaire. Il en résulta que Beaugé obtint l'impunité de son crime et put reparaître publiquement.

On ne saurait approuver une telle manière de procéder, une telle décision de la part du chef de l'État, surtout à l'époque où elle eut lieu. Le calme était revenu dans la société, les factions politiques avaient cessé leurs agitations; les lois auraient dû reprendre leur empire. Le désistement de la partie civile ne pouvait pas, n'aurait pas dû éteindre l'action publique du magistrat préposé pour l'exercer. Beaugé, prévenu, accusé d'un crime, aurait dû subir un jugement pardevant le tribunal compétent, sauf aux magistrats à apprécier les circonstances qu'il eût pu présenter en atténuation du fait, et au chef de l'État à exercer ensuite le droit *de grâce*, en cas de condamnation. On verra que cette impunité, cet oubli de la juste sévérité de la loi, enhardit Beaugé dans la perpétration d'un autre crime plus odieux dont la relation aura lieu, suivant l'ordre chronologique.

Une autre affaire occupa, dans le mois d'octobre suivant, le pouvoir législatif et le pouvoir exécutif de la République, sur une question constitutionnelle de la plus haute importance, puisqu'il s'agissait de la nationalité haïtienne et des élémens qui la constituent.

Le sieur Oliver Carter, négociant Anglais, habitait le pays depuis 1797, et avait exercé le commerce successivement, comme consignataire, dans les villes d'Aquin, des Cayes, et du Port-au-Prince où il s'était établi en dernier lieu, dès 1807. Voulant se prévaloir des dispositions de l'article 28 de la constitution du 27 décembre 1806, pour être reconnu *Haïtien* comme *admis* dans la République au moment de la publication de cet acte, il fit dresser un acte de notoriété pour constater ce fait et sa longue résidence. Les témoins qu'il produisit au tribunal de paix étaient des personnages haut placés : le sénateur

Fresnel ; Toulmé, secrétaire rédacteur du sénat ; Linard, juge au tribunal de première instance ; et Inginac, secrétaire principal du Président d'Haïti. O. Carter adressa cet acte au président, en lui demandant à jouir de la qualité de *citoyen d'Haïti*, au terme de la constitution, afin de pouvoir en exercer les droits et d'être propriétaire [1].

Mais, le 22 octobre, le président référa sa demande à la décision du sénat, en l'invitant à expliquer l'article 28 de la constitution sur la question de savoir — « Si, « à la date de la formation de cet acte, *la résidence d'un* « *blanc* dans le pays le rend habile à réclamer le bénéfice « de cedit article 28, ou si *l'admission* doit être constatée « par *des lettres de naturalisation* antérieures à ladite épo-« que. » Évidemment, Pétion n'ignorait pas que Dessalines en avait délivré à tous les blancs reconnus Haïtiens en 1804 ; ayant été en outre membre de l'Assemblée constituante de 1806, et président de son comité qui prépara la constitution, personne mieux que lui ne pouvait en connaître la pensée : il s'adressait de plus à des sénateurs qui avaient voté la constitution avec lui.

La réponse du sénat, en date du 30 octobre, fut basée ainsi : « Les législateurs n'ont entendu, par ce mot *ad-* « *mission* (ou *admis*), que les blancs qui ont eu des let-« tres de naturalisation, *antérieures* à la promulgation « de la constitution. Si M. Carter fait preuve de la sienne, « il sera en droit de jouir du bénéfice de cet article. »

Or, O. Carter ne pouvait justifier d'une lettre semblable. Anglais de nation, présent dans le pays au moment de la déclaration de l'indépendance, comme plusieurs

---

[1] Par autorisation du gouvernement, Carter avait bâti au Port-au-Prince une maison sur un emplacement vide, pour servir de magasin à son commerce : il voulait avoir le droit d'acquérir cette propriété de l'État.

autres de ses compatriotes et des citoyens des États-Unis, tous commerçans, il n'avait pas couru plus qu'eux le danger qui atteignit alors les Français ; et aucun de ces étrangers n'avait été compris parmi ces derniers qui furent conservés et reconnus Haïtiens par Dessalines ; il n'avait donc aucun droit à réclamer cette qualité. Il est évident, en outre, que cette phrase, dans l'article 28 de la constitution : « et ceux qui sont *admis* dans la République, à « la publication de la présente constitution, » avait une forme elliptique, qu'elle signifiait : « et ceux qui sont « *admis comme Haïtiens...* » bien entendu, par les lettres de naturalisation délivrées par Dessalines.

En conséquence de la saine et judicieuse interprétation de cet article de la constitution, faite par le Président d'Haïti et le Sénat, O. Carter dut renoncer à ses prétentions.

A peu près au moment où cette question vitale se décidait ainsi, le président mit à exécution le projet qu'il conçut de faire paraître le pavillon de la République dans les hautes mers, afin de sonder les dispositions des puissances étrangères envers Haïti. A cet effet, il fit charger de cafés et d'autres denrées le brig de l'État *le Coureur* qu'il expédia aux États-Unis. Archibald Kane, négociant de ce pays, établi au Port-au-Prince depuis longtemps, se prêta à cette combinaison : il jouissait de la confiance de Pétion à qui il était lui-même dévoué. La cargaison passa pour être sa propriété, et les nobles couleurs de la République d'Haïti allèrent flotter dans le port de New-York où elles furent respectées, tout en attirant la curiosité des citoyens de l'Union [1].

---

[1] Je dis New-York, sans être bien assuré si ce ne fut pas plutôt à Boston : peu importe d'ailleurs, le navire fut bien reçu dans le port où il se présenta.

Les matelots du *Coureur* étaient Haïtiens, de même que le capitaine de ce brig; mais un capitaine américain montait à bord pour le conduire à bon port. Cet équipage, parfaitement habillé et bien nourri, se conduisit avec une discipline admirable : ce qui contribua au succès de la tentative. Il faut dire aussi que la réputation de Pétion était faite depuis longtemps dans les États du Nord, par la loyauté de sa conduite envers Jacob Lewis, et qu'elle assura ce succès plus que toute autre chose : tant il est vrai de dire, que les nations gagnent à être gouvernées par des hommes respectables ! *Le Coureur* revint bientôt, tout joyeux de son excursion au sein de cette République, où les droits de la race noire sont encore si méconnus.

En même temps que le chef de l'État obtenait cet avantage pour son pays, et proposait au sénat d'établir un hôtel des monnaies pour retirer de la circulation la petite monnaie dite *d'Haïti*, en créant d'abord des *billets de caisse* de différentes valeurs pour faciliter cette opération, — le sénat, par son message du 28 octobre, l'autorisait à modifier le prix d'estimation de plusieurs propriétés du domaine public, mises en vente, dans le but d'avoir des métaux de bon aloi pour la fabrication de la nouvelle monnaie nationale. Les premières estimations avaient été trop élevées par la commission chargée de les faire ; les soumissionnaires réclamèrent une réduction, vu qu'il fallait payer en métaux rares dans le pays où circulait une monnaie excessivement dépréciée, à cause de la fabrication populaire dont il a été parlé dans le précédent volume. L'équité exigeait cette réduction ; mais en même temps, le président dut veiller à ce qu'il n'y eût pas des estimations en sens contraire, au détriment des intérêts de l'État. Il devint ainsi l'arbitre de la vente des biens du domaine, dont chaque citoyen voulut bientôt avoir une portion en propriété, tant la confiance était grande dans la sage administration du chef de la République. Et le sénat n'eut-il pas raison de lui confier cette omnipotence, à lui qui avait pensé que *la propriété* serait le plus solide fondement de la société haïtienne, le vrai moyen d'assurer le bien-être des défenseurs de l'État et d'en faire de fidèles citoyens, attachés, dévoués à la patrie ?

Le sénat fit encore mieux dans ces circonstances ; sur la motion de l'un de ses membres, ce corps se rendant l'interprète et l'organe de la nation, reconnaissante des services éminens rendus au pays par Pétion tant dans l'ordre militaire que dans les travaux politiques, publia la loi du 4 novembre par laquelle il lui accorda deux habitations sucreries que le président tenait du domaine, à titre de ferme, pour en jouir en toute propriété : celle de *Roche-Blanche*, dans la plaine du Cul-de-Sac, et celle de *Momance*, dans la plaine de Léogane. Le sénat décerna aussi, par la même loi, une récompense nationale aux services rendus dans l'ordre civil, par J.-C. Imbert, administrateur général des finances. Voici les motifs de ces deux actes :

« Considérant que si les officiers généraux, adjudans-
« généraux et colonels en activité de service, ont mérité
« les bienfaits du gouvernement, le chef qui les com-
« mande, et qui, par sa sagesse, a su préserver la Répu-
« blique des maux qui la menaçaient, mérite aussi la
« reconnaissance publique ;

« Considérant encore *que les militaires ne sont pas
« les seuls qui aient des droits* à la gratitude nationale ;

« que si, par le bruit de leurs armes et leurs hauts faits, « ils soutiennent l'État, *d'autres*, par leur sage économie, « par leur fidélité et leur attachement au bonheur du « pays, *ne méritent pas moins* l'attention du corps « législatif..... »

En conséquence de ce second considérant, une sucrerie fut accordée à Imbert, et le Président d'Haïti fut chargé de la désigner et de lui en délivrer le titre [1].

Cette dernière décision était aussi juste que la première. Dans un pays où le régime militaire avait toujours dominé les institutions civiles, où il était encore assez prédominant, il était convenable de faire comprendre à l'armée, aux officiers de tous grades, qu'ils n'étaient pas *les seuls* qui rendissent des services réels à l'État ; et par là, le sénat posait un principe de rémunération en faveur de tous les fonctionnaires de l'ordre civil.

Le sénat ayant adressé la loi à Pétion, il répondit le 10 novembre à son message : « Je les accepte avec « reconnaissance, citoyens sénateurs, et je n'y attacherai « de prix que parce qu'elles me viennent de la bonté de « mes concitoyens, et qu'elles seront un souvenir de leur « approbation des services qu'ils croient avoir été rendus « par moi à la patrie. »

Si l'année 1811 avait été en déficit financier, celle de 1812 ne pouvait pas avoir un autre résultat, après le siége que subit le Port-au-Prince. Cette dernière présenta 279,187 gourdes de recettes, et 306,287 gourdes de dépenses. En 1811, on avait eu recours à un expédient pour avoir une monnaie locale, et elle avait été contrefaite par le peuple : de là l'idée d'en fabriquer une

---

[1] Ce fut l'ancienne sucrerie *Laval*, près de l'Anse-à-Veau, la même que Gérin avait eue à ferme.

autre qui ne devait être encore qu'un expédient. C'est toujours fâcheux quand une administration se livre à de telles mesures : elle ne peut guère s'arrêter dans cette voie.

Le sénat rendit la loi du 7 novembre qui établit un hôtel pour y fabriquer une monnaie nationale, que l'on appela bientôt monnaie *à serpent*, parce qu'elle avait d'un côté un serpent, comme emblème de la prudence. Elle était en rapport avec la piastre d'Espagne, et divisée comme elle en parties décimales. Cet hôtel fut placé sous la haute autorité du gouvernement, comme de droit, d'une commission de surveillance composée de quatre membres, les citoyens Pierre Michel, Laborde, Lespérance et Lieutaud, et d'un directeur, le citoyen Piny, orfèvre réputé que le président fit venir des Cayes où il s'était établi depuis quelque temps. Les règles de la comptabilité et de la fabrication furent placées sous le contrôle immédiat de l'administrateur général des finances, qui devait concourir avec le Président d'Haïti à prendre les précautions nécessaires à un pareil établissement.

Le 2 décembre, le sénat fit un acte dont la convenance fut hautement approuvée dans le public. Il décida que le général Lys continuerait ses fonctions sénatoriales, attendu qu'il avait été nommé pour les exercer durant neuf années, de même que ses cinq collègues composant ce corps à cette époque. Depuis la soumission du Sud, Modé était revenu à Jacmel ; et nommé pour six ans ainsi que Pélage Varein, le terme de leurs fonctions arrivait dans ce même mois de décembre. Comme ces deux sénateurs avaient été fort exaltés dans leur opposition à Pétion, il est présumable que le sénat sursit jusqu'alors à rappeler Lys, pour ne pas rappeler les deux autres en même temps.

Daumec était du nombre de ceux qui avaient été nommés pour trois ans. Revenu du Sud au Port-au-Prince, après le siège, il demanda et obtint une commission de défenseur public près les tribunaux de l'Ouest ; à ce titre, il exerçait comme avoué et avocat. On peut dire que c'est alors que commença la régularité dans les fonctions de la magistrature de la République, qu'il avait organisée par la loi du 24 août 1808 dont il fut l'auteur principal. Plus éclairé que qui que ce fût dans la science du droit, à cette époque, ses lumières aidèrent les magistrats dans l'accomplissement de leurs devoirs. Disert, éloquent, spirituel, il attirait au tribunal bien des hommes et surtout des jeunes gens, qui allaient l'entendre dans ses plaidoiries, et il fit naître le goût pour la noble profession d'avocat.

Réconcilié sincèrement avec Pétion, Daumec, en subissant l'ascendant de sa politique sage et bienveillante pour tous, qui avait ramené les cœurs à l'union, aidait le chef du gouvernement du concours de ses connaissances en matière de jurisprudence et de législation. C'est ainsi qu'il lui fit sentir la nécessité d'un tarif des frais judiciaires qui manquait aux tribunaux, dont le président provoqua la publication du sénat, par son message du 8 décembre : il ne fut rendu cependant que quelques mois après. Allié de Toulmé, secrétaire rédacteur du sénat; ami intime du respectable sénateur Larose qui secondait dans ce corps les vues du président, Daumec était encore souvent consulté pour les actes qu'il avait à publier.

Depuis que les colonies espagnoles eurent proclamé

leur indépendance de leur métropole, une foule d'aventuriers de toutes les nations s'étaient rendus dans la plupart des Antilles où s'armaient des corsaires, les uns sous pavillon mexicain, d'autres sous celui des États de la Côte-Ferme, pour faire la course contre les navires espagnols sortis des ports encore en possession de l'Espagne ou y venant d'Europe. Parmi ces corsaires, il y en avait qui étaient réellement pourvus de lettres de marque émanées des États indépendans; mais il y en avait d'autres qui étaient de véritables forbans, des pirates qui infestaient la mer des Antilles, le golfe du Mexique, etc., pillant les navires de toutes les nations. La guerre entre les États-Unis et la Grande-Bretagne occasionna encore l'armement d'une foule de corsaires dans l'Union. Il en résulta que les équipages de tous ces navires en course se recrutaient partout des hommes que l'appât du gain alléchait. Quelques Haïtiens se laissèrent persuader d'y prendre du service, sans autorisation du gouvernement qui, d'ailleurs, ne l'eût pas accordée, à cause de la neutralité qu'il voulait garder entre les parties belligérantes.

En conséquence, le 12 mars 1813, le Président d'Haïti émit un ordre du jour ou arrêté par lequel il défendit à tout citoyen de la République de s'engager ainsi, sous peine d'un emprisonnement de trois années en cas d'arrestation, et du séquestre de ses propriétés pendant son absence; et les capitaines des corsaires, contrevenant à la défense faite de recevoir des Haïtiens à leur bord, subissaient aussi, le cas échéant, un emprisonnement d'une année, et leurs bâtimens seraient confisqués.

Par suite de cette mesure, le **27** du même mois, le président adressa aux commandans d'arrondissement, une circulaire pour défendre l'entrée des ports de la République à tous ces corsaires, ou à leurs prises qu'ils y introduisaient dans le but de vendre leurs chargemens : ce qui entraînait déjà une contrebande très-nuisible aux intérêts du fisc et compromettait la neutralité qu'il fallait observer. Tout en prévoyant cependant certains cas où l'humanité oblige à permettre la relâche forcée d'un navire quelconque, la même circulaire prescrivait l'arrestation de ceux qui la simuleraient pour trouver l'occasion de vendre des marchandises en fraude : dans ce dernier cas, les navires seraient confisqués ainsi que leurs chargemens. L'effet de ces dispositions fut de produire beaucoup de confiscations qui furent toutes prononcées par le tribunal d'amirauté du Port-au-Prince ; car, malgré la défense du gouvernement, les corsaires insistèrent souvent à entrer dans les ports de la République, ou à y envoyer leurs prises, même sur les côtes, pour débarquer en fraude les marchandises dont ils ne savaient que faire.

Le succès obtenu aux États-Unis par l'admission du brig *le Coureur*, porta Pétion à essayer aussi une expédition maritime et commerciale à Londres. A cet effet, il engagea les négocians nationaux du Port-au-Prince à réunir leurs intérêts pour la faire, en chargeant de denrées pour leur compte le brig de l'État *le Conquérant*, afin d'opérer en retour l'importation de marchandises anglaises. Goûtant son idée, ils formèrent la cargaison qu'ils confièrent à deux d'entre eux, les citoyens J.-F. Lespinasse et Pitre jeune. Le président les dispensa de payer les droits d'exportation, pour leur donner plus de facilité dans cette opération d'essai. Il fit composer l'équipage des meilleurs marins de la flotte, sous le commandement de Chéri Moisant, excellent officier, qui était le capitaine du *Conquérant,* mais en lui donnant pour aides deux hauturiers étrangers.

Ce navire fut parfaitement accueilli à Londres sous le pavillon de la République, et tout son équipage en maintint l'honneur par une conduite exemplaire. On venait en foule à son bord, attiré par la curiosité pour y voir des noirs et des mulâtres faisant le service de leur état. Il fut consigné à la maison Stanisford et Blund qui, elle-même, faisait le principal commerce de Londres avec la place du Port-au-Prince. Après un tel voyage, *le Conquérant* subit des réparations indispensables. Mais, soit que l'intérêt particulier de cette maison s'y mêlât pour dégoûter les Haïtiens de semblables spéculations, soit que ces réparations exigeassent beaucoup de temps, le long séjour du navire dans le port de Londres, les fortes commissions de toutes natures prélevées sur ses cargaisons d'arrivée et de sortie, et les dépenses occasionnées dans la métropole britannique aux représentans magnifiques du commerce national, alignèrent des chiffres qui absorbèrent le bénéfice qu'il se croyait en droit d'espérer de cette tentative. Le président dut venir encore en aide aux négocians haïtiens, en leur accordant des délais pour payer les droits d'importation sur les marchandises que *le Conquérant* rapporta à son retour. Toutefois, le but *politique* avait été atteint, et cela valait bien la peine de quelques déboursés onéreux pour la République.

Sous le rapport des intérêts privés, on doit cependant regretter cet échec qui fit renoncer à de pareilles spéculations ; car c'était le vrai moyen de mettre les commerçans haïtiens à même de commander la confiance des manufacturiers étrangers dans leurs relations avec le pays. Pour en établir entre eux, il était nécessaire qu'ils se rendissent sur les marchés des autres pays, qu'ils fissent connaître leur aptitude dans le négoce, indépendamment de leur bonne foi dans la gestion des marchandises qui leur seraient adressées. En s'abstenant de telles démarches, les commerçans haïtiens ne devaient pas s'étonner que les étrangers établis dans le pays leur fussent préférés pour la consignation des navires et de leurs cargaisons [1].

L'hôtel des monnaies fondé au Port-au-Prince fonctionnait déjà en mai. En conséquence, le sénat publia un décret et une loi à ce sujet, dans le même mois.

Par le décret, le trésor public fut autorisé à émettre *des billets de caisse* ou papier-monnaie, pour la valeur de 120 mille gourdes en coupons de 5, 50, 100 et 500 gourdes, afin de retirer de la circulation la petite monnaie appelée *d'Haïti*, mais en faisant subir aux détenteurs une perte de *moitié* des sommes qu'ils posséderaient. Les domaines nationaux furent hypothéqués en garantie du remboursement final de ces billets de caisse, qui seraient reçus dans les transactions entre particuliers. Au lieu de la somme de 120 mille gourdes, le trésor fut contraint d'émettre des billets pour celle de 300 mille gourdes, attendu qu'on lui fournit 600 mille gourdes de fausse monnaie fabriquée par tout le monde. Chacun ayant la conscience d'avoir agi en violation du droit souverain de l'État, en frappant monnaie plus ou moins publiquement, personne ne réclama contre la perte subie.

D'après la loi, les pièces de la nouvelle monnaie natio-

---

[1] A l'époque où nous écrivons ces lignes, les commerçans haïtiens paraissent convaincus qu'il est de leur intérêt et de celui du pays, d'aller à l'étranger et principalement en Europe, afin d'établir des relations fructueuses avec les manufacturiers : c'est une tendance que le gouvernement national doit favoriser par tous les moyens possibles.

nale, *à serpent*, furent fixées à 6 centimes un quart, 12 centimes et demi, et 25 centimes de la piastre d'Espagne : elles durent avoir cours dans toute l'étendue de la République, comme cette monnaie étrangère elle-même ; et tous ceux qui refuseraient ou tenteraient de *discréditer* la monnaie nationale, en *élevant* le prix de leurs marchandises, surtout les denrées alimentaires, seraient arrêtés et emprisonnés, et leurs marchandises seraient confisquées au profit de la police et des hôpitaux. Les fabricateurs de fausse monnaie et de faux billets de caisse devaient être condamnés à mort par les tribunaux compétens.

Le sénat avait bien le droit d'établir de semblables peines ; mais il oubliait une chose essentielle en matière de fabrication de monnaie : c'est qu'elle doit avoir une valeur intrinsèque réelle par les métaux employés, pour qu'elle ait cours facilement, et non une valeur purement nominale. Or, le papier-monnaie n'a que cette dernière valeur et ne peut être reçu dans le commerce, qu'à raison de la confiance inspirée par le gouvernement qui l'émet ; et plus il en émet, plus ce papier est sujet à dépréciation. Quant à la monnaie métallique *à serpent*, comme elle était alliée à beaucoup de cuivre (environ deux tiers pour un tiers d'argent), elle ne pouvait pas avoir dans les transactions la même valeur que la monnaie d'Espagne, frappée à un titre meilleur qui la fait accepter sur tout le globe. Acceptée cependant dans les premiers temps, selon le vœu de la loi, elle subit insensiblement une dépréciation inévitable qui augmenta, lorsqu'aux États-Unis des fripons imaginèrent de la contrefaire (et la chose était facile) et d'inonder Haïti de leurs faux produits. Dans la République même, on n'eut point à poursuivre des faux monnayeurs, mais bien des Haïtiens furent ensuite soupçonnés d'avoir fait venir des États-Unis de cette fausse monnaie qu'ils auraient mise en circulation ; il y en eut de poursuivis pour ce fait.

Le 15 juillet, le président adressa aux commissaires du gouvernement, une circulaire fondée sur la loi du sénat, du 22 janvier 1808, qui avait renvoyé à la paix intérieure toutes réclamations des Haïtiens contre le domaine public, à propos de dettes antérieures contractées par les anciens propriétaires. Il lui parut équitable de renvoyer aussi à la paix intérieure, les réclamations de même nature que pourraient faire de semblables personnes résidant à l'étranger, contre des Haïtiens qui seraient leurs débiteurs. Cette décision dut être communiquée aux tribunaux et enregistrée à leurs greffes.

Le 7 août Pétion fut porté à publier un arrêté pour rendre *justiciables* de la commission militaire permanente, *les voleurs d'animaux* qui faisaient un tort considérable aux travaux de culture, en volant impunément ceux des habitans des campagnes : des plaintes nombreuses se faisaient entendre à ce sujet. Ces coupables durent être condamnés à 3 années de fer la première fois, à 5 années en cas de récidive, et à 10 années en cas de seconde récidive : des formalités minutieuses furent prescrites aux voyageurs à l'intérieur, afin de pouvoir atteindre les délinquans.

Ce fut toujours une plaie pour le pays, que cette espèce de vol ; nous avons signalé une ordonnance de Toussaint Louverture à ce sujet. L'objet de cet arrêté ne pouvait pas être prescrit par une loi du sénat ; car cet acte était contraire à la constitution, en distrayant les prévenus de leurs juges naturels. En cela, comme en établissant des peines, le président excéda ses pouvoirs. Mais, qui aurait réclamé contre un acte quelconque de Pétion ? On savait qu'il n'avait que de bonnes intentions, et tout était accepté de sa part. A l'égard cet arrêté, on voyait d'ailleurs que son but était d'obtenir une prompte punition de ces vols, par la forme expéditive de la commission militaire [1].

Le 15 septembre parut la loi provoquée par le Président d'Haïti l'année précédente, portant tarif des frais divers dans tous les tribunaux civils de la République, à raison des actes judiciaires. Les frais à percevoir par leurs membres, les greffiers, défenseurs publics, notaires, huissiers, curateurs aux succesions vacantes, arpenteurs, etc., et ceux qui étaient relatifs aux droits curiaux, tout y fut compris afin de faire cesser bien des abus qui se commettaient. Ce tarif fut basé sur celui qui avait été rendu en 1775. La loi disposa que, vu l'impossibilité de salarier les magistrats, ils percevraient des frais pour leurs actes, et qu'ils seraient logés dans les maisons appartenantes au domaine de l'État.

Cette loi fut bientôt suivie de celle rendue le 4 novembre sur les *Enfans naturels*, ou *nés hors mariage*, selon l'expression de la constitution. Dès le 28 avril, Pétion avait adressé au sénat un message pour lui recommander de fixer leur sort, conformément à l'article 39 de ce

---

[1] Cette espèce de délit était de la compétence des tribunaux civils. Au point de vue constitutionnel comme à celui des principes qu'il faut suivre en législation, les bonnes intentions de Pétion ne le justifient pas. Mais il est vrai aussi de dire, que lorsqu'un peuple a une confiance illimitée en son chef, celui-ci se croit autorisé à tout faire dans l'intérêt de la société ; et dans la situation du pays à cette époque, il était difficile que le président s'abstînt de ces actes irréguliers. L'arrêté relatif aux Haïtiens qui prenaient service à bord des corsaires était aussi irrégulier.

pacte social. Le long délai mis par le sénat à publier cette loi, prouve que l'un et l'autre pouvoir, qui marchaient en harmonie, firent beaucoup de réflexions avant de trancher les questions qui s'y rattachaient. Et comme nous avons parlé des idées de Pétion sur le mariage et de son éloignement pour ce lien si moral entre l'homme et la femme, nous croyons devoir produire ici son message du 28 avril, afin de bien faire connaître ses motifs.

Citoyens sénateurs,

L'article 39 de la constitution de la République a laissé espérer aux enfans *nés hors mariage,* que des lois particulières fixeraient leurs droits de famille. Il paraît important que le corps législatif s'occupe le plus tôt possible d'établir ces droits ; car dans un pays qui a besoin de se consolider, chaque citoyen doit trouver dans les statuts organiques la garantie de son état privé, en même temps que des motifs d'émulation, pour se porter vers la sagesse et l'ordre public.

Il a été de tous les temps et de tous les pays, un système *bien dangereux* à la prospérité des nouveaux Etats : c'est celui de vouloir faire disparaître *tout d'un coup* de vieilles habitudes, pour en substituer de nouvelles. Si la loi constitutionnelle était, *à l'égard des enfans naturels*, prise au pied de la lettre, *et que tout tendît à propager le mariage comme une vertu sociale*, il en résulterait peut-être quelques motifs de relâchement *qui pourraient n'être pas avantageux à la chose publique*. Et comme en législation, il convient autant que possible d'éviter des pas rétrogrades, *je m'autorise de la responsabilité qui pèse sur moi*, pour soumettre à votre considération mes réflexions, et l'obligation de veiller à ce que l'*intérêt* des citoyens marche de pair *avec les liens* qui doivent les unir.

Je pense, citoyens sénateurs, que les enfans *nés hors mariage, de père et mère haïtiens*, ou reconnus comme tels, pourraient être déclarés *habiles*, à compter de la publication de la constitution du 27 décembre 1806, *à hériter* des biens de leurs dits père et mère, lorsqu'ils pourront prouver, d'une manière authentique, qu'ils ont été *reconnus* par eux *pour leurs enfans naturels*. Cette reconnaissance, pour être valable, doit être faite par-devant l'officier public chargé de constater l'état des citoyens de la commune, ou, à son défaut, par-devant le juge de paix de la paroisse des déclarans ; et l'aveu du père doit, dans tous les cas, être indispensable, parce que la recherche de la paternité non avouée ne peut avoir lieu, tandis que la maternité peut être constatée, en suivant à cet égard ce que prescriront les anciennes lois ou règlemens.

La justice commande de laisser aux pères des enfans *naturels*, *nés avant* la publication de la constitution, la faculté *de reconnaître* ces dits enfans, pour les rendre habiles à jouir du bénéfice de leur héritage. Cette reconnaissance devra se faire dans *les formes* prescrites ci-après [1] : — les enfans *naturels* reconnus par leurs père et mère doivent jouir des biens de leurs dits père et mère, dans l'ordre établi pour les successions, en suivant en tout point ce que prescrit *la plus parfaite égalité*.

Quant à ce qui concerne les droits *des enfans naturels reconnus* d'un homme ou d'une femme *mariés*, et qui auraient aussi, à l'époque de leur décès, *des enfans légitimes*, il conviendrait de déclarer que l'*enfant naturel*, *né avant le mariage* du père ou de la mère, pourrait *amander* dans la succession de son père ou de sa mère, pour *un quart* seulement de ce à quoi *amandera* l'enfant légitime (de la part afférente à l'enfant légitime).

Pour ce qui est des enfans *adultérins*, ils ne doivent prétendre qu'à *un quart* de ce à quoi pourrait amander *un enfant légitime* (la part afférente), et ce seulement dans les propres (biens) *de leur mère*. *Ces sortes d'enfans pourront être reconnus* par *le père* qui voudra les adopter ; et, dans ce cas, *si ce père est lié par le mariage*, l'enfant reconnu pourra, sur les propres biens *de ce père*, amander pour *un quart* de ce à quoi amandera *un enfant légitime*. Et *si le père n'est point marié*, et qu'il eût *des enfans naturels*, *l'enfant adultérin reconnu par lui*, pourra, à sa mort, partager *par égales portions avec ces enfans naturels* [2].

Toutes ces dispositions ne doivent en aucune manière affecter les actes testamentaires, donations, etc., faits en faveur de qui que ce

---

[1] Cette phrase voulait dire plutôt : « Cette reconnaissance produira *les effets suivans* ; » car ce qui la suit ne contient aucune *forme*, mais *le droit* qui écherrait aux enfans naturels reconnus, dans le partage égal des successions de leurs père et mère : il est question plus haut *de la forme* de la reconnaissance, par-devant l'officier public ou le juge de paix.

[2] Il faut remarquer que, suivant tout ce paragraphe, dans la pensée de Pétion *l'enfant adultérin* ne devrait avoir, dans la succession de sa mère ou du père qui l'aurait reconnu, que *le quart* de la portion afférente à un *enfant légitime*, et une part *égale* à celle d'un *enfant naturel simple*.

soit, et ne peuvent non plus porter aucun préjudice aux droits de ceux qui en auraient eu d'acquis ou d'établis par des lois *antérieures* à l'époque de la publication de la constitution, — mes présentes propositions n'étant *qu'en faveur de ceux qui, depuis* ladite publication de la constitution, se trouvent privés de la faculté de constater d'un manière positive leurs droits de famille.

J'ai l'honneur de vous saluer avec une haute considération.
Signé : Pétion.

Produisons également, tout entière, la loi rendue par le sénat, d'accord avec le président; car il est intéressant de suivre les idées des législateurs du pays sur cette matière, lorsqu'il s'agit d'un peuple sorti d'un régime odieux qui établissait le concubinage comme un principe politique, où la plus grande partie des hommes, devenus esclaves, n'avaient aucun état civil, où ceux qui étaient libres de fait, possédant l'état civil, se trouvaient en majorité n'être que des enfans naturels, par l'effet de ce régime.

Le Sénat, considérant que par l'article 39 de la constitution, le sort des enfans *nés hors mariage* serait établi par une loi particulière qui fixerait leurs droits de famille;

Considérant qu'il est urgent de fixer d'une manière équitable les droits auxquels peuvent prétendre les enfans dans la succession de leurs père et mère, afin d'entretenir l'harmonie entre eux et leurs parens légitimes; et prenant en très-grande considération les représentations du pouvoir exécutif, contenus dans son message en date du 28 avril dernier, qui appelle l'attention du corps législatif sur ce point;

Décrète ce qui suit :

1. La loi n'admet pas la vérification (la recherche) de la paternité non avouée devant l'officier public.

2. L'enfant d'une femme *non mariée* a pour père, celui qui le reconnaît dans les formes prescrites ci-après.

3. La reconnaissance doit être faite devant l'officier public chargé de constater la naissance des citoyens.

4. Cette reconnaissance *doit être confirmée* par l'aveu de la mère, dans le même acte ou un autre acte authentique. La reconnaissance du père *ne peut valider* sans cet aveu[1].

5. Si, toutefois, la mère vient à décéder des suites de l'accouchement, *sans avoir pu confirmer* la reconnaissance du père de son enfant, *dans ce cas seulement* la reconnaissance du père suffira.

6. L'acte de mariage peut contenir la reconnaissance des enfans que les deux époux ont eus, tandis qu'ils n'étaient pas engagés dans les liens du mariage.

7. La reconnaissance peut être faite pendant la grossesse, au moment de la naissance de l'enfant, ou à toute autre époque de la vie des père et mère, et sera valable lorsqu'elle réunira les caractères et conditions ci-dessus.

8. Le père qui a reconnu un enfant lui donne son nom et doit contribuer avec la mère, à la nourriture, à l'éducation et à l'entretien de cet enfant ; chacun d'eux y subvient en raison de ses facultés.

9. Lorsque l'enfant n'est pas reconnu par son père, la mère seule est chargée de remplir les devoirs de la nature envers lui ; alors l'enfant porte le nom de la mère.

10. S'il arrivait qu'une mère voulût se soustraire à l'accomplissement de ses devoirs envers l'enfant qu'elle a mis au monde, elle y serait contrainte : la loi appelle sur elle la vigilance du ministère public.

11. L'enfant mort dans le sein de sa mère ne recueille ni ne transmet aucun droit.

12. L'existence de l'enfant n'est reconnue que du moment de sa naissance.

13. Les enfans *nés hors mariage*, d'un père qui décéderait *sans enfans ou descendans légitimes*, entreront en possession *de la totalité des biens* de la succession du père, s'il n'a point fait de dispositions testamentaires qui, dans ce cas, ne peuvent excéder *la moitié* de ladite succession.

---

[1] Dans un exemplaire imprimé de cette loi, que nous avons, il y a : « La reconnaissance « du père *peut valider* sans cet aveu. » Mais c'est une faute typographique, car il y aurait contradiction, et l'art. 5 explique cela.

14. Si un père, qui a reconnu un enfant *sans être engagé* dans les liens du mariage, *vient à se marier,* l'enfant qui aura été reconnu jouira *des mêmes droits* sur les biens *du père,* que les enfans *légitimes* qui naîtraient de ce mariage.

15. *L'enfant naturel, reconnu par un père déjà engagé dans les liens du mariage,* aura par droit de succession *le quart des biens* provenant dudit père.

Mais si le père survit à son épouse, et qu'il décède *sans enfans ou descendans légitimes*, alors l'enfant *naturel* qui aura été reconnu recouvre *tous ses droits* fixés suivant l'article 13 ci-dessus [1].

16 L'enfant *né hors mariage*, succédera *dans la totalité des biens propres de sa mère, conjointement avec les enfans ou descendans légitimes* qui naîtraient avant ou après lui, et jouirait *de la totalité des biens* de sa dite mère, *au défaut* d'enfant ou descendant légitime.

17. L'enfant *né hors mariage*, après avoir recueilli la succession de ses père et mère, et venant à décéder sans laisser d'héritiers et sans avoir valablement disposé de ses biens, les dits biens retourneront à la souche et ligne dont ils sont provenus; et s'il se trouvait des acquêts, alors ils seront partagés par égale portion entre les deux souches.

18. Les enfans *nés hors mariage* succéderont également à leurs frères et sœurs, à leurs oncles et tantes, et à leurs collatéraux, *tous nés comme eux hors mariage* et décédant sans enfans : ils succéderont aussi *à leurs frères et sœurs légitimes*, du côté *de la mère*, décédant sans enfans.

19. La déclaration, chez l'officier de l'état civil, du père ou de la mère d'un enfant *naturel né avant* la promulgation de la présente loi, et qui désireraient faire jouir leur dit enfant du bénéfice des articles 13, 14 et 15 précités suffira pour constater les droits successifs dudit enfant, dans les trois articles ci-dessus mentionnés.

---

1 En France, la jurisprudence appelle *enfans naturels*, ceux qui sont conçus et nés *hors mariage*. Elle en distingue deux classes : *les enfans naturels simples*, qui peuvent être reconnus et légitimés par mariage successif, — et *les enfans adultérins ou incestueux*, qui ne peuvent être *ni reconnus ni légitimés*. En Haïti, il en est nécessairement *de même*, depuis la publication de son code civil dont les dispositions, relatives à ces enfans, ont été empruntées au code français. Mais, dans cet art. 15, le sénat dissimula l'état *d'enfant adultérin* par l'expression *enfant naturel* ; car dans les autres articles, la loi dit *enfant né hors mariage*. Et « ce *quart* des biens provenant *du père qui l'aura reconnu*, » ne doit s'entendre que selon la proposition de Pétion, dans le paragraphe relatif à l'enfant *adultérin* : c'est-à-dire, *le quart* de l'héritage revenant *à un enfant légitime* sur les biens de son père.

C'est la quatrième loi rendue sur les enfans nés hors mariage ou naturels, depuis l'émancipation générale, civile et politique, prononcée en faveur de tous les hommes de la race noire dans le pays.

Déjà, nous avons parlé de la loi du 18 juillet 1801, par l'assemblée centrale sous Toussaint Louverture, en disant que : « toutes ses dispositions étaient *favorables* « aux bonnes mœurs, à la *préférence* qui doit être tou- « jours donnée au mariage légitime dans la société ; » et que, « *pour cette époque*, où les mœurs coloniales « n'avaient fait qu'une masse d'enfans naturels, cette « loi était *un bienfait* pour eux et la colonie [1]. »

Nous avons parlé aussi de la loi du 28 mai 1805, rendue par Dessalines, en démontrant tout ce qu'elle contenait de *contraire* aux bonnes mœurs et au mariage, dont elle tendait à dissoudre les liens pour favoriser la continuation du libertinage colonial [2].

Enfin, nous avons mentionné celle du 25 mars 1807, publiée par Christophe et son conseil d'État, en disant qu'elle était basée sur le code Napoléon. Nous avons cité son dernier article, qui réservait aux enfans naturels reconnus *avant* sa promulgation, les droits qu'ils avaient à exercer d'après les lois antérieures ; mais aussi un autre article qui était très-injuste envers ceux qui seraient reconnus *après* cette loi, parce que ses dispositions devaient souvent profiter à l'État au détriment de tels enfans, et que Christophe avait la prétention de réformer *tout d'un coup* les mœurs de son pays [3]. Cinq années plus tard, en 1812, son code Henry adoptait à

---

[1] Voyez tome 4 de cet ouvrage, page 388.
[2] Voyez tome 6 ibid, page 161.
[3] Voyez tome 7 ibid, pages 58 et 59.

l'égard des enfans naturels toutes les dispositions du code français.

Maintenant, nous avons à juger l'œuvre de Pétion et du sénat.

Toussaint Louverture, Dessalines et Christophe étaient des hommes unis à de vertueuses femmes par les liens *du mariage*. Mais on connaît déjà, sur cette matière délicate, la conduite sournoise du premier, le scandale public de celle du second, et l'omnipotence seigneuriale que s'attribuait le dernier de ces chefs. Pétion, avons-nous dit, n'était pas marié à la femme qu'il avait ; mais, tout en regrettant qu'il fût éloigné de ce lien légitime, nous avons rendu justice à la pureté de sa conduite privée, quant à lui personnellement.

La manière da'gir et les idées de chacun de ces chefs de gouvernement, ont dû inévitablement influer sur leur œuvre respective, dans la législation qu'ils firent décréter pour les enfans naturels. Entre eux, Toussaint Louverture nous semble être celui qui comprit mieux ce que réclamait la situation du pays, à l'époque où il statua sur cette grave question ; mais il est à remarquer que la loi de 1813 fut en grande partie basée sur celle de 1801, quant aux *droits de successibilité*. Afin de les comparer, nous donnons ici les articles de 1801 qui diffèrent avec ceux de 1813 : 12 articles de la loi de 1813 sont identiquement les mêmes que ceux de 1801.

Art. 9 de 1801 : Nul enfant né hors mariage *ne peut être reconnu* par un père *engagé* dans les liens du mariage. (Voyez l'art. 15 de la loi de 1813).

14. Les enfans nés hors mariage n'ont *d'autres parens* ascendans, que leurs père et mère, et collatéraux, que leurs frères et sœurs, leurs oncles et tantes, *nés comme eux hors mariage*, et les descendans de leurs frères et sœurs, oncles et tantes.

15. Celui qui ne connaît pas ses parents est appelé *orphelin*, comme celui qui les a perdus.

16. Les enfans nés hors mariage, d'un père qui décédera *sans avoir été marié*, ou *veuf sans laisser d'enfant ou descendant légitime*, auront *la moitié des biens* de la succession, dans laquelle moitié seront compris les avantages qu'ils auraient pu recevoir de leur père, de son vivant, autre que leur nourriture, entretien et éducation. — A l'égard *de l'autre moitié*, elle sera dévolue *aux parens légitimes* du père, sauf par eux à rapporter à la masse les sommes qui leur auraient été données par leur parent, de son vivant. (Voyez l'article 13 de la loi de 1813).

17. Si un père, ayant des enfans nés hors mariage, fait des dispositions testamentaires, le montant en sera pris sur la moitié revenante à ses parens légitimes, et non sur la moitié afférente aux dits enfans, et sauf les réserves coutumières.

18. Si les héritiers légitimes d'un défunt, laissant des enfans nés hors mariage, ne se trouvent pas présens, soit par eux-mêmes, soit par des fondés de pouvoir, pour recueillir la part qui leur revient, les enfans nés hors mariage pourront se faire mettre en possession de cette part, sauf à rendre compte en temps et lieu ; et il leur sera fait raison des apportemens ou commissions d'usage. Ils seront tenus de fournir bonne et suffisante caution, jusqu'à concurrence de la valeur du mobilier de la succession, pour ce qu'ils n'en pourraient pas représenter et dont la perte pourraient leur être imputée.

19. Si, *au bout de dix ans*, les héritiers légitimes ne se sont pas représentés, alors la part qui devait leur revenir sera bien et valablement *échue* aux enfans nés hors mariage, et leur appartiendra *en toute propriété*.

20. Si un père, qui a reconnu un enfant né hors mariage *vient à se marier* avec une autre femme que la mère de l'enfant, ce père sera tenu, *avant son mariage*, d'assurer une pension alimentaire à cet enfant jusqu'à l'âge de 18 ans, et proportionnée à ses biens, et de lui donner en outre un métier. Là se borneront *les prétentions* de l'enfant et *les obligations* du père, s'il lui survient de son mariage *des enfans*, ou si son épouse lui survit et appréhende sa succession en qualité de donataire en propriété. — Mais si la veuve n'est que donataire usufruitière, ou que son mari survive à son épouse et qu'il décède ensuite sans avoir eu d'enfans ou descendans légiti-

mes, *alors* l'enfant né hors mariage, qui aura été reconnu, recouvre *tous ses droits* fixés suivant l'article 6 ci-dessus. (Voyez l'article 14 de la loi de 1813.)

21. L'enfant né hors mariage, reconnu par sa mère, lui succédera *dans la totalité de ses biens*, si elle meurt *sans enfans ou descendans légitimes;* mais au contraire, si elle meurt *laissant des enfans ou descendans légitimes*, l'enfant né hors mariage ne pourra prétendre *qu'à la moitié de la portion* d'un enfant né dans le mariage; et ce, sur les seuls biens de la mère. (Voyez l'art. 16 de 1813.)

22. (Identique à l'article 17 de cette loi.)

23. Les enfans nés hors mariage succéderont également à leurs frères et sœurs, à leurs oncles et tantes, et à leurs collatéraux, tous nés comme eux hors mariage et décédant sans enfans. (Voyez l'art. 18 de 1813, et de plus son second membre.)

24. Les enfans nés hors mariage, actuellement existans dans la colonie, dont les pères sont décédés depuis et à compter seulement du 23 août 1791 [1], jusqu'au jour de la promulgation de la présente loi, sans avoir été mariés, ou veufs sans enfans ou descendans légitimes, seront admis *à prouver leur filiation* devant les tribunaux.

25. La filiation sera prouvée *par la possession d'état* résultant, savoir : ou d'un acte public dans lequel le père aura parlé, — ou de la cohabitation du père avec la mère au moins pendant un an dans la même maison, avant la naissance de l'enfant, et des soins donnés par le père à la nourriture, entretien et éducation de l'enfant, — ou du testament olographe du père.

26. Les enfans nés hors mariage dont la filiation sera prouvée par l'un des trois moyens ci-dessus, auront et exerceront *les mêmes droits* que les enfans nés hors mariage *reconnus* par leur père, et ne pourront les faire valoir que dans le cas et aux mêmes conditions prévues aux articles 16 à 23.

(Au fait, les trois derniers articles étaient une protestation contre le régime colonial qui *empêchait* les blancs de reconnaître *leurs enfans* et de les doter directement d'un bien quelconque; car ils étaient forcés de recourir à des fidéi-commis. Ils protestaient encore, par rapport à l'absence de tout état civil en faveur *des noirs* anciens esclaves, d'après ce régime.)

---

[1] Jour de la révolte simultanée des deux classes de la race noire, dans le Nord et dans l'Ouest.

En comparant les dispositions de ces deux lois, on reconnaît que si Toussaint Louverture et l'assemblée centrale donnèrent la préférence aux liens légitimes du mariage, d'après les idées religieuses de ce chef surtout, ils satisfirent néanmoins aux exigences de l'époque où ils agissaient, — tandis que Pétion et le sénat prirent en grande considération l'état des mœurs générales de leur époque, pour laisser *au temps* son action inévitable sur elles par la modification successive des idées, et qu'ils ne voulurent pas brusquer cet état de choses, n'ayant pas la prétention de réformer les mœurs *tout d'un coup*, comme pensait Christophe en 1807. L'expression de ces vues est même formelle dans le 2ᵉ paragraphe du message de Pétion au sénat, et il déclara en prendre *la responsabilité* sur lui-même.

Sans doute, ses idées personnelles sur le mariage, plus que ses mœurs privées, influèrent sur la loi ; mais on voit aussi prédominer dans ce message, outre les vues du législateur prudent, patient, qui attend beaucoup du temps, un sentiment *de justice* envers un grand nombre, le plus grand nombre de ses concitoyens qui se trouvaient, comme lui, *enfans* naturels et *pères* de tels enfans.

Cependant, n'était-ce pas faire *trop de concessions* aux mœurs nées du régime colonial, que d'autoriser un homme *marié* à reconnaître un enfant *adultérin*, selon le message ? Si cette expression n'est pas dans la loi elle-même, son article 15 ne consacre pas moins cette faculté ; car « un enfant *naturel*, reconnu par un père « *déjà engagé* dans les liens du mariage, » est bien ce qui constitue *l'enfant adultérin* [1].

[1] A moins cependant que cette reconnaissance n'eût eu lieu au profit d'un *enfant naturel*,

On conçoit la convenance des avantages faits aux enfans naturels nés et reconnus *avant* le mariage, parce que c'était le cas où se trouvaient un grand nombre de pères et d'enfans, mais non pas ceux qui furent faits à de tels enfans *nés pendant* le mariage. C'était reproduire la disposition de la loi de Dessalines, que nous avons considérée comme immorale et injuste envers la femme mariée. Mieux eût valu, à notre avis, que Pétion et le sénat eussent reproduit celle de la loi de Toussaint Louverture.

Peut-être faut-il chercher leur *excuse* dans la situation née de la loi même de Dessalines qui, ayant donné le droit à un homme marié « de reconnaître *des enfans « naturels nés pendant le cours de son mariage,* » avait produit de ces enfans adultérins dont ils voulaient assurer le sort. Mais alors, la loi de 1813 aurait dû s'expliquer mieux à cet égard, disposer pour ce passé défectueux et en interdire le renouvellement à l'avenir : ce qui n'est pas dans ses termes, ni dans le message qui l'a provoquée. L'un et l'autre pouvoir ont encore laissé subsister la loi de 1805 sur *le divorce*, laquelle a produit des faits déplorables dans la République : elle pouvait être améliorée.

Il faut regretter, il faut blâmer même ces transactions faites avec l'ancien régime colonial ; car, ainsi que l'a dit le célèbre Montesquieu : « La première condition, « la condition essentielle *des bonnes lois*, est qu'elles « répondent *aux vrais besoins* du pays pour lequel elles

---

non adultérin, que le mari aurait eu *précédemment* d'une autre femme que son conjoint, c'est-à-dire *avant* son mariage : ce qui n'est pas dit dans la loi, mais ce que la jurisprudence des tribunaux eût pu consacrer peut-être, afin de corriger cette énormité d'une législation nécessairement transitoire, puisque la publication d'un code civil devait avoir lieu tôt ou tard.

« sont faites. » Or, le pays avait besoin que la réforme des mœurs coloniales le plaçât dans la voie d'une civilisation progressive, ce qui dépendait de bonnes lois à cet égard et de l'exemple de ses chefs. Il en avait d'autant plus besoin, que la grande majorité du peuple vivant dans une polygamie traditionnelle, on était encore privé du concours toujours efficace de la Religion dont les saines croyances moralisent les hommes, en leur inspirant l'idée féconde, le sentiment délicat de l'union légitime avec leur femme. Il y avait des prêtres catholiques ; mais la plupart d'entre eux donnaient aussi le fâcheux exemple de la dissolution des mœurs, ce qui les faisait influer en sens contraire à leurs devoirs religieux.

Quelques semaines avant la promulgation de cette loi, le 22 septembre, le digne général Wagnac était mort aux Cayes d'une maladie de langueur : son corps fut inhumé dans l'église de la paroisse. Universellement regretté pour sa conduite toujours honorable, il le fut surtout de Pétion qui avait su apprécier ses services et ses vertus privées.

Le président voulait le remplacer au chef-lieu du Sud, par le général Borgella qui vint au Port-au-Prince dans cette circonstance. Mais ce dernier déclina cette offre que le général Boyer fut chargé de lui faire, en exposant qu'il craindrait que les hommes qui l'avaient abandonné en 1812, ne crussent à un esprit de rancune de sa part dans les moindres mesures d'ordre qu'il prendrait. Il avait raison de penser ainsi, car il y avait encore trop peu de temps écoulé depuis les événemens de la scission du Sud.

Sur son refus, le général Marion, qu'il était dans sa

destinée d'y remplacer longtemps après, fut nommé commandant de cet important arrondissement où il donna des preuves multipliées de sa bonne administration [1].

Celle des finances, régie par le citoyen Imbert, reçut l'approbation du sénat pour l'année 1810, par la décharge que ce corps lui donna en termes élogieux, d'après son décret du 5 novembre. Ensuite, une loi additionnelle à celle des douanes prescrivit la confiscation de tout navire, haïtien ou étranger, et de sa cargaison, dont le capitaine aurait fait de fausses déclarations dans le but de soustraire les droits revenant au fisc.

C'est dans le cours de cette année qu'un *agent secret* du gouvernement français arriva au Port-au-Prince. M. Liot y vint des États-Unis et parut d'abord comme citoyen américain; mais il ne put soutenir ce rôle en face de Pétion, de son secrétaire Garbage et d'autres citoyens qui l'avaient connu, quand il était employé à l'administration de cette ville. Convaincu qu'il n'avait rien à craindre pour sa vie, encore moins pour sa liberté, il avoua au président qu'il avait été envoyé par le ministre de la marine, d'après l'ordre de l'Empereur Napoléon, afin de voir l'état des choses en Haïti, de connaître les causes de la mort de Rigaud, etc. Logé près de Garbage, il le voyait souvent, et ce fut par son secrétaire que Pétion en eut les premières informations [2].

---

[1] A la fin de 1812, Poisson Pâris, chef de bataillon des grenadiers à pied de la garde, avait été promu colonel pour être le commandant de la place des Cayes : durant la longue maladie de Wagnac, il en commanda l'arrondissement. Ce ne fut qu'à sa promotion, qu'Eveillard devint colonel du régiment de la garde ; et par erreur, j'ai dit qu'il l'était dans le siège du Port-au-Prince.

[2] M. Lepelletier de Saint-Rémy s'est trompé en disant : « L'Empire ne s'était que peu

Le président s'attacha à convaincre M. Liot, que la France ne devait plus espérer la soumission de son ancienne colonie dont la résolution d'être indépendante était irrévocable, et qu'il n'y avait plus qu'à prendre des arrangemens avec elle. Et d'ailleurs, ce Français, d'un caractère honorable et dégagé de préjugés dans les temps antérieurs, n'avait qu'à ouvrir les yeux pour se persuader que *Saint-Domingue* n'existait plus. Après un court séjour au Port-au-Prince, il repartit pour les États-Unis afin de se rendre en France [1]. En 1823, il revint, mais envoyé cette fois par le gouvernement de la Restauration.

« occupé de Saint-Domingue... De l'expédition du général Leclerc aux événemens de « 1814, *la colonie révoltée* était restée dans l'oubli. » — Tome 2, p. 10. Au contraire, Napoléon s'occupa *trop* de cette ancienne possession de la France..., par rapport aux Haïtiens.

1 Christophe fut informé de cette mission secrète qui lui fournit un texte de calomnies contre Pétion, qu'il accusa de vouloir livrer la République à la France. Il paraît qu'il en fut question sur le *Journal des Débats*, du 18 août 1814 ; car le général Prévost cita ce journal dans un écrit qu'il publia en 1815, à propos de cette mission.

CHAPITRE II.

Les troupes de Christophe menacent le Mirebalais. — Pétion s'y rend et fait transférer ce bourg à Trianon. — Trait de mœurs scandaleuses : effet qu'il produit. — Arrêté qui défend les corporations de danses. — Le général Bazelais remplace Pierre Henry, mort à Jérémie. — Loi sur les registres de bord des navires haïtiens. — Mission diplomatique de Garbage à Londres, à l'occasion de la Restauration des Bourbons en France. — Dispositions de Christophe à ce sujet : lettre de Prévost à Peltier. — Dons nationaux délivrés dans la République ; mise en vente des biens du domaine. — Circulaire de Pétion pour se préparer à résister à la France. — Agents secrets envoyés à Haïti : leur mission est dévoilée. — Ils publient un écrit à la Jamaïque. — Pétion y fait faire une réponse, et prohibe l'exportation des vivres et grains du pays. — D. Lavaysse lui adresse une lettre : but de sa mission. — Pétion l'invite à venir au Port-au-Prince. — Franco de Médina va dans la colonie espagnole pour s'aboucher avec Christophe. — Dravermann retourne en France. — Lettre de D. Lavaysse à Christophe. — Christophe publie un manifeste. — Arrêté de Pétion réduisant les droits d'importation sur les marchandises anglaises. — D. Lavaysse arrive au Port-au-Prince : ses négociations avec Pétion. — Ordre du jour sur sa mission, convocation des généraux à la capitale. — Délibérations et propositions au nom d'Haïti : — de rétablir les relations commerciales avec la France, de payer une indemnité pour les colons. — Examen des motifs de ces propositions. — Christophe invite F. de Médina à venir au Cap, et le fait arrêter, incarcérer et interroger. — La saisie de ses papiers y fait découvrir ses instructions secrètes : citation de cette pièce. — Il est jugé et condamné *à mort*, comme *espion*. — Diverses publications par Christophe qui les fait jeter aux avant-postes de la République. — Indignation de Pétion, en lisant les instructions données aux agents français : il signifie à D. Lavaysse de quitter le Port-au-Prince. — Cet agent retourne à la Jamaïque. — Manifeste de Pétion. — Comparaison de sa conduite et de celle de Christophe, en cette circonstance. — Tous deux prennent des mesures pour se préparer à la guerre avec la France.

Dès les premiers jours de cette année, des troupes de Christophe firent une apparition du côté du bourg de Mirebalais qu'elles semblaient vouloir attaquer. Le général Benjamin Noël fit tirer l'alarme pour avertir les citoyens de tout ce quartier de se préparer à la défense, comme il s'y disposait lui-même, et il envoya un officier auprès du président. La garnison du Port-au-Prince sortit aussitôt avec lui et se rendit sur les lieux. Prévenu sans doute de l'arrivée de Pétion, l'ennemi se retira. Mais le président dut prévoir que cette manœuvre pourrait se renouveler souvent : il jugea qu'il était plus convenable d'abandonner le bourg et d'occuper la forte position de Trianon qui est plus rapprochée du Port-au-Prince.

Cette décision présentait trop d'avantages aux habitans et aux troupes, pour n'être pas accueillie avec empressement : les premiers démolirent immédiatement leurs maisons pour les rebâtir à Trianon, tandis que toutes les troupes réunies transportaient le matériel de guerre. Le président traça les fortifications qui devaient défendre ce point et où des pièces de canon furent placées. La position de la Terre-Rouge qui en est tout près, fut aussi occupée et fortifiée : le colonel E. Obas en eut le commandement, et y réunit la plupart des militaires qui étaient venus avec lui du Nord.

Les habitans de tout le quartier du Mirebalais et des montagnes des Grands-Bois eurent désormais plus de sécurité par cette translation raisonnée, et ils purent se livrer avec plus d'ardeur aux travaux agricoles. Toutes les collines dans le voisinage de Trianon et de la Terre-Rouge furent cultivées en vivres qui alimentèrent les troupes en garnison dans ces deux points. A Trianon même, un gros bourg s'éleva sous les auspices de la sage administration du général B. Noël.

Après avoir passé une quinzaine de jours au milieu de

ces braves gens, le Président d'Haïti revint au Port-au-Prince avec les troupes [1].

A peine venons-nous de parler, dans le précédent chapitre, d'une loi qui *transigea* avec les mœurs générales du pays à cette époque, que nous avons à en citer un fâcheux exemple pris dans le sein d'une des plus anciennes familles. Mais aussi, grâce au sentiment inné dans le cœur de tous les peuples, du respect que l'on doit à la morale, à la justice, à toutes les choses qui contribuent à la conservation de la société, on vit l'opinion publique se prononcer contre les faits dont il s'agit et les flétrir de son improbation.

Une dame respectable avait deux filles d'une beauté remarquable. Cette femme, déjà âgée, avait connu *le bon vieux temps* du régime colonial où les mères donnaient, sans scrupule, leurs filles aux Européens pour en faire *des femmes ménagères,* comme on les appelait alors, mais qui souvent leur occasionnaient plus de dépenses par leur luxe, que ne l'aurait fait *une épouse* assurée de son état dans la société par le lien légitime du mariage. Or, il arriva que deux négocians étrangers, établis au Port-au-Prince, l'un Anglais, l'autre citoyen des États-Unis, choisirent ces deux jeunes personnes pour en faire leurs femmes. Ils étaient riches ou passaient pour tels, et ce fut assez pour décider la mère à conclure avec eux moyennant la souscription de *billets à ordre* par ces négocians pour les sommes convenues. A ces conditions, les deux belles créatures furent livrées et vinrent habiter le Port-au-Prince, où les séductions ne leur firent pas défaut. On conçoit d'ailleurs qu'un pareil

---

[1] Extrait du *Télégraphe,* du 23 janvier 1814.

arrangement n'était pas de nature à garantir leur fidélité, lorsque tant d'exemples contagieux les entouraient.

Cependant, le négociant Américain, honnête homme généralement et justement estimé dans le pays qu'il habitait depuis longtemps, eut le bonheur d'être mieux partagé que son confrère l'Anglais. Sa jolie femme fut vertueuse, comme l'avait été sa mère : car on serait dans l'erreur, si l'on pensait que les mœurs du régime colonial empêchaient ce bon résultat. Sous ce rapport, cet affreux régime n'avait que le tort de faire concevoir qu'il était égal d'être marié ou non ; le plus souvent, il égarait l'intelligence plutôt qu'il ne dépravait le cœur ; et c'était l'effet de ses institutions fondées sur le sot préjugé de couleur. Enfin, l'Américain satisfit au payement de son billet à ordre, à l'époque convenue.

Mais, à ce qu'il paraît, l'Anglais s'étant aperçu, dès le début, des mauvaises dispositions de sa femme, ou peut-être étant gêné dans ses affaires, retardait toujours l'acquittement de son billet. A la fin, il ne le voulut plus, parce qu'il avait acquis la preuve des infidélités dont il était la victime, et que sa femme l'abandonna. Celle-ci ne rougit pas alors de contraindre sa mère à intenter à ce négociant un procès par-devant le tribunal de première instance, en payement du billet qui stipulait la somme due sans en mentionner *la cause*. Ce tribunal condamna le débiteur à le payer, même *par corps*, en se fondant sur un article de la loi du 24 août 1808. L'Anglais se pourvut contre le jugement au tribunal d'appel qui maintint bien la condamnation de payer, mais en *infirmant* la voie de contrainte par corps [1].

---

[1] La loi du 24 août 1808 établissait la contrainte par corps, « pour billets à ordre consentis

Fort de ce dernier jugement et victime d'une femme de mauvaise vie, que le public accablait de reproches pour sa conduite scandaleuse, l'Anglais résista au payement. Les parties adverses s'adressèrent alors au chef de la police et surprirent sa religion, en lui exhibant seulement le jugement en première instance ; elles le requirent d'assister un huissier pour arrêter le débiteur dans sa maison et le conduire en prison : ce qui eut lieu. Le jugement en appel avait été rendu depuis environ neuf mois.

Le débiteur incarcéré adressa une requête ou plainte au Président d'Haïti, à l'effet d'obtenir son élargissement. Le chef de l'Etat vit dans cette affaire une gravité qui réclamait une décision motivée du sénat, ce corps ayant les attributions du haut tribunal de cassation ; il lui transmit la requête du plaignant appuyée des pièces du procès. Par son décret du 2 février, le sénat ordonna l'élargissement du négociant anglais, en confirmant d'ailleurs le jugement rendu en appel, fondé sur un billet souscrit volontairement. Le débiteur se décida alors à payer ; mais il avait eu la consolation de voir une manifestation de l'opinion publique en sa faveur, et contre son indigne femme et le séducteur de celle-ci [1].

Le peuple, selon l'habitude créole, les chansonna cruellement. Cette femme ne recueillit que la mésestime pour sa conduite, et fut ensuite maltraitée et délaissée par son séducteur. Et le scandale de cette affaire opéra une sorte de révolution dans les idées des mères et de

« pour valeur reçue comptant et portant hypothèque. » Probablement, le tribunal d'appel reconnut que cette clause n'était pas mentionnée dans le billet souscrit par l'Anglais.

[1] Le lecteur nous saura gré, sans doute, de n'avoir nommé aucune de ces personnes. Quand l'histoire peint les mœurs d'une époque, il suffit qu'elle relate les faits pour que l'on comprenne l'état des choses, et l'influence que ces faits exercent sur la société.

leurs jeunes filles : aucune de ces dernières ne voulut plus consentir à être livrée ainsi, aux *Etrangers* surtout ; les mères craignirent les sanglans reproches du public. Car Dupré, notre poète national et comédien en même temps, qui avait réinstallé la salle de spectacle du Port-au-Prince, eut l'heureuse idée de composer une comédie dont le sujet fut pris sur l'affaire que nous venons de relater ; il l'intitula : *Odéide, ou la honte d'une mère.*

Dans cette pièce, qui fut jouée par lui et des amateurs, il répandit le ridicule et le sarcasme sur les mères qui ne rougissaient pas de conclure des affaires semblables à celle dont il s'agit, et sur les étrangers qui les recherchaient. Mais en habile auteur, qui veut atteindre son but moral, il s'attacha à relever le caractère d'*Odéide*, son héroïne, par la préférence qu'elle donna à un jeune officier haïtien qui la demandait *en mariage*, et qui réussit à l'épouser. Dupré fit exprimer par la jeune fille, que sa mère voulait sacrifier, les plus beaux, les plus nobles sentimens, et les raisonnemens les plus judicieux en faveur du mariage légitime. Le succès de sa pièce fut complet ; le public la redemanda bien souvent, et chaque fois le théâtre était comble : on y remarquait surtout les jeunes personnes qui venaient applaudir aux paroles sensées prononcées par *Odéide*.

D'après ces dispositions, nous croyons, *contrairement* à la pensée de Pétion, exprimée au sénat dans son message du 28 avril 1813, que « si tout tendait *à propager le* « *mariage* comme une vertu sociale, » par la législation, par l'exemple du chef et des hauts fonctionnaires de l'Etat, cette institution civile et religieuse eût jeté de profondes racines dans le pays, malgré l'absence du concours si utile de bons prêtres pour la recommander aux citoyens, selon le vœu du christianisme. Quand on sait l'influence qu'exerçait Pétion sur les esprits et les cœurs, la confiance qu'on avait en lui, en ses paroles, on ne peut que déplorer qu'il n'en ait pas fait usage au point de vue du *mariage*, qu'il ait répudié pour lui-même la sainteté de ses liens. Cependant, devenu le fondateur des institutions politiques du pays, il aurait dû comprendre que la stabilité d'un Etat dépend en grande partie de l'existence de la *famille*; que celle-ci ne se forme que par l'union *légale*, *légitime* de l'homme et de la femme ; qu'elle maintient la *concorde* entre les enfans et tend aussi à celle des citoyens, à la paix publique ; que la famille, enfin, conserve la propriété.

La Religion, la Famille et la Propriété, sont les bases fondamentales de la société civile. D'après les circonstances de son époque, il ne dépendait pas de Pétion d'organiser la hiérarchie religieuse dans le pays pour y faire fleurir la religion ; mais en consolidant la propriété par la distribution des terres, il aurait pu en même temps favoriser la formation de la famille par le mariage.

La civilisation à laquelle Haïti doit aspirer, se rattachant à celle des nations chrétiennes, de la France surtout dont elle a emprunté sa législation, exige qu'elle suive leurs erremens, qu'elle adopte leurs mœurs et non pas celles des Turcs, par exemple, ou des peuplades africaines qui pratiquent également la polygamie : de là la nécessité de respecter les liens du mariage légitime, de favoriser cette institution civile et religieuse.

Tandis que le sénat statuait sur la plainte du négociant anglais, le Président d'Haïti rendait, le 3 février, une proclamation importante dans l'intérêt de la tranquillité publique. Il défendit par cet acte « *toutes corporations de danses*, sous telles dénominations qu'elles puissent « être, ou *associations* dont il résulte un esprit de corps « et une hiérarchie de *places* dans leurs dénominations, » en ordonnant aux commandans d'arrondissement de supprimer celles qui existaient alors.

Depuis quelque temps, il s'était formé, au Port-au-Prince particulièrement, *des sociétés* parmi le peuple, lesquelles prirent différens noms, sous prétexte de se livrer aux danses du pays : ces sociétés étaient dirigées par *des chefs* de l'un et de l'autre sexe. Elles finirent par singer la hiérarchie civile et politique, en qualifiant ces personnes de *président, sénateur, général de division, commandant de la place, de l'arrondissement,* etc. D'autres avaient *des rois, des reines*, etc., et tous ces individus se faisaient obéir dans leurs réunions ou hors d'elles, de la même manière que les autorités publiques de l'État. De telles idées pouvaient avoir des conséquences perturbatrices de l'ordre public : en interdisant ces corporations, le président laissa néanmoins au peuple la faculté de danser et de s'amuser décemment.

Le 8 mars, il pourvut au commandement de l'arrondissement de Jérémie à cause de la mort récente du général P. Henry. Le choix qu'il fit de l'officier chargé de remplir cette vacance fut si heureux, les instructions qu'il lui donna, suivies avec intelligence et dévouement, contribuèrent tant à préparer la pacification de la Grande-Anse, qu'il est convenable d'en parler comme d'un événement important pour la République. Ce fut Bazelais, chef de l'état-major général de l'armée, qui reçut cette mission honorable et qui la remplit au gré du chef de l'État, aux applaudissemens de ses concitoyens. Envoyé *provisoirement*, disaient ces instructions, pour représenter le Président d'Haïti dans les deux arrondissemens de la Grande-Anse et de Tiburon [1], il resta près de huit années consécutives à ce poste, par l'effet même des services éminens qu'il y rendit à son pays. Citons quelques passages *des instructions* :

« Il faut vous pénétrer, général, lui dit Pétion, de
« l'idée que vous allez paraître dans des quartiers battus
« par huit années de misères, de troubles, de révolu-
« tions, de passions et d'intrigues, qui ont toujours été
« les principales causes de leurs malheurs... A votre
« arrivée à Jérémie, chacun viendra vous porter sa
« doléance, chacun vous parlera de ses hauts faits, de
« son patriotisme, de sa bonne intention ; et enfin, vous
« serez tellement tracassé par les sollicitations et les in-
« trigues, qu'il ne vous resterait aucun temps pour vous
« occuper du service essentiel, si vous prêtiez l'oreille à
« tous ceux qui vous aborderont pour vous entretenir de
« leur propre intérêt. Pénétrez-vous bien de cette
« maxime qui est la même chez tous les peuples, et qu'il
« est indispensable à celui qui commande de connaître :
« — c'est que le citoyen qui ne vise qu'à la prospérité de
« l'État, n'a jamais de récompenses à demander ; il se
« borne à ce qui peut opérer le bien général duquel dé-
« pend le sien, et il a la confiance naturelle, que le temps
« et la justice lui donneront ce qu'il a mérité...

« Il me reste maintenant à vous parler d'un point bien
« essentiel : c'est celui qui, pris à l'inverse, a souvent et
« trop souvent opéré le malheur de l'État et celui des
« officiers chargés de représenter le gouvernement dans
« les différens arrondissemens.

---

[1] Le colonel Lepage commandait celui de Tiburon et le 19ᵉ régiment.

« Les officiers supérieurs chargés de commander les
« arrondissemens se sont toujours pénétrés qu'en
« recevant du gouvernement l'ordre de leur départ, ils
« recevaient *un ordre d'aller recueillir des avantages*
« *pour eux-mêmes, comme autant de récompenses de*
« *leurs travaux militaires.* Rendus à leur destina-
« tion, leur premier soin est de rechercher ce qui
« peut concourir à établir *leur fortune*; tous les moyens
« leur paraissent convenables, ils les adoptent; et sacri-
« fiant la chose publique, ils ne s'occupent que d'eux-
« mêmes; à leur exemple, leurs subordonnés négligent
« le service : de là, chacun ne s'occupe que de ce qui lui
« est personnel, le zèle et le patriotisme se refroidissent ;
« bientôt ils n'existent plus, la confiance des citoyens
« est détruite, l'ensemble si nécessaire dans tous les États
« disparaît : l'envie, la jalousie, les calomnies occupent
« toutes les têtes, la confusion est partout, et la désola-
« tion en est le résultat. Vous goûterez trop ces vérités,
« mon cher général, pour ne pas prendre le chemin qui
« est opposé à ce que je viens de vous dire. »

On voit par cette partie de ses instructions, que
Pétion ne parlait pas seulement en chef d'État, mais
qu'il écrivait en *historien*, en *moraliste*. Il le fit encore
sur d'autres points. Après avoir prescrit à Bazelais des
dispositions concernant le service militaire, des mesures
à prendre par rapport à l'insurrection, aux troupes, aux
gardes nationales employées à sa répression, « en inspi-
« rant à la fois aux soldats, les sentimens de l'amitié, de
« la justice, de la confiance et du respect, en leur parlant
« souvent, » il lui prescrivit aussi de faire soigner la
culture et la plantation des vivres nécessaires à l'entretien des militaires, à la subsistance des populations :

« Il est bon de vous observer, mon cher général, que
« dans la partie du pays où vous allez figurer, *le système
« de culture* a toujours été conduit sur un autre principe
« que dans cette partie-ci (l'Ouest). Les *cultivateurs*
« n'ayant jamais été considérés comme des citoyens actifs
« de la République, ils ont toujours été traités avec
« *rigueur*, avec plus ou moins d'*injustice*. Cet état d'ab-
« jection, ce système mal entendu, sont une des princi-
« pales *causes de l'insurrection* qui dévore toute cette
« partie. Dans toutes vos tournées, vous verrez les culti-
« vateurs ; il faut leur parler, il faut leur dire *qu'ils sont
« libres*, que le gouvernement veut qu'ils soient heureux:
« Il faut leur dire *qu'ils ont la faculté d'aller travailler
« où bon leur semble*, et pour tel fermier ou propriétaire
« qui leur fera plaisir : pourvu qu'ils travaillent, c'est
« tout ce que l'État exige d'eux. Ils sont considérés
« comme *des serfs*, et en conséquence, ils sont souvent
« *tyrannisés, jamais payés*. Il faut vous informer de ce
« qui leur est dû pour leurs portions dans les revenus,
« *forcer* ceux qui leur doivent *à les payer*, faire prendre
« soin de ceux qui sont malades. Ces actes de justice,
« d'équité et d'humanité ramèneront nécessairement *les
« cultivateurs* à des sentimens de modération et de
« confiance, parce qu'il est naturel que l'être vivant qui
« est bien traité conçoive de l'attachement pour celui
« de qui il reçoit de bons traitemens. Il faut aussi faire
« disparaître *les voies de fait* : des gens libres ne doivent
« point être *flagellés*. Il faut encourager l'établissement
« des *concessions* que le gouvernement a accordées,
« parce que c'est donner à l'État du nerf par une
« augmentation de *propriétaires*. »

Enfin, après avoir indiqué au général Bazelais ce

qu'il devait faire pour encourager le commerce et entraver la contrebande, pour le respect dû à la magistrature et aux lois, pour seconder l'action utile des agents de l'administration des finances, il lui dit :

« Il faut être accessible à tout le monde, compatissant « et affable envers tous... Il faut, enfin, vous occuper *du* « *peuple*, et ne jamais vous lasser d'être à votre devoir... [1] « Pénétrez-vous, général, de ce que peut un officier « supérieur dans un commandement éloigné, lorsqu'il « est revêtu, comme vous l'êtes, de la confiance du gou- « vernement. La patrie ne peut prospérer que par le « zèle infatigable et persévérant de ses officiers supé- « rieurs ; et plus leur situation est éminente, plus l'im- « portance de leurs devoirs augmente. »

Bazelais se pénétra, en effet, de ces instructions judicieuses ; il eut le désir et la volonté de répondre à la confiance de son chef, de son ami, et il réussit parfaitement à remplir ses vues bienfaisantes.

On voit comment Pétion envisageait les choses dans les quartiers infestés par l'insurrection de Goman, à quelles causes principales il l'attribuait : les mesures qu'il prescrivit à l'égard des cultivateurs, mises à exécution, firent changer cette situation en peu de temps. Ce qui n'est pas écrit dans ses instructions, mais ce qu'il fit ensuite, accéléra la soumission d'un grand nombre d'insurgés et de leurs chefs : il envoya à Bazelais des brevets et des titres de concessions de terre, en blanc-seing, les premiers pour être délivrés aux officiers de Goman qui se soumettraient, les seconds pour les rendre *propriétaires* ainsi que leurs inférieurs venus avec eux [2].

---

[1] C'était son propre portrait que Pétion faisait dans ces recommandations.
[2] Au mois d'août suivant, le colonel *César Novelet*, l'un des fameux insurgés, s'étant

Bientôt après, Goman fut réduit à se confiner dans les hautes montagnes de la Grande-Anse, avec le peu de partisans qui lui restèrent fidèles : *la propriété* surtout avait produit ce prodige. Elle opéra une révolution salutaire dans les idées de ces hommes égarés depuis longtemps, alors que la justice du gouvernement se faisait d'ailleurs sentir par une administration bienveillante, ferme et vigilante. Le général Bazelais ne manqua d'aucune de ces qualités; son activité le portait sur tous les points. Pétion trouva en lui l'homme dont la Grande-Anse avait besoin, tandis qu'au Port-au-Prince, ses devoirs de chef de l'état-major général ne le mettaient pas en relief. Et quand, cinq années plus tard, le président Boyer résolut d'en finir avec cette insurrection, plus de la moitié de la tâche avait été remplie par les sages mesures de son prédécesseur, exécutées avec intelligence par Bazelais [1].

Quelques jours après le départ de ce général pour Jérémie, le 23 mars, Pétion adressa un message au sénat, tendant à provoquer la loi rendue le 12 avril suivant, qui prescrivit que les bâtimens haïtiens voyageant au long cours, fussent pourvus de *registres,* afin de constater régulièrement leur nationalité partout où ils se rendraient. Les citoyens de la République furent autorisés en même temps à acheter des navires étrangers, qui seraient naturalisés haïtiens, pour faire ces sortes de

---

soumis, Pétion lui écrivit pour l'en féliciter et l'engager à bien cultiver la concession de terre qu'il obtint avec la confirmation de son grade. Honoré par ce témoignage de bienveillance du chef de l'État, *César Novelet* porta d'autres insurgés à se soumettre au général Bazelais. Dès le 17 juillet, *le Télégraphe* constatait les heureux effets des instructions de Pétion à ce général.

[1] On verra que Boyer lui-même fit cet aveu, dans les instructions qu'il donna aux généraux qui entrèrent en campagne contre les insurgés, en 1819.

voyages, attendu que le pays n'en construisait pas d'une capacité suffisante ; et les armateurs purent former les équipages, moitié avec des nationaux, moitié avec des *marins étrangers*, sous le commandement d'un capitaine haïtien. Par ces dispositions, les marins nationaux allaient acquérir la pratique des hautes mers, pour servir le commerce de leur pays dans ses échanges directs avec les autres peuples.

Il n'y a que l'ignorance, encroûtée de préventions, qui pourrait blâmer les dispositions de cette loi relatives à l'emploi de marins étrangers sur les navires nationaux ; car, sans eux, le pavillon de la République n'aurait pas flotté avec honneur dans les ports des États-Unis et de l'Angleterre, pour y proclamer en quelque sorte l'indépendance et la souveraineté d'Haïti [1]. Employer les Etrangers et rémunérer leurs services, ce n'est pas les admettre aux droits de cité et de propriété que notre pacte social leur refuse encore. Et que de choses cependant les Haïtiens auraient apprises, s'ils avaient réclamé, en temps utile, le concours de leurs lumières dans les lettres, dans les sciences, les arts et métiers [2] ! Cette nécessité se fait sentir chaque jour davantage afin d'initier le pays aux idées d'une civilisation désirable ; et c'est ici l'occasion de regretter que le successeur immédiat de Pétion ne soit pas entré résolûment dans la voie qu'il avait ouverte à ce sujet, car il semble que la Providence avait réservé à

---

[1] Pas un marin haïtien n'était capable d'y conduire *le Coureur* et *le Conquérant*.

[2] On a vu au Port-au-Prince le bon effet du séjour de quelques ouvriers Allemands qui ont enseigné aux Haïtiens leur métier d'ébéniste : on y fabrique depuis longtemps des meubles en acajou, comme à l'étranger. Des jardiniers Français ont prouvé aussi que des agrémens peuvent être ajoutés à la culture du sol si riche, si fertile d'Haïti. Et les docteurs Stewart, au Cap, Cévest, au Port-au-Prince, n'ont-ils pas enseigné la chirurgie et la médecine à des Haïtiens, avec profit pour le pays ?

Boyer cette noble mission, par sa longue administration.

Pétion avait un motif particulier en proposant la loi ci-dessus : il se disposait à expédier à Londres deux nouveaux navires de la flotte, — les brigs *la Confiance* et *le Dromadaire*, — chargés de denrées pour le compte de l'État.

Attentif aux événemens qui se passaient en Europe, depuis le désastre éprouvé en Russie par l'armée française, et prévoyant ou la chute de l'Empereur Napoléon, ou la conclusion d'une paix entre lui et les puissances alliées, le président devait aviser aux moyens de garantir le pays des éventualités qui pourraient survenir de l'une ou de l'autre chose ; et dans cette pensée, il prit la résolution d'envoyer à Londres son secrétaire Garbage, en qui il avait une haute confiance. Garbage possédait fort bien la connaissance de la langue anglaise ; il y verrait Wilberforce, T. Clarkson et les autres philantropes anglais, et par eux il apprendrait probablement ce qu'il importait à Haïti de savoir ; car la Grande-Bretagne ne pouvait manquer de jouer un rôle dans ce qui aurait été décidé à son égard.

Mais les événemens marchèrent vite, et Garbage n'avait pas encore quitté le Port-au-Prince, quand on y apprit le renversement de Napoléon et la Restauration des Bourbons en France. Pétion dut alors s'arrêter à une combinaison suggérée par le nouvel état de choses.

Les journaux anglais firent savoir le traité de Paris, du 30 mai, et le traité additionnel signé le même jour entre la Grande-Bretagne et la France, par lequel la première restituait à l'autre plusieurs de ses colonies conquises pendant la guerre. Quoiqu'il n'y fût pas question d'Haïti, la réserve stipulée en faveur de la France, de continuer *la traite des noirs* durant cinq années consécutives, disait assez que cette clause avait pour but *de la repeupler d'esclaves*, en cas que la France pût la conquérir. Il ne fallait que du bon sens pour comprendre cela, et il n'était pas nécessaire de connaître les articles *secrets* ou les engagemens pris, soit par la Grande-Bretagne, soit par toutes autres puissances, de laisser à la France toute sa liberté d'action pour tenter de faire rentrer *Saint-Domingue* sous son obéissance. De plus, la chute de Napoléon laissait en France une armée encore nombreuse, qui fut dévouée à ce grand Capitaine, qui pouvait ne pas reporter ses sympathies sur les Bourbons revenus à la suite des alliés. Et, de même qu'on dit, qu'on crut que le Premier Consul, par l'expédition de 1802, voulut se débarrasser des troupes qui avaient servi sous le général Moreau, de même Pétion était autorisé à penser que les Bourbons seraient satisfaits de se débarrasser aussi des troupes de l'Empire : il en savait assez de la politique européenne, pour croire qu'elle ne se gêne pas plus à l'égard *des blancs* qu'à l'égard *des noirs*, quand un sacrifice d'hommes paraît *utile*.

En conséquence, il fit partir Garbage dans les premiers jours de juillet, avec *des instructions* dont le but était de parer à une expédition contre Haïti [1]. Elles consistaient à solliciter *la médiation* du gouvernement britannique, afin d'obtenir du gouvernement français la

---

[1] Garbage s'embarqua sur *la Confiance* qui se rendit avec *le Dromadaire* à Port-Royal de la Jamaïque, afin de se placer sous la protection des navires de guerre anglais qui conduisaient un convoi en Europe. Cet envoyé fut accueilli à Kingston par le duc de Manchester, gouverneur de la Jamaïque. La Grande-Bretagne et les États-Unis étaient en guerre, et ce n'est pas à cause de ces derniers que Pétion prit cette précaution, mais par rapport aux navires français.

reconnaissance de l'indépendance *sur des bases équitables, et par les mêmes termes* que l'indépendance des États-Unis avait été reconnue par l'Angleterre ; c'est-à-dire comme *État libre, indépendant et souverain.*

Pour le moment, constatons seulement que par ces mots : — *sur des bases équitables,* — écrits dans les instructions données à Garbage, on est fondé à penser que Pétion songeait déjà à offrir à la France, *une indemnité* pour *les biens fonciers* des anciens colons, *confisqués* au profit du domaine public d'Haïti. C'était pour leur ôter le droit de réclamer de leur gouvernement qu'il les restaurât dans la possession de ces biens par les moyens violens de la guerre, et pour faire envisager à ce gouvernement lui-même qu'une telle *transaction* serait plus dans l'intérêt de la France, que toutes les tentatives qu'elle ferait pour s'emparer de son ancienne colonie.

De son côté, Christophe avait reçu des informations sur les événemens survenus en France, par Peltier, journaliste français à Londres, qui lui écrivit deux lettres en date du 21 mars et du 5 avril. Il lui fit répondre le 10 juin par le général Prévost, son ministre des affaires étrangères :

« Les détails que vous nous donnez des grands événe-
« mens qui viennent d'avoir lieu en Europe, et surtout
« en France, ont causé beaucoup de satisfaction au Roi...
« Vous avez dû remarquer dans les différens actes que le
« Roi a publiés depuis son avènement au trône, qu'il n'a
« jamais confondu *le peuple français* avec le gouverne-
« ment qui l'opprimait. Il a toujours offert aux paisibles
« *négocians*, sécurité, protection et commerce, quoiqu'il
« fût en même temps déterminé à repousser toute espèce
« d'ennemi qui entreprendrait de nous réduire à l'escla-

« vage. Vous pouvez *déclarer*, Monsieur, comme vous
« êtes maintenant *autorisé* à le faire, que S. M. recevra
« *avec plaisir* dans ses ports *tous les bâtimens marchands*
« *qui arriveront de France*. Les négocians seront pro-
« tégés et traités comme les sujets des autres puissances
« alliées, qui commercent paisiblement avec Haïti, pourvu
« seulement qu'ils aient soin de se conformer aux lois
« du royaume. Vous pouvez donner cette assurance *aux*
« *commerçans français*, et même *la publier* dans vos
« journaux. La France vient de prendre une nouvelle
« face. S. M. espère y trouver un gouvernement juste et
« philanthropique, ... et elle se flatte de trouver des sen-
« timens humains dans un Prince instruit par l'adversité.
« L'état d'incertitude où nous sommes, relativement aux
« mesures du nouveau Souverain de la France à notre
« égard, nous empêche de pouvoir prendre aucune réso-
« lution définitive, *comme vous nous y invitez*, avant
« d'être positivement informés de ses intentions. C'est à
« vous, Monsieur, qui, avec tant d'attachement et de fidé-
« lité, avez constamment *défendu les intérêts* de cet
« infortuné monarque ; c'est à vous qui êtes attaché *à la*
« *cause* du roi Henry, et qui connaissez cette île, *à pré-*
« *parer une négociation* entre les deux puissances [1].
« Vous ne pouvez douter que S. M. écoute *les proposi-*
« *tions justes et raisonnables* qu'on pourra lui faire, et
« qu'elle s'empresse de nommer un homme sûr, pour
« régler ses intérêts et ceux de son royaume [2]. »

---

[1] Peltier, émigré, publiait depuis longtemps à Londres un journal intitulé *l'Ambigu*; il y défendait la cause des Bourbons contre Napoléon et la France révolutionnaire. Dès 1807, Christophe lui envoyait de l'argent, dont il avait toujours besoin, pour qu'il prônât son gouvernement à l'exclusion de celui de Pétion. Il inséra la lettre de Prévost dans *l'Ambigu* : Placide Justin la cite tout entière, p. 468.

[2] Les propositions *justes et raisonnables* dont il s'agit, consistaient à offrir à la France,

Si Christophe ne voulut pas envoyer un *Haïtien* en Europe pour faire connaître ses dispositions pacifiques, c'est qu'il avait en Angleterre ce *Français* qui était un agent à sa solde depuis 1807. On voit par la lettre de Prévost, qu'il était loin de prendre une attitude *hostile* envers la France et les Bourbons ; qu'il chargeait Peltier de proposer le rétablissement des relations commerciales entre la France et Haïti, d'abord, puis de préparer une négociation où il était disposé *à écouter des propositions justes et raisonnables*, pour parvenir à la reconnaissance de l'indépendance.

Ainsi, les deux chefs d'Haïti pensaient de même ; car, dire de traiter de cette reconnaissance avec le gouvernement français *sur des bases équitables*, ou bien, dire qu'on est disposé *à écouter des propositions justes et raisonnables*, c'est tout un. Christophe, de même que Pétion, ne pouvaient s'imaginer que ce gouvernement oublierait *les intérêts* des colons de Saint-Domingue, dans les stipulations d'un traité entre la France et Haïti. Il n'eut pas la pensée de Pétion, qu'il adopta par la suite, de réclamer *la médiation* de la Grande-Bretagne, parce qu'il croyait sans doute que Peltier eût été assez influent pour faire réussir une négociation [1].

10 *pour cent* de la valeur *des biens des colons*. Peltier reçut l'autorisation de les faire, par un acte distinct de la lettre de Prévost, destinée à être publiée. Si la France avait admis cette base, Christophe eût nommé quelqu'un pour le traité. — J'ai eu connaissance de ce fait par des documens que j'ai vus.

1 Huit jours avant que Christophe fit écrire à Peltier par Prévost, le 2 juin, Isaac Louverture et son frère Placide adressèrent une lettre à Louis XVIII, pour réclamer de son gouvernement de faire payer à la famille de Toussaint Louverture, la modique pension qui lui était allouée et dont le payement était suspendu depuis quatre mois. Cette lettre est de la main d'Isaac. Il rappelait au Roi, que son père avait fait fleurir une des colonies de la France, et il terminait cette lettre par ces paroles :

« L'Amérique et l'Europe ont donné des louanges à sa noble conduite envers tous vos
« sujets ; et si une fatale catastrophe n'avait point interrompu le cours de ses travaux, il

Toutefois, et quelles que dussent être les résolutions de la France et des autres puissances étrangères à l'égard d'Haïti, Pétion s'était hâté de compléter son système de rémunération nationale, pour les services rendus à la patrie. Il avait adressé un message au sénat pour lui proposer de rendre une loi qui accorderait des concessions de terre en don national, aux chefs de bataillon et autres officiers de grades inférieurs. Après en avoir démontré la justice, il termina ainsi son message :

« D'ailleurs, citoyens sénateurs, *les biens* que je vous
« propose de distribuer ont été conquis sur les ennemis
« de la liberté haïtienne ; ils doivent naturellement être
« la récompense de ceux dont le métier est de défendre
« l'État ; et puis, je pense que vous vous pénétrerez de
« cette grande vérité pour les États naissans : — qu'en
« augmentant le nombre des propriétaires fonciers, c'est
« donner une existence réelle et solide à la patrie. »

Quinze jours après, la loi était publiée. Elle accorda aux chefs de bataillon ou d'escadron, 35 carreaux de terre ; aux capitaines, 30 ; aux lieutenans, 25 ; et aux sous-lieutenans, 20 : à prendre dans les habitations caféières, et ce, en toute propriété et jouissance. Le Président d'Haïti en délivra les titres, au nom de la nation[1].

Poursuivant la réalisation de ses vues politiques et bienfaisantes, Pétion proposa encore au sénat d'accorder

---

« aurait eu aujourd'hui la gloire de remettre la Reine de l'Archipel américain à son Seigneur
« légitime. »

J'ai vu ce document dans les cartons du ministère de la marine qu'il m'a été permis de consulter, et je le cite comme pièce historique. Il prouve qu'Isaac fut toujours constant dans son dévouement à la France, et l'on doit respecter un tel sentiment fondé sur ses convictions.

1 Outre les concessions de terrains que les officiers de l'armée reçurent dans les campagnes, ils eurent la faculté d'acheter, à bas prix, les maisons ou portions de maisons des villes qui leur servaient de logement.

une sucrerie à Madame Veuve Pellerin, la respectable mère de LAMARRE, en considération des services éclatans rendus par ce héros ; et aux officiers de santé, et aux commissaires des guerres, des concessions de terrains suivant les grades auxquels ils étaient assimilés par la loi. Le 22 juin, il proposa de mettre *en vente* tous les biens du domaine public, afin que chaque Haïtien pût devenir propriétaire foncier. Enfin, le 28 juillet, il proposa d'accorder aussi des concessions de terrains aux fonctionnaires et employés de l'administration des finances, suivant l'assimilation de leurs charges.

Les lois des 18 et 19 août vinrent décréter toutes ces mesures proposées par le Président de la République, et les propriétés des anciens colons passèrent ainsi aux mains de ses citoyens de toutes les classes. Ces lois étaient la conséquence naturelle de leur confiscation en 1804[1].

Le président publia peu avant, un arrêté pour fixer le prix des opérations d'arpentage des terrains concédés ou vendus, et un autre pourvut à une sorte d'abus qui voulait se glisser dans le pays. Des Haïtiens qui étaient à l'étranger, y étant rentrés, obtinrent la mise en possession de leurs biens-fonds qui avaient été séquestrés en leur absence, et ils cherchaient à les vendre pour se retirer de nouveau à l'étranger : cet arrêté défendit de telles ventes, avant qu'il ne s'écoulât au moins un an et un jour après le renvoi en possession.

Garbage était à peine parti du Port-au-Prince, quand

---

[1] Les magistrats de l'ordre judiciaire ne reçurent leurs dons nationaux que par la loi du 23 décembre suivant, sur la proposition du président en date du 1er octobre.

Pétion reçut d'autres nouvelles d'Europe qui annonçaient que le gouvernement français se préoccupait du rétablissement de son autorité à Haïti. Il venait de provoquer l'aliénation et la distribution des biens du domaine ; le 25 juillet il adressa une circulaire aux généraux commandans d'arrondissement, où il leur prescrivit des mesures pour se préparer à *la guerre* : plantation de vivres en abondance, transport des poudres, du plomb et autres matériels à l'intérieur, etc. « Vous ferez préparer, leur « dit-il, dans chaque ville et bourg, une grande quan- « tité de *torches*... pour servir, en cas d'invasion des « Français en force, *à incendier* généralement toutes les « maisons de ces villes et bourgs et plaines accessibles, « parce qu'il ne faut pas, s'ils viennent, qu'ils trouvent « *un seul ajoupa* pour s'abriter de l'intempérie du « temps, etc. » En terminant, il leur dit qu'il avait déjà pris ses précautions pour recevoir d'Europe des informations positives et à temps, afin de n'être pas surpris.

Effectivement, le gouvernement français avait devancé la mission de Garbage. M. le baron Malouet, ministre de la marine et des colonies, ancien colon et ordonnateur au Cap, représentant ses confrères dans ce gouvernement, agissait déjà en vue d'une « Restauration à Saint-Domingue, » comme en France. A la fin de juin, moins de trois mois après le retour des Bourbons, il expédia trois agents dans ce but : *Dauxion Lavaysse, Dravermann* et *A. Franco de Médina*. Ils allèrent s'embarquer à Falmouth (en Angleterre), sur le packet des Antilles, pour se rendre ou à Porto-Rico ou à la Jamaïque, d'où ils devaient se transporter à Haïti, chacun au lieu de leur destination : le premier, auprès de Pétion ; le second, auprès de Borgella (on le croyait encore général en chef du Sud);

le dernier, enfin, auprès de Christophe. Ils partirent de Falmouth le 16 juillet[1].

Ils étaient tous trois porteurs de *lettres de créance* et *d'instructions* semblables qui pouvaient les faire considérer, sinon comme de vrais *espions*, du moins comme des *embaucheurs* chargés d'intriguer, de semer la discorde entre les Haïtiens, afin d'assurer le succès d'une expédition militaire qu'on allait préparer dans les ports de France, pour être dirigée contre Haïti, de même qu'en 1802. Ce procédé était bien digne du ministre Malouet qui, à cette époque, avait tant contribué à persuader le Premier Consul de faire cette entreprise. Il justifiait par là ce qu'a dit ensuite l'Empereur Napoléon de tous les hommes qui, en France, étaient encroûtés des idées de l'ancien régime : « Ils n'ont rien appris, ni rien « oublié. »

Le packet anglais sur lequel passèrent les agens de la France, toucha à Curaçao. Le général Hodgson, gouverneur de cette île, sut immédiatement le but de leur mission; il en fut de même de M. Lyon, qui était une espèce d'agent commercial de Pétion à Curaçao. En causant avec D. Lavaysse, ils lui conseillèrent de ne pas se présenter à Haïti en qualité de *marchand*, selon ses instruc-

---

[1] D. Lavaysse avait été membre de la Convention nationale ; ensuite, il voyagea dans l'Amérique méridionale. De retour en France, il publia un livre où il émit des opinions libérales à propos de l'esclavage. A la chute de l'Empire, il servait dans l'armée du Vice-Roi d'Italie.

Dravermann, négociant à Bordeaux, épousa une fille (blanche) de Bernard Borgella, père du général Borgella : il venait donc se présenter en qualité de *beau-frère* de ce dernier. On verra que des trois agens, il fut celui qui tira mieux son épingle du jeu, non comme *agent*, mais comme *négociant*. C'était un vieillard de 70 ans.

Agoustino Franco de Médina était cet Espagnol qui avait commandé Saint-Yague sous les ordres du général Ferrand, et qui suivit les Français à l'évacuation de Santo-Domingo, en 1809.

tions; car Pétion serait indubitablement informé du véritable but de sa mission[1].

Rendus à la Jamaïque le 26 août, les trois agents y trouvèrent beaucoup d'anciens colons de Saint-Domingue qui s'y étaient réfugiés depuis longtemps. Aussitôt, ils dressèrent un plan de concert entre eux, en publiant un pamphlet intitulé : *Considérations offertes aux habitans d'Haïti sur leur situation actuelle et sur le sort présumé qui les attend*: cet écrit porta le nom de *H. Henry*. Il était basé sur les *instructions* du ministre Malouet dont la perfidie fut ainsi dévoilée, par les classifications qu'il établissait entre les Haïtiens. Ce pamphlet parvint de suite au Port-au-Prince et au Cap, par les relations de commerce qui existaient depuis deux ans entre Haïti et la Jamaïque.

Déjà, Pétion voulait les faire cesser, en publiant son arrêté du 15 août, qui prohiba toute exportation à l'étranger des grains et vivres du pays, comme conséquence de sa circulaire aux commandans d'arrondissement, sur la plantation de ces objets de première nécessité.

Il fit publier de suite une *Réponse* au pamphlet de H. Henry : rédigée par Sabourin, elle fut signée du nom de *Colombus*. Elle parut comme l'œuvre d'un Étranger qui, habitant la République, était à même d'apprécier la situation du pays et le caractère des Haïtiens. Nécessairement, le style de cet écrit devait être modéré, puisque son auteur *supposé* n'était pas intéressé dans la querelle qui se ravivait entre la France et son ancienne colonie. Mais, tout en démontrant que cette puissance

---

[1] Pétion reçut, en effet, des lettres de Londres à ce sujet : le général Hodgson et Lyon lui donnèrent également avis de ce qu'ils avaient appris. Leurs conseils à D. Lavaysse étaient dans ses intérêts personnels, — pour éviter le sort d'un *espion*.

n'avait aucune chance pour la conquérir par les armes, il exposait des considérations qui devaient la porter à ne rien entreprendre contre elle : il concluait à la conseiller de prendre plutôt des arrangemens fondés sur les rapports commerciaux.

Cependant, convaincu que Pétion devait être déjà informé de la mission, le 6 septembre, D. Lavaysse prit le parti de lui adresser une lettre, pour l'avouer et s'assurer sans doute si, par sa réponse, le président lui permettrait de se rendre au Port-au-Prince. Cette lettre fut apportée par le capitaine du brig *la Moselle*, de la marine de S. M. B.[1].

Il convient de produire ici une partie des *instructions* données aux trois agents français, afin de caractériser la mission qu'ils reçurent du ministre Malouet :

« Le Roi, leur dit-il, a porté ses regards sur la colonie
« de Saint-Domingue. En conséquence, *quoiqu'il ait
« donné ordre de faire préparer des forces majeures et de
« les tenir prêtes à agir*, si leur emploi devenait nécessaire,
« *il a autorisé* son ministre de la marine et des colonies
« à envoyer à Saint-Domingue *des agents* pour prendre
« une connaissance exacte des dispositions de ceux qui
« y exercent actuellement un pouvoir quelconque.....

« De celle de ces îles où ils auront débarqué (à Porto-
« Rico ou à la Jamaïque), ils passeront à Saint-Domin-
« gue *et ne s'y montreront d'abord que comme gens qui*

---

[1] Pendant que D. Lavaysse faisait ses ouvertures à Pétion, le fameux *Desfourneaux* qui ne fut connu à Saint-Domingue que par des défaites, devenu membre de la chambre des députés en France, y présentait un rapport, le 16 septembre, sur des pétitions des colons ; il y concluait à inviter le Roi de faire *une expédition* contre Haïti, pour les rétablir dans *leurs biens* et leur restituer *leurs esclaves*. Selon lui, rien n'était plus facile, car Pétion et Christophe s'empresseraient de reconnaître la souveraineté du Roi légitime de la France ; et au besoin, la conquête de la colonie se ferait en peu de temps. Desfourneaux semblait viser au commandement en chef de l'expédition.

« viennent préparer pour leur compte ou pour celui de
« quelque maison de commerce, des opérations de ce genre.
« Deux d'entre eux se mettront le plus tôt qu'ils pourront,
« mais avec beaucoup de circonspection, en rapport avec
« Pétion et son second, Borgella ; le troisième fera de
« même à l'égard de Christophe[1]. Ce ne sera qu'après
« avoir sondé adroitement les dispositions de ces chefs,
« après avoir pris connaissance de leurs moyens inté-
« rieurs, de leur plus ou moins de prépondérance dans
« l'île, de l'esprit de toutes les classes subordonnées,
« qu'ils s'ouvriront davantage à eux, et ils n'iront jusqu'à
« leur donner connaissance de leurs *lettres de créance*,
« que lorsqu'ils jugeront que le moment en est venu. On
« ne saurait, à cet égard, leur tracer une marche précise ;
« on s'en repose donc sur leur prudence. Lorsqu'ils
« en seront venus au point *de traiter franchement* avec
« ces chefs, ils discuteront *un plan d'organisation politique*
« qui leur agrée et qui soit tel que le Roi puisse consentir
« à l'accorder. Ils recevront de ces chefs l'assurance qu'ils
« adhèreront à ce plan, et que, *protégés* par la puissance
« royale, ils rangeront *à l'obéissance* tous leurs subor-
« donnés. De leur côté, les agents, *sans signer aucun
« traité formel*, — chose qui ne serait pas *de la dignité
« du Roi*, —*assureront* aux chefs *que Sa Majesté est dis-
« posée à accorder* ce dont il aura été convenu, et qu'Elle
« le fera connaître aussitôt leur retour en France, *par
« une déclaration émanée de sa grâce*[2]. »

---

[1] La mission secrète de M. Liot n'avait pu être ignorée au ministère de la marine ; il a dû y faire son rapport. Mais Malouet se méprit sans doute sur l'accueil qu'il reçut de Pétion, fondé sur ce qu'il avait été connu dans le pays pour un homme sans préjugés : c'est pourquoi il aura envoyé D. Lavaysse, chef de la mission, auprès de Pétion, en présumant encore qu'étant *mulâtre*, ce dernier eût été plus facile à gagner.

[2] On voit, par ces mots, que l'idée d'une *Ordonnance royale* fut adoptée dès lors, pour toutes *concessions* que les Bourbons voudraient faire aux Haïtiens. Ils avaient *octroyé* la

Il suffirait de cette partie des instructions du ministre-colon, pour déterminer le caractère de cette mission, la perfidie de son but ; mais on lira autre chose. On voit que, par les circonstances de leur passage à Curaçao, les trois agents se trouvaient démasqués, et qu'ils ne pouvaient plus se présenter à Haïti en qualité de commerçans. Pour y arriver, D. Lavaysse était donc *contraint* d'avouer à Pétion qu'il était envoyé par le gouvernement français, et il trouva dans les autorités de la Jamaïque une complaisance remarquable, lorsqu'elles mirent à sa disposition un brig de guerre pour apporter sa lettre à Pétion.

Ce fait était de nature à suggérer des réflexions au président, après la clause du traité additionnel à celui de Paris, signé entre la Grande-Bretagne et la France, qui réservait à celle-ci le droit de continuer la traite des noirs durant cinq années, et dans le temps même où Garbage devait être déjà rendu à Londres. N'était-ce pas *un appui* donné à la France dans la démarche de son gouvernement, la preuve *d'une entente*, sinon *d'une connivence*, entre les deux puissances, au détriment d'Haïti ? Il était évident, dans tous les cas, qu'on n'était plus au temps de 1803 où la guerre entre elles facilitait celle qui fut entreprise par nous pour parvenir à notre indépendance. Pétion devait donc comprendre que la situation des choses ayant changé, nous étions désormais réduits à nos seules ressources, à défendre notre liberté par notre propre énergie, avec le concours de la protection divine et de l'action meurtrière de notre soleil vengeur.

charte de 1814 à la France, en vertu du droit divin ; ils ne voulaient pas agir autrement à l'égard d'Haïti : un *traité formel* eût blessé *la dignité royale*. De là l'ordonnance de 1825.

Dans sa lettre d'ouvertures, D. Lavaysse s'efforçait de le convaincre de la nécessité, de la convenance de reconnaître l'autorité de Louis XVIII, Roi de France, tout en la terminant par *des menaces* à raison de la puissance de son pays. Après avoir vociféré contre *Buonaparte* (son langage était celui qu'on employait alors en France, en attendant *l'apothéose* de Napoléon), il l'engageait à se dire : « Prenons confiance en ce Roi généreux, loyal,
« éclairé ; il nous fera partager les droits de sujets et de
« citoyens français, ce qui, certes, est préférable au sort
« *d'être traités comme des sauvages malfaisans, ou traqués comme des nègres marrons*[1]. »

Mais cette lettre, de même que le pamphlet publié à la Jamaïque sous le nom de *H. Henry*, que l'envoi de Dravermann auprès de Borgella, prouvaient à Pétion qu'en France, on ne se faisait nulle idée de la situation réelle des choses en Haïti. Il ne pouvait s'étonner de la *prétention* du gouvernement des Bourbons, de restaurer son autorité dans ce pays, puisque Napoléon lui-même en avait toujours conservé l'espoir[2]. Les menaces de l'agent n'en étaient que la conséquence ; et ignorant la teneur de ses *instructions* (on ne le sut qu'après et nous dirons comment), il dut le croire bien régulièrement envoyé par le gouvernement français, pour remplir une mission *avouable*, et muni de *pouvoirs* à cet effet ; l'avis même que cet agent en donnait le faisait supposer naturellement ; car il ne se présentait pas comme *marchand*. Il parut donc au président que ce qu'il y avait de plus convenable en une telle circonstance, c'était de mettre D. Lavaysse à

---

[1] Ces dernières expressions avaient paru dans l'écrit signé *H. Henry*.
[2] La mission de Garbage admettait cette probabilité, de même que la lettre de Prévost à Peltier.

portée de tout voir par ses propres yeux, pour se convaincre qu'Haïti était autre chose que *Saint-Domingue.*

Quels risques pouvait-on courir en le laissant pénétrer à Haïti? La République était habitée par des hommes libres et indépendans *de fait comme de droit*, dont la résolution de se maintenir tels était irrévocable, comme celle de leur chef était de leur garantir ces droits légitimes. Il possédait leur confiance par sa manière de gouverner l'État, et aucune trahison n'était à craindre entre lui et ses concitoyens. L'agent de la France pouvait donc venir en toute sûreté; on entendrait son langage, ses propositions, et on lui répondrait selon que l'intérêt général le conseillerait. Après toute lutte, toute guerre entre les peuples, n'arrivent-ils pas toujours à des propositions de paix, à des conventions qui sont discutées entre leurs représentans? La situation d'Haïti à l'égard de la France n'était que cet état de choses.

Le 24 septembre, Pétion écrivit à D. Lavaysse, qu'il pouvait venir auprès de lui et qu'il serait reçu *avec égards, avec le respect* dû au Souverain qui l'envoyait. Trouvera-t-on ces termes peu convenables, marquant de la faiblesse, de la crainte? Si les hommes, comme individus, se doivent mutuellement des égards et du respect, par la même raison, les Etats et leurs chefs se doivent ces considérations qui ne dérogent nullement à leur dignité.

Mais les trois agents étaient tombés malades à Kingston. Après leur rétablissement, Franco de Médina partit pour Puerto-Plata où il arriva le 20 octobre; de là il alla voir ses parens à Santo-Domingo, son lieu natal, et revint à Saint-Yague. Dravermann, ayant plus souffert à cause de son grand âge, et apprenant que le général

Borgella n'avait aucun commandement dans le Sud, quitta Kingston le 17 octobre pour se rendre en France avec des dépêches du chef de l'agence, adressées au ministre de la marine. En vrai *négociant*, il s'enquit de ce qui pouvait être l'objet d'un commerce fructueux avec Haïti ; et sachant que dans la République, les étrangers n'étaient exposés à aucun danger, il fit ses réserves dans ses intérêts personnels pour devenir ensuite, sans s'en douter, le meilleur *diplomate* entre la France et son ancienne colonie.

Quant à D. Lavaysse, il s'était résolu, le 1er octobre, à adresser aussi une lettre « A Son Excellence le général « Henry Christophe, chef suprême du gouvernement du « Nord d'Haïti. » Elle était plus étendue que celle à Pétion et contenait autant *de menaces* à raison de la puissance de la France « et de ses alliés, surtout la Grande-« Bretagne, qui, au besoin, uniraient leurs forces aux « siennes. » L'agent faisait de grands éloges de Toussaint Louverture, et, par suite, déblatérait contre « Buonaparte qui avait fait périr ce chef injustement. » Il fit l'aveu que la réserve stipulée en faveur de la France, de continuer la traite des noirs durant cinq années, n'avait d'autre but que de *remplacer* la population d'Haïti, si elle ne se soumettait pas à son ancienne métropole, etc. Enfin, dans un post-scriptum, D. Lavaysse annonçait à Christophe que Franco de Médina allait se rendre auprès de lui, qu'il méritait toute sa confiance ; et il lui envoya copie de sa lettre à Pétion, afin de prouver *sa loyauté* et qu'il était digne aussi de son estime.

En comparant cette correspondance avec les instructions de Malouet, qui recommandaient aux agents d'emprunter le masque de la duplicité pour se présenter à Haïti, on reconnaît que D. Lavaysse se montrait plus digne d'être le ministre d'une puissance comme la France, que le vieux colon qui les lui dicta [1]. Mais, relativement au *Roi d'Haïti*, opposé au *Roi de France* et qualifié simplement de *Général* et d'*Excellence*, sa lettre était bien certainement la plus mauvaise recommandation qu'il pût faire de son collègue Franco de Médina [2].

De même que Pétion, Christophe était déjà informé de l'envoi de ces agents, et par des personnes de la Jamaïque et de Curaçao et par Peltier qui, se trouvant en France au moment de leur départ, avait éventé cette mission. C'est ce qui le porta à parler en Roi dans un *Manifeste* qu'il publia le 18 septembre, commençant par ces mots : « *Souverain* d'une nation trop longtemps *opprimée*, etc. »

Ce document, remarquablement rédigé, retraça l'historique de toutes les phases des révolutions de Saint-Domingue jusqu'au moment où Haïti se constitua en nationalité distincte par son indépendance, afin de prouver que les Haïtiens ne pouvaient pas rétrograder dans cette carrière parcourue si glorieusement. Il en appela « à tous » les souverains de la terre, à ces généreux Anglais qui « ont été les premiers à proclamer dans leur sénat l'abo-

---

[1] D. Lavaysse ayant été membre de la Convention, on a dit même du Comité de salut public, avait peut-être *voté* la liberté générale des noirs dans la séance du 4 février 1794. On ne peut donc savoir si, intérieurement, apprenant l'état réel des choses en Haïti, il ne voulut pas donner un avertissement aux Haïtiens, par *son aveu* sur le but de la réserve relative à la traite des noirs. Dans tous les cas, son langage menaçant envers Christophe et Pétion était plus digne de son pays que s'il se fût présenté à eux en *espion*. Il faut que l'on sache aussi, qu'arrivé à Kingston, il eut une copie de la *circulaire* du 23 juillet que Pétion adressa au général Marion, aux Cayes, comme aux autres généraux ; il l'adressa au ministre de la marine par Dravermann ; et en cela, il voulait se justifier d'avoir *écarté* ses instructions. Il n'a pas dit comment il a pu avoir cette copie.

[2] Cette lettre fut apportée à Christophe par *Montorsier*, Français qui faisait ses affaires à la Jamaïque. Il fit emprisonner ce malheureux et ordonna de le tuer peu après. Tout l'équipage du navire venant de cette île fut aussi mis en prison : des imprimés du Cap ont publié ces faits.

« lition de l'infâme trafic des noirs, et qui ont profité de
« l'ascendant que leur donnait la victoire, pour recom-
« mander cette abolition à tous leurs alliés ». Il en appela
aux philanthropes de toutes les nations, au genre humain
tout entier. « Nous croyons, poursuivit-il, que Sa Majesté
« Louis XVIII, suivant l'impulsion *philanthropique* qui a
« régné dans sa famille, et imitant la conduite que son
« malheureux frère, Louis XVI, a tenue envers les États-
« Unis d'Amérique, marchera sur les traces de ce mo-
« narque et reconnaîtra l'indépendance d'Haïti. Ce ne
« serait qu'un acte de justice, une faible réparation des
« maux que nous a fait souffrir le gouvernement français.
« Libres de droit et indépendans de fait, nous ne renon-
« cerons *jamais* à ces avantages ; non, jamais nous ne
« laisserons renverser l'édifice que nous avons élevé et
« cimenté de notre sang, du moins sans nous ensevelir
« sous ses ruines... Nous déclarons solennellement que
« nous n'accepterons jamais aucun traité, ni aucune
« condition capable de compromettre l'honneur, la liberté
« et l'indépendance du peuple d'Haïti. Fidèles à notre
« serment, nous nous ensevelirons sous les ruines de
« notre patrie, plutôt que de laisser porter la moindre
« atteinte à nos droits politiques. »

Par ce document, on voit que Christophe avait pris son attitude *royale*. Étant d'un caractère différent de celui de Pétion, il devait nécessairement agir autrement que le fit ce dernier, dont la haute politique ne s'effrayait de rien et savait tirer parti des hommes et des circonstances. Pétion se préparait déjà à faire de D. Lavaysse un avocat de la cause d'Haïti, quand Christophe lui fit répondre par le général Prévost, le 2 novembre, par une simple lettre accompagnant son Manifeste et d'autres publications faites sur *la Gazette royale d'Haïti*.

En attendant l'arrivée de D. Lavaysse au Port-au-Prince, Pétion considéra qu'à raison de la situation des choses, et de la démarche que faisait la France, et de celle qu'il faisait lui-même par la mission de Garbage à Londres, il ne fallait pas se borner à compter sur les seuls sentimens *philanthropiques* du gouvernement britannique pour obtenir sa médiation; et il prit la résolution *d'intéresser le peuple anglais* au maintien de l'indépendance d'Haïti. Il savait que pour la Grande-Bretagne, le plus grand objet est de trouver un débouché avantageux des produits de ses manufactures. Son commerce avec Haïti était déjà considérable; elle seule lui fournissait alors les marchandises fabriquées, tandis que les États-Unis y envoyaient leurs comestibles.

Par un arrêté du 15 octobre : — « Considérant que « le commerce de la Grande-Bretagne a été très-avanta- « geux à la République, et même l'a aidée dans les cir- « constances les plus critiques où elle s'est trouvée; et « désirant l'encourager de plus en plus... » le président réduisit le droit d'importation, — qui était de 10 pour cent, — à 5 pour cent sur les marchandises manufacturées dans les pays sous la domination de S. M. Britannique [1].

Cet acte était également conçu, sans nul doute, dans la prévision d'un arrangement possible, sinon probable, avec la France qui ne manquerait pas de demander des avantages commerciaux pour ses produits, indépendamment de l'indemnité que le président était disposé à ac-

---

[1] Dans ses Mémoires de 1843, B. Inginac prétend que ce fut d'après ses conseils que Pétion rendit cet arrêté. Nous ne pouvons prouver le contraire, et il en était capable.

corder pour les biens des colons ; et par là, il se mettait en mesure de repousser ses exigences à cet égard.

Quoique cette réduction de droits eût dû être plutôt l'objet d'une loi du sénat que d'un arrêté du pouvoir exécutif, elle produisit un excellent effet en Angleterre : nous y reviendrons plus tard.

Enfin, rassuré par la lettre de Pétion et la réputation qu'il méritait par sa loyauté, D. Lavaysse quitta Kingston et arriva au Port-au-Prince le 24 octobre, encore sous l'influence de la fièvre jaune qu'il avait eue dans la colonie anglaise [1]. Le président le fit loger chez le général Boyer, dont l'accueil gracieux et l'urbanité le séduisirent immédiatement. Il trouva dans sa conversation, dans son hospitalité, dans les soins qui lui furent donnés pour son état maladif, tous les agrémens qu'il pouvait désirer ; et les aides de camp de ce général l'entouraient d'attentions.

Il témoigna de l'empressement à voir Pétion qui le reçut avec beaucoup d'égards, en présence de plusieurs fonctionnaires civils et militaires. Dans cette présentation, fort courte, il sollicita une audience afin d'entretenir le président de l'objet de sa mission : elle lui fut accordée pour le lendemain dans la soirée.

A l'heure assignée, le général Boyer accompagna son hôte au palais de la présidence. D. Lavaysse croyait qu'il parlerait à Pétion seul et en particulier ; mais quel ne fut pas son étonnement, en le voyant entouré des séna-

---

[1] D. Lavaysse vint sur le navire de Pierre Pradères, Français établi au Port-au-Prince, qui faisait le commerce avec la Jamaïque, et dont nous avons déjà parlé au 7ᵉ volume de cet ouvrage. Étant à Kingston, Pradères voyait les anciens colons et les trois agents de la France, et il tint Pétion avisé de tout ce qu'il apprit d'eux : son dévouement au président et à la République ne se démentit jamais ; car, par la suite, il rendit bien d'autres services à Haïti.

teurs, de tous les fonctionnaires publics, de tous les généraux et autres officiers supérieurs présens au Port-au-Prince! Non-seulement eux, mais de simples citoyens s'y trouvaient; et les soldats de la garde du palais, mêlés avec leurs officiers, étaient aux fenêtres de la salle de réception, ouverte à tous, et pouvaient entendre tout ce qui se dirait entre l'agent de la France et le Président d'Haïti. D. Lavaysse fut déconcerté, et il fit observer au président que ce qu'il avait à lui dire ne comportait pas une telle audience.

Mais Pétion lui répondit qu'il était le chef d'une République, et seulement le premier parmi ses frères, ses égaux; que leurs intérêts étaient indivisibles, comme leurs devoirs étaient semblables; que le chef de l'État ne pouvait avoir rien *de secret* pour ses concitoyens, dans une circonstance où il s'agissait de l'indépendance de leur pays, de leur liberté et de tous les droits conquis par la nation entière. Il ajouta : « Rassurez-vous, Monsieur
« le général[1] ; vous êtes en présence d'un gouvernement
« et d'un peuple qui savent ce que leur prescrit le droit
« des gens, et c'est pourquoi je vous ai invité à venir de
« la Jamaïque ici. Vous pouvez nous dire tout ce que vous
« voudrez, tout ce que vous jugerez utile dans le cercle
« des instructions que vous avez dû recevoir du gouver-
« nement français, dans l'intérêt de votre pays. Parlez
« sans hésitation et sans craindre de nous offenser. Nous
« vous écouterons, et je vous répondrai. »

Le négociateur se vit forcé de s'expliquer, non pas dans le sens de ses perverses *instructions* qu'il avait déjà écartées, mais en employant tous les argumens possibles pour

---

[1] Cet agent n'était que *colonel*, mais il avait pris le titre de *général*, et on le croyait.

parvenir au but définitif de sa mission, telle qu'elle apparaît dans la *note* du 9 novembre, qu'il adressa ensuite à Pétion. Ce dernier seul lui répondit dans le sens de sa réponse à cette note, en date du 12. L'un et l'autre orateur discutèrent à ce sujet, D. Lavaysse s'animant par la confiance que lui inspirait le président qui, toujours modéré mais ferme dans ses convictions, lui opposa la nécessité de l'indépendance d'Haïti pour garantir les droits et l'existence du peuple qui l'habite. Enfin, l'agent français se retira avec le général Boyer à qui il dit, qu'il ne croyait pas trouver, ni autant de lumières, ni autant de modération et de résolution en Pétion. Il sentit que sa mission avait échoué dans cette seule audience; car il put reconnaître qu'il lui était impossible d'aborder les questions prévues dans les instructions données par le ministre de la marine [1].

Le lendemain, les citoyens de toutes les classes savaient les particularités de la discussion qui avait eu lieu entre le président et l'agent français; car chacun y était représenté parmi les auditeurs. Ils se reposèrent tous sur le patriotisme éclairé de leur premier magistrat pour défendre leurs droits et ceux du pays.

A la fin de la discussion, il avait invité D. Lavaysse à lui adresser ses propositions *par écrit*, parce que son intention était de convoquer à la capitale tous les généraux de la République, pour en délibérer avec les membres du

---

[1] J'ai acquis la conviction que D. Lavaysse a écrit de sa propre main les lignes suivantes, dans un rapport que j'ai lu, adressé au ministre de la marine :

« Pétion est un homme de beaucoup d'esprit ; il écrit bien. Il professe le républicanisme
« d'un Washington ou d'un Jefferson, et vit sans faste dans son palais comme dans ses vête-
« mens. Dans ses rapports avec ses administrés, il est plutôt un père qu'un chef, qui em-
« ploie la persuasion pour exercer son autorité : il ne fait rien sans consulter le conseil de
« la République qu'il gouverne. »

sénat et les fonctionnaires. Soit par les émotions qu'il éprouva en voyant sa mission si déroutée, soit que le soleil d'Haïti voulût faire sentir son action en cette circonstance comme un avertissement utile, D. Lavaysse retomba malade aussitôt après cette audience, et il le fut sérieusement.

Pétion fut très-préoccupé de son état, dans la crainte qu'il ne mourût de la fièvre jaune qu'il avait, étant persuadé qu'à l'étranger on ne manquerait pas de supposer qu'il s'en était défait par *le poison*. Il chargea le respectable docteur Mirambeau, son médecin, de lui porter tous les soins qu'exigeait la maladie. A Kingston, le médecin français Vanscoutt, qui l'avait soigné, lui avait aussi recommandé d'appeler le docteur Mirambeau, en cas de nouvelle indisposition. C'est ce qui explique le retard qu'il mit à faire ses propositions consignées dans la note du 9 novembre.

Il y prit la qualité « d'Agent principal de Son Excel-« lence le Ministre de la marine et des colonies de Sa «Majesté Très-Chrétienne.» Il l'était en effet, mais certainement de l'aveu du Roi. Dans cette note, il exposa toutes les considérations qu'il crut propres à influer sur les déterminations de Pétion et des autres autorités de la République, en disant des injures grossières de l'Empereur Napoléon, qu'il n'appelait que le *Corse*. Mais il fit l'éloge des Bourbons et du ministre Malouet, en disant que ce dernier fut « l'ami de l'abbé Raynal, » dans l'intention de faire croire qu'il partageait ses sentimens philanthropiques.

D. Lavaysse, reconnaissant qu'il s'adressait à un peuple justement prévenu contre les Français, ajouta : « Toutefois, les Haïtiens ont été si souvent et si cruelle-

« ment trompés, qu'un esprit de défiance presque indes-
« tructible s'est établi parmi eux. » Et il conclut enfin
par les propositions suivantes :

« Ces réflexions préliminaires posées, j'aurai l'honneur
« de proposer au *Président d'Haïti*, de reconnaître et de
« proclamer *la souveraineté* du monarque français, aussi-
« tôt qu'il aura jugé dans sa sagesse, *le peuple* de ce pays
« suffisamment préparé à ce grand et heureux événe-
« ment. Pourquoi, à l'imitation des hommes sages et
« énergiques qui, dans l'interrègne qui a eu lieu en
« France, entre la chute de Buonaparte et la restauration
« des Bourbons, le Président d'Haïti, assisté de quelques-
« uns des principaux chefs, ne se constitueraient-ils pas
« *le Président et les membres du gouvernement provisoire*
« *d'Haïti*, au nom de S. M. Louis XVIII?[1] »

Il est à remarquer que dans toutes ses lettres à Pétion, comme dans celle adressée à Christophe, cet agent ne désigna pas autrement le pays que sous le nom d'HAÏTI, tandis que ses lettres de créance et ses instructions ne parlaient que de *Saint-Domingue*. Il s'adressa au *Président d'Haïti*, et par cela même, il reconnaissait *la souveraineté du peuple haïtien*, tout en lui proposant de proclamer celle du Roi de France.

Le président avait fait réunir toutes les troupes de l'Ouest au grand complet, pour passer une revue où il aurait présenté D. Lavaysse à cette armée, afin de le convaincre qu'Haïti pouvait se défendre; mais la maladie

---

[1] Par les propositions consignées dans sa note, D. Lavaysse fit preuve de plus de bon sens que le ministre Malouet et sa bureaucratie. Après avoir eu un entretien avec Pétion, il comprenait d'ailleurs que *la souveraineté* de la France était la seule chose qu'il pût essayer de faire admettre, si toutefois il n'agit pas uniquement pour l'acquit de sa conscience.

de cet agent empêcha cette disposition [1]. Le 10 novembre, il publia un ordre du jour au peuple et à l'armée, pour leur annoncer qu'il allait réunir les généraux afin de l'aider à répondre aux propositions qui lui étaient faites au nom du gouvernement français.

Le 12, il répondit à la note de D. Lavaysse, en récapitulant tous les faits antérieurs à l'acte d'indépendance de 1804, pour justifier cette mesure politique devenue une résolution irrévocable : « Je ne suis pas opposé, lui
« dit-il, à l'idée que les hommes ne puissent s'entendre ;
« ils sont, par leur organisation, faits pour se communi-
« quer ; de là naissent quelquefois les rapprochemens.
« En droit naturel, ils le peuvent toujours, parce qu'il y
« a *égalité* entre eux... » Enfin, il lui fit savoir qu'il avait convoqué les premières autorités pour le 21 novembre, afin de leur soumettre ses propositions.

La maladie de l'agent ayant continué, ce ne fut que le 19 qu'il put adresser à Pétion quelques observations sur sa réponse ; il y inséra des injures à l'adresse des Étrangers habitant la République, « inventeurs et colporteurs
« de nouvelles mensongères à l'égard de la France. Ce
« sont, dit-il, *des misérables, l'écume et le rebut* des na-
« tions anglaise et américaine, *des chétifs* commis mar-
« chands, *des patrons* caboteurs, des hommes qu'un com-
« merçant respectable, à la Jamaïque, en Angleterre, en
« France, certes, n'admettrait pas à sa table. Mais il
« paraît que ce sont *des êtres importans* dans ce pays. Ils
« y sont *des oracles* [2]. »

---

[1] Ne pouvant monter à cheval, par sa faiblesse, D. Lavaysse alla en calèche découverte au champ de Mars, pendant que Pétion passait l'inspection des troupes ; mais il ne leur fut pas présenté.

[2] Ces injures étaient à l'adresse de Robert Sutherland, de Salter, etc., négocians

Cette maudite *fièvre jaune* portait l'agent de la France à délirer. Cependant, le président crut devoir prendre la défense des commerçans étrangers, par une réplique du 20 où il dit : « Je dois rendre au caractère connu des « Étrangers domiciliés à Haïti, à leur conduite honorable « dans toutes les circonstances et dans leurs relations « commerciales, le tribut d'éloges qui leur est dû... »

Enfin, la réunion de tous les généraux ayant eu lieu au palais de la présidence, avec les sénateurs et tous les fonctionnaires civils et militaires du Port-au-Prince, le Président d'Haïti leur communiqua toutes ses lettres et celles de D. Lavaysse, en les appelant à délibérer avec lui sur les propositions de cet agent, faites évidemment au nom du gouvernement français. Chacun put émettre librement son opinion à ce sujet, puisqu'il s'agissait de l'existence politique de la nation.

Après une longue délibération, on fut *unanime* sur les résolutions qu'on trouve dans la note de Pétion, en date du 27 novembre :

« Les généraux et les magistrats de la République « d'Haïti, convoqués en assemblée..... convaincus qu'ils « n'avaient d'autre parti à prendre, que celui qu'ils ont « choisi et qui est *justifié* par toutes les circonstances qui « l'ont provoqué, ils ne peuvent compromettre leur sé- « curité et leur existence *par aucun changement d'état...* « Aussi, ce serait une gloire éternelle pour Sa Majesté « Louis XVIII, *tout en reconnaissant aux Haïtiens l'indé- « pendance de leurs droits*, de la concilier *avec ce qu'Elle* « *doit à une partie de ses sujets* (les colons), et en faisant « participer *les autres* aux ressources d'un commerce

anglais qui se montraient, il est vrai, quelque peu jaloux d'un arrangement quelconque entre la France et Haïti, à cause de la concurrence qu'ils prévoyaient.

« dont les canaux abondans faisaient le bonheur des deux
« contrées. C'est dans ces sentimens que, comme organe
« du peuple que j'ai l'honneur de présider, *je proposerai*
« à Votre Excellence, agissant *au nom* de Sa Majesté
« Louis XVIII, et pour lui donner une preuve des dispo-
« sitions qui nous animent, *d'établir les bases d'une in-*
« *demnité convenue*, et que nous nous engageons *tous*
» solennellement *à payer*, avec toute garantie juste qu'on
« exigera de nous, et dont Elle fera l'application qu'elle
« jugera convenable... »

Cette note exprimait d'ailleurs des opinions modérées
à l'égard de Louis XVIII et de la nation française. Elle déclarait positivement qu'Haïti ne pouvait changer son état,
sa situation, c'est-à-dire, renoncer à son indépendance
et à sa souveraineté proclamées le 1er janvier 1804 ; car
l'une entraînait nécessairement l'autre. Cependant,
si l'on voulait épiloguer sur ces mots : « l'indépendance
« de leurs droits, » comme n'étant pas assez explicites,
nous ferions remarquer que dans les actes de 1804 il n'est
pas question une seule fois du mot de *souveraineté*, et que
ce n'est que dans la constitution impériale de 1805, qu'on
le voit paraître ; mais, qui en doutait ? La souveraineté
ne peut résulter que de l'indépendance : proclamer celle-
ci d'une manière aussi absolue qu'on l'avait fait, c'était
proclamer celle-là en même temps ; soutenir l'une, c'était
défendre l'autre.

La note de Pétion, d'accord avec les sénateurs, les généraux et les magistrats, offrait donc deux choses : 1° une
indemnité dont l'application devait évidemment être faite
aux anciens colons, par rapport à leurs biens fonciers
confisqués au profit de la nation ; 2° de rétablir les rela-

tions commerciales entre la France et Haïti, purement et simplement, c'est-à-dire sans avantages en faveur du commerce français. Cette dernière offre était ainsi conçue, à raison de ceux qui venaient d'être accordés au commerce de la Grande-Bretagne. Mais il était entendu, toutefois, que l'indemnité et le rétablissement des relations commerciales ne devaient être que la conséquence d'un *traité* par lequel la France reconnaîtrait l'indépendance et la souveraineté d'Haïti.

Le second point des propositions de Pétion à l'agent français n'a soulevé aucune observation parmi les Haïtiens. Mais *l'indemnité* offerte a été l'objet de bien des réclamations, — non pas à cette époque, mais longtemps après que l'orage qui grondait sur Haïti se fût dissipé. Examinons-les ; examinons aussi les motifs que Pétion et ses collaborateurs ont eus pour proposer l'indemnité.

On l'a considérée comme *illégitime*, — *les colons*, a-t-on dit, *n'ayant aucun droit à être indemnisés* de la perte de leurs propriétés confisquées par suite des représailles de 1804, de leur exclusion et de celle de tous les hommes de la race blanche de la société haïtienne. On a dit, pour appuyer cette opinion, que le régime colonial toujours si horrible, que la tentative faite en 1802 pour le rétablir et les crimes qui furent commis à cette époque, ayant contraint les Haïtiens à faire *la conquête* de leur pays au prix de leur sang, à se séparer de la France pour rester *indépendans* d'elle et de toutes les puissances du monde, ils ne devaient *rien donner, rien payer* aux colons ou à leurs ayant-causes, pour *les propriétés* qui sont devenues le domaine national, non plus qu'à la France pour la *reconnaissance* de l'indépendance, parce qu'elle dérive du droit à la liberté que possèdent les Haïtiens, et que la France elle-même avait proclamé [1].

Ces réclamations ou observations faites au sujet de la proposition de Pétion, — qui est devenue ensuite la base des arrangemens pris avec la France, — reposent donc sur les souffrances endurées par le peuple haïtien dans le régime colonial, sur l'injustice de la France, et par conséquent sur *le droit* que ce peuple a eu de conquérir son pays, de proclamer son indépendance et d'exclure les colons et leurs semblables de son sein.

Certainement, tout cela est vrai, et ce *droit* est incontestable. Cette *exclusion* était même nécessaire, aussi indispensable que la conquête, pour le maintien de la liberté et de tout ce qui en dérive, pour l'existence même de chaque individu, pour la garantie de la nouvelle société créée par l'indépendance.

Mais la conquête, si elle est *légitimée* par de telles considérations, toujours puissantes aux yeux des hommes éclairés et consciencieux, suppose aussi la conservation de tout ce qui est également sacré à leurs yeux. Or, *la propriété* est dans ce dernier cas, parce qu'elle est réellement une des bases de tout ordre social, ancien ou nouveau.

Une colonie fondée par une nation peut bien résister à l'oppression de sa métropole, prendre les armes contre

---

[1] Voyez ce que M. Madiou dit à ce sujet, dans *l'Histoire d'Haïti*, t. 3, p. 115. Cet auteur a résumé en peu de mots les réclamations dont il s'agit. Ce fut le langage de *l'Opposition* qui commença à poindre contre Boyer, après la Réunion du Nord. Avant la mort de Pétion, et jusqu'à 1825, personne ne disait rien contre l'indemnité. En 1824, Boyer a eu même, pour y consentir, l'assentiment *par écrit* des sénateurs, des généraux et de la plupart des fonctionnaires publics. Mais les termes de l'Ordonnance de 1825 blessèrent la dignité nationale, et l'on se manifesta contre l'indemnité *dictée* par une ordonnance au lieu d'être *consentie par un traité*. Alors, *l'Opposition* avait grandi; elle exploita ce sentiment de mécontentement.

elle, conquérir son pays pour se former en un peuple distinct, libre, indépendant et souverain, exercer l'empire, le domaine éminent, *sur tous les biens* qui existent dans ce pays ; mais à la condition de *respecter* tout ce qui tient, dans ces biens, *aux droits privés des particuliers* [1].

Cependant, si, par des considérations politiques motivées, ce peuple nouveau se voit dans l'impérieuse nécessité *d'exclure* certains particuliers de son sein, il en a bien *le droit;* mais il est *obligé* aussi de les *indemniser* pour les biens fonciers qu'ils possédaient *légalement* et dont il s'empare par cette nécessité. Car *tout droit impose un devoir corrélatif :* autrement, ce ne serait que l'usage *de la force,* qui n'est pas *un droit,* mais *la violence,* et qui peut être combattue, annihilée par une force supérieure [2].

Il suffirait peut-être de l'énoncé de ces principes, pour prouver *l'injustice* des reproches faits à Pétion, — par suite à Boyer, — à propos de *l'indemnité; l'erreur* où sont tombés ceux qui les ont produits, faute de savoir raisonner sur une question de cette nature. Il y a eu encore

---

[1] Par l'art. 4 de l'arrêté du 7 février 1804, Dessalines *confisqua,* au profit de l'armée indigène, *les denrées* existantes *sur les biens des indigènes* qui étaient dans les villes et bourgs avec les Français, en l'an XI (année 1802 à 1803), comme une sorte de contribution de guerre; mais il respecta ces biens fonciers, ces propriétés : il ne pouvait pas les confisquer.

Par une note diplomatique, en 1831, Louis-Philippe a fait dire à Boyer : « Si *l'indemnité* « était *le prix* de la reconnaissance de l'indépendance d'Haïti, le gouvernement du Roi, « autant *par égard* pour la Nation haïtienne que *par respect* pour les droits des peuples, « eût pu *y renoncer ;* mais elle a été consentie *pour les propriétés privées,* etc. »

Ces paroles sont la justification de l'indépendance proclamée par les Haïtiens : elles honorent le monarque qui les a dictées autant que la grande nation qu'il gouvernait.

[2] Le bon sens et la droiture veulent que l'on reconnaisse, que *les colons* possédaient *leurs terres* aux mêmes droits *de concessions* par le gouvernement colonial, que la classe intermédiaire qui en possédait aussi de cette manière, ou par les libéralités des colons envers leurs femmes et leurs enfans de la race noire, ou par acquisition à titre onéreux.

On avait employé *la violence* et *la force* pour transporter des Africains et les rendre esclaves à Saint-Domingue. Aussi, eux et leurs descendans ont pu *légitimement* user des mêmes moyens contre leurs oppresseurs, afin de jouir de leur liberté naturelle : ils ont eu encore le droit d'en user pour exercer la liberté civile et politique.

autant de *présomption* de leur part, fondée sur le succès de notre lutte contre les Français, en 1802 et 1803 : il leur a semblé, parce que nous étions restés vainqueurs, que nous pouvions tenir envers la France le langage de la supériorité qui résulte de la puissance, au lieu de lui proposer une transaction équitable.

Mais le chef qui présidait aux destinées de la République devait envisager cette importante question sous son vrai jour, se garder de toute présomption comme de toute prévention, afin d'agir dans *l'intérêt réel* du peuple qui, en constituant sa nationalité, avait également en vue l'intérêt de toute la race noire.

Certes, parmi les Fondateurs de l'Indépendance, s'il y eut quelqu'un qui fût autorisé à résoudre cette question de la manière la plus conforme aux principes du droit international, c'était Pétion dont l'audacieuse initiative donna une impulsion régulière à la guerre entreprise pour parvenir à cette indépendance. N'admirez-vous pas cette belle action de Pétion qui, en levant l'étendard de l'insurrection au Haut-du-Cap, renvoie à Leclerc une centaine de canonniers français qu'il fait seulement désarmer ? Les lumières qui éclairaient son esprit, les sentimens qui animaient son cœur, lui firent comprendre que la *confiscation* de toutes propriétés est toujours un moyen *violent*, qui peut avoir *sa raison d'être* dans certaines circonstances exceptionnelles, comme dans celles où la nation haïtienne s'est trouvée placée en 1804, mais qui exige aussi une *réparation* lorsque des circonstances nouvelles la permettent.

Il n'avait qu'à lire l'histoire de la guerre de l'indépendance des États-Unis et le traité de paix par lequel la Grande-Bretagne reconnut cette indépendance, pour considérer qu'Haïti se trouvait dans une situation analogue, au moment où il négociait pour faire reconnaître la sienne par la France. Pendant leur guerre, ces colonies avaient *confisqué*, par mesure de *sûreté*, beaucoup de propriétés appartenant à des sujets britanniques; mais à la paix, elles consentirent, avec raison, *à restituer* ces propriétés. Elles pouvaient et devaient agir ainsi, puisqu'il n'y avait point eu *d'exclusion* prononcée contre de tels hommes, et qu'ils étaient habiles à devenir *citoyens* de l'Union américaine ou simplement *propriétaires* [1].

Sous ce dernier rapport, il n'en était pas de même en Haïti : la confiscation des propriétés des anciens colons n'était que le résultat nécessaire, inévitable, de leur exclusion de son sein. Mais l'une et l'autre mesure étant commandées par la sûreté publique, *l'indemnité* surgissait comme une *conséquence* aussi inévitable de ces mesures [2].

Aussi a-t-on vu plus avant, qu'en envoyant Garbage à Londres pour négocier la reconnaissance, par la France, de l'indépendance et de la souveraineté d'Haïti, avec le concours de la médiation de la Grande-Bretagne, Pétion entendait que cela dût avoir lieu *sur des bases équitables*. Il avait donc médité à ce sujet *avant* l'envoi des agents français à Haïti, et il en eut la pensée par la droiture de son jugement : il est convenable de faire cette remarque.

Toutefois, Pétion avait encore à examiner d'autres

---

[1] Lorsque l'Espagne reconnut l'indépendance nationale du Mexique, par l'art. 7 du traité conclu entre eux, le 28 octobre 1836, il fut dit : que le Mexique *n'ayant confisqué aucunes propriétés* des Espagnols, admis d'ailleurs à en posséder sur son territoire, l'Espagne ne réclamait non plus *aucune indemnité* à cette république. Donc, s'il y avait eu des confiscations de propriétés, le Mexique eût été obligé de payer une indemnité.

[2] La preuve que la confiscation fut déterminée par l'exclusion des colons, résulte encore de ce que *les blancs* épargnés et conservés en 1804 gardèrent *les propriétés* qu'ils possédaient et purent en acquérir d'autres, à titre d'*Haïtiens*.

considérations qui se rattachaient à la situation *extérieure et intérieure* du pays.

A l'égard des premières, il ne pouvait méconnaître *le devoir* imposé au gouvernement français, de tout tenter pour *recouvrer* l'ancienne colonie qui avait enrichi la France, et par suite, pour *rétablir* les colons dans leurs biens fonciers : devoir qui lui donnait *le droit* d'employer même *la voie des armes,* ainsi que les puissances de l'Europe l'avaient reconnu ouvertement ou secrètement par des traités. Tout en essayant d'obtenir la médiation du gouvernement britannique pour arriver à un arrangement avec la France, Pétion ne pouvait se faire des illusions à ce sujet, puisque depuis dix ans qu'Haïti avait proclamé son indépendance, la Grande-Bretagne, quoique en guerre avec la France, n'avait pas voulu reconnaître cette indépendance, et ne s'était bornée qu'à émettre l'insuffisant Ordre en conseil du 14 décembre 1808. Haïti était donc menacée de *la guerre*, et d'autant plus sûrement, que le gouvernement des Bourbons avait besoin en quelque sorte de se débarrasser des légions napoléoniennes. Certainement, Haïti eût *résisté, combattu* pour le maintien de tous ses droits ; mais elle avait le malheur d'être alors divisée, en guerre civile elle-même.

Dans une telle situation, qui l'affaiblissait, tenir un langage modéré envers la France et son monarque ; en appeler à leur raison, à leur justice, à la *philosophie* de Louis XVIII[1] ; retracer toutes les horreurs, tous les crimes commis envers les Haïtiens et qui les entraînèrent à l'indépendance ; rappeler les désastres subis par l'armée

---

[1] De son côté, Christophe en appelait à la *philanthropie* de Louis XVIII, en proposant le rétablissement des relations commerciales et disant *qu'il écouterait toutes propositions justes et raisonnables,* faisant même offrir une base d'*indemnités.*

française; proposer en même temps le rétablissement des relations commerciales entre la France et Haïti, source de richesses pour la première, et une indemnité pour les biens fonciers de ses anciens colons, afin de les *désintéresser* dans toute guerre contre la seconde, de faire cesser leurs plaintes et leurs *criailleries* [1] : c'était de la part de Pétion, faire acte de prudence gouvernementale, et espérer tout de la sagesse du gouvernement français et du concours de l'opinion publique, en France même et en Europe ; et l'on verra bientôt qu'il ne se trompa point.

Quant aux considérations relatives à la situation intérieure d'Haïti, le Président de la République ne pouvait méconnaître non plus que, depuis son indépendance, le gouvernement de Dessalines et la guerre civile existante avaient entravé la marche de la société vers la civilisation ; que dans l'actualité, il s'opérait une grande transformation *dans les idées du peuple,* par la distribution, le partage des biens des colons formant le domaine national, par la possibilité donnée à chaque citoyen d'acquérir de l'Etat une portion quelconque de ces biens, à cause du bas prix auquel ils étaient estimés par l'administration.

Les officiers de l'armée, depuis le général jusqu'au sous-lieutenant ; les militaires invalides, les fonctionnaires et employés publics de tous rangs, les gérans et conducteurs d'habitations rurales, etc., étant devenus concessionnaires et propriétaires ; les simples citoyens, acquéreurs et propriétaires également : toute la portion *notable* de la nation avait ainsi un grand *intérêt* au maintien de la tranquillité publique, à obtenir la paix *extérieure* tout

---

[1] Expressions de l'Empereur Napoléon à Sainte-Hélène. Voyez la note mise à la page 82 du 1er volume de cet ouvrage.

en désirant la paix *intérieure*, parce que tous ces individus étaient autant de *conservateurs* dans la République.

Cet immense résultat, social et politique, produit par la sage prévoyance de son chef, autorisait donc celui-ci à proposer l'indemnité en faveur des anciens colons, comme *un sacrifice* utile au repos de la nation dont les revenus seraient affectés à s'en libérer successivement.

Ensuite, le rétablissement des relations commerciales avec la France, faisant admettre un peuple de plus sur les marchés d'Haïti, la concurrence qui s'ensuivrait ne pouvait que faire *hausser* le prix des denrées d'exportation, *provoquer* leur accroissement, au grand avantage des *producteurs* nouveaux propriétaires, en même temps qu'en leur qualité de *consommateurs*, ils recevraient les produits français dont ils étaient privés depuis dix ans.

En outre, *la transaction* que Pétion proposa au gouvernement français, si elle obtenait le succès qu'il était en droit d'espérer, devait mettre le peuple haïtien en relation avec les hommes d'un pays dont sa civilisation dépendait en quelque sorte, puisque son *organisation*, sa *législation*, sa *religion*, ses *idées* empruntaient tout à la France, de même qu'il en a été entre les États-Unis et la Grande-Bretagne. Haïti ne pouvait donc que gagner à ce contact, par la conformité du langage.

Et n'allait-elle pas gagner aussi en *stabilité*, par le principe qui découlerait naturellement de l'indemnité offerte pour les biens confisqués des colons ? Ces biens, en 1814 surtout, passant aux mains des citoyens de la République, c'était leur inculquer *le principe du respect dû à la propriété*, nécessaire pour leur en garantir la paisible jouissance, les intéresser par là à l'observer *entre eux :* car tout l'ordre social dépend d'abord de ce principe salutaire et moralisant [1].

Eh quoi ! des Haïtiens blâmeraient en Pétion ce que le monde admire en Washington ! Lorsque le Héros des États-Unis réconcilia ce pays avec la Grande-Bretagne, après ses succès glorieux, n'était-ce pas pour consolider son indépendance souveraine et jeter les fondemens de sa prospérité ? Le Législateur d'Haïti n'avait-il pas aussi la mission de réconcilier ce pays avec la France, après avoir combattu pour fonder son indépendance et sa souveraineté ? N'était-ce pas le seul moyen de consolider la nationalité et la stabilité du premier peuple de la race noire qui a brisé le joug européen, qui a fait de son territoire un asile pour tous les hommes de cette race que la persécution et les préjugés atteignent en Amérique ?

Ainsi, selon nos faibles lumières, nous ne trouvons qu'approbation à donner à Pétion en cette circonstance, quant aux *propositions* qu'il fit à D. Lavaysse. Mais nous allons voir s'il n'a pas mérité encore d'autres éloges pour *les procédés* dont il usa envers cet agent de la France ; et, à cet égard, il faut comparer la conduite tenue par Christophe envers Franco de Médina.

Cet agent, étant à Saint-Yague, lui écrivit pour lui donner avis de la mission dont il était chargé auprès de lui. Christophe, qui avait déjà reçu la lettre de D. La-

---

[1] Si notre argumentation paraît sensée au lecteur, il doit reconnaître aussi l'avantage que présentait, pour le peuple haïtien, le système politique de Pétion comparé à celui de Christophe. Pétion rendait chaque citoyen intéressé à la défense du pays, pour *la liberté et la propriété* maintenues en faveur de tous. Christophe, en violentant ces deux droits par son régime monarchique excessivement oppressif, eût rendu les Haïtiens soumis à ses ordres, *indifférens* à leur sort, si leur propre énergie n'était pas aussi vivace qu'en 1804, quand il s'agissait de la France.

vaysse, du 1er octobre, et la copie de celle adressée à Pétion, lui fit répondre qu'il pouvait venir au Cap *en toute sûreté;* et, pour le rassurer davantage, il lui fit rappeler les anciennes relations qu'ils avaient eues ensemble, quand Franco de Médina commandait à Saint-Yague pour les Français [1].

Ce dernier donna tête baissée dans le piége. Arrivé à Laxavon, il y trouva une escorte de cavalerie qui lui rendit les honneurs militaires, et dont le commandant le complimenta au nom de S. M. le Roi d'Haïti, en lui disant que cette escorte était envoyée par les ordres du Roi pour l'accompagner au Cap-Henry. Ils pénétrèrent de suite à Ouanaminte, le 11 novembre; et là, l'officier de cavalerie le traita *en espion français*. On prétend que Franco de Médina montra du courage en se voyant arrêté de la sorte. Enfin, il arriva au Cap, où il fut incarcéré et mis aux fers.

Ses effets avaient été nécessairement saisis. On trouva dans ses vêtemens : 1° une copie des *lettres de créance* données par le ministre Malouet à chacun des trois agents, en date de Paris, le 27 juin 1814 ; 2° une copie des *instructions* également émanées du même ministre. Ces deux pièces portaient sa signature ; elles prouvaient la mission perfide des agents.

Nous avons déjà dit sous quelle forme ils devaient se

---

[1] Cela ne résulte pas des pièces publiées par Christophe, mais ces faits sont vrais.

Des traditions orales erronées m'ont porté à dire que F. de Médina avait fait arrêter et livrer *Étienne Albert* à Christophe, après qu'il se fût évadé du Nord. (Voyez la note de la page 112 du 7e volume.) Mieux informé, je rectifie aujourd'hui cette erreur. Le fait vrai, c'est qu'Étienne Albert et d'autres hommes de couleur évadés avec lui, furent attaqués dans l'Est où ils s'étaient rendus : ils se battirent, et cet officier, blessé dans le combat, mourut de sa blessure. Ce résultat ne servit pas moins la cause de Christophe, qui en sut bon gré, alors, à F. de Médina.

présenter à Haïti, comment ils devaient s'y prendre pour s'aboucher avec Christophe, Pétion et Borgella, quel était le but final que se proposait le gouvernement français par l'envoi de ces agents. Il suffirait de savoir que son ministre était un ancien colon de Saint-Domingue, pour présumer de ce qu'il a pu leur tracer ; mais l'histoire doit faire connaître le plan qu'il espérait mettre à exécution.

Dans l'ivresse de sa présomption sénile, résultant de la facile Restauration des Bourbons sur le trône de France, ce septuagénaire disait d'abord aux agents :

Partant, il est singulièrement recommandé à MM. Dauxion Lavaysse, Médina et Dravermann, *de se rapprocher* le plus qu'il leur sera possible *de l'ancien ordre de choses colonial...* Ils doivent partir de ce principe : — que *le Roi ne concède que parce qu'il veut concéder*, et que bien loin d'admettre des *prétentions* exagérées, il n'accordera rien et fera *sentir sa puissance dans toute son étendue, si ses faveurs sont repoussées...* Sa Majesté *suspend* toute mesure de rigueur, et elle n'envoie pas la plus petite force dans les parages de Saint-Domingue... mais au retour des agents à qui ces instructions sont données et d'après leur rapport, S. M. *fera partir des forces suffisantes* pour protéger, ou, si cela devenait nécessaire, des forces auxquelles rien dans l'île ne saurait résister.

Ensuite, supposant Pétion et Borgella, en leur qualité de *mulâtres*, plus enclins que Christophe à favoriser les vues et les desseins de la France, le ministre disait aux agents :

Une fois d'accord avec Pétion et Borgella sur ce qui les concerne *eux-mêmes*, et sur ce qui regarde la 1re classe *des gens de couleur*, les agents établiront avec eux la mesure *moindre* d'avantages à accorder à la 2e classe, composée de ce qui est *moins blanc* que *franc mulâtre*, sans être tout à fait *nègre*, et à la 3e, composée de *nègres libres.*

Pour cette fois, pourront être admis (si Pétion et Borgella le jugent eux-mêmes convenable), dans la 1re classe, indistinctement *tous les mulâtres* anciennement *libres de droit,* ou nouvellement *libres de fait,* soit nés en légitime mariage, soit bâtards. Mais *à l'avenir,* ceux nés en bâtardise ne participeront pas aux avantages de ladite classe ou caste : ils seront *restreints* à la simple jouissance de l'homme de couleur libre avant 1789. Néanmoins, en se mariant dans la 1re classe, ces bâtards y feront entrer leurs enfans.

Le même principe devra être appliqué à la 2me et 3me classes.

(Viennent ensuite des dispositions combinées par rapport au mariage.)

Quant à *la classe* la plus considérable en nombre, — celle *des noirs* attachés à la culture et aux manufactures de sucre, d'indigo, etc., il est essentiel *qu'elle demeure* ou *qu'elle rentre* dans la situation où elle était avant 1789, sauf à faire des règlemens sur la discipline à observer, tels que cette discipline soit suffisante au bon ordre et à une somme de travail raisonnable, mais n'ait rien de trop sévère. Il faudra, *de concert avec Pétion,* aviser aux moyens *de faire rentrer* sur les habitations et dans la subordination, le plus grand nombre *de noirs* possible, afin de diminuer celui *des noirs libres.* Ceux que l'on ne voudrait pas admettre dans cette dernière classe et qui pourrraient porter dans l'autre *un esprit d'insurrection* trop dangereux, *devront être transportés à l'île de Roatan ou ailleurs. Cette mesure doit entrer dans les idées de Pétion,* s'il veut assurer sa fortune et les intérêts *de sa caste;* et nul ne peut mieux que lui disposer les choses pour son exécution, lorsque le moment en sera venu.... [1]

En résumé, ils ne promettront rien *au-delà* de ce qui va être énoncé, après avoir tout fait pour demeurer *en-deçà* :

1º A Pétion, Borgella et quelques autres (toutefois que *la couleur* les rapproche de la caste blanche), assimilation entière *aux blancs,* et avantages honorifiques ainsi que de fortune [2].

2º Au reste de leur caste actuellement existant, la jouissance des

---

[1] *L'île de Roatan ou ailleurs,* à Madagascar, par exemple, ou au fond de la mer ! C'était, de la part de Malouet, une réminiscence de la déportation des infortunés *noirs-suisses,* en 1791, contre laquelle Pétion, âgé de 21 ans, protesta de toute l'énergie de son âme. Cette île de Roatan est située dans la baie de Honduras, à 10 lieues de ces côtes.

[2] Par son teint, Borgella ressemblait à un blanc ; mais Pétion avait la couleur d'un brun foncé. Jugez donc de l'absurdité du projet du ministre-colon !

droits politiques *des blancs*, à quelques *exceptions* près qui les placent *un peu au-dessous*.

3º A tout ce qui est moins rapproché du *blanc* que *le franc mulâtre*, ces droits politiques dans une *moindre* mesure.

4º Aux libres qui sont tout à fait *noirs*, encore *un peu moins* d'avantages.

5º *Attacher à la glèbe et rendre à leurs anciens propriétaires*, non-seulement *tous les noirs* qui travaillent actuellement sur les habitations, mais encore *y ramener* le plus possible *de ceux* qui se sont affranchis de cette condition.

6º *Purger l'île de tous les noirs* qu'il ne conviendrait pas d'admettre parmi les libres, et qu'il serait *dangereux* de rejeter parmi ceux attachés aux habitations.

7º Restreindre la création *de nouveaux libres*, de la manière indiquée plus haut.

Lorsque les agents seront *convenus* de ces bases *avec les chefs*, ils y ajouteront les conditions suivantes :

1º Il est bien entendu que, pour que l'ordre se rétablisse à Saint-Domingue, les lois *de la propriété* et tous les principes qui en assurent la garantie, doivent être établies et respectées de telle manière, que *chaque propriétaire*, muni de ses titres d'acquisition ou d'hérédité ou de l'acte de notoriété qui la constate légalement, *soit remis en possession* de ses terres et bâtimens dans l'état où ils se trouveront, *sans égard aux dispositions arbitraires* qui pourraient en avoir été faites par ceux qui, jusqu'à cette époque, auraient exercé quelque pouvoir public...

Telles furent les instructions données par un ministre de la *Légitimité !*...

A leur lecture, Christophe entra dans la fureur naturelle à son caractère, mais fondée et louable en cette circonstance.

Il avait soumis la lettre que lui écrivit D. Lavaysse, à l'examen du conseil général de la nation qui tint deux séances à ce sujet, les 21 et 22 octobre, à la suite desquelles ce conseil présenta un rapport au roi, concluant *au rejet* des propositions faites au nom de la France, et *à combattre* jusqu'à extinction pour soutenir l'indépendance d'Haïti.

Le jour même de l'arrestation de Franco de Médina, une proclamation royale adressée aux Haïtiens, annonça ce fait en considérant cet agent comme *un espion français*, et son prochain jugement par un conseil spécial militaire, qui fut formé en même temps. Il était composé de sept membres et présidé par le général Richard, duc de la Marmelade et gouverneur du Cap-Henry.

Le prévenu ne subit son premier interrogatoire que le 17, puis un autre le 24, ainsi qu'il résulte des pièces publiées. On remarque dans ces deux actes avec quel art les questions furent posées, pour que les réponses du prévenu fussent faites de manière à rendre Pétion *coupable de trahison* envers son pays qu'il aurait voulu, selon ce système, *livrer aux Français* : ou plutôt, il ne faut y voir que les accusations que Christophe y fit insérer, dans l'espoir de le perdre aux yeux *des noirs* de la République, de même que tous les mulâtres. *Juste Hugonin*, général et comte de Richeplaine, procureur général, faisait les fonctions de cette charge auprès du conseil militaire ; et ce fut cet ignoble *mulâtre* qui servit d'instrument à son maître en cette circonstance ! Comme Christophe savait que D. Lavaysse était alors au Port-au-Prince, l'occasion lui en parut belle.

Selon les prétendues réponses de Franco de Médina, cette mission n'était que le résultat d'un *traité* déjà conclu entre Pétion et l'Empereur Napoléon, à la fin de 1813, dans une mission remplie en France par Tapiau, homme de couleur des Cayes [1] ; de l'envoi d'un navire à

---

[1] Avant l'arrivée de Rigaud aux Cayes, Tapiau était parti pour l'étranger où il avait des

Bordeaux par Pétion, qui aurait été même en correspondance à ce sujet avec le général Ferrand, mort depuis 1808[1].

Dans l'intervalle des interrogatoires, tous les sujets du Roi d'Haïti eurent la faculté d'aller voir *l'espion français* et de l'interroger à leur tour. C'était une véritable torture morale infligée à ce malheureux : il fut ensuite condamné *à mort*.

Mais, afin de prolonger son agonie, Christophe inventa un nouveau supplice. Il fit mettre une tenture de deuil dans l'église du Cap[2]. Franco de Médina y était placé sur une estrade élevée, pour être mieux vu de la foule des assistans. Il entendit un *Te Deum* et une messe de *Requiem* que chanta avec pompe l'archevêque Corneille Brelle, duc de l'Anse. Le cercueil destiné en apparence à recevoir le corps du condamné figurait à côté de lui. Le Roi, la Reine, la famille royale, toute la noblesse du royaume, les fonctionnaires publics et les troupes assistèrent à cette bizarre cérémonie religieuse.

Après un sermon sur la circonstance, Corneille Brelle lut *au peuple* les instructions du ministre français, en les accompagnant de remarques propres *à l'éclairer*[3]. Le chevalier Prézeau lut le rapport du conseil de la nation, et le baron Vastey, une réfutation de la lettre de D. La-

---

affaires d'intérêt : dans les relations des faits passés en 1810, à l'occasion de la scission du Sud, il a été fait mention de son absence du pays à cette époque. — Tome 7 de cet ouvrage, page 364, dans une note.

1 On peut se rappeler l'usage que Pétion fit d'une lettre qu'il reçut de ce général, en 1807. Voyez tome 6, page 545.

2 Cette tenture de deuil était une parodie de ce que fit le cruel Rochambeau, dans un bal qu'il donna au Port-au-Prince, en 1803.

3 Corneille Brelle, prêtre français, dut prévoir en ce moment sa propre immolation par une mort entourée de circonstances aussi effroyables ; car il fut condamné quelque temps après à périr de faim dans un cachot.

vaysse au roi et des passages d'un ancien écrit de Malouet sur Saint-Domingue.

Aux paroles violentes que prononça Vastey à cette occasion, tous les assistans brandirent leurs sabres contre Franco de Médina : ce malheureux perdit connaissance, et fut ensuite livré à ses geôliers. A cette époque, on prétendit qu'il mourut de faim en prison ; mais des écrits publiés au Cap en avril 1815 affirmaient qu'il y était encore détenu : on a peine à ajouter foi à cette assertion, après avoir lu la relation de cette abominable représentation théâtrale dans une église[1].

Dès l'arrestation de l'agent, Christophe fit livrer à l'impression les divers documens mentionnés ci-dessus, les interrogatoires, etc., et il en envoya jeter des paquets à nos avant-postes des Sources-Puantes. Son but était de produire un soulèvement d'indignation contre Pétion ; mais ces actes du ministre français et les siens, apportés au président qui les communiqua aux fonctionnaires et aux citoyens, n'en excitèrent que contre *les deux Rois*, de France et d'Haïti. Ils parvinrent au Port-au-Prince le 30 novembre.

Déjà, le 29, D. Lavaysse avait adressé à Pétion une dernière lettre en réponse à la sienne du 27, dans laquelle il reconnaissait que sa mission était arrivée à son terme, *n'ayant pas les pouvoirs* de traiter selon les propositions du président d'accord avec l'assemblée réunie au Port-au-Prince. Il y déclara qu'il faisait ses dispositions pour retourner à la Jamaïque, et il demandait en même temps des passe-ports de parlementaire pour le

---

[1] Nous puisons tous ces faits dans un imprimé du Cap.

navire sur lequel il allait s'y rendre. Il était encore malade et d'une grande faiblesse.

Après avoir pris lecture des pièces trouvées en la possession de Franco de Médina, d'après les imprimés du Cap, Pétion fit appeler le docteur Mirambeau et les lui fit lire à son tour. Il était indigné des instructions du ministre de Louis XVIII, tant à cause de leur teneur, des vues qu'elles dévoilaient, que de l'injure que cet ancien colon faisait à son caractère et à ses sentimens, en supposant qu'il eût pu se prêter à des machinations aussi perverses, pour trahir la cause de sa patrie et de ses concitoyens.

Mais, d'un côté, Pétion avait invité D. Lavaysse à venir au Port-au-Prince, et il avait correspondu avec lui après l'avoir admis en qualité d'agent du gouvernement français ; de l'autre, en prenant lecture des instructions du ministre de la marine, il reconnut que cet agent les avait écartées de son chef, pour ne lui proposer que ce que le président lui-même trouvait assez naturel de la part de ce gouvernement. La stricte *équité*, toujours bonne conseillère en politique ainsi qu'en toutes choses, exigeait donc qu'il ne considérât pas D. Lavaysse comme *un espion*, qu'il ne le traitât pas comme tel ; mais il se devait à lui-même, de le renvoyer immédiatement, de lui signifier de partir.

En conséquence de cette résolution qui fait honneur à son caractère, Pétion chargea le docteur Mirambeau de lui intimer cette injonction, en lui communiquant les imprimés venus du Cap et lui disant que, convaincu maintenant des vues perfides du gouvernement français, il saurait mettre la République en état de se défendre contre ses embûches et ses armes. Cette mission, confiée au médecin qui soignait D. Lavaysse, était encore un ménagement dont le président usait envers lui, à cause de son état de faiblesse [1].

Aux premières paroles qui lui furent adressées, cet agent resta attéré ; il se crut perdu. Mais le médecin lui dit de se tranquilliser, qu'il a affaire à un chef d'État dont les nobles sentimens, dans tous les temps, sont une garantie pour son existence. D. Lavaysse, parcourant les imprimés du Cap, lui dit : « C'est exactement la copie « des pièces que nous avons tous trois reçues du ministre « de la marine ! » Et prenant les siennes, il les remit à M. Mirambeau en le chargeant de les apporter au président, de le remercier de toutes ses bontés, de lui exprimer toute sa gratitude, de lui donner l'assurance que, rendu en France, il se fera un devoir de parler de toutes les grandes qualités qu'il possède et qui le rendent digne de commander à des hommes libres dont il veut le bonheur. Il ajoute : « Je ferai savoir quelle est la véri-« table situation de la République d'Haïti, et quels sont « les titres de ses citoyens à la justice de la France [2].

Pétion lui renvoya ses pièces manuscrites, après en avoir pris lecture. Le 2 décembre, D. Lavaysse partit du Port-au-Prince et se rendit à la Jamaïque.

---

[1] « Christophe... envoya tout à Pétion : celui-ci, *qui avait déjà rompu* avec D. Lavaysse, « lui en présenta le recueil. Dauxion avoua les pièces. Pétion ne voulant pas abuser de la « position de cet agent ministériel, ni exercer *le droit rigoureux* de le traiter *en espion*, « se contenta de lui notifier que désormais les intentions de la France étant connues, la « République d'Haïti allait se préparer à la défense... » — *Négociations entre la France et Saint-Domingue*, par Wallez, publiées à Paris, en 1826.

[2] J'ai entendu le docteur Mirambeau raconter son entretien avec D. Lavaysse. Cet agent fit effectivement un rapport favorable à Pétion et à la République, mais on ne voulut pas l'écouter. Il fut *disgracié*, pour avoir agi autrement que ne lui prescrivaient ses instructions. Sabourin et Inginac le voyaient souvent ; et du Port-au-Prince il écrivait au ministre de la marine. Dans une de ses lettres, il a dit d'Inginac : « C'est un homme très-fin et « très-habile. »

Tandis que Christophe publiait un *Plan général de défense* pour son royaume, que le général Prévost publiait aussi un écrit intitulé : *Le Machiavélisme du cabinet français*, pour exalter les populations du Nord et de l'Artibonite et les préparer à la guerre qui menaçait Haïti [1], Pétion proclamait son adresse *au peuple et à l'armée*. La voici :

« Jamais il ne se présenta une époque plus intéressante dans les fastes de la République, que celle dont vous venez d'être les témoins, et où le caractère national devait se manifester d'une manière plus magnanime.

« Haïtiens, nous avons combattu depuis vingt-quatre années pour nos droits, notre liberté. Notre indépendance a été le fruit de nos travaux : sans elle, point de sécurité, point de garantie de notre régénération. Déjà connus par notre réputation militaire et des qualités honorables, les yeux sont ouverts sur nous, et l'on attend le résultat de notre conduite : elle sera un exemple pour la postérité. Je ne rappellerai aucun de ces traits glorieux qui ont distingué les hommes qui se sont immortalisés en soutenant la liberté : l'histoire ne les a pas oubliés, elle en perpétuera la mémoire.

« Je parle à un peuple enflammé des rayons les plus purs du patriotisme, libre de fait et de droit, et qui ne cessera de montrer à l'univers qu'il en est digne. Grandeur, générosité, sont les élémens naturels du patriote. J'ai toujours reconnu en vous ces nobles qualités, et je viens d'en acquérir une nouvelle preuve dont je m'honore de vous témoigner l'expression la plus vive de mon cœur.

---

[1] Vastey publia un écrit intitulé : *Le système colonial dévoilé* ; Prézeau, un autre en réfutation de la lettre de D. Lavaysse à Christophe ; Dupuy, deux autres réfutant également le pamphlet de H. Henry.

« La France a fait la paix. Elle réclame des droits sur *Saint-Domingue* : elle les a perdus pour toujours sur Haïti, et c'est aux Français eux-mêmes qu'elle doit cette perte. Elle a voulu cependant les faire revivre, et a préféré employer la conciliation à des armes qui seront toujours impuissantes. Un agent s'est présenté : le général Dauxion Lavaysse ; vous l'avez reçu, accueilli ; il a joui des droits sacrés de l'hospitalité et a vécu avec confiance au milieu de vous ; il vous a parlé le langage de sa mission : éloigné de deux mille lieues de sa patrie, il a représenté avec chaleur les prétentions de son gouvernement et n'a été arrêté par aucune considération.

« Vos chefs et vos magistrats ont été appelés et consultés, ils ont écouté avec calme les propositions de la France. Un gouvernement fort et établi sur les bases solides de la justice et de la raison peut tout entendre et sait également tout discerner. Ces propositions étaient incompatibles avec vos principes et vos institutions ; elles ont été unanimement rejetées : ainsi le seront toutes celles qui tendraient à vous faire rétrograder dans la carrière que vous avez parcourue.

« Ne craignant pas la guerre, vous avez voulu prouver que vous désiriez la paix et éviter à vos familles, à vos enfans, ce qu'elle entraîne d'affligeant après elle, *en offrant des sacrifices pécuniaires*, pour imposer silence *à vos persécuteurs* dont les cris et les plaintes importunent le trône français, pour la restauration de biens qu'ils craindraient d'aborder, s'ils pouvaient se convaincre que *ces biens seraient*, à leur approche, *transformés en cendres brûlantes*. Vos chefs, dépositaires de vos intentions généralement exprimées, surtout depuis la paix continentale, en ont fait la proposition généreuse en votre nom.

Elle vous honore et donnera l'idée de votre sagesse, autant qu'elle fera craindre d'exciter votre ressentiment [1].

« Haïtiens, vous avez fait ce que vous avez dû faire. Le droit des armes a mis le pays dans vos mains, *il est votre propriété irrévocable*, et vous êtes les maîtres de faire tel usage que vous voulez de ce qui vous appartient.

« Les nations, par un accord mutuel entre elles et dont elles ne s'écartent jamais, respectent le droit des gens. *Le caractère d'un Envoyé est toujours sacré, ses intentions fussent-elles des plus coupables.* Le général Dauxion Lavaysse est parti, sa mission étant finie. Vous n'aurez pas à vous reprocher d'avoir manqué à ce que vous vous devez à vous-mêmes. Vous n'avez pas violé ce principe fondamental, qui établit parmi les gouvernemens ces communications nécessaires pour leurs relations politiques. Vous vous êtes rendus estimables à vos propres yeux, vous êtes dignes de l'être aux yeux des nations.

« La victoire accompagne toujours une cause juste. C'est vous dire qu'elle vous est assurée, si l'on prétend vous troubler. Dans ce cas, vous me verrez toujours à votre tête, fier de vous y conduire ou de périr avec vous. Quel que soit le sort que le ciel nous destine, nous devons nous y préparer. C'est aux chefs dont l'autorité paternelle vous dirige dans les arrondissemens dont le commandement leur est confié, à établir des retraites assurées aux habitans dans l'intérieur de nos montagnes, à employer pour cela les ouvriers qui sont sous leurs

---

[1] D. Lavaysse a rapporté au ministre de la marine ces paroles de Pétion : « Quoique les colons aient été nos tyrans et ne respirent que vengeance, nous voulons être plus généreux que vos acquéreurs de biens nationaux, et nous consentirons à leur payer une indemnité pour leurs anciennes propriétés foncières... Des navires marchands sont les meilleurs *négociateurs* que vous puissiez nous envoyer. »

ordres. C'est encore à eux à multiplier les plantations de vivres de toute espèce. C'est aux magistrats, aux juges de paix, à recommander l'union, la concorde, l'amour du travail et la confiance parmi leurs concitoyens. La République compte que chacun fera son devoir : j'en donnerai l'exemple.

« J'ai ordonné l'impression des pièces relatives aux communications faites par le gouvernement français ; elles seront mises sous vos yeux à la suite des présentes. Vous verrez ce qu'on vous propose, et ce que vous deviez répondre. »

Cet acte judicieux donna encore une fois la mesure du caractère magnanime de Pétion. Il posa pour son pays, les vrais principes qui doivent être observés dans les relations internationales, et qui y furent constamment suivis par la suite.

Lorsqu'un chef gouverne ses concitoyens d'après leur volonté et suivant les règles de la justice, il prend confiance en lui-même pour n'agir que dans leur intérêt, parce qu'il se persuade, avec raison, qu'il possède aussi leur confiance. Ses résolutions deviennent d'autant plus respectables, qu'il est assuré de marcher d'accord avec eux.

Celles que prit Pétion en cette circonstance solennelle, quoique basées sur sa modération habituelle, ne prouvent pas moins sa détermination de défendre l'indépendance et la souveraineté d'Haïti, si elles venaient à être attaquées par la France ; et sa proclamation devint un véritable *Manifeste* à l'adresse de cette puissance et de toutes autres. Désormais, le gouvernement français savait ce qu'il pouvait espérer de la République, dont le premier magistrat déclara au monde, que « la France a « perdu pour toujours ses droits sur Haïti. »

Certes, — et ce n'est pas nous qui le nierons, — Christophe ne fut pas moins déterminé que Pétion, à défendre les droits du pays. Il servit *utilement* sa cause, en saisissant les papiers de l'agent envoyé auprès de lui, en faisant publier les *instructions* qui lui furent données par le ministre français ; car, sans cette saisie et cette publication, on n'eût pu croire aux prétentions absurdes de cet ancien colon, — de rétablir les choses à Haïti comme avant 1789, — au machiavélisme qu'il voulait employer pour parvenir à cet odieux résultat.

Mais, il restera toujours cette différence entre Christophe et Pétion : que si l'un et l'autre invitèrent les deux agents à venir auprès d'eux, du moins Christophe *tendit un piége* à Franco de Médina et le fit mourir sans nulle pitié, tandis que Pétion *agit équitablement* en renvoyant D. Lavaysse sain et sauf. Du reste, chacun de ces chefs procéda selon son naturel, ses lumières et les idées qu'il professait sur l'exercice du pouvoir : — l'un, employant toujours *la violence* qui mène au crime ; — l'autre, *la modération* qui conseille ce qui est juste et humain.

La connaissance acquise des vues et des desseins du gouvernement français sur Haïti, du but qu'il se proposait d'atteindre, mit toute la Nation haïtienne sur pied pour se préparer à la guerre, tant dans le Royaume que dans la République. Les chefs de ces deux États ne négligèrent rien à cet effet, et ils furent secondés par leurs lieutenans.

Pétion fit réimprimer les actes de 1804 à des milliers d'exemplaires qui furent envoyés dans les arrondissemens pour être distribués à tous les citoyens : ces actes réveillèrent *le feu sacré* de cette fameuse époque [1].

Dans le chapitre suivant, on verra comment et pourquoi « cette montagne accoucha d'une souris. »

---

[1] Le 30 décembre, le général Bazelais fit savoir au président, que J.-B. Lagarde, *insurgé* encore insoumis, lui avait écrit qu'à l'apparition des Français, il se rangerait sous les drapeaux de la République, pour les combattre. S'il avait eu le bon sens de se soumettre alors, il n'aurait pas été la victime de Goman.

CHAPITRE III.

Pétion renouvelle le serment prêté le 1ᵉʳ janvier 1804, à la fête de l'Indépendance. — Christophe agit de même. — Intention criminelle qui paraît dans une de ses proclamations. — Effets produits en Europe par les publications faites à Haïti. — Louis XVIII fait désavouer *les lettres* écrites de la Jamaïque par D. Lavaysse. — Conventions patentes et secrètes entre la Grande-Bretagne et la France, à l'égard d'Haïti. — Examen à ce sujet. — La France prépare une expédition contre Haïti. — Le retour de Napoléon la fait avorter. — Déclaration au Congrès de Vienne relative à l'abolition de la traite des noirs. — Décret de Napoléon qui l'abolit. — Le Congrès invite Louis XVIII à l'abolir : il y souscrit. — Déclaration du Congrès pour son abolition complète et universelle. — Conclusions : 1° la France est obligée de renoncer à ses projets de conquête contre Haïti ; 2° Haïti en est redevable aux philanthropes anglais, au gouvernement britannique et à Napoléon. — Christophe envoie des députés auprès de Pétion, pour l'inviter à se soumettre à son autorité. — Accueil qui leur est fait par la population du Port-au-Prince et le président. — Ils sont renvoyés. — Proclamation du président et publications à cette occasion. — Réélection de Pétion à la présidence pour 4 ans : discours prononcés au sénat. — Christophe fait publier des écrits contre lui. — Pétion y fait répondre une fois pour toutes. — Loi sur la piraterie. — Garbage fait des propositions à Lord Liverpool en faveur de Louis XVIII, et meurt à Londres. — Pétion désapprouve ces propositions. — Dravermann arrive au Port-au-Prince avec un navire chargé de vins, etc. — Pétion lui permet d'en opérer la vente. — D'autres navires français suivent cet exemple et sont admis sous pavillon masqué, comme le premier. — Fête civique donnée à Pétion, au Port-au-Prince. — Il fait venir de l'étranger des armes et des munitions. — Arrêté sur la perte des objets d'armement et d'équipement par les militaires. — Loi qui augmente l'impôt territorial sur diverses denrées. — Nomination des nouveaux sénateurs pour remplacer les anciens. — Pétion fait préparer la révision de la constitution de 1806. — Il fait engager les Haïtiens résidans en France à revenir dans la République, en payant leur passage. — Retour du général Bonnet au Port-au-Prince. — Assassinat du général Delva dans la prison.

Il ne suffisait pas au Président de la République d'avoir défendu et soutenu, dans sa correspondance avec l'agent de la France, le droit d'Haïti à se constituer en Etat libre, indépendant et souverain ; d'avoir livré à la publicité cette correspondance et son manifeste à l'adresse de cette puissance et des nations civilisées ; d'avoir fait réimprimer les actes de 1804 pour enflammer de nouveau le patriotisme des citoyens ; d'avoir ordonné aux chefs militaires toutes les mesures de défense du sol sacré de la Liberté ; recommandé aux magistrats, aux fonctionnaires publics, d'entretenir l'union entre leurs administrés pour mieux résister à une invasion ; prescrit la confection de nombreuses torches incendiaires afin que, dans ce cas, « les villes disparussent et que la Nation fût debout : » — il lui parut encore nécessaire de renouveler, dans toute la République, la cérémonie religieuse et militaire du 1er janvier 1804, pour y prêter le serment prononcé par les Fondateurs de l'Indépendance. Il fallait que la France comprît que cette résolution était irrévocable de la part des Haïtiens.

Depuis 1808, cette fête nationale avait cessé d'être ainsi solennisée, à cause de la mésintelligence survenue entre le sénat et le président, de la scission du Sud, du deuil profond qu'éprouvaient tous les cœurs, des maux de la patrie occasionnés par la guerre civile. Mais, le 1er janvier 1815 était une occasion toute convenable pour qu'elle pût être célébrée avec pompes.

A cet effet, le 29 décembre, un programme en fixa les détails. Le 1er janvier, le sénat se réunit à son palais, et tous les corps de l'État, les commerçans nationaux et étrangers, les instituteurs publics et leurs élèves, s'y réunirent aussi. Le Président d'Haïti s'y rendit avec un nombreux état-major de généraux et d'officiers de tous grades, et fut accueilli avec un profond sentiment de satisfaction. Là il reçut une adresse présentée par les commerçans étrangers de toutes les nations, qui le félicitèrent d'être à la tête d'un peuple résolu à combattre pour son indépendance, et le remercièrent de nouveau d'avoir pris leur défense contre les inculpations injustes de D. Lavaysse ; ils y joignirent des vœux pour le bonheur et le salut de la République. Pétion répondit de vive voix à cette adresse ; puis le cortége se rendit au Champ-de-Mars, où les troupes de la garnison du Port-au-Prince étaient assemblées au grand complet, avec la foule immense de sa population, hommes, femmes et enfans, accourus pour prendre part à la cérémonie.

Après un discours empreint d'un sentiment religieux de reconnaissance envers l'Etre suprême qui protégea Haïti dans la conquête de ses droits, et de cette modération qui l'accompagnait dans tous ses actes : évitant un langage offensant pour la France, — ce qui, dans la circonstance, était le gage le plus sûr de sa résolution à défendre le pays, — Pétion renouvela le serment suivant qu'il avait prêté aux Gonaïves :

« Jurons à l'univers entier, à la postérité, à nous-mêmes,
« de renoncer à jamais à la France ; de mourir plutôt que
« de vivre sous sa domination ; de combattre jusqu'au
« dernier soupir pour l'indépendance de notre pays ! »

Généraux, officiers et soldats ; magistrats et citoyens, réunis autour du chef de l'Etat et des sénateurs montés sur l'autel de la patrie, tous prêtèrent le même serment, et crièrent ensuite : « Vive l'Indépendance ! Vive la Liberté ! Vive la République ! Vive le Président d'Haïti ! Toute l'artillerie de la place du Port-au-Prince se fit entendre en ce moment, pour consacrer cette mâle résolution du peuple haïtien qui, à la même heure, la renouvelait dans toute la République.

A cet instant, deux jeunes garçons âgés de 7 ans, furent présentés à Pétion ; l'un était *noir*, l'autre *mulâtre* : ils symbolisaient les citoyens d'Haïti, unis dans un même sentiment, un même intérêt. Vêtus en agriculteurs, armés de petits fusils, ils portaient chacun *la macoute indigène* (espèce de havre-sac) remplie de vivres du pays et de cartouches, pour figurer les moyens de résistance en cas d'invasion de la part de la France. Une écharpe aux couleurs nationales, bleue et rouge, entourait chacun de ces enfans avec une devise emblématique ; et ils remirent à Pétion un compliment écrit, où étaient exprimés des sentimens de leur âge pour la conservation de ses jours, précieux au bonheur des Haïtiens. Il les prit affectueusement dans ses bras, pour exprimer lui-même l'ardent amour qu'il portait à tous ses frères [1].

Le cortége se rendit alors à l'église paroissiale avec toutes les troupes. Un *Te Deum* y fut chanté solennellement ; puis on accompagna le sénat à son palais, d'où le président se retira dans le sien et les assistans chacun chez soi. Le soir, la ville fut illuminée.

Durant dix années consécutives, le même serment, la même cérémonie, furent renouvelés dans la République.

Dans le Nord, Christophe renouvelait aussi ce serment consacré, en agissant en *Roi* et tenant un langage conforme à son caractère violent, et à son titre usurpateur de tous les droits de la souveraineté nationale. Par une proclamation du 1er janvier, datée de son palais de Sans-Souci, il déclara qu'il comptait beaucoup, pour le

---

[1] C'est Chéri Archer qui conçut l'idée de présenter ainsi ces deux enfans à Pétion, dont il était un admirateur enthousiaste : l'un était son fils aîné, l'autre, un de ses jeunes parens.

triomphe de la liberté et de l'indépendance d'Haïti, « sur
« le concours de magnanimes souverains et d'une géné-
« reuse nation de philanthropes et d'éloquens écrivains. »
Invitant les Haïtiens *à l'union* pour rester *forts et puissans*, il leur dit : « L'expérience nous a prouvé que les
« divisions intestines qui ont eu lieu parmi nous, n'ont
« été que le résultat du machiavélisme du cabinet fran-
« çais, influencé par les ex-colons, nos implacables
« ennemis... Haïtiens *noirs*, et vous *jaunes* leurs descen-
« dans, *notre cause est une, elle est inséparable...* »

Le barbare ! Et dans les interrogatoires subis par
Franco de Médina, il venait de lui imputer des réponses
qui tendaient à exciter la *méfiance* des noirs contre les
jaunes ! Était-ce d'ailleurs le cabinet français qui lui
avait conseillé les *assassinats* qu'il fit commettre en
1812 *sur les jaunes ?* Dans le moment même, il en
méditait de nouveaux sur cette classe de citoyens.

Le 2 janvier, il publia encore une autre proclamation
aux Haïtiens, dans laquelle il rappela « les trahisons
« infernales de *Marc Servant* et de ses complices au
« siége du *Port-aux-Crimes.* » Et il ajouta : « *Dénoncez*
« aux autorités compétentes, *ces hommes* turbulens et
« perfides, ces perturbateurs du repos public, qui cher-
« cheraient à égarer vos pas du sentier de l'honneur.
« Que se proposent-ils, ces vils agents des factieux ? De
« vous asservir, de vous replonger dans l'anarchie, de
« trouver dans la licence et le bouleversement des
» choses, une prétendue amélioration *à leur sort.* Mais,
« quel a été le résultat de leurs perfidies ? *La mort,*
« comme le juste châtiment de leurs forfaits... »

En voilà assez pour faire juger de la propre perfidie de
l'assassin de ses frères, innocens des intentions qu'il

leur prêtait. Ce n'est pas là le langage d'un chef animé de sentimens équitables ; c'est celui d'un tyran, d'un bourreau toujours avide de sang humain, mais destiné à périr comme son prédécesseur dans de semblables crimes. Les ex-colons, dont il rappelait aussi les actes, en avaient fait l'inévitable expérience, pour avoir outragé les lois de la nature envers leurs enfans. C'est que la Providence, en créant cette classe d'hommes par le croisement de deux races *antipathiques* l'une à l'autre, a voulu en faire *le seul lien* de rapprochement entre elles, pour améliorer le sort de la plus faible, à raison de la barbarie où elle est plongée depuis des siècles dans sa contrée natale. Ils sont *des impies*, ceux qui, parmi *les blancs et les noirs*, ne veulent pas se pénétrer de ces vues bienfaisantes du père commun des hommes !...

Voyons maintenant ce qui se passa en Europe, à la suite de la mission envoyée à Haïti par le ministre Malouet.

Ce vieillard était déjà mort et remplacé au ministère de la marine et des colonies par le comte Beugnot, quand arrivèrent en Angleterre, au commencement de janvier, les premiers actes publiés au Port-au-Prince et au Cap : — l'arrêté de Pétion relatif à la réduction des droits d'importation sur les marchandises de la Grande-Bretagne et l'écrit de *Colombus* en réponse au pamphlet de *H. Henry* ; — le manifeste de Christophe, les lettres de D. Lavaysse écrites de la Jamaïque et adressées à lui et à Pétion, le rapport fait par le conseil général de la nation sur les propositions de cet agent, l'écrit de Prézeau en réfutation de ces propositions, et ceux de Dupuy en réponse à *H. Henry*.

Les journaux anglais s'empressèrent de reproduire ces pièces en substance. Le *Times* des 4 et 5 janvier loua hautement la modération de l'écrit de *Colombus* et apprécia la haute portée de l'arrêté qui favorisait les produits britanniques. Tous les autres journaux se joignirent à cette feuille importante, sous ce point de vue, et émirent comme elle des opinions également approbatives du manifeste de Christophe et des écrits publiés au Cap. Dans son journal *l'Ambigu*, Peltier exalta particulièrement la fermeté et l'énergie de Christophe, et il y fit concourir d'autres journaux [1].

Dans les lettres écrites par D. Lavaysse, il était question « de traquer les Haïtiens comme des sauvages malfaisans ou des nègres marrons ; » et il avouait « que la « *réserve* faite par la France, de continuer la traite des « noirs pendant cinq années, n'avait d'autre but que de « *remplacer* la population d'Haïti, qui serait anéantie « totalement, si elle ne se soumettait pas, en assurant « que c'était par suite *d'engagemens* pris avec la France, « par toutes les puissances de l'Europe, notamment la « Grande-Bretagne. »

Ces déclarations officielles firent supposer l'existence de stipulations *secrètes* entre elles ; car aucun article *patent* ne contenait une pareille clause. Aussi, tous les journaux anglais se récrièrent contre le projet du gouvernement français, de restaurer son autorité à Haïti par

---

[1] On avait prétendu qu'à la fin de 1814, Christophe lui envoya 10 mille livres sterling, ou 50 mille piastres, afin d'obtenir des publications dans plusieurs journaux, et que Peltier en aurait distribué 6 mille livres et gardé le reste. Nous avons lu des documens à ce sujet, à Paris ; mais il y a lieu de croire qu'il n'y eut qu'une *promesse* de la part de Christophe. Cela amena même une rupture entre lui et Peltier, en 1815. Ce journaliste qui avait tant écrit en faveur des Bourbons, n'en reçut aucune récompense ; il tomba dans la misère à Londres et eut recours à la charité publique.

de semblables moyens. Leurs articles produisirent un effet immense sur l'opinion publique dans la Grande-Bretagne.

Le gouvernement français se vit donc *contraint* de publier sur le *Moniteur universel* du 19 janvier, ce qui suit :

« Le ministre de la marine et des colonies a mis sous
« les yeux du Roi *des lettres* insérées dans les papiers
« publics, et qui ont été adressées de la Jamaïque sous
« les dates des 6 septembre et 1ᵉʳ octobre derniers, aux
« chefs actuels de Saint-Domingue, par le colonel Dauxion
« Lavaysse. M. Dauxion, dont la mission *toute pacifique*
« avait pour but de recueillir et de transmettre au gou-
« vernement, *des renseignemens* sur l'état de la colonie,
« n'était nullement *autorisé* à faire des communications
« *aussi contraires à l'objet* de cette mission. Le Roi a
« témoigné un profond mécontentement et a ordonné de
« rendre publique sa désapprobation.

Signé : « Comte BEUGNOT. »

On voit que ce désaveu, par rapport aux lettres écrites de la Jamaïque, n'était évidemment qu'à raison *des menaces* qu'elles contenaient et de *l'imprudence* commise par D. Lavaysse, *en avouant* les vrais motifs de la réserve concernant la traite des noirs. Or, cette déclaration de la part de l'agent était excessivement *coupable* aux yeux de son gouvernement qu'il avait compromis. Elle avait suffi pour soulever l'indignation des Wilberforce, des T. Clarkson et des autres philanthropes anglais, de même que celle de toute cette nation animée de l'esprit du christianisme. La *philanthropie* de Louis XVIII, Roi *Très-Chrétien*, pâlit aux énergiques protestations des feuilles publiques de la Grande-Bretagne ; l'hôte royal de Hartwell ne voulait pas se brouiller avec ses fidèles alliés : de là sa désapprobation, tandis qu'on ignorait encore en Europe, la teneur des instructions données aux trois agents par le ministre Malouet.

Cependant, Dravermann ayant quitté la Jamaïque le 17 octobre et passé sur le packet des Antilles avec des dépêches de son collègue, il est impossible d'admettre que D. Lavaysse n'avait pas envoyé au ministre de la marine, *les copies* des lettres qu'il écrivit à Pétion et à Christophe ; et Dravermann avait dû arriver en France avec ces copies, dès la fin de novembre ou au commencement de décembre. Le comte Beugnot et le Roi connaissaient donc cette correspondance, *avant* le public anglais. Ils en furent si peu *mécontens*, que le ministre proposa au Roi d'élever D. Lavaysse au grade *d'adjudant-général* : ce qui eut lieu le 3 janvier [1]. Ainsi, le désaveu royal fut une de ces comédies que tous les gouvernemens sont quelquefois obligés de jouer.

Mais après ce désaveu, les autres documens publiés par Christophe et Pétion parvinrent aussi en Angleterre : — *les instructions* trouvées sur Franco de Médina, ses interrogatoires, etc. ; — la correspondance suivie au Port-au-Prince, et la proclamation du président. A la lecture de ces pièces, l'indignation publique s'y manifesta bien autrement que pour les lettres écrites de la Jamaïque. En les reproduisant, les journaux les accompagnèrent de réflexions flétrissantes pour le défunt ministre français qui avait conçu le plan digne *du colon ;* ils approuvèrent au contraire la résolution des deux

---

[1] « Il avait reçu le brevet de ce grade pendant *le cours de sa mission.* » M. Lepelletier de Saint-Rémy, t. 2, p. 19. C'est-à-dire, à l'arrivée de Dravermann, en France, avec les dépêches de D. Lavaysse, ou quelques jours après.

chefs d'Haïti qui avaient repoussé cette tentative, pour maintenir l'indépendance de leur pays. Le *Times* s'éleva contre le gouvernement britannique, en lui reprochant d'avoir concédé à la France la faculté de continuer la traite des noirs pendant cinq années, pour pouvoir détruire toute une population d'hommes libres; il dit qu'il était du devoir de la Grande-Bretagne de se poser en *médiatrice* entre elle et son ancienne colonie, avec d'autant plus de raison, que l'un des chefs d'Haïti avait fait des propositions *équitables* que la France pouvait accepter. A ce sujet, ce journal décerna des éloges particuliers à Pétion, en disant que : « sa correspondance « avec Dauxion Lavaysse et sa proclamation respirent « une *modération* à laquelle se joint *une fermeté qui* « *commande le respect.* »

Ces articles des journaux anglais furent plus ou moins bien accueillis en France, où le régime constitutionnel consacré par la charte de 1814 commençait à porter ses fruits : des esprits élevés, des cœurs généreux firent entendre leur voix en faveur du droit des Haïtiens *à rester indépendans*, puisque l'un de leurs chefs proposait, *par respect pour la propriété, une indemnité* en faveur des anciens colons, et de rétablir les relations commerciales entre la France et Haïti.

Par le 8e article *patent* du traité additionnel à celui de Paris, signé entre la Grande-Bretagne et la France, il était dit.

« S. M. Britannique stipulant pour elle et ses alliés,
« s'engage à restituer à S. M. Très-Chrétienne, dans les
« délais qui seront ci-après fixés, les colonies, posses-
« sions, comptoirs et établissemens de tout genre que la
« France possédait au 1er juin 1792, dans les mers et

« continens de l'Amérique, de l'Afrique et de l'Asie, à
« l'exception toutefois des îles de Tobago et de Sainte-
« Lucie, et de l'île de France et de ses dépendances,
« nommément Rodrigue et les Séchelles, lesquelles S. M.
« T. Ch. *cède* en toute propriété et souveraineté à S. M. B.,
« — comme aussi *la partie de Saint-Domingue* cédée à la
« France par le traité de Bâle, et que S. M. T. Ch. *rétrocède*
« à S. M. Catholique en toute propriété et souveraineté. »

Cet article sous-entendait, nécessairement, que *la partie française de Saint-Domingue* devait rester à la France. En effet, l'article *secret* qui la concernait était ainsi conçu :

« Dans le cas où S. M. *Très-Chrétienne* jugerait conve-
« nable d'employer quelque voie que ce soit, même celle
« *des armes*, pour récupérer Saint-Domingue et ramener
« sous son obéissance la population de cette colonie,
« S. M. Britannique *s'engage* à ne point y mettre, ou
« permettre qu'il soit mis, par aucun de ses sujets, direc-
« tement ou indirectement obstacle [1]. S. M. B. *réserve*
« cependant à ses sujets, *le droit de faire le commerce* dans
« les ports de l'île de Saint-Domingue, qui ne seraient *ni*
« *attaqués ni occupés* par les autorités françaises. »

Et le 1er article *patent* du traité additionnel disait :

« S. M. *Très-Chrétienne*, partageant sans réserve tous
« les sentimens de S. M. Britannique relativement à un
« genre de commerce *que repoussent et les principes de la*
« *justice naturelle et les lumières du temps où nous vi-*
« *vons, s'engage* à unir, au futur Congrès, tous ses efforts

---

[1] En même temps, S. M. B. prenait un semblable engagement envers Ferdinand VII, par rapport aux colonies espagnoles qui avaient proclamé leur indépendance, et son gouvernement refusa de recevoir des agents de la Nouvelle Grenade et de Buenos-Ayres. Nous faisons cette remarque, afin de prouver que *le préjugé* de couleur et de race ne fut pas la cause déterminante des stipulations à l'égard d'Haïti.

« à ceux de S. M. B. pour faire prononcer par toutes les
« puissances de la chrétienté, *l'abolition de la traite des
« noirs,* de telle sorte que ladite traite cesse universelle-
« ment, comme elle cessera définitivement et dans tous les
« cas, *de la part de la France,* dans un délai *de cinq années,*
« et qu'en outre, pendant la durée de ce délai, aucun tra-
« fiquant *d'esclaves* n'en puisse importer ni vendre ail-
« leurs que dans *la colonie* de l'État dont il est le sujet. »

Que résultait-il de ces trois articles? C'est que, si le gouvernement britannique céda au désir du *Roi Très-Chrétien,* de pouvoir continuer la traite des noirs pendant cinq années, en vue de repeupler Haïti d'esclaves, par suite de la *destruction* de sa population ; s'il ne put lui dénier *la faculté* de tenter cette criminelle folie, cette entreprise odieuse contre son ancienne colonie, du moins, en réservant pour ses sujets *le droit* de faire aussi le commerce dans tous les ports de ce pays non attaqués ou occupés par les autorités françaises, il rendait presque illusoires l'une et l'autre facultés. Car il eût été impossible à la France d'empêcher aux Haïtiens de s'approvisionner, par les navires anglais, des choses dont ils auraient eu besoin pour prolonger leur résistance, et principalement de munitions de guerre. Les bâtimens des États-Unis, ceux de toutes les îles de l'archipel des Antilles, leur seraient également venus en aide comme en 1803, à cause du profit qu'ils auraient trouvé dans un tel trafic. Au fait, la réserve stipulée en faveur du commerce britannique constituait, de la part de la Grande-Bretagne, *une quasi-reconnaissance* de l'indépendance d'Haïti, au moment où la France prétendait exercer sa souveraineté sur elle[1].

---

[1] Puisque la France ne voulait pas abolir la traite des noirs et se réservait le droit de

D'un autre côté, on voit que le gouvernement français lui-même *s'engagea* à unir ses efforts à ceux du gouvernement britannique, pour faire cesser la traite des noirs, comme contraire aux principes de la justice éternelle et aux lumières du XIXe siècle. Le Roi *Très-Chrétien*, et *philosophe* en même temps, condamnait donc et flétrissait cet infâme trafic de chair humaine, réclamé par les colons !

Dans un tel état de choses, les Haïtiens se montrant résolus à se défendre par tous les moyens en leur pouvoir, un de leurs chefs faisant en même temps des propositions acceptables et fondées sur l'équité, alors que la perfidie de la mission envoyée auprès de lui était dévoilée au monde civilisé et soulevait l'indignation dans tous les cœurs honnêtes : il était raisonnable d'espérer que *le chrétien philosophe* eût renoncé à l'idée de faire périr injustement, et ses propres sujets et les hommes qui avaient légitimement conquis tous leurs droits avec l'indépendance de leur pays.

Vain espoir ! Une expédition se préparait dans les ports de France contre Haïti ; on y mettait d'autant plus d'accélération, que des symptômes de mécontentement se manifestaient parmi les troupes de l'Empire qui regrettaient déjà leur Empereur. On les eût envoyées pour

---

a continuer durant cinq années, la Grande-Bretagne avait aussi un droit de réserve, pour continuer un commerce fructueux et fondé sur les relations des peuples entre eux. *Vendre des hommes ou les rendre esclaves*, c'est violer les principes de la justice naturelle et ceux du christianisme, ainsi que la France l'avouait. *Vendre des marchandises* aux hommes qui n'en fabriquent pas eux-mêmes, c'est les assister selon le vœu du créateur de toutes choses.

M. Lepelletier de Saint-Rémy a dit de l'article *secret* : « Que c'est un chef-d'œuvre de « diplomatie britannique. » Cela prouve, au contraire, que Talleyrand qui le signa comme ministre des affaires étrangères, et qui fut Évêque d'Autun, était *plus chrétien* que le Roi de France, *Fils aîné de l'Église*. — Son collègue Malouet ne se méprit pas sur la portée de la clause de réserve en faveur du commerce anglais ; il fit des observations à Talleyrand, mais c'était trop tard.

être débarquées sous le soleil de la zone torride, au cœur de l'été, en les exposant ainsi aux ravages certains de la fièvre jaune. Cette expédition, meurtrière sous tous les rapports, se fût accomplie, si la Providence, vraiment chrétienne, n'avait pas jeté au milieu de la France l'homme extraordinaire dont on voulait imiter la regrettable conduite dans les temps antérieurs [1].

Et, chose étrange! l'Empereur Napoléon eut encore l'honneur de signer l'acte humain qui, désormais, mettait les Bourbons dans l'impossibilité de suivre l'exécution de leurs desseins contre Haïti : non, peut-être, parce qu'il fut *uniquement* guidé par un sentiment de justice envers les malheureux Africains et les Haïtiens, mais aussi par des vues politiques, à raison de sa position nouvelle à l'égard de l'Europe, et pour se rendre agréable au peuple et au gouvernement anglais ; car son retour s'effectua au milieu des manifestations qui eurent lieu dans la Grande-Bretagne contre la traite des noirs [2].

---

1 Dans une de ses lettres au ministre de la marine, D. Lavaysse lui dit que, causant avec Pétion, ce dernier lui *prédit* le retour de Napoléon en France, sans doute en réfléchissant sur ce qui s'y passait, d'après le rapport des journaux.

A cette occasion, M. Lepelletier de Saint-Rémy dit : « Mais on voulait tenter une « seconde fois la conquête, et un armement *se préparait* à Toulon, lorsque *la prédiction* « de Pétion s'accomplit, et que le débarquement de l'île d'Elbe vint ajourner tous les « projets. » — Tome 2, p. 20.

2 Cependant, si l'on s'en rapporte aux paroles prononcées à Sainte-Hélène, on peut croire que l'Empereur Napoléon était convaincu de la justice de l'abolition de la traite des noirs. Le 12 juin 1816, il dit, à propos d'Haïti, suivant le Mémorial de Las Cases :

« Après la Restauration, le gouvernement français y avait envoyé des émissaires, et des « propositions qui avaient fait rire les nègres. Pour moi, à mon retour de l'île d'Elbe, je « me fusse accommodé avec eux : *j'eusse reconnu leur indépendance...* »

Et, après avoir avoué qu'il se reprochait l'expédition de 1802 :

« Le système colonial que nous avons vu *est fini* pour nous ; il l'est pour tout le conti- « nent de l'Europe. Nous devons *y renoncer* et nous rabattre désormais sur la libre navi- « gation des mers et l'entière liberté d'un échange universel. »

En 1813, D. Lavaysse écrivit une lettre à Pétion, où il prétendit qu'il avait eu l'honneur d'être présenté à Napoléon, aux Tuileries, et qu'il lui fit les plus grands éloges du président et du peuple haïtien. Il rapporta des paroles prononcées par l'Empereur, après son

Déjà, l'opinion publique s'y était tellement prononcée contre la concession faite à la France, que le ministre anglais porta ceux de Russie, d'Autriche et de Prusse, au Congrès de Vienne, à se joindre à lui pour déclarer ensemble, le 8 février : « que la traite des noirs serait « définitivement *abolie* par une convention postérieure « qui règlerait l'époque de sa cessation. »

Le 29 mars, Napoléon rendit un décret qui *l'abolit* dans les colonies françaises, et de la part de tout Français [1].

Lorsque lui, qui avait fait rétablir cet infâme commerce, le 30 mai 1802, il l'abolissait à la face du monde en 1815, après l'acte du 8 février ; les Bourbons pouvaient-ils dédaigner l'opinion et persister dans leur réserve à ce sujet ? Il y a une pudeur imposée aux Rois comme aux particuliers, de laquelle ils ne peuvent s'affranchir.

Aussi, le 26 juillet, dix-huit jours après la rentrée de Louis XVIII à Paris, les ministres de la Grande-Bretagne, d'Autriche, de Prusse et de Russie, signèrent un protocole par lequel ils invitèrent la France *à abolir* la traite des noirs.

Le 30, Talleyrand écrivit à Lord Castlereagh, que par suite d'une conversation que Louis XVIII avait eue avec Sir Charles Stuart, S. M. avait *donné ordre* pour que la

---

décret du 29 mars, qui sont à peu près les mêmes que celles consignées dans le Mémorial de Las Cases. L'Empereur, selon lui, aurait fort bien accueilli les propositions de Pétion, relatives à l'indemnité et au rétablissement des relations commerciales entre la France et Haïti ; et il aurait dit à D. Lavaysse, qu'à de telles conditions, il aurait reconnu l'indépendance d'Haïti.

1 Aussitôt la réunion du corps législatif des Cent-jours, H. Grégoire s'empressa de lui adresser une lettre par laquelle il demandait qu'une *loi* fût rendue, pour *sanctionner* le décret du 29 mars : cette demande ne fut pas accueillie. Grégoire pensait sans doute que cette loi était nécessaire pour détruire la disposition de celle du 30 mai 1802 qui avait rétabli la traite des noirs en même temps que leur esclavage, dans les colonies françaises ; car il connaissait l'esprit variable de son pays.

traite des noirs *fût défendue* aux Français. Ce ministre ajouta : « que c'était *à regret* que l'an dernier, S. M.
« avait stipulé la continuation de la traite pendant
« quelques années ; qu'elle ne l'avait fait, que parce que,
« d'un côté, elle savait qu'il y avait sur ce point, en
« France, *des préjugés* qu'il était alors utile de ménager,
« et que, de l'autre, on ne pouvait pas assigner avec pré-
« cision quel temps suffirait pour les détruire. »

Ainsi, on peut remarquer que, tout en faisant tenir ce langage par son ministre, Louis XVIII n'avait rendu aucune *ordonnance royale* pour abolir la traite, mais qu'il donna seulement *l'ordre* pour qu'elle fût défendue par les autorités secondaires.

Par suite des actes du 8 février et du 26 juillet, signés sur les instances de la Grande-Bretagne, un nouvel article additionnel au traité du 20 novembre de la même année fut ainsi rédigé entre les puissances alliées :

« Les hautes puissances contractantes, désirant sin-
« cèrement de donner suite aux mesures dont elles se
« sont occupées au Congrès de Vienne, relativement à
« l'abolition complète et universelle de la traite des
« nègres d'Afrique, et ayant déjà, chacune dans ses
« États, défendu sans restriction à leurs colonies et
« sujets toute part quelconque à ce trafic, s'engagent à
« réunir de nouveau leurs efforts pour assurer le succès
« final des principes qu'elles ont proclamés dans la
« déclaration du 8 février 1815, et à concerter, sans
« perte de temps, par leurs ministres aux cours de Paris
« et de Londres, les mesures les plus efficaces pour ob-
« tenir l'abolition entière et définitive d'un commerce
« aussi odieux, et aussi hautement réprouvé par les lois
« de la religion et de la nature. »

Et ce ne fut cependant que le 8 janvier 1817, que Louis XVIII publia une ordonnance par laquelle il interdit la traite à tous les Français[1]. Mais alors, il s'était déjà décidé à envoyer à Haïti des *commissaires* pour essayer de nouveau d'y faire proclamer sa souveraineté, et ils étaient de retour en France de leur mission infructueuse.

La conclusion que nous tirons de toutes les publications faites, tant en Haïti qu'en Europe, sur la malencontreuse tentative du gouvernement français, en 1814 ; des graves événemens survenus en France, en 1815, et des diverses déclarations en faveur de l'abolition de la traite des noirs, c'est que :

1º La résolution manifestée par les deux chefs d'Haïti et leurs concitoyens, de combattre à outrance pour défendre la liberté, l'indépendance et la souveraineté de leur pays, porta la France *à réfléchir* sur l'injustice qu'il y aurait d'attaquer un tel peuple, et sur les cruautés qu'il faudrait commettre dans une pareille entreprise [2].

En présence de l'Europe, demandant à grands cris la cessation du trafic odieux qu'elle avait fait depuis trois siècles, la France dut céder à cette intervention dictée par l'humanité et la religion, en renonçant au privilége qu'elle s'était réservé pour pouvoir remplacer la population haïtienne, *si elle en triomphait*. Elle dut céder encore, en considération des offres équitables faites par l'un des

---

1 En citant cette ordonnance et deux lois rendues en France sur l'abolition de la traite, le 15 avril 1818 et le 25 avril 1827, M. Lepelletier de Saint-Rémy ajoute : « Leur application ne fut jamais *sincère*. »

Nous aimons cet aveu qui fait apprécier les Bourbons de la branche aînée. Sous Louis-Philippe, une dernière loi du 4 mars 1831, mit réellement un terme à la traite dans les colonies françaises.

2 Quand nous publierons les faits de 1821, nous citerons un document du ministère français où cet aveu est consigné : il fait honneur au duc de Richelieu qui présidait ce ministère, et aux hommes d'État qui l'assistèrent en cette occasion.

chefs d'Haïti, et qu'il était de son intérêt d'accepter comme une transaction raisonnable. Elle dut céder, enfin, parce que le règne des Cent-jours ; l'invasion de son territoire par toutes les armées de l'Europe ; l'occupation militaire qui s'ensuivit durant trois années ; les indemnités qu'elle dut payer aux diverses puissances ; les contributions de guerre qu'elles lui imposèrent concurremment ; le licenciement de son armée, dite *de la Loire :* tout lui faisait une obligation de renoncer à ses projets de restauration violente de son autorité dans son ancienne colonie.

2° Si Haïti a échappé au danger de cette invasion qui eût retardé ses progrès, refoulé ses mœurs vers la barbarie, ELLE LE DOIT — aux sentimens humains des philanthropes anglais qui ont plaidé *sa cause* en plaidant celle de toute la race noire ; — au généreux concours qu'ils trouvèrent dans le gouvernement de leur pays, qui insista auprès des puissances européennes, de la France elle-même, pour faire abolir la traite ; — au retour inopiné de Napoléon de l'île d'Elbe, à la déclaration qu'il se hâta de faire contre ce trafic inhumain et qui *obligea* les Bourbons à subir cette nécessité.

Et peut-on ne pas découvrir une vue providentielle dans un résultat aussi heureux, aussi favorable au premier peuple de la race noire qui s'émancipa du régime colonial, du joug européen ? Le gouvernement britannique d'abord, Napoléon ensuite, avaient été les plus dangereux, les plus formidables ennemis de sa liberté ; et ce furent eux, en définitive, qui devinrent les moteurs de la consécration de son indépendance !

Il y avait à peine deux mois que l'agent du Roi de France avait quitté la capitale de la République, quand des agents du Roi d'Haïti s'y présentèrent, chargés d'une mission semblable à la précédente. Cette *singerie* eût pu lasser la patience de Pétion, si la population du Port-au-Prince ne se fût amusée à l'accueillir comme une représentation nouvelle des bigarrures qu'elle venait de voir dans le récent *carnaval*.

Les envoyés de Christophe s'y présentèrent le 18 février, chacun dans un costume différent par la couleur de leurs vêtemens. Leurs habits avaient une forme et une ampleur qui égalaient le grotesque de leurs chapeaux militaires aussi larges que hauts. Ils étaient tous bardés de cordons et de croix, et portaient chacun une longue queue poudrée comme toute leur chevelure ; ils avaient de grandes bottes à l'écuyère. C'était absolument la reproduction des costumes plus ou moins bizarres qui s'étaient produits pendant les jours gras au Port-au-Prince, et l'on était alors en plein carême.

Aussi, à l'apparition de ces envoyés et dans leur marche depuis la porte Saint-Joseph jusqu'au palais de la présidence, par la rue Républicaine ou Grand'rue, le cortége populaire qui les accompagna ne fit que grossir à chaque instant. Les hommes, les femmes, les enfans, tous en gaîté par ce spectacle qui les réjouissait, criaient dans leur langage créole : « *Cé Pangnols ! Cé mascarade ! Gardé yo donc ! Ça yo vini chaché ?* [1] » On sait d'ailleurs à quel point la population de cette ville pousse son esprit railleur, et l'on peut se faire une idée de l'accueil qu'elle fit aux envoyés du *Grand Henry*.

C'étaient : 1° *Dupont,* l'ancien compagnon d'armes de

---

[1] « Ce sont des Espagnols ! C'est une mascarade ! Regardez-les donc ! Que viennent-ils « chercher ? » A cette occasion, Dupré fit une épigramme sur Christophe et ses envoyés, dont nous ne nous ressouvenons plus.

Pétion dans le Sud, qui avait eu, comme lui, l'honneur d'être excepté de l'hypocrite amnistie proclamée par Toussaint Louverture, mais qui était alors comte du Trou, maréchal de camp des armées du Roi, commandeur de l'ordre royal et militaire de Saint-Henry ; 2° *L. Dessalines*, ancien constituant de 1806, baron, major-général, secrétaire général au département de la guerre, chevalier de Saint-Henry ; 3° *Félix Ferrier*, ancien constituant et sénateur, major général, maréchal des logis des palais de Sa Majesté, chevalier de Saint-Henry ; et 4° Monsieur le chevalier d'*Edouard Michaud*. Tous ces titres sont utiles à connaître, parce qu'ils devaient produire un grand effet sur l'esprit des républicains, que les envoyés avaient mission d'embaucher à la cause royale.

En paraissant aux avant-postes de Sibert, ils avaient été retenus là provisoirement, afin que le commandant eût le temps d'en aviser Pétion. Ils se disaient chargés d'une mission *pacifique*, comme celle de Louis XVIII, et le président envoya des officiers à leur rencontre pour les accompagner en ville. Il fit aussitôt inviter les sénateurs, les généraux et autres officiers supérieurs, et les magistrats et fonctionnaires publics, à se réunir au palais pour les recevoir avec lui, et savoir, comme disait le peuple plaisamment : « Ce qu'ils venaient chercher. » Inutile d'ajouter que la demeure du président fut littéralement envahie, à titre de *palais national*, par une grande partie du cortége populaire dont nous venons de parler. Le Président d'Haïti considérait cette mission comme celle de D. Lavaysse, intéressant les citoyens au même degré, puisqu'il s'agissait d'entendre encore les propositions d'un *Roi*.

Le comte du Trou, qu'il revit avec plaisir à cause des

antécédens, lui remit une lettre datée du 10 février et écrite du palais de Sans-Souci, par Prévost, comte de Limonade, lieutenant-général, secrétaire d'État et ministre des affaires étrangères. Il lui remit également les divers imprimés que Christophe avait déjà fait jeter en paquets à nos avant-postes.

La lettre de Prévost était basée sur la nécessité d'une prompte réunion de tous les Haïtiens sous l'autorité de son maître, pour pouvoir résister efficacement aux prochaines attaques dont la France les menaçait ; et elle supposait, ou plutôt établissait comme une certitude, que le vœu et les dispositions des citoyens de la République étaient en faveur d'une telle soumission ; qu'il ne dépendait que de Pétion de leur en laisser la faculté. A ces causes, Prévost offrait *six points* de garantie de la parole royale, notamment la conservation du grade et du commandement de Pétion dans la province de l'Ouest. Comme s'il craignait que le président n'eût voulu cacher au peuple ces propositions absurdes, Prévost l'invitait, de par son Roi, à en donner connaissance *à tous*. Mais, tout en lui promettant *l'oubli du passé*, il énumérait une foule d'accusations contre Pétion, résultant des interrogatoires de Franco de Médina, et terminait cependant par lui dire : « Réfléchissez attentivement, général, sur « toutes les considérations de ma lettre. Il dépend de vous « *qu'elle ne soit qu'entre le Roi et vous*, etc. [1]. »

Une telle démarche n'eût été qu'une absurdité, une

---

[1] Les instructions de Malouet portaient 7 catégories dans ses classifications coloniales : il fallait bien que le Roi d'Haïti le singeât, même en cela. Toute la différence qui existait entre les deux gouvernemens, c'est que le premier prescrivait *un grand secret* dans l'intérêt du but qu'il voulait atteindre, tandis que le second sollicitait *la plus grande publicité* pour parvenir au sien. L'un resta *scandalisé* de la divulgation de son secret, l'autre *regretta* d'avoir demandé cette publicité.

sotte imitation de la mission envoyée à Haïti par le gouvernement français, si l'intention de Christophe ne perçait pas à travers toutes les paroles d'union et de défense commune, consignées dans la lettre de son ministre. Ce cruel savait que l'expiration des fonctions de la présidence de Pétion aurait lieu le 9 mars ; et après l'avoir déjà accusé, dans ses actes imprimés lors de l'arrestation de Franco de Médina, *de complicité* avec la France *pour rétablir l'esclavage* à Haïti, il voulut tenter, par ses envoyés, de le dépopulariser parmi *les noirs* de la République, en expédiant de nouveau tous ses écrits qui tendaient également à jeter du soupçon *sur les hommes de couleur*. Sa férocité ne l'aveuglait pas au point de l'empêcher de pressentir, que la conduite de Pétion envers D. Lavaysse, si différente de la sienne envers l'autre agent, allait établir une opinion honorable de Pétion en Europe ; et sa jalousie farouche lui fit mettre tout en jeu pour le perdre aux yeux des Haïtiens.

Loin de redouter ces trames *royales*, de cacher au peuple la lettre et les autres écrits que lui remit Dupont, le président en fit donner lecture à haute voix, à tout cet immense auditoire de tous rangs qui se pressait autour de lui. Pas un seul citoyen ne manifesta un sentiment d'indignation en cette occasion ; le ridicule seul couvrit chacune des phrases de la lettre de Prévost, et plus d'une voix murmura encore : « *Pangnols ! Mardi gras !* »

On n'avait jamais vu Pétion lui-même aussi gai, aussi sarcastique. Il ménagea trois des envoyés ; mais il reprocha à Ferrier de s'être sauvé, à Jacmel, d'une manière bien peu digne d'un homme qui avait eu l'honneur d'être revêtu de la dignité de sénateur, puisqu'il avait trompé ses créanciers et emporté leurs fonds en fuyant, quand ils avaient la plus grande confiance en lui. Il ajouta qu'il était étonné, après de tels faits, que Ferrier osât se présenter au Port-au-Prince, en *baron, major-général*, etc., et surtout décoré d'une *croix;* qu'au lieu de cette croix, son *maître* Henry aurait dû lui donner les 50 mille piastres qu'il devait, pour payer ses créanciers, réparer l'honneur d'un serviteur fidèle qui, au fait, n'était qu'un banqueroutier frauduleux.

En ce moment, Robert Sutherland, se trouvant aussi dans la foule, réclama du président la permission de faire *emprisonner* Ferrier, comme étant son principal créancier; mais le président lui répondit malicieusement, que *l'envoyé d'un Roi* ne pouvait être retenu ni détenu pour dettes.

Prenant alors son ton grave, Pétion leur dit que le surlendemain, il leur donnerait sa réponse à la lettre de Prévost, afin qu'ils pussent retourner à Sans-Souci; et qu'ils pouvaient se retirer dans le logement qu'il avait ordonné au général Boyer de leur préparer.

Le président invita fonctionnaires, officiers et citoyens à aller les voir, persuadé qu'il était qu'aucune trahison n'était à craindre. Ils reçurent beaucoup de visites, en effet, et ils purent se persuader eux-mêmes que les offres *de titres de noblesse, de croix, de rubans*, etc., faites par S. M. *Très-Barbare*, n'exerçaient aucune influence sur l'esprit républicain des visiteurs, — non plus que *les lettres de blanc* offertes précédemment par ordre de S. M. *Très-Chrétienne* [1].

Le 20 février, ces envoyés furent de nouveau accompagnés au palais où le modeste Président de la République

---

[1] Christophe fit publier cependant, que Pétion avait voulu faire *assassiner* ses envoyés, et que le peuple s'y opposa.

leur remit sa réponse à la dépêche de Prévost, en leur souhaitant bon voyage, et surtout la conservation *de leurs têtes* [1]. Ils furent reconduits jusqu'aux avant-postes, d'où ils continuèrent leur route.

La réponse de Pétion fut ce qu'elle devait être : une revue rétrospective de sa conduite, comparée à celle de Christophe ; des événemens qui amenèrent la guerre civile actuelle et qui firent de Christophe *un rebelle* à la volonté nationale ; l'assurance de nouveau donnée qu'il saurait défendre l'indépendance du pays. Et à ce sujet, il dit à Prévost : « Vous me parlez, Monsieur le général, d'am-
« nistie, de pardon, d'oubli du passé, d'autorité paternelle,
« de monarque, de grades, de distinctions, de titres de
« noblesse héréditaire? Nous étions bien éloignés de ces
« idées bizarres et inconvenantes, quand je sollicitai le
« général Christophe à sortir du Cap pour se soustraire
« *à la potence*, et quand je réveillai sa méfiance contre
« les Français qu'il connaissait si mal, que peu de temps
« auparavant il avait confié son fils au général Boudet
« pour le conduire en France... C'est cependant lui qui
« veut bien nous pardonner, nous élever à la noblesse
« héréditaire et nous décorer de ses ordres!... »

Le même jour, le président publia une proclamation au peuple et à l'armée, où il leur rendit compte de la ridicule mission envoyée par Christophe, en leur disant : « Sa
« royauté est une chimère : un peu plus tôt, un peu plus
« tard, *nous serons réunis*... ce moment désiré ne peut
« manquer d'arriver [2]. »

---

[1] Quelque temps après, Dupont mourut ; et l'on soupçonna généralement qu'il périt par ordre de Christophe, pour avoir été mieux accueilli que les autres envoyés par Pétion, qui n'avait fait cependant que céder au souvenir de leur commun malheur. Mais Christophe était le représentant de Toussaint Louverture !

[2] C'était le même langage qu'il tenait en 1807, quand Gérin lui faisait opposition. Ses

Toutes ces pièces furent imprimées et distribuées d'un bout de la République à l'autre, et partout le président fut hautement approuvé.

Le moment arriva où le sénat devait exprimer cette approbation générale, par un acte interprétatif de la volonté nationale, et de la confiance de tous en leur premier magistrat. Le 9 mars, il se réunit à l'occasion de l'expiration des fonctions du Président d'Haïti, et il forma son bureau en élisant le sénateur Lys pour diriger ses travaux. Une haute convenance porta ce corps à placer ce membre distingué à sa tête, lorsqu'il avait à rappeler dans l'administration de Pétion, des faits aussi glorieux que patriotiques pendant la période écoulée de 1811 à 1815. Les sénateurs pensèrent qu'il fallait mettre en présence l'un de l'autre, ces deux anciens amis, ces deux illustrations du pays, pour mieux sceller leur réconciliation si profitable à la patrie, par les louanges que le sénat allait décerner au grand citoyen qui les mérita par sa conduite.

Cette fois, l'administrateur général des finances, Imbert, après avoir adressé au sénat un message, se rendit dans son sein pour l'informer qu'il était revêtu provisoirement du pouvoir exécutif, par le dépôt fait en ses mains des rênes du gouvernement par l'ex-président d'Haïti [1].

Aussitôt après qu'il se fut retiré, le sénat procéda au

---

prévisions s'accomplirent en 1820, comme le retour de Napoléon de l'île d'Elbe justifia sa prédiction à D. Lavaysse.

[1] Cette démarche d'Imbert fournit aux secrétaires de Christophe une occasion de le plaisanter sur le rôle comique, disaient-ils, qu'il joua ce jour-là. Pétion était resté sans garde au palais de la présidence, tandis qu'Imbert en avait une très-forte en son hôtel, et des aides de camp pour recevoir et porter ses ordres. Les secrétaires de Sa Majesté Très-Barbare voulurent sans doute distraire leur maître de la confusion qu'il venait d'éprouver, au retour de ses députés.

scrutin relatif à cette charge ; et à l'unanimité, il réélut de nouveau le citoyen Alexandre Pétion, général de division, pour en exercer les fonctions pendant quatre années. Il députa immédiatement les sénateurs Larose et Fresnel auprès de cet élu du peuple pour lui annoncer sa nomination : ces deux membres revinrent informer le corps qu'il acceptait. Une salve d'artillerie sanctionna cette élection constitutionnelle.

Le lendemain, le sénat se réunit à l'effet de recevoir du président élu le serment dicté par le pacte social. On voyait dans son enceinte trois grands drapeaux consacrés : l'un, aux *Invalides* de l'armée qui avaient versé leur sang sur tous les champs de bataille, pour assurer la Liberté et l'Indépendance nationale ; l'autre, aux braves *Défenseurs* de la patrie qui portaient les armes, pour remplir le même devoir dans les circonstances qui pouvaient surgir ; le troisième, à la *Jeunesse* destinée à être appelée à marcher sur les traces de ses devanciers dans cette noble carrière. Un écusson représentait le faisceau d'armes de la République d'Haïti avec ses drapeaux aux couleurs nationales, emblème de l'union de ses enfans, et la légende : *Le salut du Peuple est la Loi suprême*, adoptée par le sénat peu après son institution.

Tous les corps de l'État étaient représentés dans son sein, par la présence des magistrats, des fonctionnaires publics et des officiers de tous grades du Port-au-Prince ; à ceux-là se mêlaient les commerçans nationaux et étrangers, les citoyens de toutes les classes, les instituteurs et leurs élèves.

L'administrateur général des finances fut introduit et adressa au sénat un compliment, au nom de la nation, pour son choix fait la veille. Puis, le général A. Pétion fut annoncé et vint, escorté de ses aides de camp, occuper le fauteuil qui lui était réservé, en face de celui du président du Sénat. Après un moment de silence qui suivit le bruit des fanfares militaires et de la musique, Lys adressa à Pétion les paroles suivantes :

Général,

La plus importante obligation du Sénat est de placer à la tête du gouvernement de la République, un citoyen qui, par ses talens, ses vertus, son patriotisme et son dévouement, puisse procurer à la nation la somme de bonheur dont l'homme est si avide dans l'état social.

C'est cet esprit qui anima le corps législatif, lorsqu'en mars 1807 il vous proclama Premier Magistrat de la République. Le Sénat ne crut alors mieux remplir le vœu de la nation et mieux récompenser vos vertus, qu'en vous plaçant à la tête du gouvernement avec le titre constitutionnel de *Président d'Haïti*.

Celui qui, *le premier*, prit les armes pour combattre et expulser les Français du pays qui nous a vus naître, et qui, bientôt après, s'arma contre un tyran sanguinaire qui déshonorait la nation, et qui, successivement, a repoussé loin de nos frontières l'usurpateur qui désole le Nord de cette île, devait *nécessairement* être proclamé le chef immédiat de la République. Dans cette première élection, le Sénat, heureux de son choix, en a connu toute l'importance par la sagesse de votre administration paternelle.

Les premières années qui ont suivi la fondation de la République devaient nécessairement être orageuses. Le vaisseau de l'Etat, confié à vos habiles mains, longtemps ballotté par les tempêtes révolutionnaires, est sorti sans danger de la tourmente qui l'agitait. Il voguait encore paisiblement, lorsque, par une cruelle fatalité, *une main imprudente* a agité le brandon de la division dans *la République, une et indivisible*.[1] Ce système trop déplorable aurait précipité la patrie dans un abîme de maux, sans la sagesse de vos mesures et les profondes méditations d'une politique raisonnée et basée sur l'humanité.

---

1 Allusion à Rigaud et à la scission du Sud.

Dans ces momens difficiles, général, vous avez senti qu'un remède violent ne pouvait qu'aggraver nos maux. Jamais, en politique, homme ne fut placé dans une circonstance plus délicate que vous! Et la République, roulant pour ainsi dire au milieu des flots qui l'agitaient du Nord au Sud, est sortie triomphante, sans que le père ait versé une larme sur la tombe de son fils, et sans que l'épouse désolée ait pleuré son époux. Tous ces bienfaits sont votre ouvrage; et le Sénat, qui a partagé l'allégresse publique, devait nécessairement continuer le pouvoir dans vos mains, puisque, d'après notre constitution, le même citoyen appelé à la Présidence de la République, peut être indéfiniment réélu d'après sa bonne administration.

La pacification du Sud sera toujours regardée comme un chef-d'œuvre de modération et de magnanimité. Le siége du Port-au-Prince, qui eut lui en même temps, où vous avez donné tant de marques de valeur, de prudence et de talent, sera aussi à jamais regardé comme une des époques les plus glorieuses de votre vie.

Celui qui sait faire respecter la République, en faisant la conquête des cœurs, et qui expose sans cesse ses jours pour le bonheur de ses concitoyens, est bien fait pour gouverner un peuple longtemps persécuté par ses devanciers.

Le terme prescrit par l'article 105 de la constitution pour la présidence, étant expiré le 9 de ce mois, le corps législatif ayant procédé, dans sa séance d'hier, à l'élection du Président d'Haïti, le suffrage libre de ses membres vous appelle de nouveau à la Présidence de la République. Vous êtes dans le sanctuaire des lois, en présence des mandataires du peuple, au milieu des magistrats de la nation et de toutes les autorités civiles et militaires, pour remplir les formalités prescrites par l'article 107 de la constitution.

Président d'Haïti,

En vous proclamant pour la troisième fois Premier Magistrat de la République, le Sénat aurait désiré qu'il fût en son pouvoir de vous dispenser de ce serment, attendu que vous en avez surpassé les obligations.

Ce jour, consacré à l'allégresse publique, fera époque dans les fastes de la République, par la nouvelle élection du plus vertueux des chefs que la Providence appelle à gouverner les hommes.

Puisse l'Eternel vous conserver les sublimes principes qui vous caractérisent! Consolidez la liberté publique, la propagation de la morale, de la religion, de l'instruction publique, l'encouragement de l'agriculture et du commerce.

Pétion répondit à ce discours par celui qui suit :

Citoyens Sénateurs,

L'expression des sentimens du Sénat, en m'élevant à la première Magistrature de la République, par le vœu de mes concitoyens dont vous êtes les organes, m'est d'autant plus agréable, qu'il justifie le zèle avec lequel je me suis sans cesse occupé de faire leur bonheur.

Vous retracer les époques marquantes de mon administration, est un devoir d'usage dans tous les gouvernemens. Dans le nôtre, c'est rappeler des actions communes à tous les citoyens de la République; et la gloire qui en rejaillit sur le chef étant leur ouvrage, leur appartient autant qu'à lui-même. C'est dans cette idée que je la partage avec eux.

La bonté divine a permis que l'instant choisi par notre implacable ennemi, Henry Christophe, pour nous attaquer, fût celui d'une heureuse réunion entre le Sud et l'Ouest : réunion qui brillera dans nos annales à l'honneur de tous. Cet ennemi qui croyait trouver dans ses affreux projets une exécution facile, n'a rencontré qu'un mur d'airain contre lequel il est venu abaisser son front orgueilleux. Il s'est retiré couvert de honte, de rage et de confusion.

La loyauté, la bravoure, l'héroïsme, sont les traits les plus saillans du siége du Port-au-Prince. Que de hauts faits d'armes ! Que de grandes actions, d'efforts, de patriotisme et de courage n'a-t-il pas produits ! Que ne dois-je pas aux braves qui ont figuré dans cette occasion ! Rien n'a été perdu pour mon cœur : tout est gravé dans ma mémoire. C'est dans ce jour solennel, où je me plais à épancher mes sentimens, que je leur offre, avec la reconnaissance nationale, les éloges qu'ils ont si bien su mériter.

Ces éloges appartiennent aussi à nos frères de l'armée du Nord, qui, refusant de seconder le bras qui voulait nous écraser, se sont joints à la cause de la liberté. Cette conduite nous a donné la mesure de l'opinion publique dans le Nord, et a démontré que s'il est possible d'asservir un peuple, il ne faut souvent qu'un instant pour la chute d'un tyran.

Privés d'un commerce régulier, par les événemens de la guerre continentale de l'Europe, nous sommes parvenus, par une sage économie, à éteindre la dette publique. L'armée a été habillée, secourue, autant que les temps ont pu le permettre : les troupes sur nos frontières, qui se sont agrandies par la jonction de l'arrondissement du Mirebalais et du quartier des Grands-Bois, reçoivent régulièrement leurs besoins. Les transactions du gouvernement ayant été exactement acquittées, nous avons trouvé, dans les commerçans étrangers, le zèle et la bonne volonté que nous pouvions désirer.

Je croirais n'avoir rien dit, citoyens Sénateurs, si je ne faisais l'aveu public de tout ce que l'État doit au généreux dévouement que vous n'avez cessé de manifester dans toutes les circonstances, et combien il est glorieux pour vous d'avoir coopéré, dans les momens les plus difficiles, à la prospérité et au bonheur de la République.

Je jure de remplir fidèlement l'office de Président d'Haïti, et de maintenir de tout mon pouvoir la constitution.

Cette cérémonie politique fut suivie de la cérémonie religieuse où un *Te Deum* chanté avec pompe, consacra aux yeux du peuple la continuation du pouvoir exécutif dans les mains de Pétion. Le soir, il réunit la plupart des assistans dans un grand banquet national au palais de la présidence, et la population du Port-au-Prince éclaira cette ville par une brillante illumination, emblême de sa joie, de son bonheur.

Comme on le voit, le discours prononcé par le président du sénat, résume en peu de mots la brillante carrière politique et militaire de Pétion, à partir du jour de sa prise d'armes au Haut-du-Cap, en 1802. Il y avait une convenance d'actualité à rappeler ce fait intelligent et patriotique, dans le moment où l'on était menacé d'une invasion par la France, et où Christophe venait de s'efforcer de l'accuser de projets de trahison envers son pays, pour favoriser cette puissance dans le rétablissement de son autorité et de l'esclavage. Mettre ensuite dans la bouche de Lys, qui avait été en opposition à son système de gouvernement dans la lutte du sénat avec lui, dans la scission du Sud, les éloges qu'il mérita par la sagesse et la prudence de sa conduite, par sa modération exemplaire, par ses sentimens humains, c'était décerner à Pétion la plus belle couronne civique dont on pût orner sa tête ; car il y avait conviction pour Lys comme pour le sénat, que le chef de l'État y avait droit [1].

De son côté, comme, dans son langage modeste, Pétion s'est plu à dissimuler sa propre gloire, en parlant de celle qu'acquirent tous ses concitoyens, du Sud particulièrement, dans le concours qu'ils lui donnèrent pour sauver la République ! En rappelant les faits d'armes du siége du Port-au-Prince, il rehaussait le caractère de Lys qui montra tant de valeur en cette circonstance ; en y joignant des éloges pour tous les militaires du Nord qui firent défection à la République, il honorait le caractère de Magny et de ses compagnons d'armes. Enfin, il rendit justice à la loyauté des commerçans étrangers, et

---

[1] Le discours du président du sénat fut rédigé par Daumec, avant l'arrivée de Lys au Port-au-Prince. Averti que ses collègues désiraient qu'il présidât ce corps, il fit dans une seule journée les 36 lieues qui séparent cette ville, du Petit-Trou où il résidait.

À cette époque, Dupré, qui s'était retiré aussi dans le Sud pendant la scission, fit les vers suivans pour être gravés au bas du buste de Pétion :

> Le calme de son front est celui de son âme.
> Ni revers ni périls, jamais rien ne l'enflamme.
> Philosophe guerrier, prudent Législateur,
> Dans le bonheur des siens il trouve son bonheur.
> Lui seul n'est point frappé de l'éclat de sa gloire,
> Quand un jour l'avenir doit bénir sa mémoire.

Quelle satisfaction pour Pétion, d'avoir su ainsi se concilier les cœurs, même de ceux de ses concitoyens qui lui furent le plus opposés !

à la coopération du sénat dans tous les actes de son administration libérale.

En apprenant la réélection de Pétion, Christophe rugit de rage. N'osant plus entreprendre une campagne contre la République, dans la crainte d'une défection totale de ses troupes; honteux de l'insuccès de son ambassade, mais prétextant de la nécessité d'une prompte réunion de tous les républicains à son autorité, pour mieux résister aux Français, il se livra à une *guerre de plume*, dans l'espoir de détruire toute confiance en Pétion. A cet effet, il ordonna à Prévost et Vastey de faire chacun un écrit, — si toutefois le besoin de conserver leur pénible existence ne les porta pas eux-mêmes à devancer ses désirs. Prévost publia d'abord sa lettre à Pétion, précédée d'une préface intitulée : *L'Olivier de la paix ;* puis, une *adresse* aux citoyens de l'Ouest et du Sud où il commenta la réponse de Pétion et sa proclamation au retour des ambassadeurs du Nord, en l'accusant de nouveau *de tramer* avec les Français pour leur livrer le pays. Malgré ces absurdes accusations, le style de cet écrit était plus modéré que celui publié par Vastey, dont la perversité était proverbiale en Haïti, dans le Nord surtout ; il l'intitula : *Le Cri de la Patrie,* etc. Cette diatribe où il essaya tous les genres d'injures grossières contre Pétion, semblait être secrètement écrite à l'adresse de son Roi dont les crimes nombreux apparaissaient sous ce voile. Ce fut son début dans une foule d'autres publications qu'il fit dans les années suivantes. Christophe envoya jeter encore ces deux écrits à nos avant-postes.

Pour en finir avec lui et ses écrivains, tremblans de peur d'être égorgés, Pétion fit rédiger aussi un écrit par Sabourin, intitulé : *Le Peuple de la République d'Haïti, à Messieurs Vastey et Limonade*. Il réfuta toutes les imputations calomnieuses consignées dans les deux autres. On leur annonça que désormais, tous ceux qu'ils enverraient encore seraient immédiatement livrés aux flammes, pour toute réponse [1].

Nous avons déjà parlé des nombreux corsaires qui parcouraient en tout sens la mer des Antilles, des forbans qui profitaient de la guerre des colonies espagnoles avec leur ancienne métropole, et de celle des États-Unis avec la Grande-Bretagne, pour infester les mêmes parages et commettre des actes de piraterie. Après la défense faite par Pétion à tout Haïtien de prendre service à bord de ces corsaires, et de laisser vendre les marchandises provenant de leurs prises, on arriva à soupçonner des citoyens de la République d'actes de piraterie, en servant sous les forbans. En conséquence, le 4 août 1814, le président avait provoqué du sénat une loi contre *les pirates*; et le 31 octobre suivant, cette loi fut rendue, portant peine de mort contre eux et leurs complices par recel, etc. Elle renvoya, pour l'instruction des procès, aux formes prescrites dans les anciennes ordonnances des rois de France, de 1681 et 1718, dont les dispositions se trouvaient peu applicables aux localités du pays.

Après la publication de cette loi, un officier de la marine de la République, nommé Bellevue, et quelques

---

[1] C'est à peu près à cette époque que Colombel arriva au Port-au-Prince. Il fut accueilli par Pétion qui le nomma son secrétaire particulier. Ayant eu l'occasion de voir D. Lavaysse à Paris, ce dernier lui fit les plus grands éloges du président en l'engageant à aller servir la République. Ce jeune homme était né à Miragoane, de parens respectables; il avait reçu une brillante instruction en France.

hommes de mer qui montaient une barge avec lui, furent accusés d'avoir commis un acte de piraterie sur un navire étranger, dans les parages de la Gonave. Livrés au tribunal militaire, ou commission permanente, en vertu de la loi, ils furent défendus par Daumec qui réussit à les sauver, par les circonstances de cette affaire. Mais, avocat heureux dans la défense de ses clients, il se ressouvint qu'il avait été l'un des bons et fermes législateurs de son pays ; il vit en quoi la loi était insuffisante pour atteindre efficacement la piraterie et les pirates. Désirant que la République s'honorât par la répression de ce crime qui nuisait à ses relations commerciales, il présenta des *observations* à ce sujet au Président d'Haïti, qui les transmit au sénat par son message du 3 janvier 1815, en les appuyant et provoquant une nouvelle loi plus explicative, définissant mieux les cas et les circonstances à l'aide desquelles la piraterie pourrait être prouvée et punie.

Alors parut la loi du 8 avril, en 20 articles, qui satisfit à ce besoin d'ordre public en établissant la peine de mort et d'autres graduées, à raison des circonstances. C'est tout un éloge pour Daumec, devenu l'un des sincères admirateurs de Pétion. Le président lui-même, en transmettant au sénat ses observations écrites et les appuyant, s'est mis au-dessus de cette petite vanité des chefs de gouvernement, qui se plaît à cacher le bien qu'on leur conseille ; et il a mis l'histoire à même de louer une bonne action d'un citoyen éclairé.

Elle doit louer aussi et honorer la mémoire d'un autre qui, en ce moment, se débattant à Londres contre les étreintes de la mort, faisait ce qui dépendait de lui pour assurer le repos et les progrès de sa patrie, en garantissant son indépendance et sa souveraineté : nous voulons parler de Garbage.

Le 11 octobre 1814, peu après son arrivée à Londres, il avait présenté une note officielle à Lord Liverpool, premier ministre du gouvernement britannique, par laquelle il lui déclara qu'il avait mission du Président de la République d'Haïti, de solliciter la médiation de ce gouvernement pour obtenir de celui de France, la reconnaissance de l'indépendance et de la souveraineté d'Haïti, sur des bases équitables. Quelques jours après, il obtint de ce ministre une conférence particulière, où il lui exhiba ses pleins-pouvoirs et lui expliqua les vues de Pétion. Dans cette conférence, Garbage n'avait obtenu d'autre réponse de Lord Liverpool que celle-ci : « Le cas « qui se présente est un de ceux dans lesquels le gouver- « nement britannique *ne peut pas s'ingérer ;* » et il fut renvoyé à s'adresser au comte de Chartres, ambassadeur français à Londres. Mais Garbage s'abstint de toute démarche à ce sujet, ses instructions lui prescrivant d'obtenir préalablement la médiation de la Grande-Bretagne. Lord Liverpool la refusa, comme on voit, parce qu'il n'ignorait pas que le ministère français avait envoyé ses agents à Haïti, et que d'ailleurs il y avait engagement pris de laisser agir la France [1].

Au même moment, le 15 octobre, Pétion publiait son arrêté pour la réduction des droits d'importation à prélever sur les marchandises anglaises, qui devait avoir et qui eut du retentissement dans la Grande-Bretagne, en même temps que les publications faites par lui et par Christophe, y excitaient l'indignation des philanthropes

---

[1] Le refus fait à Garbage était fondé sur le même motif que celui fait aux agents de la Nouvelle Grenade et de Buenos-Ayres.

et du peuple, contre les manœuvres du gouvernement français.

Depuis longtemps, Garbage était affecté d'une phthisie pulmonaire qui exigeait les plus grands soins : en acceptant cette mission dans la température humide de l'Angleterre, il se dévouait à une mort certaine dans l'espoir d'être utile à son pays. L'hiver survenant, il fut retenu au lit à Pentonville, non loin de Londres, et ne put aucunement s'occuper de sa mission qui avait reçu un accueil si froid du ministre anglais. Il en avait référé à Pétion, et il dut attendre ses ordres; d'ailleurs, il était impossible, dans sa situation, qu'il revînt en Haïti. Sur ces entrefaites, le retour de Napoléon en France vint renvoyer les Bourbons à l'étranger. Mais au 31 mai 1815, les choses prenaient une telle tournure en Europe, qu'on pouvait espérer une seconde Restauration de Louis XVIII sur le trône de ses ancêtres. En ce moment, Garbage se hasarda, quoique encore malade, et ne pouvant sortir de sa chambre ni suivre des conférences quelconques, ainsi qu'il l'avoua, à adresser à Lord Liverpool une nouvelle note, dans la pensée que les évéuemens survenus à Haïti et accomplis en Europe, par les actes sur l'abolition de la traite des noirs, pourraient avoir changé les vues du gouvernement britannique.

Par cette note, il proposait à Lord Liverpool, au nom du Président et de la République d'Haïti, *de communiquer* à Louis XVIII, son intention de faire *un traité* avec lui, en sa qualité de Roi *légitime* de France, mais avec le concours de la Grande-Bretagne, comme *partie accédante et médiatrice*. D'après sa note, ce traité eût renfermé les clauses suivantes :

« 1° Le Roi de France reconnaîtrait l'indépendance

« d'Haïti, *par les mêmes termes* que l'indépendance des
« États-Unis avait été reconnue par la Grande-Bretagne.

« 2° La République d'Haïti s'engagerait alors à ne point
« admettre dans ses ports les bâtimens français, sous un
« autre pavillon que celui de la dynastie des Bourbons,
« ni ceux d'aucune puissance alliée à Napoléon.

« 3° Elle eût souscrit l'obligation de payer au Roi de
« France, jusqu'à ce qu'il fût rétabli sur son trône, *un
« subside annuel* égal à un droit de 10 pour cent *ad va-
« lorem* de toutes les denrées exportées de la République,
« pour être appliquée par S. M., à sa volonté, soit entiè-
« rement à la défense de sa cause pendant l'usurpation,
« ou soit une partie *en indemnisant* les ci-devant pro-
« priétaires d'habitations à Haïti. Et après la restaura-
« tion de S. M., ledit droit serait réduit à 5 pour cent, et
« continuerait à être payé à elle et ses successeurs ; mais
« alors, cette indemnité serait exclusivement appropriée
« *aux ex-propriétaires*, jusqu'à ce qu'ils fussent entière-
« ment payés de la valeur des terres et établissemens
« qui leur avaient appartenu.

« 4° Afin d'assurer la perception de cette indemnité,
« toutes les denrées de la République seraient exportées
« par navires anglais *seulement;* le droit de 10 pour cent
« serait payé en Angleterre par les consignataires. Après
« la restauration de S. M., toutes les denrées seraient
« dirigées *en France,* où le droit de 5 pour cent serait
« également payé par les consignataires.

« 5° L'arrêté du Président d'Haïti continuerait à être
« exécuté par rapport à la réduction de droits sur les
« marchandises anglaises.

« 6° La République n'entendrait pas cependant *s'oppo-
« ser* à ce que le Roi de France conclût avec le général

« Christophe, un semblable traité ou tous autres arran-
« gemens, pourvu qu'ils fussent basés sur la reconnais-
« sance de l'indépendance d'Haïti. Elle ne réclamerait,
« dans ce cas, de la part de la France, qu'une *neutra-
« lité loyale* entre elle et celui qui se qualifiait Roi
« d'Haïti. »

Et Garbage ajoutait, toutefois, « qu'il n'avait point
« *d'instructions* qui eussent prévu les circonstances pré-
« sentes, — celles de la fuite des Bourbons par le retour
« de Napoléon, — mais qu'il croyait, d'après les ter-
« mes généraux de ses *pleins-pouvoirs*, que les arrange-
« mens qu'il proposait seraient *ratifiés* par le Président
« d'Haïti. »

Il est facile de concevoir, que Pétion n'eût *jamais* approuvé un traité conclu avec un roi déchu de son trône
et sur de semblables combinaisons. Aussi regretta-t-il
que Garbage eût fait cette proposition en son nom, et il
l'en excusa à cause de la gravité de sa maladie arrivée à
son dernier période; car, le 6 juillet suivant, moins de
40 jours après sa note, cet excellent citoyen rendit le
dernier soupir. Il avait déposé une copie de cette note
entre les mains de Wilberforce et Stephen, qui l'adressèrent à Pétion après la mort de son secrétaire, aux
obsèques duquel ils firent procéder. Garbage avait su
inspirer la plus grande estime pour sa personne, en Angleterre, à Wilberforce surtout ; et c'est le plus complet
éloge qu'on puisse faire de cet Haïtien [1].

---

[1] La loge maçonnique *l'Amitié des frères réunis*, dont Garbage était un membre distingué, fit célébrer un service funèbre à sa mémoire, à l'église du Port-au-Prince. Dans cette cérémonie pompeuse, Sabourin prononça une oraison où il rendit justice aux qualités éminentes et aux vertus privées de cet estimable citoyen. La population de cette ville s'associa aux regrets éprouvés par Pétion et les maçons. A ce titre, Garbage reçut un accueil bienveillant du duc de Sussex qui était le Grand Maître de cet Ordre en Angleterre.

Il est inutile d'ajouter que sa note à Lord Liverpool ne fut suivie d'aucun effet.

Peu de temps après cette infructueuse démarche de Garbage pour concilier les intérêts d'Haïti et de la France, il se passa au Port-au-Prince un fait qui devait y aboutir plus facilement, et qui était la meilleure *diplomatie* à employer entre ces deux pays. L'ex-agent Dravermann y arriva sur un navire portant pavillon *prussien* et chargé de vins de Bordeaux, de fruits secs, d'huile et d'autres marchandises.

Négociant intelligent, il avait compris que le commerce est toujours, de tout temps, le plus solide moyen de rapprochement entre les peuples; que cette industrie efface les distances qui les séparent; qu'elle initie les moins avancés à la civilisation des autres; que l'intérêt, enfin, apaise les haines nationales, s'il ne parvient pas à les dissiper entièrement.

Arrivé sur la rade extérieure, il y fit mouiller son navire et descendit avec confiance au port, où il essaya toutefois de parler *allemand* en demandant à voir le Président d'Haïti. Son âge, ses cheveux blancs avaient quelque chose de respectable : il fut aussitôt accompagné au palais. Arrivé là, il avoua à Pétion qu'il était *Dravermann*, négociant et non plus *agent* du ministre de la marine et des colonies; qu'il se confiait en la loyauté du Président de la République, et ne demandait qu'à vendre ses marchandises et à opérer sa cargaison de retour en denrées du pays, si le président voulait permettre l'entrée du navire dans le port.

Il s'adressait à un chef qui comprenait parfaitement lui-même les bons résultats que cette première opération commerciale pouvait produire. Non-seulement Pétion permit l'entrée du navire dans le port, — bien entendu sous le pavillon *prussien*, — mais il dit à Dravermann qu'il allait lui indiquer l'un des meilleurs négocians du Port-au-Prince pour être son consignataire. C'était J.-F. Lespinasse qu'il fit appeler immédiatement, et à qui il recommanda de bien soigner les intérêts de son consigné. Le président ne pouvait faire un meilleur choix, et il donna des ordres exprès pour que la cargaison pût être débarquée sans retard. Bientôt il était le premier à s'approvisionner des objets qui la formaient, et à l'envi, chacun courut au magasin de Lespinasse : celui-ci procura une vente avantageuse à Dravermann et un prompt chargement de retour. Satisfait de son opération, il repartit pour la France et ne tarda pas, soit à revenir lui-même, soit à envoyer son navire encore chargé de vins et autres choses, d'après les renseignemens qu'il avait pris sur la place.

Dans le courant de la même année, deux autres navires arrivèrent au Port-au-Prince, sous pavillon masqué, l'un ayant de très-beaux bijoux, des montres, etc., l'autre, des livres et autres articles de librairie, de papeterie, etc., dont le débit fut très-profitable à leurs armateurs [1].

Ainsi, l'on pourrait dire que la France et Haïti se réconcilièrent, dès le jour où un Négociant français vint loyalement offrir à un Haïtien de vider ensemble un verre de vin de Bordeaux [2].

---

[1] Convaincu que ce commerce serait fructueux pour la France, et voulant l'encourager, Louis XVIII rendit une ordonnance, le 27 mars 1816, pour le réglementer. Les armateurs furent astreints à obtenir une autorisation spéciale du ministre de la marine pour chaque navire, en déclarant sous quel pavillon étranger il se présenterait à *Saint-Domingue*; et, à la faveur de ce vieux nom, les denrées d'*Haïti* payaient les mêmes droits que celles des colonies françaises. Cette ingénieuse fiction politique profita aux deux pays.

[2] Pétion avait dit à D. Lavaysse : « Des navires marchands sont les meilleurs négo-
« ciateurs que vous puissiez nous envoyer. »

Et, chose remarquable ! les commerçans et les sociétés populaires de Bordeaux furent les plus empressés à demander, dans l'intérêt de la justice, *l'égalité* des droits civils et politiques pour la classe intermédiaire de Saint-Domingue. Par leur active sollicitude, les Girondins, députés de cette cité et de son département, la firent proclamer dans l'assemblée législative, le 4 avril 1792 ; ce furent eux qui influèrent le plus sur la nomination de Polvérel et Sonthonax, en qualité de commissaires civils, appelés par les circonstances à proclamer la *liberté générale* des esclaves, au nom de la France [1]. Il était dans la destinée de Bordeaux de rapprocher encore cette noble France de la jeune Haïti !

Les relations si pacifiquement rétablies entre ces deux pays ; l'espoir qu'elles firent naître en faveur du maintien de la paix entre eux, en attendant la conclusion d'un traité formel à cet égard ; la confiance que les citoyens prenaient chaque jour dans la sagesse politique du chef de l'État, dans son administration paternelle qui augmentait à tout moment le nombre des propriétaires ; la pensée de la conservation de la tranquillité publique, qui en résultait ; l'attachement qu'inspirait Pétion à toutes les classes : tout contribua à faire imaginer une grande fête nationale en l'honneur du premier magistrat de la République, comme l'expression de la haute estime qu'on lui portait. Daumec et Lespinasse eurent les premiers cette heureuse idée, qu'ils communiquèrent aux commerçans nationaux. Ceux-ci l'accueillirent chaleureusement, les commerçans étrangers réclamèrent la faculté d'y concou-

---

[1] Voyez au tome 1ᵉʳ de cet ouvrage, les pages 169, 328, 343 et 344.

rir aussi, et bientôt les citoyens de tous rangs se joignirent à eux : la souscription ouverte chez Lespinasse fut remplie en peu de jours.

Une députation fut envoyée auprès de Pétion, à l'effet de le prier d'acquiescer au vœu général. Il y consentit avec émotion et reconnaissance, et il mit sa grande maison de la rue Américaine à la disposition des commissaires de la fête : c'étaient principalement Daumec et Lespinasse, secondés de plusieurs autres citoyens. Tout y fut préparé avec goût et intelligence ; de nombreuses tables furent dressées pour le banquet, qui fut suivi d'un bal auquel un grand nombre de dames assistèrent.

Le 11 septembre, jour de cette fête vraiment somptueuse, les rues par où le Président d'Haïti dut passer pour s'y rendre, furent jonchées de feuillages et de fleurs : la ville fut illuminée. La musique militaire précédait le cortége qui l'accompagnait et qui était formé des sénateurs, des principaux magistrats et fonctionnaires, des généraux et autres officiers de tous grades. Un détachement de la garde à pied l'escortait. Toute la population de la ville était debout. Pendant le banquet, aux toasts qui furent portés à l'aide des bons vins de France, des salves d'artillerie se firent entendre : ce qui donnait un caractère militaire à cette fête essentiellement civique. Et l'on peut dire que ce jour-là, Pétion était à l'apogée d'une gloire pure, resplendissante de tout l'amour de ses concitoyens [1].

Mais lui, tout en recevant ces ovations populaires, ne s'endormait pas dans la sécurité que présentait l'état des

---

[1] Le général Magny, cédant à l'enthousiasme qui animait tous les convives, porta un toast contre Christophe. Cette courageuse imprudence ne nuisit pas cependant à sa famille qui était au Cap. Magny inspirait tant de respect, même au barbare qui y trônait, que son nom fut toujours porté dans l'almanach royal, avec sa qualité de maréchal d'Haïti et ses autres titres.

choses à l'intérieur : la question extérieure le préoccupait incessamment. Le refus fait à Garbage, par le gouvernement britannique, de se mêler de nos arrangemens avec la France, lui disait assez qu'il fallait se préparer à soutenir la guerre, si elle venait de ce côté-là. Aussi, pendant toute cette année, Pétion ne cessait de faire venir de l'Angleterre et des États-Unis, des armes, de la poudre, du plomb, etc. Ce fut la cause de la différence qui existe dans les dépenses, entre celles de cette année et celles des deux années précédentes.

Tandis que 1813 et 1814 donnèrent chacune un excédant de recettes, l'année 1815 présenta un déficit considérable [1]. La recette générale s'éleva à 1,136,624 gourdes, et la dépense générale à 1,667,331 gourdes : d'où la différence de 530,707 gourdes, presque toute occasionnée par l'achat des armes et des munitions, des objets d'habillement et d'équipement.

Le 1er décembre, un arrêté du président rendit les chefs de corps responsables envers l'État, comme exerçant la police et la surveillance sur leurs subordonnés, de toute perte des objets d'armement et d'équipement. Les soldats étaient punis de trois années d'emprisonnement aux fers ; les officiers inférieurs ou supérieurs, du remboursement de la valeur des objets perdus, engagés ou vendus par eux. Il fallait cette sévérité légale dans ces momens, et d'autant plus que, d'après le système qui avait été adopté à l'égard de l'armée, chaque militaire devait se considérer comme *citoyen* et s'intéresser à la conservation des objets que l'Etat achetait.

---

[1] En 1813, il y eut 605,331 gourdes de recettes, et 357,308 gourdes de dépenses : d'où une balance favorable au trésor, de 248,023 gourdes.

En 1814, — 1,005,922 gourdes de recettes, et 855,172 gourdes de dépenses : balance en faveur du trésor, — 150,730 gourdes.

A ce sujet, Pétion avait des idées toutes particulières. Il ne voulait point retenir les troupes dans les casernes; et dès 1814, il avait permis aux officiers de tous grades de la garnison habituelle du Port-au-Prince ou y résidant, de participer à la démolition de celles de cette ville, dont les matériaux servirent à réparer les maisons qu'ils acquirent du domaine. Il en fit prendre aussi, il faut en convenir, pour contribuer à la construction de la belle demeure qu'il se faisait sur l'ancienne habitation Volant-Le-Tort, située à une lieue de la ville, qu'il avait acquise de l'État. Il donnait pour motifs de sa manière de voir, que les soldats haïtiens n'aiment pas *la vie de casernes;* et qu'en ayant fait *des citoyens*, par la douceur du régime militaire, il valait mieux leur laisser la faculté de travailler dans les champs, à des industries dans les villes, et qu'au besoin ils ne manqueraient pas de se rendre à leurs drapeaux. Il est vrai qu'il ne se trompa point à cet égard ; l'armée républicaine, véritable milice, quoique régie ainsi, fut toujours prompte à se réunir.

A raison de l'augmentation des dépenses relatives à l'état militaire de la République, le 17 octobre, Pétion avait adressé au sénat un message où il exprimait l'opinion, qu'un emprunt en denrées d'exportation, demandé aux producteurs, serait nécessaire pour mettre le gouvernement à même d'acheter des armes et des munitions de guerre : cet emprunt serait remboursé en 1817. Mais il paraît qu'après mûr examen, le président et le sénat reconnurent l'inconvénient toujours attaché aux emprunts de toutes sortes : en conséquence, une loi fut rendue le 6 décembre pour augmenter l'impôt territorial sur certaines denrées d'exportation ou de consommation à l'intérieur. Le café et le coton furent portés à 15 gourdes par millier, au lieu de 10 ; le cacao, à sept gourdes et demie ; le sucre, le sirop ou mélasse, à 6 gourdes ; les bois jaunes de teinture, de gayac et de campêche, à 4 gourdes et demie. Cette augmentation de l'impôt territorial devait cesser d'avoir son effet au 31 décembre 1817. Un avis du président aux commerçans, en date du 12 décembre, les prévint en même temps que cet impôt serait payé par eux *en numéraire,* le trésor public ne devant recevoir les délégations dont ils étaient porteurs pour fournitures à l'État, qu'en compensation de droits d'importation ou d'exportation.

Malgré le motif allégué dans la loi et dans le message du président, nous pensons que cette augmentation d'impôt avait pour vraie cause la diminution occasionnée sur la recette provenant des droits d'importation, par la réduction opérée en faveur des produits de la Grande-Bretagne. Il fallait pourvoir à ce déficit, dans le moment où le gouvernement voulait encore réorganiser la flotte de la République.

Dans le même mois de décembre, l'expiration des fonctions de tous les sénateurs allait avoir lieu. En conséquence, au terme de la constitution, les assemblées paroissiales et les assemblées électorales s'étaient réunies au mois de novembre, et ces dernières avaient adressé aux sénateurs deux listes de douze candidats chacune, l'une pour le département de l'Ouest, l'autre pour celui du Sud. Le 5 décembre, ce corps nomma *sénateurs*, pour remplacer ses membres au 28 dudit mois, les généraux Boyer, Gédéon et Frédéric ; les colonels Panayoty, Obas, Hogu et Hilaire ; les citoyens J.-B. Bayard, J.-F. Lespinasse, Daumec, Simon et Daguilh : ces trois derniers étaient d'anciens sénateurs dont les fonctions avaient cessé en 1809.

En même temps, si ce ne fut peu auparavant, la nécessité d'une révision de la constitution étant déjà reconnue par les esprits les plus éclairés, porta Pétion à charger quelques citoyens de faire un travail préparatoire à ce sujet. C'étaient Sabourin, Inginac, Daumec, Pierre André, Toulmé, Dugué, Raphaël et Linard. Plusieurs autres personnes, de différentes parties de la République, avaient d'abord fourni leurs opinions, sur la demande du président. Ce travail devait ainsi faciliter l'œuvre de l'assemblée de révision qui serait convoquée à cet effet, en contenant d'avance les vues politiques de Pétion sur la constitution et l'organisation définitive de la République d'Haïti. Certes, il avait acquis le droit d'y influer par la manière dont il la gouvernait, par l'ascendant qu'il exerçait sur son pays, par la part très-grande qu'il avait eue dans la rédaction de la constitution de 1806, et parce qu'enfin, il était le véritable fondateur de nos institutions républicaines.

Si Pétion songeait à les consolider par des dispositions plus en harmonie avec l'état social du pays, en fortifiant le pouvoir du gouvernement, il ne négligea pas non plus de prendre une mesure pour accroître la force de la nation. Dès qu'il eut admis les navires français dans les ports de la République, sa pensée se reporta sur les indigènes d'Haïti qui se trouvaient en France, soit volontairement, soit qu'ils y eussent été déportés violemment dans les temps antérieurs; et il étendit sa sollicitude sur tous les autres hommes de la race noire, natifs des colonies françaises, qui étaient dans le même cas. Afin de les engager tous à se rendre parmi leurs frères, il invita les capitaines de ces navires à faire publier sur les journaux de France, qu'ils auraient, eux et leurs familles, un passage gratuit à leur bord, le gouvernement de la République devant rembourser les frais occasionnés par leur transport en Haïti. C'est ainsi qu'on y vit revenir successivement presque tous les mulâtres et les noirs qui étaient en Europe. En cela, Pétion marchait sur les traces de Dessalines, d'après son décret du 14 janvier 1804.

A la même époque, il fit acheter aux États-Unis une frégate pour augmenter la force de notre marine militaire par rapport à celle de Christophe. Le général Bonnet, qui s'y était réfugié depuis 1812, passa sur ce navire et arriva au Port-au-Prince, le 4 novembre. Peu de mois auparavant, il s'était fait précéder par son épouse, sans doute afin de s'assurer si Pétion ne serait pas opposé à son retour dans leur commune patrie. Mais le président ne pouvait lui en refuser l'entrée, lorsqu'il rappelait les autres Haïtiens qui étaient en France : il accueillit Bonnet avec les égards dus à ses grandes qualités. Cependant Pétion ne lui donna aucun emploi : ce qui le porta à s'établir au Port-au-Prince comme négociant consignataire. Il est probable que le président agit ainsi, parce qu'il se crut obligé de garder des ménagemens envers les autres militaires qui s'étaient soumis à son autorité dans le Sud; mais Bonnet ne fut pas moins considéré comme *général,* qualité qu'il ne pouvait pas perdre. Il fut accueilli également par ses anciens amis qui le félicitèrent d'être revenu dans la République, et chacun comprit que cet illustre citoyen, qui avait tant contribué à la fonder, reprendrait son rang tôt ou tard.

Il y avait environ trois ans qu'on édifiait la maison du

président à Volant-Le-Tort, d'après le plan qu'il en avait tracé lui-même, pour faire de cette belle propriété si avantageusement placée, un lieu de plaisance, un palais où il irait se délasser de l'exercice du pouvoir, en donnant à ses concitoyens l'exemple d'un agriculteur dirigeant son domaine. Joignant l'agréable à l'utile, Pétion s'était plu à embellir ce séjour par des constructions appropriées au site élevé où il le fonda et à la demeure d'un chef d'État. On voyait dans le principal salon de cet édifice, écrits en lettres d'or, les noms glorieux d'*Ogé, Chavanne, Pinchinat, Bauvais, Lambert, Rigaud, Toussaint Louverture, Villatte*, tous issus de la race africaine et figurant avec honneur dans notre histoire nationale, à côté de ceux d'Européens qui se sont illustrés par leurs œuvres et par leurs sentimens en faveur de cette race : *Ferrand de Baudière, Raynal, H. Grégoire, Wilberforce.* Ce salon était encore orné des portraits de quatre grands capitaines de l'antiquité : *Thémistocle, Alexandre, Annibal* et *César*.

En inscrivant ainsi, dans sa demeure de prédilection, les noms de nos premiers révolutionnaires pour suppléer au manque regrettable de leurs images, et les plaçant à côté de celles de ces grands hommes, Pétion recommandait leur mémoire à la vénération de notre postérité; et lui-même, par ce seul trait d'un esprit élevé, appréciateur du mérite, y eût acquis aussi des droits, si sa noble carrière ne lui en assurait pas de plus légitimes. L'achèvement de cette maison lui fournit encore une occasion de manifester ses sentimens; il résolut de l'inaugurer par une brillante fête, en retour de celle qu'il avait récemment reçue des habitans de sa ville natale, et elle fut fixée à la veille de Noël. Les fonctionnaires civils et militaires, les commerçans nationaux et étrangers, enfin, les citoyens de toutes les classes et leurs familles y furent invités. Tous ces hôtes étaient réunis dans la soirée du 24 décembre : accueillis avec affabilité par le Président de la République, ils assistèrent à un banquet qui fut suivi d'un bal.

Mais pendant que cette société choisie se livrait aux plaisirs d'un tel divertissement, il se passait au Port-au-Prince un de ces faits qui inspirent toujours de l'horreur à tout cœur sensible et honnête. Nous voulons parler du déplorable *assassinat* du général Delva dans la prison de cette ville.

Condamné depuis 1811 à cinq années de détention, il habitait l'une des chambres de cette prison, dans la partie appelée *le civil*. Mais, le 24 décembre, à peine la nuit fut close, le geôlier, d'après l'ordre qu'il aura sans doute reçu à ce sujet, fit passer le général Delva *aux cachots*, où il lui fut mis des fers aux pieds. Comme de coutume, sa femme étant allée dans la prison, le geôlier ne lui permit pas de le voir. Elle s'en émut, en apprenant surtout qu'il était dans un cachot et aux fers. Son premier mouvement fut de se rendre immédiatement auprès de Pétion et de l'instruire de cet acte de rigueur. Elle franchit, à pied, la distance qui sépare la ville de Volant, afin de ne pas perdre une minute. Arrivée là, elle vit aussitôt le président qui manifesta un grand mécontentement de ce qu'elle lui apprit. Pétion écrivit lui-même un ordre au geôlier pour rétablir le général Delva, libre et sans fers, dans sa chambre habituelle.

Une quinzaine de jours auparavant, pareille rigueur avait eu lieu : le président se trouvait alors en ville. Sur la plainte de cette femme, il avait envoyé avec elle un officier de garde au palais, pour ordonner de retirer ce général des cachots et de le remettre au civil : ce qui se fit en présence de l'officier. On doit présumer que le président s'enquit du fait et de *l'autorité* par laquelle il avait été prescrit, à son insu. Lorsque la femme de Delva lui apprit la même chose à Volant, il s'écria tout d'abord : « Où est Boyer? Appelez-le ! » et il écrivit l'ordre afin qu'elle pût retourner de suite en ville. On ignore ce que Pétion fit après son départ. Déjà, malheusement, il n'était plus temps ; car, lorsque cette infortunée fut rendue à la prison, après dix heures, le crime était consommé.

A cette époque, on a dit que trois ou quatre hommes, dont l'un était vêtu en uniforme de *chasseur à cheval* de la garde du gouvernement, s'étaient présentés à la prison ; que *le chasseur* avait exhibé au geôlier *un ordre*, écrit sur un titre de lettre du président et portant sa signature *contrefaite*, pour qu'il mît *à mort* le général Delva ; que le geôlier y déféra, avec d'autant plus de croyance dans la véracité de cet ordre, que ce général avait été préalablement mis aux fers ; que la porte du cachot ayant été ouverte par lui, en présence de l'officier et des soldats de garde à la prison, *le chasseur* vit le général Delva qui lisait, ayant une bougie allumée à côté de lui, et qu'il le tua en déchargeant successivement sur lui deux pistolets dont il était armé.

Lorsque la femme de Delva revint de Volant, le geôlier ne voulut point la laisser entrer dans la prison, parce que déjà, disait-il, la porte en était fermée, au terme du règlement de ce lieu. Elle passa par-dessous cette porte l'ordre que le président avait écrit, et le geôlier lui dit de revenir le lendemain matin. Le fait est, que cet ordre était désormais sans objet, à cause de la perpétration de l'assassinat.

Vers quatre heures du matin, inquiète du sort de son mari, mais sachant que la prison n'était pas ouverte à une telle heure, cette femme se rendit au bureau de la place pour obtenir une autorisation d'y entrer, en vertu de l'ordre du président. Pendant qu'elle parlait à l'adjudant de place Gilles Bénech, un homme survint et dit à cet officier, qu'ayant été pour prier au cimetière intérieur il y avait vu un cadavre vêtu de beaux linges, et que voulant faire son rapport sur la découverte de ce corps ensanglanté, il avait trouvé dans la poche de son pantalon une lettre qu'il remit à Gilles Bénech ; cette lettre portait l'adresse : *Au général Delva*. La femme de ce général acquit ainsi la triste conviction de sa mort. Fondant en larmes, elle réunit ses parens et se rendit avec eux au cimetière d'où le corps du défunt fut apporté chez elle. Mais bientôt le commandant Victor Poil, chef de la police, vint faire enlever ce corps et le rapporter au cimetière, parce que, disait-il, on n'aurait pas dû le déplacer avant que l'autorité judiciaire n'y eût constaté la mort du général Delva.

En quelques minutes, la nouvelle de cet épouvantable assassinat avait circulé dans toute la ville ; accueillie avec horreur, et avec une vive compassion pour la victime, elle avait attiré une grande foule au cimetière et dans le voisinage de la prison. Elle parvint aussi promptement à Volant, où elle produisit les mêmes impressions. Pétion et les personnes qui s'y trouvaient s'empressèrent de revenir au Port-au-Prince. Il paraît qu'à raison de l'émotion publique, il décida lui-même que les cérémonies religieuses auraient lieu dans la chapelle du cimetière, pour l'enterrement de la victime, lequel se fit dans la journée du 25 décembre ; les amis du général Delva et de nombreux citoyens y assistèrent.

Mais le président ne pouvait se dispenser de rechercher la cause de cet assassinat dans un lieu de détention légal, placé sous la surveillance de l'autorité. A cet effet, il interrogea publiquement le geôlier de la prison et l'officier de garde, au milieu de fonctionnaires et de citoyens accourus au palais. Le geôlier exhiba *l'ordre* que lui avait remis *le chasseur à cheval,* en ajoutant qu'il ne connaissait pas cet individu ni ceux qui étaient venus avec lui, et qu'après la mort du général Delva, il avait cru devoir faire porter son corps au cimetière ; l'officier de garde fit les mêmes déclarations.

Pétion parut profondément affligé de cet horrible assassinat dont il ne pouvait découvrir le véritable auteur, puisque celui-ci avait contrefait sa signature pour y parvenir ; car il sentait, malgré cette particularité, qu'il en serait *responsable* aux yeux de tous ceux qui jugent de tels événemens par *les apparences,* et les apparences, il faut le dire, étaient assez graves pour qu'on lui imputât ce crime [1]. Cependant, depuis la condamnation de Delva, il avait adouci sa détention autant que le permettait la sécurité publique : le prisonnier avait sa famille avec lui et recevait ses amis toute la journée ; il entretenait dans la prison une vache laitière pour son usage. En agissant ainsi envers cet ancien compagnon d'armes, était-ce donc pour le faire mourir traîtreusement ensuite ? Et doit-on admettre que le président eût saisi le jour et l'heure où il

---

[1] A partir de ce jour, aucune lettre ni ordre émané du président ne pouvait être expédié de ses bureaux, sans porter le sceau de la République qu'on apposait ordinairement aux actes du gouvernement.

réunissait l'élite de la société du Port-au-Prince dans sa demeure privée, pour faire commettre une telle atrocité ? La vie entière de Pétion dépose contre une pareille supposition [1].

Mais, c'est la fatalité attachée à tous les gouvernemens, même les mieux intentionnés, d'être *solidaires, responsables* des faits criminels commis de leur temps et dont il leur est impossible de découvrir *les auteurs,* surtout s'il s'agit de *crimes politiques.* Ces crimes leur sont attribués presque toujours, quand on ne peut être convaincu du contraire.

Eh bien ! ajoutons, sans les garantir, les données particulières que nous avons sur l'assassinat du général Delva.

Bien longtemps après qu'il fut commis, nous avons appris par diverses voies, sous le gouvernement du président Boyer (d'autres le savent comme nous), que *J.-B. Beaugé,* le meurtrier de Sangosse, dont il a été question au chapitre 1er de ce livre, aura déclaré à plusieurs personnes, que ce fut lui-même, Beaugé, qui tua le général Delva dont il était l'ennemi personnel ; et voici comment il aura raconté les circonstances de cet assassinat :

Il a prétendu qu'il fut sollicité à cette abominable action par le général Boyer, alors commandant de l'arrondissement du Port-au-Prince, parce que, disait-il, ce général n'aimait pas Delva ; que Boyer l'aurait fait venir plusieurs fois chez lui, afin de le persuader que Delva était un homme dangereux qui, en sortant de prison, nuirait considérablement au pays ; qu'à force d'instances et de

---

[1] Ce crime devint une sorte de bonne fortune pour Christophe ; il en fit accuser Pétion dans les écrits publiés au Cap.

cajoleries, Boyer aurait obtenu son consentement, en lui disant, en outre, qu'il ferait disposer les choses de telle manière, que lui, Beaugé, pourrait exécuter le crime avec la plus grande facilité ; et Beaugé aurait pris l'engagement, néanmoins, de se vêtir de l'uniforme d'un *chasseur à cheval* et de se noircir la figure (il était mulâtre), pour n'être pas reconnu à la prison ; il devait être muni d'un ordre écrit sur un titre de lettre du Président d'Haïti, portant sa signature, lequel ordre, a-t-il ajouté, lui aurait été remis par le général Boyer le jour où cet assassinat fut commis. Enfin, Beaugé aura dit que, connaissant la haine que Delva avait pour lui depuis longtemps, et le haïssant également, il s'était décidé, par ces motifs, à se défaire de cet ennemi en en trouvant l'occasion.

Il est convenable de noter cet aveu final ; mais, chose horrible ! en racontant ainsi les affreuses circonstances de ce crime, il ne paraissait éprouver aucun remords de l'avoir commis. Il ne semblait pas non plus *convaincu* que Pétion y eût donné son assentiment ; car il n'attribuait qu'au général Boyer cette perfide combinaison [1].

Fut-il fondé à l'en accuser, comme il a prétendu l'être ? Beaugé, froid assassin de Sangosse dans sa propre maison, n'a-t-il pas pu imaginer de faire soustraire un titre de lettre des bureaux du Président d'Haïti pour en contrefaire la signature, et ce costume militaire dont il se vêtit, pour donner plus d'apparence de vérité à l'ordre qu'il remit au geôlier ? Tout cela peut être *supposé ;* mais à qui attribuer le transfèrement inusité du général Delva,

---

[1] Nous ne pensons pas que le président Boyer ait jamais eu connaissance de ces déclarations de Beaugé. Aucune des personnes qui ont pu les savoir n'aurait osé en parler au chef de l'État, accusé d'un tel forfait ; car Beaugé aurait pu nier de les avoir faites, et c'eût été se compromettre, en réveillant le souvenir pénible d'une monstrueuse affaire passée depuis plus de vingt ans.

du civil de la prison aux cachots ? Disons, en résumé, que le jour ne se fit jamais complètement dans cette triste affaire.

Du reste, si nos renseignemens sont exacts, l'assassin s'est fait connaître lui-même : que sa mémoire reste seule chargée de la responsabilité de son forfait ! [1].

---

[1] J.-B. Beaugé est mort naturellement quelques années avant la chute du président Boyer, et il est à remarquer qu'il n'en reçut aucune faveur. Aurait-il eu contre le président, un ressentiment particulier, une haine secrète qu'il n'avoua pas, et qui aurait motivé cette atroce accusation ?

CHAPITRE IV.

Arrêté du Président d'Haïti, doublant l'impôt des patentes pour l'année 1816. — Acte du Sénat, sur l'incompatibilité entre les fonctions de sénateur et celles de défenseur public. Plusieurs sénateurs élus le 5 décembre 1815 n'acceptent pas cette dignité. — Le général Simon Bolivar vient solliciter de Pétion, des secours pour reconquérir son pays avec ses compatriotes réfugiés aux Cayes. — Pétion lui en accorde, à la condition d'y proclamer *la liberté générale des esclaves.* — Hospitalité exercée envers les Vénézuéliens, par ordre du président et par les citoyens des Cayes ; ils quittent cette ville après trois mois de séjour. — Installation du nouveau Sénat d'Haïti. — Son adresse au peuple, convoquant une assemblée pour reviser la constitution de 1806. — Arrêté du Président d'Haïti qui défend aux femmes des négocians consignataires de faire le commerce en détail. — Il ordonne aux tribunaux d'appliquer *le Code Napoléon*, en attendant la promulgation du code civil haïtien. — Il établit un impôt sur le gingembre exporté du pays. — Les navires de la République sont admis sous pavillon haïtien dans la colonie hollandaise de Curaçao. — Remarques et réflexions diverses sur quelques dispositions de la constitution de 1816 décrétée par l'assemblée de révision, et sur les nouvelles institutions qu'elle établit.

De grands actes politiques ont signalé le gouvernement de Pétion pendant le cours de cette année ; mais elle commença par un arrêté qu'il publia dans un but fiscal et qui fut motivé sur l'accroissement de la marine militaire de la République [1].

[1] On venait d'acheter aux États-Unis la frégate qui fut nommée *l'Abolition de la Traite*. A cette époque, il y avait déjà la corvette *le Wilberforce*, le brig *le Philanthrope*, etc. Ces trois noms donnés à nos bâtimens de guerre prouvent les sentimens du chef de l'État, après les actes des puissances européennes qui contribuèrent à préserver Haïti de la guerre extérieure.

Cet acte augmenta du double, pour l'année, l'impôt des patentes auquel étaient assujéties toutes les personnes exerçant une industrie quelconque. Le président prit cette mesure, « parce que, disait-il, il serait injuste « que les habitans cultivateurs supportassent eux seuls « le fardeau des contributions publiques; » et cela, à raison de la loi du 5 décembre 1815, qui avait augmenté l'impôt territorial sur les principales denrées d'exportation.

Quoique l'expiration du mandat constitutionnel des sénateurs fût arrivé le 28 décembre, les nouveaux élus n'étant pas encore installés dans leurs fonctions, il eût été plus régulier que l'objet de cet arrêté fût prescrit par *une loi* du sénat existant de fait ; car il est toujours fâcheux de ne pas suivre en législation, le principe de la séparation des pouvoirs politiques. Plus que tout autre chef de la République, Pétion devait se pénétrer de la nécessité d'en tracer l'exemple, à titre de fondateur des institutions de son pays.

Quelques jours après, le 25 janvier, le sénat lui-même rendit un acte par lequel il déclara qu'il y avait incompatibilité entre les fonctions sénatoriales et celles de défenseur public, ou avocat. Ce fut sur une demande que forma Daumec, l'un des sénateurs élus le 5 décembre précédent. Il savait bien que l'article 74 de la constitution prononçait cette incompatibilité ; mais il provoqua cette décision afin de trouver un *prétexte* pour refuser la dignité de sénateur, en prétendant qu'il l'eût acceptée, s'il pouvait continuer à exercer ses fonctions au barreau.

Déjà les généraux Boyer et Frédéric, également élus sénateurs, avaient décliné l'honneur de siéger au sénat, par de simples lettres adressées à ce corps. Mais on imputait à Boyer des paroles blessantes pour Daumec, J.-F. Lespinasse et Hogu ¹, et l'on disait publiquement au Port-au-Prince, que des officiers de la garde du président, placés sous le commandement supérieur de ce général, avaient formé une cabale pour *fustiger* Daumec et Lespinasse au moment où ils iraient prêter leur serment. Bien que ces derniers se fussent assurés que le président n'eût pas souffert un tel attentat sur leurs personnes, ils refusèrent la dignité sénatoriale après la décision rendue par le sénat.

L'histoire ne peut attester si cette cabale était réelle ou non ; mais il y a lieu de croire que le général Boyer avait effectivement prononcé les paroles qui lui furent imputées ; et elle se doit à elle-même de les blâmer avec d'autant plus de raison, qu'elles étaient l'effet d'une rancune gardée à Daumec et à Lespinasse, pour leurs discours contre lui pendant la scission du Sud, et que chacun savait qu'il y avait une certaine rivalité entre lui et le colonel Hogu ².

Quoique doué de grandes qualités, Boyer avait un caractère, — il faut l'avouer, — qui ne lui permit pas toujours d'oublier les propos médisans tenus sur sa personne, à raison de ses relations avec Pétion. Mais comme il n'avait épargné aucun de ses adversaires, dans sa haute position à cette époque même, sa rancune à leur égard n'avait pas de raison d'être. D'ailleurs, il y avait déjà assez de temps écoulé depuis la réconciliation opérée entre l'Ouest et le Sud, pour que les hommes importans

---

1 On imputa à Boyer d'avoir dit qu'il ne pouvait consentir à siéger au sénat, avec des intrigans tels que Daumec et Lespinasse, et un ignorant tel que Hogu.

2 Devenu Président d'Haïti, Boyer se réconcilia avec eux, et ce fut louable de sa part : lors de son élection, Hogu vota en sa faveur comme tous les autres sénateurs.

de ce temps malheureux ne sentissent plus que le besoin de l'oubli du passé, en suivant l'exemple tracé à tous par le chef de l'État [1].

Ce n'était pas envers les Haïtiens seuls que Pétion manifestait ses nobles sentimens. Au moment où le sénat rendait sa décision sur la demande de Daumec, le président prenait des mesures qui devaient décider du sort d'une grande partie de l'Amérique méridionale, déjà en guerre avec l'Espagne pour parvenir à sa complète indépendance de cette métropole.

Après des revers récidivés et des fautes personnelles, le célèbre SIMON BOLIVAR était arrivé aux Cayes dans les derniers jours de décembre 1815, venant de la Jamaïque où il avait passé quelque temps dans une inaction forcée. Il précéda le commodore Aury et son escadre, qui s'y rendirent le 6 janvier, ayant évacué la ville de Carthagène : les troupes espagnoles s'en emparèrent après un siége de plusieurs mois qui avait occasionné aux indépendans les plus grandes privations. Cette escadre, composée de dix navires, amena aux Cayes les principaux chefs de Venezuela et de nombreuses familles, tous manquant des choses de première nécessité [2]. Le général Marion, com-

---

[1] C'est au moment où ces petites querelles avaient lieu, que Dupré en eut une aussi qui occasionna sa mort, le 13 janvier, dans un duel. Ce triste résultat excita des regrets universels ; et l'adversaire de cet infortuné s'honora en le déplorant également. Le théâtre du Port-au-Prince resta fermé depuis lors ; on n'eut plus cette récréation décente où des sujets nationaux étaient représentés sur la scène : — *la Mort de Lamarre, le Miroir, Odéide ou la Honte d'une mère*, et bien d'autres pièces tirées du répertoire français.

Ce regrettable duel fut un des derniers de ce temps-là. De 1807 à 1812, ils étaient fréquens au Port-au-Prince, surtout entre les officiers de l'armée : chacun devenant propriétaire alors, on renonça peu à peu à cet usage barbare.

[2] Parmi les chefs vénézuéliens, on distinguait les généraux Marino, Bermudes, Piar, Palacios et Mac-Grégor, le colonel Ducoudray-Holstein, l'intendant Zéa, les deux frères Pineres les commodores Louis Aury et Louis Brion, et le père Marimou que Pétion plaça

mandant de l'arrondissement, secondé du colonel Poisson Pâris, commandant de la place, et des autres autorités civiles et militaires, leur fit un accueil cordial, auquel la population entière de la ville ajouta des marques d'une générosité sans exemple, en les logeant et en exerçant enfin envers eux une hospitalité digne des mœurs de cette belle cité, à cette époque.

Bolivar s'était empressé de se rendre au Port-au-Prince auprès de Pétion, pour recommander ses compatriotes, forcés de s'exiler, et solliciter de lui des secours dans le but de retourner dans son pays pour le reconquérir sur les Espagnols [1].

C'était fournir à Pétion une heureuse occasion de servir la cause de la liberté et de l'indépendance dans le Nouveau-Monde. Il accueillit Bolivar avec une grande bienveillance, la distinction la plus méritée, non-seulement par rapport à sa position de fugitif, mais en considération des services qu'il avait déjà rendus à sa patrie. Cependant Pétion, n'oubliant jamais son origine africaine et s'inspirant toujours d'une politique généreuse, fit comprendre à Bolivar que l'indépendance des colonies espagnoles devait nécessairement profiter *à tous les hommes* qui en forment la population, et non pas comme avaient procédé les colonies anglaises de l'Amérique septentrionale. Il mit donc pour *condition* des secours qu'il allait lui donner en armes, munitions, etc., que Bolivar fît la promesse solennelle, de proclamer « *la liberté*

peu de temps après à la cure du Petit-Goave. Ce prêtre quitta Haïti ensuite, pour retourner dans sa patrie où il avait été nommé sénateur.

[1] L'abbé Gaspard, curé du Port-au-Prince, accueillit Bolivar et d'autres vénézuéliens qui s'y rendirent aussi, notamment l'aimable famille des Soublette, dont l'un des membres, Charles Soublette, devint président de cette République : elle était de la classe des *Mantuanas* de Caracas et alliée à Bolivar. Ces personnes d'un rang distingué furent l'objet des plus grands égards des habitans de la capitale.

« *générale de tous les esclaves* de la province de Venezuela
« et de toutes autres qu'il réussirait à réunir sous les
« drapeaux de l'indépendance. »

N'eût-il pas eu lui-même un caractère généreux, Bolivar aurait cédé à l'ascendant de cet esprit supérieur, plaidant la cause des esclaves après s'être dévoué à la défense de la liberté en Haïti. Il n'ignorait pas la carrière militaire et politique du chef auquel il s'adressait, et il n'avait qu'à ouvrir les yeux pour voir les heureux effets de la liberté dans le pays qu'il visitait pour la première fois. En ce temps-là, son indépendance nationale était encore menacée de toute la puissance de la France, et Bolivar voyait toutes les classes de citoyens jaloux de défendre et de maintenir leurs droits, mais calmes et rassurés sur leur triomphe indubitable, à l'ombre des lois et sous la conduite de leur modeste président. Il promit à Pétion de remplir ses vues équitables. Et disons-le une fois, il fut fidèle à sa parole, en proclamant *la liberté générale* successivement à Margarita, à Carupano, à Ocumare, en faisant plus encore pour cette cause sacrée ; car il libéra *ses propres esclaves* au nombre de 1,500, dans son vaste domaine de San-Matéo, près de Caracas. Il acquit cette gloire, plus pure aux yeux des hommes sensés, plus méritoire aux yeux de Dieu, que tous ses succès éclatans, rien que par son contact avec Pétion, qu'en lisant, pour ainsi dire, au fond de ce cœur bienfaisant [1].

Le 4 janvier, Pétion avait déjà vu Bolivar. Il écrivit

---

[1] Bolivar fut fidèle à sa parole donnée à Pétion ; mais une opposition formidable s'éleva contre la liberté des esclaves. En 1821, une liberté graduelle fut proclamée, et ce n'est qu'en 1854 que les derniers esclaves ont été libérés, par l'influence du général Monagas, Président de la République de Venezuela.

au général Marion, que la ville de Carthagène étant tombée au pouvoir des royalistes espagnols, il devait arrêter toute exportation des grains et autres comestibles du port des Cayes : c'était en prévision des secours alimentaires qu'il faudrait donner aux indépendans qui y arrivèrent le 6. Et quoiqu'il apprît l'hospitalité qu'ils y reçurent, le 26, il ordonna à ce général de leur faire délivrer du magasin de l'État, à chacun, une ration journalière en pain et en salaisons. « C'est un acte d'hu« manité, dit-il, digne du gouvernement de la Répu« blique. » Digne aussi, ajoutons-nous, du chef qui honorait ainsi son pays.

Le 26, une autre lettre au général Marion lui prescrivit de mettre à la disposition de Bolivar, qu'il avait préalablement recommandé à ses attentions, 2,000 fusils et leurs baïonnettes et le plus de cartouches et de pierres à fusil qu'il pourrait. « Vous ferez sortir ces objets de l'ar« senal, comme envoi fait à la Grande-Anse... Il est à « propos que cela *ne transpire pas*, et je me repose sur « les précautions que vous prendrez à cet égard. » Et Pétion indiquait comment ces objets devaient être transbordés sur un des navires indépendans. Par d'autres lettres, il ordonna de fournir à Bolivar de la poudre, du plomb, etc., toujours avec la même prétendue destination et les mêmes précautions. Ses motifs étaient qu'il ne fallait pas donner à penser que la République violait *la neutralité* qu'elle voulait garder entre l'Espagne et ses colonies en insurrection.

Pétion poussa même son scrupule à ce sujet, jusqu'à refuser une de ces satisfactions d'amour-propre que tout autre chef que lui se fût empressé d'accepter. Le 8 février, Bolivar lui adressa des Cayes une lettre où il lui disait :

« Monsieur le Président, je suis accablé du poids de vos
« bienfaits... Nos affaires sont presque arrangées... Je
« n'attends que vos dernières faveurs... Par M. Inginac,
« votre digne secrétaire, j'ose vous faire de nouvelles
« prières [1]. Dans ma proclamation aux habitans de
« Venezuela, et dans les décrets que je dois expédier
« *pour la liberté des esclaves,* je ne sais pas s'il me sera
« permis de témoigner les sentimens de mon cœur envers
« Votre Excellence, et de laisser à la postérité un monu-
« ment irrévocable de votre philanthropie. Je ne sais,
« dis-je, si je devrai *vous nommer* comme *l'auteur de notre*
« *liberté..* Je prie Votre Excellence de m'exprimer sa
« volonté à cet égard... »

Le 18, Pétion lui répondit : « Vous connaissez, géné-
« ral, mes sentimens pour ce que vous avez à cœur de
« défendre et pour vous personnellement. Vous devez
« donc être pénétré combien je désire voir sortir *du joug*
« *de l'esclavage* ceux qui y gémissent; mais, des motifs
« qui se rapportent aux ménagemens que je dois à une
« nation, qui ne s'est pas encore prononcée contre la
« République d'une manière offensive, m'obligent à vous
« prier de ne rien proclamer dans l'étendue de la Répu-
« blique, *ni de nommer mon nom* dans aucun de vos actes;
« et je compte, à cet égard, sur les sentimens qui vous
« caractérisent... »

Dans la situation où se trouvait Haïti, il était convenable, sans nul doute, de ne pas donner aux Bourbons
de France une occasion, un sujet d'intéresser les Bour-

---

[1] Il n'y a pas, en effet, une seule affaire importante de la République d'Haïti, dans laquelle B. Inginac n'ait pris part. Sa haute capacité, sa dextérité, sa finesse, son patriotisme, lui donnaient droit à ce concours. Il fut un homme vraiment remarquable, et plus d'un personnage européen, parmi ceux qui vinrent à Haïti, se plut à le dire.

bons d'Espagne à faire cause commune contre elle. La partie de l'Est, rétrocédée par la France à l'Espagne, était en paix avec la République d'Haïti et avec le territoire soumis à Christophe ; elle y entretenait un commerce de bestiaux qui était fort utile à l'approvisionnement des Haïtiens : ce trafic eût pu cesser par un ordre venu d'Europe, si l'on n'évitait pas de paraître ostensiblement encourager l'expédition de Bolivar. En le continuant, au contraire, Pétion jetait incessamment dans l'Est *des jalons* pour sa réunion future à la République ; car il maintenait de bonnes relations avec son gouvernement local, et encore plus avec les habitans des communes voisines et leurs commandans, qui s'étaient tous inspirés des idées et des sentimens de Cyriaco Ramirez, de même que Christophe agissait envers ceux qui suivaient la pensée de Juan Sanches. Voilà probablement les principaux motifs du modeste refus qu'il fit à Bolivar, et de la circonspection qu'il recommandait au général Marion, indépendamment de ce qu'il ne fallait pas porter la population des Cayes, à mal apprécier les secours qu'il donnait aux indépendans de Venezuela, dans un temps où l'État achetait des objets de guerre pour l'éventualité d'une invasion de la part de la France.

Au surplus, qu'importait à un homme du caractère de Pétion, la gratitude que Bolivar eût exprimée dans ses actes, pour l'assistance qu'il en reçut ? Il était au-dessus de ces puériles vanités qui font faire tant de sottises à la plupart des chefs d'État. Gouverner son pays avec intelligence, jeter les fondemens de sa prospérité future, en observant les vrais principes de l'ordre social, faire concourir ses concitoyens à l'émancipation politique de leurs semblables dans une vaste contrée de l'Amérique : c'étaient, dans sa pensée comme dans son cœur, des choses plus dignes du chef de la première Nation sortie de la race noire, et s'émancipant elle-même du joug européen, sans aucune autre assistance que celle de la Providence, sans autres moyens que ceux qu'elle puisa dans son irrésistible énergie.

Pétion prêta encore à Bolivar le concours de son autorité pour faire cesser une division qui s'établit entre lui et le général Bermudès et le commodore Aury qui allaient s'en séparer; il dicta au général Marion des mesures à cet effet, et Marion remplit ses vues avec intelligence et un véritable dévouement à la cause des indépendans : il les réconcilia. Comme cette querelle entre eux avait eu pour origine, des réparations faites par Aury à l'un des navires de son escadre, et d'autres avances qu'il fit, le président ordonna de lui compter 2,000 piastres du trésor pour l'en indemniser [1].

Enfin, Bolivar reçut du général Marion, en tout, 4,000 fusils, 15,000 livres de poudre, autant de plomb, des pierres à fusil, une presse à imprimer et des provisions pour les hommes formant son expédition. Le président lui permit même d'y comprendre des Haïtiens qui voulurent y concourir [2]. On ne pouvait pas faire davantage pour la faciliter et donner au *Libérateur* une occasion de rétablir son autorité dans sa patrie, afin d'en assurer l'indépendance politique. Le 10 avril, il partit du port

---

[1] On verra que dans une autre circonstance, Aury se ressouvint de la générosité de Pétion. Ce marin français avait été contre-maître à Toulon.

[2] Borgella avait accueilli Bolivar et ses principaux officiers à Custines, sa propriété, où il vivait comme un Cincinnatus; il y logea plusieurs familles et d'autres dans sa maison, aux Cayes. En lui témoignant l'estime que lui inspiraient son caractère, ses services et sa réputation militaire, Bolivar lui proposa d'aller l'aider à conquérir la Côte-Ferme sur les Espagnols. Mais Borgella lui répondit : « Mon pays pourra avoir besoin de mes services ; « je ne puis accepter vos offres. »

des Cayes avec son escadre qu'il avait placée sous les ordres de Louis Brion. Cet excellent marin lui était dévoué personnellement et avait déjà rendu de grands services aux indépendans ; il naquit à Curaçao.

L'installation des nouveaux sénateurs aurait dû avoir lieu le 28 décembre 1815 ; mais le triste événement survenu dans la prison du Port-au-Prince, dans la soirée du 24, avait occasionné trop d'émotion en cette ville, pour qu'elle pût s'effectuer au jour fixé. Elle se fit le 27 janvier, par la prestation du serment imposé aux élus. Panayoty répondit au discours du président du sénat sortant, en louant le patriotisme des anciens sénateurs dans toutes les circonstances, depuis la fondation de la République. Il les félicita surtout d'avoir rendu « des
« actes qui ont fait *une juste répartition* des biens de
« l'État aux défenseurs de la liberté. La nation, ajouta-
« t-il, que les circonstances ont rendue toute militaire,
« bénira vos travaux. La République s'affermira de plus
« en plus, par cette masse *de propriétaires* ; et sous le
« digne chef qui nous gouverne, elle marchera d'un pas
« ferme vers l'achèvement du grand œuvre de son indé-
« pendance. Nos enfans, nés au sein de la liberté, pro-
« nonceront vos noms avec vénération ; ils défendront
« avec courage les biens que la valeur de leurs pères leur
« aura acquis, et que la reconnaissance nationale leur
« aura dispensés. »

Cette partie du discours était à l'adresse des anciens colons qui ne rêvaient toujours que « conquête de Saint-
« Domingue, rétablissement dans leurs biens, etc. »

Dix jours après leur installation, les nouveaux sénateurs, présidés par Panayoty, publièrent une « adresse au peuple » pour provoquer la révision de la constitution en son entier, en désignant le Grand-Goave pour le lieu où l'assemblée de révision se réunirait le 1er mars. Dans la pensée de cette adresse du 6 février, la nouvelle constitution qui sortirait de ses travaux, devait « consa-« crer définitivement la République d'Haïti et apprendre « aux nations qu'elle a un gouvernement juste, fondé sur » des lois sages et positives, et que chacun peut y exercer « les droits qu'elles lui accordent et trouver sûreté et « protection. » Cette adresse disait en outre : « La Ré-« publique a surmonté tous les obstacles et toutes les « entraves qui auraient pu s'opposer à sa marche ferme et « assurée ; elle a élevé son front majestueux au-dessus « de toutes les tempêtes qui se sont formées contre elle : « rien n'a résisté à l'accomplissement de ses hautes des-« tinées. »

L'avenir allait encore mieux prouver l'assertion du nouveau sénat ; et c'était surtout le pouvoir exécutif de la République, définitivement et fortement organisé, sagement conduit, qui devait produire ces heureux résultats ; car, les plus belles institutions périclitent, dégénèrent, lorsque la pensée directrice qui doit les animer est au-dessous de sa tâche.

Par les diverses lois rendues sur le commerce, une distinction avait été établie entre celui des négocians consignataires et celui des marchands en gros ou en détail, en réglant le genre de trafic réservé à chacune de ces classes. Mais les négocians consignataires avaient insensiblement introduit un abus, en faisant *détailler* les marchandises qu'ils recevaient, par leurs femmes, sous le même toit. Les autres industriels patentés se récriant contre cet abus, le Président d'Haïti fit un acte, le 29 janvier, à l'effet de le faire cesser ; il établit contre toutes les contrevenantes, une amende égale à la valeur des marchandises qui seraient saisies, et qui seraient de plus confisquées.

Tandis que l'assemblée de révision commençait ses travaux au Grand-Goave, le président adressait, le 22 mars, aux commissaires du gouvernement près les tribunaux civils, une circulaire où il leur disait que : « dans « tous les cas douteux de jurisprudence, non prévus par « les lois en vigueur dans toute l'étendue de la République, et jusqu'à ce qu'un code civil ait été particulièrement rédigé pour le pays, *le Code Napoléon* sera « celui que ces tribunaux doivent appliquer. »

Dans la pensée de Pétion, c'était *la législation* même établie par ce code, que les tribunaux devaient appliquer : le terme de *jurisprudence* fut mal employé dans sa lettre. Jusqu'alors, ils recouraient aux anciennes ordonnances des rois de France, en tout ce qui n'était pas prévu par les lois du pays, d'après une disposition de celle du 24 août 1808, sur l'organisation des tribunaux civils. La chicane aurait pu contester au pouvoir exécutif le droit d'ordonner autrement que cette loi ; mais on était habitué à ces empiétemens de la part de Pétion, et l'on reconnaissait qu'il valait mieux suivre le Code Napoléon que les vieilles ordonnances : insensiblement, on appliqua aussi les autres codes français.

Un arrêté du président, en date du 1er juin, vint encore disposer, comme une loi eût dû le faire : il établit un impôt territorial et un droit d'exportation sur le gingembre que le commerce étranger recherchait.

Celui que la République entretenait avec l'île de Curaçao, étant favorable à cette colonie hollandaise, au mois d'avril le gouverneur Kikkert adressa une lettre au président, pour l'informer que les navires haïtiens pouvaient y venir en toute sûreté sous leur *pavillon national :* le président en fit donner l'avis aux commerçans. Ainsi, la Hollande ne s'effrayait pas de l'existence politique d'Haïti, même pour sa colonie où il y avait des esclaves. La conduite des caboteurs haïtiens à la Jamaïque avait prouvé qu'ils savaient respecter les lois des pays où ils étaient admis.

Après avoir passé trois mois au Grand-Goave, à examiner et discuter le projet qui avait été préparé pour la révision de la constitution de 1806, l'assemblée nommée pour cet objet termina son œuvre le 2 juin. Elle était composée des citoyens A. D. Sabourin, qui la présida, N. D. Lafargue et Dougé aîné, qui en furent les secrétaires, Pierre André, N. Viallet, Joseph George, Mathurin Boisrond [1], Manigat, Brice, Ligondé, Éloy, Jean Simon et Cavalié : sept pour le département de l'Ouest, et six pour celui du Sud. Le même jour, l'assemblée de révision se déclara dissoute par l'achèvement de son œuvre ; elle députa M. Boisrond, Éloy et Brice, pour la porter au sénat.

Dans les dispositions générales formant le titre 1er, il en fut inséré quelques-unes que ne contenait pas la constitution de 1806, telles que :

« Art. 2. Toute dette contractée pour acquisition d'hom« mes est éteinte pour toujours. — 3. Le droit d'asile est « sacré et inviolable dans la République, sauf les cas « d'exception prévus par la loi. »

---

[1] Mathurin Boisrond était le père de Boisrond Tonnerre. De tous les membres de l'assemblée de révision, Pierre André, le plus jeune parmi eux, est le seul survivant.

Ces deux articles étaient la conséquence du 1er, contenant la déclaration « qu'il ne peut exister d'esclaves « sur le territoire de la République; que l'esclavage y est « à jamais aboli. » Ils interdisaient toutes réclamations pour dettes à ce sujet; et de plus, celles que pourraient faire les puissances européennes ou américaines, par rapport aux *esclaves* échappés de leurs colonies ou de leur sein et qui se réfugieraient sur le territoire de la République : rendus là, ils devenaient nécessairement des hommes *libres,* et leur extradition ne pourrait avoir lieu. Les cas *d'exception* dont il s'agit, et que la loi devrait autoriser préalablement, ne pouvaient s'entendre que de *l'extradition* des criminels que toutes les sociétés poursuivent pour *délits particuliers,* pourvu encore qu'ils n'eussent pas été *esclaves* dans les pays étrangers, et qu'il existât *des traités* à ce sujet, entre la République et d'autres États [1].

« 4. Le gouvernement d'Haïti n'est point héréditaire;
« il est électif. »

Dans le moment où la constitution allait dire que la nomination du Président d'Haïti serait désormais *à vie,* avec faculté de *désigner* son successeur, cette disposition de l'art. 4 devenait une garantie contre les vues *personnelles* de tout président qui voudrait user de cette faculté, pour désigner quelqu'un de sa famille, puisqu'en même temps, le sénat aurait le droit *de rejeter* un tel successeur.

« 14. La ville du Port-au-Prince est déclarée capitale
« de la République et le siége du gouvernement. »

---

[1] Jusqu'ici, aucun traité de cette nature n'a été conclu entre Haïti et les autres puissances ; mais au terme de la loi du 24 août 1808, si un délit est commis à Haïti *par un étranger sur un autre étranger,* l'autorité judiciaire doit le constater afin que le gouvernement livre le prévenu à son juge compétent. Ce serait au consul de sa nation à le réclamer : à défaut de consul, le gouvernement devrait y pourvoir.

Le fait préexistait; il était consacré selon toutes les convenances. La position de cette ville est centrale par rapport à l'île entière ; les produits agricoles des communes voisines y attirent le commerce, et par là, elle sera toujours prospère : en y fixant le siège du gouvernement, c'était suivre d'ailleurs les anciennes traditions du pays.

« 32. La responsabilité individuelle est formellement « attachée à toutes les fonctions publiques. »

Même à l'égard de celles du Président d'Haïti : conséquence naturelle du gouvernement républicain.

« 33. La constitution garantit *l'aliénation* des domai-« nes nationaux, ainsi que *les concessions* accordées par « le gouvernement, soit comme gratification ou autre-« ment. »

Cet article était éminemment politique, en ôtant toute inquiétude aux nouveaux propriétaires à titres divers, par cette consécration du partage des biens qui avaient appartenu aux anciens colons.

Le 34ᵉ confirma deux des fêtes nationales que le sénat avait instituées par une loi, — celles de l'*Indépendance* et de l'*Agriculture*, — et y ajouta comme telle, « celle de la « naissance d'*Alexandre Pétion,* le 2 avril, en reconnais-« sance de ses hautes vertus. »

Rendre hommage aux vertus civiques, aux qualités éminentes, au patriotisme éclairé du Fondateur de la République, c'était créer une noble émulation pour tous autres chefs qui viendraient après lui [1].

Le 35ᵉ pourvut à la création et à l'organisation « d'un

---

[1] Il eût mieux valu, peut-être, que la constitution ne consacrât que la fête vraiment nationale de *l'Indépendance*, jour où la mémoire de tous ses fondateurs reçoit l'encens de la reconnaissance populaire. La multiplicité des fêtes publiques finit toujours par blaser l'esprit, et le cœur n'y prend plus aucune part. — Le 4 avril 1807, le Sénat avait institué aussi les fêtes de la *Constitution* et de la *Liberté*. Voyez tome 7, page 21.

« établissement général de secours publics, pour élever
« les enfans abandonnés, soulager les pauvres infirmes
« et fournir du travail aux pauvres valides qui n'auraient
« pu s'en procurer. »

De toutes ces vues philanthropiques, une seule était réellement sensée et juste : celle qui consisterait à placer *les pauvres infirmes* dans un ou plusieurs hospices de charité. Car, était-il raisonnable d'inspirer en quelque sorte aux pères et mères l'idée *d'abandonner* leurs enfans,—aux parens collatéraux de ne pas les soigner, dans un pays où les vertus domestiques portent à l'adoption, même en faveur de ceux qui sont étrangers aux familles [1]? Dans ce pays essentiellement agricole, où le travail *sollicite*, quel est l'individu *valide* qui devrait jamais prétendre qu'il ne peut s'en procurer et qu'il doit être secouru, pour ce motif, dans un établissement public [2]?

« 36. Il sera aussi créé et organisé une institution pu-
« blique, commune à tous les citoyens, *gratuite* à l'égard
« des parties d'enseignement indispensable pour tous
« les hommes, dont les établissemens seront distribués
« graduellement dans un rapport combiné avec la divi-
« sion de la République. »

A la bonne heure! voilà une de ces mesures utiles, nécessaires, qu'il était urgent de pratiquer sur une vaste échelle, afin de répandre *l'instruction* à grands flots; car la jeunesse de tout pays, dans les deux sexes, est placée sous le patronage incessant du gouvernement dont la sollicitude ne doit pas se relâcher un instant. C'est ce que

---

[1] Voyez, au contraire, l'art. 10 de la loi de 1813, page 46 de ce volume.
[2] Le fait est, qu'on avait seulement copié un des articles de la constitution française de 1795, sans réfléchir qu'en France de telles institutions peuvent être nécessaires, tandis qu'à Haïti elles seraient très-nuisibles.

comprenait Pétion, c'est ce qu'il désirait faire, comme on le verra, et d'autant mieux que, gouvernant ses concitoyens en n'employant que des moyens de persuasion et de conviction, il ne redoutait pas *les lumières* qui font horreur aux tyrans, comme l'eau aux hydrophobes. Aussi, l'instruction publique est-elle toujours la pierre de touche à l'aide de laquelle on peut juger des intentions et des vues personnelles d'un chef d'État : s'il la favorise, c'est une preuve qu'il désire l'avancement de son pays, le règne des lois ; s'il l'entrave, au contraire, c'est qu'il veut gouverner des âmes dégradées.

« 37. Il sera fait des codes de lois civiles, criminelles
« et pénales, de procédure et de commerce, communs à
« toute la République. »

La loi organique des tribunaux, en 1808, avait également prévu qu'un code civil devrait être promulgué, et l'on a déjà vu que le président avait ordonné de suivre le Code Napoléon ; mais il était plus convenable que des codes fussent rédigés pour la République : de là cet article qui en faisait une obligation.

« 38. Aucun blanc, quelle que soit sa nation, ne pourra
« mettre le pied sur ce territoire à titre de maître ou de
« propriétaire.

« 39. Sont reconnus Haïtiens, les blancs qui font par-
« tie de l'armée, ceux qui exercent des fonctions civiles,
« et ceux qui étaient *admis* dans la République à la pu-
« blication de la constitution du 27 décembre 1806 [1] ; et
« *nul autre*, à l'avenir, après la publication de la présente
« révision, ne pourra prétendre au même droit, ni d'être

---

[1] *Admis comme citoyens d'Haïti*, en vertu de lettres de naturalisation délivrées en 1804 par Dessalines. Voyez la décision relative à O. Carter, p. 30 de ce volume.

« *employé*, ni de jouir du droit de citoyen, ni acquérir de
« propriété dans la République. »

Cet art. 38 et le premier membre du 39e étaient identiques aux art. 27 et 28 de la constitution de 1806 ; mais le second membre du 39e revenait aux dispositions de celle de 1805, en y ajoutant encore l'exclusion particulière de tout blanc des *emplois*. Cette expression doit s'entendre, selon nous, des emplois qui constituent des *fonctions publiques* créant une position *politique* pour ceux qui les exercent, puisque les seuls blancs déjà reconnus *Haïtiens*, dès 1804, étaient *citoyens* et en exerçaient les droits. S'il n'en était pas ainsi, cette disposition eût été une absurdité compromettante pour Haïti même, parce qu'elle aurait privé le gouvernement de la faculté *d'employer* des Européens, moyennant rémunération convenue, à faire des choses dans l'intérêt du pays, qu'aucun Haïtien ne pourrait exécuter faute de lumières ou de connaissances nécessaires. Aussi a-t-on vu Pétion, qui avait certainement la pensée intime de la constitution revisée, employer peu après des *Français* comme *professeurs* au lycée national [1].

On n'a qu'à se rappeler la situation où se trouvait Haïti depuis la paix générale de 1814, après la mission de D. Lavaysse et consorts, pour comprendre ce retour aux dispositions de 1805, qui avaient été élaguées dans la constitution de 1806. La France ne se prononçait pas à l'égard de son ancienne colonie, tout annonçait de sa part l'intention de la recouvrer d'une manière ou d'une autre.

---

[1] La loi rendue pour autoriser *l'emploi* de marins étrangers à bord des navires haïtiens voyageant au long cours, vient en aide à notre interprétation. D'ailleurs, le pays a toujours accueilli et employé les prêtres catholiques étrangers, dont le saint ministère ne rencontre point d'obstacle dans la loi politique.

La Grande-Bretagne à laquelle on s'était adressé pour obtenir sa *médiation* et arriver à un arrangement, l'avait *refusée* formellement; elle ne voulait pas reconnaître l'indépendance d'Haïti, bien qu'elle eût beaucoup fait pour elle, par la clause de *réserve* dans un article du traité secret de Paris et par son insistance à obtenir l'abolition de la traite des noirs. Aucune autre puissance étrangère ne faisant non plus rien de formel en faveur de l'indépendance, *l'exclusion radicale* de tout blanc de la société haïtienne parut alors une urgente nécessité politique [1].

Ainsi s'enracinèrent les *préventions* du peuple haïtien à l'égard des Étrangers. Il y fut porté par l'*indifférence* de leurs gouvernemens, sinon par la *politique* de ces gouvernemens ou les *préjugés* de race qui les animaient. Et puis, on n'a voulu voir, de sa part, que *haine instinctive pour les blancs* !

Quant au *territoire* de la République, la révision maintint les dispositions de 1806, qui n'étaient elles-mêmes que la reproduction des actes antérieurs, comprenant toute l'île d'Haïti dans l'État. La rétrocession de la partie de l'Est, faite par la France à l'Espagne en 1814, ne pouvait être un empêchement. Il ne fallait pas en reconnaître la *validité* ; car, autrement, c'eût été proclamer en

---

[1] Il y a eu des membres de l'assemblée de révision qui se sont attribué l'honneur d'avoir été les *promoteurs* de cette exclusion nouvelle, comme si Pétion, qui avait fait préparer le projet qui leur fut soumis, et qui avait évidemment fait repousser la demande d'O. Carter par le Sénat, eût pu négliger cette haute question. Ses convictions à cet égard paraissent avoir été invariables, et l'on verra bientôt sa réponse du 2 novembre aux commissaires français. Ces membres de l'assemblée ont dû sans doute examiner cette question, la discuter entre eux et consacrer cette exclusion par leur vote ; mais aucun homme de bon sens ne doit ajouter foi à leur assertion. On a même accusé Sabourin d'avoir voulu faire admettre les blancs ; mais ce secrétaire de Pétion ne se serait jamais aventuré à *se compromettre* ainsi envers le chef auquel il était si attaché.

quelque sorte ses droits à exercer la souveraineté sur l'ancienne partie française[1].

Dans *l'état politique des citoyens,* on remarquait deux articles nouveaux :

« 44. Tout *Africain, Indien* et ceux *issus* de leur sang, « nés dans les colonies ou pays étrangers, qui viendraient « résider dans la République, seront reconnus *Haïtiens ;* « mais ils ne jouiront des droits de citoyen qu'après une « année de résidence [2]. »

« 45. Aucun Haïtien ne pourra commencer sa carrière « militaire qu'en qualité de simple *soldat.* »

En parlant des actes de 1804, nous avons dit que le décret de Dessalines, rendu le 14 janvier, pour faciliter le retour à Haïti de tous les indigènes de ce pays que les événemens en avaient éloignés, avait établi *un principe* en faveur de l'admission de tous les hommes de la race noire. Tous les autres chefs qui concoururent à la déclaration de l'indépendance comprenaient aussi qu'ils fondaient une patrie qui pût servir de refuge à toute cette race proscrite.

Or, les colonies des Antilles et les autres pays de l'Amérique, ayant beaucoup de ces hommes qui pourraient, ou fuir l'esclavage auquel ils étaient assujétis, ou

---

[1] Cette disposition de la constitution n'étant que la manifestation d'une *prétention* de la part des Haïtiens, ne pouvait mécontenter l'Espagne autant que des *secours* publiquement avoués en faveur des Indépendans de la Côte-Ferme. D'ailleurs, Pétion n'ignorait pas que la majorité des naturels de l'Est partageait les opinions de Cyriaco Ramirez et de Juan Sanches en faveur des Haïtiens ; et en assurant le succès de Bolivar dans sa patrie, il préparait la réunion de l'Est à la République, par la propagation des idées d'Indépendance. Un grand politique compte autant sur l'influence *des idées* que sur la puissance *des armes.*

[2] Il est entendu que de tels hommes ne seraient reconnus *Haïtiens,* qu'autant qu'ils le voudraient eux-mêmes ; car ils pouvaient fort bien résider en Haïti, en conservant leur nationalité primitive. Aussi le code civil a-t-il réglé ensuite ces questions secondaires. En n'usant pas de la faculté qui leur était accordée par la constitution, ils restaient *étrangers* et soumis, comme tous autres, aux lois de police et de sûreté du pays.

s'éloigner de ces contrées par rapport aux préjugés de couleur, il fallait consacrer, par l'article 44, le principe posé par Dessalines et leur droit à venir jouir en Haïti de leur dignité personnelle, avec d'autant plus de raison que déjà plusieurs faits de cette nature avaient eu lieu depuis l'indépendance. On a vu aussi qu'après le rétablissement des relations commerciales avec la France, Pétion avait fait inviter tous les mulâtres et les noirs qui s'y trouvaient, quel que fût le lieu de leur naissance, à venir dans la République, et que leur passage fut payé. Au commencement de l'année 1816, des hommes semblables étaient venus de la Martinique d'où les préjugés et un régime affreux les avaient chassés [1]. En outre, il était à prévoir que des *Africains*, capturés dans la répression de la traite, pourraient être introduits en Haïti.

Quant aux *Indiens*, l'article 44 avait essentiellement en vue ceux des diverses contrées de l'Amérique, dont le sort fut aussi malheureux que celui des Africains : c'était *justice* que de les admettre, eux et leurs descendans, aux mêmes droits de citoyen d'Haïti, s'ils venaient y chercher un refuge. Même ceux des Indes Orientales, d'une couleur analogue, durent paraître dignes des mêmes avantages, puisque *la couleur* des hommes est un signe de *réprobation*, d'après le système colonial des Européens.

Ainsi, tandis que la nouvelle constitution renforçait les dispositions portant *exclusion* de ces derniers, elle tendait les bras aux races proscrites par les préjugés nés dans leurs colonies. C'est que Pétion, qui favorisait dans le même moment l'entreprise de Bolivar, sous la condi-

---

[1] *Lesage*, mort général du génie, et plusieurs d'autres Martiniquais furent ceux dont il s'agit. On conçoit alors quelle influence leur arrivée à Haïti dut exercer sur les dispositions de la constitution revisée.

tion de procurer la liberté aux esclaves noirs et mulâtres de la Côte-Ferme, avait des vues étendues sur Haïti dont il désirait accroître la population pour mieux assurer sa prospérité ; mais il est prouvé qu'il ne pensait pas qu'elle dût s'accroître par l'admission des blancs.

Dans l'article 45, on trouve une disposition qui se rapprochait de la constitution de 1805, où il était dit que l'une des conditions du *bon citoyen* était « d'être surtout « *bon soldat.* » Il semble que les législateurs de 1816 prévoyaient l'époque où tous les citoyens voudraient être autant de *chefs militaires,* sans avoir servi comme soldats, sans doute pour mieux *organiser* la force publique.

La révision, comme la constitution de 1806, déclara *religion de l'Etat,* la religion catholique apostolique et romaine, parce qu'elle était celle *de tous les Haïtiens*. Mais en permettant aussi l'exercice de tout autre culte religieux, pourvu qu'on se conformât aux lois, — lois de police existantes ou lois spéciales à décréter dans ce cas, — elle maintenait la liberté de conscience et prévoyait que des citoyens pourraient adopter d'autres religions que celle de l'État. Or, s'il arrivait, par la suite, qu'un Président de la République ne fût pas *catholique,* il y aurait eu des inconvéniens de toutes sortes par rapport à cette déclaration ; car l'expérience a prouvé partout le danger des religions dominantes. En maintenant aussi la liberté de conscience, Toussaint Louverture excluait l'exercice public de tout autre culte, — la religion catholique étant la seule *publiquement* professée, d'après sa constitution de 1801.

Celle de 1816 « accorda au Président d'Haïti la faculté « de solliciter de Sa Sainteté le Pape, la résidence dans

« la République d'un Evêque pour élever à la prêtrise les
« jeunes Haïtiens dont la vocation serait d'embrasser
« l'état ecclésiastique. »

Par cette disposition, si elle s'effectuait, la hiérarchie catholique eût été naturellement établie dans le pays, et on aurait vu ses enfans concourir au sacerdoce, sans exclure les ecclésiastiques étrangers. C'était là une utile et sage prévision. Mais on verra plus tard comment la Cour de Rome agit à l'égard d'Haïti. Placée constamment, par rapport à elle, sous l'influence du « Fils aîné de l'Eglise, » et même sous celle du gouvernement de Juillet (en temps opportun nous dirons ce que nous savons à ce sujet), cette Cour a opposé des difficultés telles, qu'on pourrait dire qu'elle a semblé vouloir, contrairement à ses désirs, laisser le champ libre à l'établissement du protestantisme et de ses diverses sectes.

Passons maintenant à l'examen de l'organisation du *pouvoir législatif*.

La nouvelle constitution institua une « Chambre des représentans des communes, » pour en exercer les attributions avec le Sénat.

Mais l'article 55 en disant que : « Il ne sera promulgué
« *aucune loi* que lorsque le projet en aura été *proposé* par
« le pouvoir exécutif ; » l'article 153 disant aussi, du Président d'Haïti, que : « Il propose les lois, excepté celles
« qui regardent l'assiette, la quotité, la durée et le mode
« de perception des contributions publiques,... » il s'ensuivait que le pouvoir législatif était exercé *concurremment* par le président, par la chambre et par le sénat ; qu'entre eux, le président avait une prérogative importante, puisque lui seul avait l'*initiative* de presque toutes les

lois ; et que si, dans certaines circonstances, il ne voulait pas en proposer ou ne croyait pas devoir le faire, le pays se trouverait privé de lois que la chambre ou le sénat jugerait utiles.

Sans doute, un chef bien intentionné, pouvant encore mieux connaître les besoins du pays que la chambre ou le sénat, — parce que l'exécutif est placé surtout pour cela, — on doit admettre qu'il y serait attentif. Cependant, la supposition que nous faisons rentrait dans ces dispositions de la constitution : de là pouvaient survenir des tiraillemens entre les grands pouvoirs de l'État, selon les circonstances [1].

Il n'y a nul doute, selon nous, que cette initiative accordée à son chef, de même que l'institution de la chambre des représentans, furent empruntées aux dispositions de la charte française de 1814. L'établissement, en France, du régime représentatif et parlementaire, modelé sur celui de la Grande-Bretagne, devait nécessairement influer sur les idées de Pétion, sur celles des hommes qu'il chargea de préparer le projet de constitution et des membres de l'assemblée de révision [2].

Peut-être Pétion considéra-t-il aussi que ce serait un moyen de faire cesser entre les départemens, ce sentiment de jalousie, ces principes opposés qui avaient occasionné la guerre civile existante alors et la scission du Sud, et qui tendaient à fractionner l'État, à l'affaiblir, à dissoudre *l'unité politique* dont Haïti a essentiellement

---

[1] Je dis, — selon les circonstances, — parce que les passions savent les exploiter. On peut remarquer cependant, que là où les chambres législatives ont aussi l'initiative de toutes les lois, il est rare qu'elles en fassent usage ; car elles ont ordinairement le bon sens de laisser ce soin au pouvoir exécutif.

[2] L'adoption du Code Napoléon, par ordre de Pétion, pendant les travaux de l'assemblée de révision, m'autorise à supposer qu'il y eut imitation de la charte de 1814.

besoin. En *localisant*, pour ainsi dire, ces malheureuses dispositions dans les communes, qui, par leurs représentans, participeraient désormais *directement* au gouvernement général de l'État, il pouvait espérer de rendre plus difficile, sinon impossible, l'esprit d'isolement départemental, par la satisfaction donnée à un plus grand nombre d'amours-propres ou d'ambitions individuelles.

Nous verrons bientôt, dans son discours d'installation à la présidence à vie, quels motifs il a donnés lui-même aux grands changemens survenus par la révision du pacte social. Mais pour nous qui étudions notre histoire nationale sans préoccupation, comme sans rancune à l'égard d'aucune individualité, c'est une question de savoir si, en outre du Sénat, Haïti avait encore besoin d'une Chambre de représentans. Nous n'hésitons jamais à émettre notre humble opinion et nos appréciations en toutes matières ; il nous sera donc permis de traiter ici cette question de haute importance.

Indépendamment de l'imitation et des considérations politiques que nous *supposons* ci-dessus, nous croyons encore que la lutte qui s'était engagée entre l'ancien sénat et Pétion influa sur l'institution de la chambre des représentans, d'autant mieux que ce dernier laisse entrevoir ce motif dans son discours du 10 octobre suivant. On avait vu le corps législatif forcé de céder au Président d'Haïti, et l'on crut sans doute qu'en introduisant la chambre dans le haut gouvernement de la République, on pourrait éviter désormais un semblable conflit, parce qu'en général les publicistes prétendent que la pondération du pouvoir politique est mieux assurée quand il est exercé par trois au lieu de deux corps [1].

---

[1] Dans sa lettre du 15 mars 1843 et dans ses Mémoires publiés ensuite, B. Inginac affirme

CHAPITRE IV.

En *théorie*, cela paraît assez clair, parce qu'il est à présumer que deux d'entre eux étant d'accord, le troisième doit leur céder. Mais dans la *pratique*, il peut arriver aussi qu'un seul l'emporte sur les deux autres. Dans l'un ou l'autre cas, si la *raison* domine, le pays en profite : si c'est la *passion* qui agit, au contraire, alors il y a trouble, agitation funeste. Ainsi, la théorie peut être souvent en défaut, malgré toute l'apparence judicieuse de son raisonnement.

Quelle avait été la cause essentielle de la lutte entre les anciens sénateurs et Pétion ? Le dissentiment survenu entre eux sur la direction qu'il fallait donner à la marche des affaires publiques, tout d'abord par rapport au système agricole, aux finances, puis à la manière de conduire la guerre civile. Nous croyons l'avoir prouvé dans notre précédent volume.

Les sénateurs partageaient, à l'égard de la guerre, l'opinion commune, générale, à laquelle Pétion résistait, quoique en principe le pouvoir exécutif doive la suivre : de là ces tiraillemens incessans depuis 1807, qui aboutirent à l'ajournement du sénat et ensuite à la scission du Sud.

Dans cette lutte, c'était une question d'*influence* entre les deux pouvoirs. Contrariés dans leurs vues, sans doute patriotiques, les sénateurs dissidens se prévalurent des dispositions de la constitution pour prétendre à *diriger* les affaires. Mais Pétion, tenant à sa manière de voir les choses du pays, à cette époque, voulut,

---

que ce fut lui, *le premier*, qui émit la pensée de la création de la Chambre des représentans, afin de *pondérer* le pouvoir du Président d'Haïti et du Sénat; et il ajoute que l'exemple de ce qui se passe en Angleterre surtout exerça de l'influence sur son esprit. Il était naturel aussi que Pétion et les collaborateurs d'Inginac dans la commission fussent influencés par les mêmes considérations.

avec plus de raison qu'eux, garder les attributions que le sénat avait dû lui déléguer, malgré les termes de la constitution, afin de *gouverner* la République selon ses idées politiques.

Eh bien! une lutte semblable ne pouvait-elle pas se produire entre lui, et le sénat et la chambre réunis dans un même esprit, par les mêmes vues? Dans ce cas, croit-on que Pétion eût sacrifié ses convictions pour céder à ces deux corps? Il leur eût résisté autant qu'il résista au sénat seul se faisant l'organe de l'opinion générale. Alors, que serait devenue cette prétendue pondération du pouvoir politique?

Vainement dirait-on qu'une telle hypothèse est inadmissible, à raison de l'influence dominante qu'exerçait Pétion, de la confiance qu'il inspirait par sa sagesse, surtout après la fin de la scission départementale du Sud : en 1817, il se passa entre lui et le sénat un fait qui sera relaté en son temps, dans lequel il fut prouvé que des questions *constitutionnelles* pouvaient encore occasionner une mésintelligence déplorable [1].

Si Pétion était exposé à se trouver en dissidence avec le sénat dont la composition dépendrait désormais du Président d'Haïti, d'après la constitution revisée, il serait à plus forte raison dans ce cas à l'égard de la chambre des représentans; car la formation de celle-ci dépendait du peuple, et ses membres, ayant moins d'âge que ceux du sénat, apporteraient naturellement plus de pétulance et d'idées avancées dans l'exercice de leurs fonctions.

Deux conditions étaient posées pour l'élection directe des représentans dans les communes, par les citoyens

---

[1] A l'occasion de l'élection du sénateur Larose. Cependant, les sénateurs qui firent opposition à Pétion avaient tous été nommés sous son influence.

réunis en assemblée : — être propriétaire et être âgé de 25 ans [1]. Quelque restreinte que fût la propriété, elle suffisait moyennant cet âge. Il était donc à présumer qu'avec le temps, la plupart des jeunes hommes du pays rechercheraient *la députation*, comme un moyen de paraître dans l'ordre politique, de se distinguer dans la société, et surtout parce que l'art. 58 de la constitution étalait complaisamment les diverses attributions de la chambre [2].

Cet article disait bien aussi que : « l'autorité législative « s'exerce par la chambre des Représentans *concurrem-* « *ment* avec le sénat. » Mais le 60e venait ensuite proclamer que : « les Représentans des communes représen- « tent *la Nation entière*, et ne peuvent recevoir aucun « mandat particulier. » Bien qu'il s'expliquât assez pour faire entendre aux représentans qu'ils ne devaient apporter dans la chambre aucun esprit *de localité*, aucune vue de leurs communes respectives, néanmoins sa première partie n'était propre qu'à enflammer les imaginations, qu'à exciter des prétentions outrées, comme si les Sénateurs ne représentaient pas la Nation, comme si le Président d'Haïti, premier magistrat de la République, n'en était pas aussi un Représentant [3].

---

[1] Les électeurs ne devaient avoir que *l'âge de majorité*, pour voter. Mais, quel était cet âge ? 21 ans, sans nul doute. Alors, la constitution réservait à la *jeunesse studieuse* un grand rôle dans l'avenir. Cela parut si clair, qu'en 1834 une loi électorale fixa cet âge de majorité à 25 ans, et mit quelques autres conditions pour l'électorat : la constitution portait déjà ses fruits, on l'avait reconnu dans les élections de 1832.

[2] Dans le système de 1806 et par rapport à Christophe qu'on allait élire Président d'Haïti, on avait jugé utile d'énumérer toutes les attributions du Sénat qui aurait dirigé effectivement les affaires publiques. En revisant la constitution, on laissa la plupart de ces attributions dans cet article 58 consacré à la Chambre des représentans, alors que le pouvoir dirigeant était dévolu au Président d'Haïti, assisté dans bien des cas, des avis du Sénat qui devait correspondre directement avec lui pour tout ce qui concernerait l'administration des affaires publiques en général.

[3] Les membres de la chambre étaient nommés directement par le peuple, dans les communes ; ils nommaient les sénateurs parmi les candidats proposés par le Président d'Haïti

En outre, de même que la création de la chambre était une imitation du système représentatif de la France, il était raisonnable de prévoir que ses membres seraient entraînés, malgré eux, à imiter l'*opposition parlementaire* de ce pays. Rien n'était plus naturel, puisque les journaux français étaient introduits en Haïti par les navires qui fréquentaient ses ports. Car notre indépendance politique ne saurait nous affranchir des idées de toute nature de cette ancienne métropole ; et, d'un autre côté, l'institution d'une chambre de représentans a pour objet, non-seulement de *s'opposer* aux abus, aux empiétemens du pouvoir exécutif, s'il y a lieu, mais aussi d'en *provoquer* incessamment des mesures pour la meilleure administration de l'État.

Nous pensons donc, qu'avant de fonder cette institution, on aurait dû songer préférablement *à former des hommes* pour cette administration, qui pussent comprendre les besoins réels du pays par leur *initiation* à la marche des affaires publiques ; car peut-être a-t-il été en défaut sous ce rapport.

D'après l'art. 224 de la constitution, on voit que dans le système adopté en 1816, le grand juge qu'elle créa et le secrétaire d'État des finances et même tous autres qui auraient pu être nommés par la suite, étaient « les ora-« teurs chargés de porter *la parole*, au nom du pouvoir « exécutif, devant le sénat et la chambre des représen-« tans des communes. » La constitution établissait donc *le régime parlementaire*, pour introduire *la discussion pu-*

---

et ce dernier, en cas de vacance, était nommé par le sénat. Donc, ils étaient tous *des Représentans de la Nation*, à des degrés différens. Le Président d'Haïti l'était bien certainement, il personnifiait la Nation, à l'égard des puissances étrangères avec lesquelles il faisait des traités : pouvait-on prétendre alors qu'il ne le fût pas aussi à l'intérieur, quand la constitution lui déférait la direction de la société?

blique des projets de lois dans ces deux corps. C'est ce que faisaient bien entendre aussi les articles 55 et 153, disant que : « les projets sont *discutés*, adoptés ou rejetés par « la chambre qui, dans les cas, motive son rejet. »

Eh bien ! par ce motif même et par les autres considérations exposées ci-dessus, nous n'hésitons pas à dire qu'à notre avis, la chambre des représentans fut une institution *prématurée* pour la République, à cause du peu de lumières réelles répandues dans la société ; c'est-à-dire, des connaissances *pratiques* des affaires de l'État. On s'exposait ainsi à des discussions publiques propres seulement à animer les passions déraisonnables, à provoquer un amour-propre immodéré et d'autant plus exalté, que les orateurs seraient dans l'erreur sur les choses mises en discussion.

Si ceux du pouvoir exécutif se montraient *au-dessous* de leur tâche, le gouvernement aurait perdu son *prestige* aux yeux du peuple : ce qui eût été un grand danger pour le pays. Aussi a-t-on vu la première session de la chambre des représentans, en 1817, se passer entièrement sans que ni le secrétaire d'État des finances, ni le grand juge s'y soient présentés une seule fois, non plus qu'au sénat, pour exposer les motifs des projets, discuter les nombreuses lois qui furent promulguées pendant cette année. Et pourquoi ? parce qu'on savait que le premier de ces grands fonctionnaires surtout n'aurait pu soutenir une discussion à l'avantage du gouvernement. Cet état de choses s'est perpétué durant vingt-six ans, et par la même cause, — à raison des personnages chargés de le représenter devant la chambre ou le sénat [1].

---

[1] Dans les pages 60, 68, 77 et 85 de ses Mémoires, l'ex-secrétaire général Inginac a prétendu avoir constamment insisté pour que des orateurs du gouvernement comparussent

Dira-t-on, qu'alors le Président d'Haïti aurait dû appeler dans les fonctions de grand juge et de secrétaire d'État, des hommes habiles à soutenir ses projets par la parole? Mais, combien en eût-il trouvé parmi ceux de cette génération qui était au pouvoir, qui avait fondé la patrie, et qu'il ne pouvait écarter de tels emplois?

Si la *discussion publique* est sans contredit une condition *nécessaire*, *inévitable* de l'existence d'une chambre de représentans, et que la force des choses obligea à faire autrement que ne le prescrivait la constitution, mieux valait donc laisser le sénat seul revêtu du pouvoir législatif, en continuant sa formation selon le système de 1806, par des candidats présentés par les assemblées électorales des départemens, mais choisis parmi tous les citoyens et non plus parmi les fonctionnaires [1].

Est-ce que *la représentation nationale* pouvait mieux résider dans la chambre formée de membres élus dans les communes, que dans le sénat composé de citoyens pris dans les départemens? C'est *le patriotisme éclairé* qui la constitue réellement, si, aux lumières qu'il possède, il réunit les vertus sociales [2].

Quoi qu'on puisse dire des idées que nous venons

---

devant la chambre et le sénat, afin de discuter les lois, de donner des explications, etc. Mais, à moins qu'il n'eût voulu violer la constitution, qui avait désigné pour cette fonction le secrétaire d'État et le grand juge, — ou qu'il n'eût conseillé la révocation des citoyens Imbert, Fresnel et Voltaire, cela devenait impossible : ils étaient propres aux grandes charges qu'ils exerçaient, mais non pas à discuter en séance publique.

1 Dans ce système de 1806, un tiers des membres du sénat cessait d'y siéger tous les trois ans ; les remplaçans y arrivaient avec les idées nouvelles de chacune de ces périodes, mais ils y trouvaient aussi l'esprit de *tradition* dans les deux autres tiers en fonction : de ce mélange devait naître l'esprit de *conservation* allié à celui de *progrès*. Tel était du moins le but que se proposait d'atteindre la constitution de 1806.

2 Peut-être qu'un *Conseil d'État*, placé près du Président d'Haïti, eût produit de grands avantages pour le pays, par l'examen calme de toutes les questions d'administration publique qui auraient pu motiver des projets de lois. Les membres d'un tel corps délibérant,

d'émettre, voyons comment se formait la chambre des représentans des communes.

Tous les cinq ans, elle se renouvelait *intégralement.* Ses membres étaient rééligibles indéfiniment, et il y avait incompatibilité entre leurs fonctions et toutes les fonctions publiques *salariées* par l'État, parce qu'ils devaient recevoir une *indemnité* de leurs communes respectives durant les trois mois de chaque session législative, et que la constitution voulait qu'ils fussent entièrement *indépendans* du Président d'Haïti qui nommait à tous les emplois publics. — Ils devaient jouir en outre de la garantie constitutionnelle, de ne pouvoir être recherchés, accusés ni jugés en aucun temps, pour leurs *opinions* émises verbalement ou par écrit dans l'exercice de leurs fonctions. — Sujets aux actions civiles des citoyens, ils étaient néanmoins à l'abri de *la contrainte par corps* que les lois établissent pour dettes. — Pour faits criminels, ils pouvaient être saisis *en flagrant délit;* mais toute poursuite ultérieure cessait jusqu'à ce que la chambre, avisée, eût pris connaissance des faits et ordonné la mise en jugement pardevant une haute cour de justice. — Hors le cas de flagrant délit qui donnait action aux officiers de police judiciaire sur leurs personnes, pour tous autres faits quelconques, la dénonciation ou la plainte devait être portée à la chambre qui entendrait alors l'inculpé dans son sein, afin de décider ce qu'il y aurait lieu. — Ils pouvaient être également *accusés* devant la chambre,

---

discutant à *huis-clos*, eussent acquis l'expérience des affaires; *de jeunes auditeurs* s'y seraient formés, pour être à leur tour appelés utilement dans les plus hauts emplois : on eût pu les prendre aussi dans les départemens.

« Le meilleur gouvernement est celui qui se formule sur le besoin de l'époque. Une « constitution doit être, non l'œuvre d'un homme, mais du temps, — l'œuvre de l'expé- « rience et de la raison. » — Napoléon 1ᵉʳ.

s'il y avait lieu, de tous les faits de trahison, de malversation, de manœuvre pour renverser la constitution et d'attentat contre la sûreté intérieure de la République, et c'était toujours à la chambre de décider *oui* ou *non*, pour la poursuite des délits pardevant la haute cour de justice. — L'accusation admise entraînait suspension des fonctions du représentant, son acquittement l'y faisait rentrer.

Ainsi, par les conditions attachées à la nomination de ses membres, la chambre des représentans restait entièrement *indépendante* du pouvoir exécutif; par les garanties et les immunités stipulées en leur faveur, cette indépendance était assurée. Formée de citoyens pris par les communes dans toutes les classes de la société, renouvelée intégralement tous les cinq ans, cette chambre concentrait dans son sein tous les élémens populaires du pays, et elle devait apporter dans l'exercice du pouvoir législatif *les idées nouvelles* qui se feraient jour à chacune de ces périodes, d'autant mieux que de jeunes hommes de 25 ans y seraient naturellement enclins.

On conçoit alors, et d'après nos observations présentées ci-dessus, que pour maintenir *l'harmonie* entre les grands pouvoirs de l'État, il faudrait, de la part du Président d'Haïti *surtout*, — des lumières, de la capacité, beaucoup de tact dans les affaires, un caractère conciliant, une prépondérance acquise par des antécédens honorables qui inspirassent une grande confiance en lui, une profonde estime pour sa personne.

Pétion était certainement dans ces conditions; mais pouvait-on se flatter, espérer d'avoir toujours des hommes comme lui pour être chefs de l'État? Et croit-on même que, s'il eût vécu davantage, il n'aurait pas perdu, en vieillissant, tout son ascendant aux yeux de la jeune génération du pays?

Dans un autre chapitre, on verra comment se passa la session de 1817, celle où fut installée la chambre des représentans des communes, et l'on pourra mieux juger de ce que cette institution promettait pour l'avenir.

Examinons également comment se formait le Sénat d'après la nouvelle constitution, et quelles étaient ses attributions particulières, indépendamment de celles qu'il partageait avec la Chambre des représentans, dans le vote des lois.

Le sénat se composait d'un nombre fixe de 24 membres, nommés pour neuf ans, ayant au moins trente ans accomplis. Tout citoyen pouvait *prétendre* à la charge de sénateur, disait la constitution; c'est-à-dire, *y être nommé*, et cela par opposition à la constitution de 1806, qui exigeait de n'y appeler que des fonctionnaires civils ou militaires, ou les citoyens qui auraient exercé de telles fonctions. Les fonctions militaires seules restaient *compatibles* avec celles de sénateur.

Pour remplir les vacances dans le sénat, le Président d'Haïti adressait à la chambre des représentans une liste de trois candidats pour chaque sénateur à élire, pris par lui dans la généralité des citoyens, c'est-à-dire, sans être astreint à les prendre dans chaque département 1. Parmi ces trois candidats, la chambre en élisait un au scrutin

1 Auparavant, chaque département fournissait un nombre égal de sénateurs : leurs communes respectives étant désormais représentées à la chambre, on jugea sans doute que cela suffisait et qu'il ne fallait pas gêner le choix du président dans ses candidats. Et qui sait si la création de la chambre n'eut pas encore pour but, *d'éviter* la réunion des électeurs des paroisses au chef-lieu de chaque département, pour y former les *assemblées électorales* qui présentaient les candidats au sénatoriat? L'exemple de ce qui avait eu lieu aux Cayes, en 1810, était de nature à prouver le danger de la formation de ces assemblées.

secret. Un sénateur dont les fonctions expiraient pouvait être réélu à cette charge, mais après un intervalle de trois années.

Le sénat était permanent, à la différence de la chambre des représentans qui ne se réunissait que le 1" avril de chaque année, pour rester en session durant trois mois au plus, à moins que le Président d'Haïti ne la convoquât extraordinairement entre deux sessions. Cependant, le sénat pouvait s'ajourner, hors le temps des sessions législatives; et dans le cas d'ajournement, il laissait à la capitale, où il siégeait comme la chambre, un comité permanent chargé de le convoquer au besoin.

Toutes les fois qu'il se réunissait, il en informait le Président d'Haïti par un message. Il le prévenait par la même voie, ainsi que la chambre, des remplacemens qu'il y avait à faire dans son sein, afin qu'ils y pourvussent. La chambre, de son côté, correspondait avec le sénat pour l'avertir des nominations qu'elle avait faites et pour lui envoyer les lois qu'elle avait rendues; mais toute correspondance *individuelle* était interdite entre des représentans et des sénateurs, sur ce qui concernait *les affaires publiques*.

Ces deux branches du pouvoir législatif avaient encore, l'une et l'autre, *la faculté, le droit*, d'appeler dans leur sein, pour les entendre en comité général, *à huis-clos*, le grand juge, les secrétaires d'État ou tous autres grands fonctionnaires, sur *les faits* de leur administration ou de l'inexécution des lois. S'il résultait de cette enquête la preuve de leur malversation, dilapidation ou tout autre délit tendant à renverser la constitution, ou à compromettre la sûreté de l'État, et que ce fût le sénat qui procédât contre eux, il devait rendre un décret portant accusation et une proclamation pour convoquer la haute cour de justice; — si c'était la chambre, elle les accuserait et demanderait au sénat la convocation de cette haute cour pour qu'ils fussent jugés.

Dans le cas de mise en accusation d'un représentant par la chambre elle-même, elle devait aussi s'adresser au sénat pour en obtenir la convocation de la haute cour de justice, puisque celle-ci ne se formait qu'en vertu d'une proclamation du sénat. Ce dernier corps avait la même police sur ses propres membres, que la chambre des représentans sur les siens, et les sénateurs jouissaient des mêmes garanties et immunités que les représentans.

Le sénat et la chambre n'avaient pas la faculté de *déléguer* les pouvoirs qui leur étaient attribués par la constitution. Mais ils ne devaient non plus *s'immiscer* dans les causes judiciaires, ni dans les attributions du pouvoir exécutif.

Le sénat avait des attributions particulières qui le mettaient plus souvent en rapport avec le Président d'Haïti, et c'est pourquoi il était permanent. Il l'était encore, parce que lui seul pouvait nommer le Président d'Haïti.

Il correspondait avec le président, pour tout ce qui pouvait concerner l'administration des affaires publiques en général: ce qui faisait de ce corps une sorte de *grand conseil national*, assistant le chef de l'État *par ses avis*. Le sénat avait le pouvoir de *sanctionner* ou de *rejeter* tous les traités de paix, d'alliance ou de commerce, qu'il ferait, de même que les déclarations de guerre; et par là, le président était intéressé à *le consulter* préalablement.

Ces relations fréquentes étaient propres à entretenir entre eux une bonne entente, une harmonie au profit de la République, indépendamment de *l'influence* que la constitution assurait au Président d'Haïti dans ce corps, en lui attribuant le choix des candidats parmi lesquels la chambre des représentans devait élire les sénateurs. Car, bien que le président ne fût pas astreint à les choisir uniquement parmi les fonctionnaires publics ou les citoyens qui l'avaient été, il était *présumable* que son choix tomberait sur la plupart d'entre eux, afin de récompenser leurs services rendus au pays, et d'introduire au sénat des personnes rompues aux affaires publiques, ayant l'expérience des choses. C'est la condition d'existence de tout sénat; et par là, ce corps devait habituellement être composé d'hommes âgés.

Aussi voit-on que la révision du pacte fondamental disait dans un de ses articles : « Le sénat est chargé du dépôt de la constitution. » Cette disposition ne pouvait s'entendre, selon nous, uniquement du *dépôt matériel* de cet acte; mais aussi de la garde des institutions qu'il avait créées, afin d'empêcher qu'elles ne fussent violées, détruites. Ce corps devenait ainsi le pouvoir *conservateur* de l'État, de la forme de son gouvernement, et *le modérateur* entre le Président d'Haïti et la chambre des représentans, en cas de conflit entre eux : conflit qui pouvait naître de l'application ou interprétation des articles constitutionnels, ou encore à l'occasion des lois qui nécessiteraient des votes d'impôts, etc.

Cette question importante des *impôts* fit donner au sénat une attribution spéciale dans la constitution, en prévision de *l'opposition* que le pouvoir exécutif pouvait rencontrer dans la chambre des représentans : c'était « de décréter *les sommes* qui doivent être affectées à cha- « que partie du service public, d'après le budget de dé-

« *penses* fourni par le secrétaire d'État (des finances). »

Et d'un autre côté, il était dit : « La chambre des com-
« munes reçoit annuellement le *compte* rendu par le se-
« crétaire d'État, qui lui est transmis par le Président
« d'Haïti, le débat, l'arrête et en ordonne la publi-
« cité. »

Ces dispositions semblaient donc faire de la chambre des représentans, un corps de simples *enregistreurs* de faits accomplis en dehors de leur action, de leur influence.

Cependant, deux autres articles de la constitution disaient, l'un : « Elle *établit* les contributions publiques,
« en détermine la nature, la quotité, la durée et le mode
« de perception; » — l'autre : « Le président propose
« les lois, *excepté* celles qui regardent l'assiette, la quo-
« tité, la durée et le mode de perception des contribu-
« tions publiques, leur *accroissement* ou *diminution*. »

La chambre des représentans avait ainsi, elle seule, *l'initiative* des lois concernant les impôts, pour produire des *recettes*. Il semble alors que, pour la *convaincre* de la nécessité d'en établir, d'en voter, il aurait fallu lui proposer, et non au sénat, *le budget des dépenses publiques* ; car, on s'exposait par là à la voir *se refuser* d'user de son initiative, sans que ni le sénat ni le Président d'Haïti, pussent l'y contraindre.

Cette conséquence possible, sinon probable, fut si bien comprise dès l'installation de la chambre des représentans, en 1817, que ce fut elle qui vota *d'abord* la seule loi du budget des dépenses qui ait paru sous l'empire de la constitution de 1816, en y reconnaissant toutefois qu'il appartenait au sénat de rendre un décret à ce sujet : décret qu'il rendit dans la même forme que pour toutes les autres lois, à la suite de celle-là, tandis que c'était à *lui seul* de voter le budget.

Il nous reste à examiner l'organisation du pouvoir exécutif et les attributions déléguées au Président d'Haïti.

Ce premier magistrat de la République n'était plus temporaire, comme dans le système de 1806, mais nommé *à vie*. On a vu surgir de la scission du Sud l'idée de ce changement important : idée exprimée par le général Borgella avec une loyauté patriotique, au moment de sa soumission à Pétion, comme le plus utile moyen de faire cesser les divisions politiques nées de l'ambition de parvenir à la présidence de la République. L'expérience est venue ensuite prouver la convenance, la justesse de cette pensée, qui a porté d'heureux fruits pour le pays, quelles que soient les opinions contraires.

Le serment imposé désormais au Président d'Haïti consistait : « à jurer à la nation de remplir fidèlement son of-
« fice, de maintenir de tout son pouvoir la constitution,
« de respecter et de faire respecter les droits et l'indé-
« pendance du peuple haïtien. » On sent qu'un tel serment fut rédigé, à raison des circonstances nouvelles survenues depuis la paix générale en Europe, depuis la tentative faite par la France pour restaurer son autorité dans le pays.

Si les représentans pouvaient être âgés de 25 ans, les sénateurs, de 30 ans, la nouvelle constitution, comme la précédente, exigea 35 ans pour être élu Président d'Haïti, parce qu'il faut plus de maturité dans une telle fonction[1].

---

[1] Aucune condition d'âge ni autres n'étaient imposées par rapport aux secrétaires d'État, au grand juge et au secrétaire général : ce qui laissait au Président d'Haïti la faculté de

Tout citoyen de la République y était *éligible :* ce qui différait de la première constitution qui prescrivait de ne nommer le chef de l'État, que parmi les citoyens qui auraient été ou qui seraient membres du sénat ou secrétaires d'État.

Le Président d'Haïti conservait les anciennes attributions prévues dans la constitution de 1806, — de pourvoir, d'après la loi, à la sûreté extérieure et intérieure de l'État ; de faire des proclamations conformes aux lois et pour leur exécution ; de commander la force armée de terre et de mer ; de surveiller et assurer l'exécution des lois dans les tribunaux, par des commissaires du gouvernement ; de surveiller la perception et le versement des contributions, en donnant tous les ordres à cet effet ; de décerner des mandats d'arrêt contre tous auteurs ou complices de conspirations dont il apprendrait l'existence, sous la condition de les renvoyer aux tribunaux compétens pour être jugés.

Mais il avait de plus, par la constitution de 1816, ainsi qu'on l'a vu déjà, l'initiative de toutes les lois, autres que celles relatives aux contributions ou impôts publics. Il rédigeait ses projets ou propositions en articles, et en tout état de discussion de ces projets, il pouvait les retirer, sauf à les modifier et reproduire à une autre session.

La constitution *confirma* les pouvoirs que le sénat avait donnés au Président d'Haïti, en 1807, en lui attribuant « la nomination à tous les emplois civils et mili« taires ; le droit d'entretenir les relations internatio-

---

les choisir parmi tous les citoyens qui feraient preuve de quelques talens, sauf les égards qu'il devait aux hommes de la génération qui avait conquis le pays, et avec lesquels il fallut toujours compter.

« nales; de faire tous traités de commerce, d'alliance et
« de paix, de déclarer la guerre, sous la réserve de la
« sanction de ces derniers actes par le sénat, qui pouvait
« la refuser. » Tous agents de la République près les
puissances étrangères étaient aussi à la nomination du
Président d'Haïti, qui pouvait les révoquer à volonté.

La charge de *Secrétaire général*, déjà créée en 1807,
mais restée vacante depuis longtemps, fut instituée
constitutionnellement pour être exercée par un grand
fonctionnaire occupé du travail personnel du président.

Enfin, la constitution accorda au Président d'Haïti, *le
droit* de désigner le citoyen qui devait lui succéder, en
consignant son choix dans une lettre autographe cachetée,
adressée au sénat et mise dans une cassette à double
serrure, déposée au palais de ce corps. L'une des clés
devait rester entre les mains du Président d'Haïti qui
pourrait changer son choix à volonté, l'autre entre les
mains du président du sénat. A la mort du Président
d'Haïti, le sénat ferait l'ouverture de la lettre, et il aurait
le droit de rejeter ou d'admettre le citoyen désigné pour
remplacer le défunt : dans le premier cas, il procéderait
à un autre choix ; dans le dernier, il proclamerait le successeur désigné par le précédent Président d'Haïti [1].

Cette dernière et importante attribution était la même
qui fut donnée à Toussaint Louverture, à Dessalines et à
Christophe, par les actes constitutionnels publiés sous
leurs gouvernemens respectifs.

Quelles que soient les idées de stabilité qui l'inspirèrent;
pour assurer le sort de la République dans une telle cir-

---

[1] Au fait, le droit de désigner son successeur n'était que la faculté de *le proposer* au sénat, puisque ce corps pouvait rejeter ce choix. Mais il y avait un danger à cela : un général influent sur l'armée aurait pu se prévaloir de cette désignation pour prendre le pouvoir, malgré le rejet du sénat.

constance, nous n'hésitons pas à *désapprouver* cette délégation du pouvoir national en faveur du chef de l'État, même en faveur de Pétion dont nous admirons le plus la sagesse politique, le patriotisme éclairé, le généreux dévouement à son pays [1].

Nous concevons et approuvons l'élection *à vie* du Président d'Haïti, par une infinité de considérations qui se rattachent au tempérament, au caractère, à l'état moral du peuple haïtien, etc.; mais nous ne saurions voir du même œil *le droit* qui lui fut accordé de *désigner* son successeur, surtout lorsque la constitution disposait ainsi en faveur de tous autres chefs qui succéderaient au Fondateur de la République. C'était pousser trop loin la crainte des perturbations politiques, détruire toute émulation généreuse parmi les citoyens pour se recommander à l'estime publique et mériter son suffrage, et inspirer à un successeur *désigné* l'idée *qu'il ne devait rien* à la volonté nationale.

Dans un État *républicain*, il faut que le chef du gouvernement sache et se rappelle chaque jour, qu'il tient son pouvoir de cette volonté qui se manifeste par le corps chargé de nommer à un tel office; et mieux vaut laisser à chacun cette louable présomption de s'en croire digne par une conduite qui puisse être remarquée.

Sans doute, dans un tel État, on voit beaucoup de ces ambitions vulgaires qui n'aspirent à gouverner que pour leur intérêt personnel; mais le vrai mérite se découvre toujours, — à moins qu'un pays ne se trouve dans ces

---

[1] T. Louverture et Dessalines n'ont pas eu le temps de choisir leur successeur; Pétion n'a pas usé de ce droit; Christophe avait un héritier de son trône qui a péri, comme lui, de mort violente; enfin, Boyer a donné sa démission au moment où il allait être renversé. L'expérience a donc prouvé la vanité d'une telle disposition.

temps de déceptions politiques où il n'a pas la liberté de choisir un chef digne de lui.

A côté de cette espèce d'abdication du pouvoir donné au sénat seul de nommer le Président d'Haïti, — « toute « autre nomination étant illégale et attentatoire à la « constitution, » disait l'art. 123 ; — quoique ce corps restât libre néanmoins d'*admettre* ou de *rejeter* le choix fait par le chef de l'État, d'un citoyen pour lui succéder (art. 166), voyons encore quelle était la haute attribution accordée au sénat, par rapport au président *en fonction.*

« Art. 163. Au sénat *seul* il appartient d'*examiner* et « de *décréter la culpabilité* du Président d'Haïti. »

« Art. 205. Il y aura une haute cour de justice pour « juger *les accusations admises* par le corps législatif, soit « contre ses propres membres, soit contre *le Président* « *d'Haïti*, ou contre le ou les secrétaires d'État ou tous « autres grands fonctionnaires publics. »

« Art. 121. Le sénat correspond directement avec le « Président d'Haïti pour tout ce qui intéresse l'adminis-« tration des affaires publiques en général ; mais *ne* « *peut, en aucun cas, l'appeler dans son sein pour faits* « *de son administration.* »

« Art. 223. Le secrétaire d'État (ou les) et le grand « juge sont respectivement *responsables de l'inexécution* « *des lois* rendues par le corps législatif, *ainsi que des* « *actes du pouvoir exécutif.* »

« Art. 141. *Le pouvoir exécutif* est délégué à un magis-« trat qui prend le titre de Président d'Haïti. »

Si *le pouvoir exécutif* était exercé par le Président d'Haïti ; si les secrétaires d'État (le grand juge était celui de la justice) restaient *responsables des actes* de ce pouvoir; si, *dans aucun cas,* le sénat n'avait pas le droit d'appeler le Président d'Haïti dans son sein, pour *faits* de l'administration de ce chef : comment le sénat aurait-il pu *examiner* ce qui donnerait lieu *à accusation* contre le président, afin qu'il fût *jugé* par la haute cour de justice? Pour procéder à un tel examen et se convaincre de la nécessité *de décréter sa culpabilité,* — ou plutôt *sa mise en accusation,* — il eût fallu *l'entendre* en *l'appelant* dans le sein du sénat ; car ce corps ne devait pas émettre un acte d'accusation contre lui sur la seule *correspondance* entretenue entre eux.

Nous croyons qu'il suffit de ces remarques pour prouver l'incohérence qui existait entre ces différens articles, l'impossibilité d'atteindre le but de la constitution ; car elle voulait évidemment que l'on comprît que le Président d'Haïti, premier magistrat de la République, ne pouvait être *ni irresponsable, ni inviolable,* en vertu du principe posé dans l'art. 32 : « la responsabilité *individuelle* est « formellement attachée à toutes les fonctions publi- « ques. »

Eh bien ! en présence de dispositions aussi incohérentes, il ne restait plus que *la voie révolutionnaire,* semée de dangers pour le pays. Car, n'était-ce pas, en droit constitutionnel, établir la possibilité du renouvellement du fait scandaleux et démagogique passé dans la séance du sénat, le 17 décembre 1808?

Dès lors, la constitution avertissait le Président d'Haïti de se prémunir contre tout attentat à son pouvoir; et il est probable qu'il y prendrait garde et que, ayant la force armée sous ses ordres, au moindre signe *d'opposition factieuse* qui se manifesterait dans le sénat, il tenterait lui-même de *l'opprimer.*

Sans doute, on peut objecter à cela que, par sa formation, sa composition, le sénat ne pouvait guère être désormais *en opposition* au Président d'Haïti ; qu'il devait au contraire être plus porté à le soutenir, puisque les sénateurs étaient nommés d'après le choix que le président faisait d'eux parmi les citoyens et plus encore parmi les fonctionnaires publics. Ce mode de nomination donnait, en effet, une grande influence au président sur le sénat, par l'espoir que ses membres devaient avoir d'obtenir de nouveaux emplois, après l'expiration de leurs fonctions sénatoriales.

Nous reconnaissons toute la valeur de cette objection, mais il n'est pas moins vrai que dans les dispositions de la constitution de 1846, se trouvait un germe de *révolution* ou d'*oppression*, selon les circonstances.

À notre avis, cette constitution n'était donc pas un modèle de perfection [1]. Néanmoins, si les hommes appelés à fonctionner dans les hautes positions *législatives et exécutives* se pénétraient bien de *l'état réel* du pays, rien n'eût pu empêcher cet acte de lui procurer tous les avantages désirables. Pour obtenir de tels résultats, dont la réalisation dépendait *de tous les conservateurs*, il aurait fallu que les pouvoirs politiques eussent se garder de toute *présomption*, et de toutes *préventions* les uns envers les autres ; car c'était le seul moyen de préserver la pa-

---

[1] Je sais que, parmi mes concitoyens, il y en a qui seront tentés de m'opposer à ce sujet la discussion soutenue, en 1842, sur le journal *le Temps*, à propos de la constitution de 1816. Mais d'abord, je puis déclarer ici que ce n'est pas moi qui soutins cette discussion ; que j'y adhérai cependant et j'y adhère encore, parce qu'il s'agissait de défendre la mémoire de Pétion de l'imputation « d'avoir glissé dans la constitution un absolutisme dominant et exclusif. » Ensuite, dans le n° 26 du *Temps*, du 4 août, l'auteur de cette discussion avait reconnu lui-même que cette constitution « avait des vices d'organisation, n'était « point exempte d'imperfections. »

trie commune de ces secousses violentes qui ébranlent l'ordre social, comme les ouragans et les tremblemens de terre bouleversent le sol, et à la suite desquelles arrivent presque toujours, et l'anarchie et le despotisme si faciles à dégénérer en tyrannie.

Après l'organisation et les attributions du pouvoir législatif et du pouvoir exécutif, la révision statua sur celles du *pouvoir judiciaire* suivant les mêmes principes qui furent établis en 1806.

Le Grand juge, vrai secrétaire d'État, fut chargé de cette administration. Les idées judicieuses émises en 1808 par Daumec, membre de la commission qui prépara la constitution, furent appliquées dans la révision.

Les juges ne devaient point s'immiscer dans l'exercice du pouvoir législatif, ni faire aucun règlement ayant force de loi. — Ils ne pouvaient ni arrêter ni suspendre l'exécution d'aucune loi, ni citer devant eux les administrateurs (finances et autres) pour raisons (ou faits) de leur fonction. — Nul citoyen ne devait être distrait des juges que la loi lui assigne, par aucune commission, ni par d'autres attributions que celles qu'une loi antérieure aurait déterminées. — Les juges ne pouvaient être destitués que pour forfaiture légalement jugée, ni suspendus que par une accusation admise, etc.

Un tribunal de cassation fut institué pour former la jurisprudence de la République : son organisation et ses attributions allaient être fixées par une loi.

La haute cour de justice devait être composée de quinze membres au moins, désignés au sort dans les tribunaux civils de tous les départemens; elle serait présidée par le grand juge, à moins qu'il ne fût lui-même en état d'accusation, et dans ce cas, le Président d'Haïti désignerait, parmi les grands fonctionnaires, celui qui la présiderait.

Les titres de la constitution relatifs à la force armée, à l'agriculture et au commerce, aux secrétaires d'État et à la révision de la constitution, restaient les mêmes qu'en 1806. Néanmoins, à l'égard de l'agriculture, la constitution nouvelle ajouta : « Son accroissement et sa durée dé-« pendent uniquement de la *confiance* et de la *justice* qui « doivent réciproquement exister entre le propriétaire et « le cultivateur. » Et à l'égard du commerce : « La « personne des Étrangers, ainsi que leurs établissemens « de commerce, sont placés sous la loyauté et la sauve-« garde de la nation. »

Ces deux dispositions étaient tout-à-fait convenables dans le pacte fondamental. Il fallait donner des garanties aux Étrangers, et pénétrer les propriétaires et les cultivateurs de la nécessité d'être justes, pour être confians les uns envers les autres.

CHAPITRE V.

Publication de la constitution. — Des commissaires français arrivent au Port-au-Prince. — Ils ouvrent une correspondance avec Pétion et se rendent sur les côtes du Nord. — Christophe ne répond pas à leurs lettres. — Élection de Pétion à la présidence à vie. — Discours, prestation de serment et installation du Président d'Haïti. — Il nomme Imbert, Secrétaire d'État ; Sabourin, Grand juge ; Inginac, Secrétaire général. — S. Bolivar revient en fugitif : causes de ses revers. — Il adresse une lettre à Pétion. — De nouveaux secours lui sont accordés, et il retourne au Venezuela. — Le général Mina, allant auprès des Indépendans du Mexique, passe au Port-au-Prince où il est accueilli par Pétion. — Billaud-Varenne et d'autres étrangers se réfugient dans la République. — Les commissaires français reviennent au Port-au-Prince, et continuent leur négociation avec Pétion. — Leur mission tend à faire reconnaître la souveraineté du Roi de France. — Pétion s'y refuse. — Réflexions à ce sujet. — Les commissaires repartent pour la France. — Proclamation du Président d'Haïti et publication des pièces de la négociation. — Christophe publie une Déclaration royale et d'autres documens. — Substance du rapport des commissaires au gouvernement français. — Avis du Secrétaire général, annonçant que les ports d'Autriche sont ouverts au commerce haïtien. — Circulaire du Grand juge aux membres du corps judiciaire. — Avis du Secrétaire d'État sur le cabotage réservé aux Haïtiens. — Pétion fonde le lycée national du Port-au-Prince pour les jeunes garçons, et un pensionnat pour les jeunes filles. — Ses vues à l'égard de l'instruction publique. — Des Quakers américains viennent au Port-au-Prince où ils prêchent la doctrine évangélique.

La constitution revisée ne fut imprimée qu'à la fin de septembre. Envoyée alors aux autorités civiles et militaires, elles la publièrent avec pompes dans toutes les communes : cet acte ouvrait une nouvelle ère pour ces communes, puisque désormais leurs représentans participeraient au gouvernement de la République. Aussi la constitution fut-elle accueillie partout avec la plus grande satisfaction [1].

Peu de jours après, deux navires de guerre français atteignaient les attérages d'Haïti : la frégate *la Flore* et le brig *le Railleur*. Ils avaient à leur bord des commissaires nommés cette fois par une ordonnance de Louis XVIII, en date du 24 juillet et contre-signée par le comte Dubouchage, ministre de la marine et des colonies.

Ces commissaires étaient : le vicomte de Fontanges, lieutenant général, et le conseiller d'État Esmangart. Un troisième avait été nommé, — le capitaine de vaisseau Du Petit-Thouars; mais il mourut en mer, peu après le départ des navires de Brest. Il y avait de plus deux commissaires-suppléans : le colonel Jouette, et Cotelle Laboulaterie, procureur du roi à un tribunal civil de France. Le sieur Laujon était secrétaire général de cette commission [2].

Tous les membres qui la formaient étaient d'anciens colons de Saint-Domingue; mais, comme on les chargeait de *séduire* les Haïtiens, on leur adjoignit quelques autres hommes dans ce but. C'étaient : *Hercule Dominge*, un Noir né à la Martinique, chef d'escadron en retraite;

---

[1] Le 20 septembre, le général Marion prononça un discours à l'occasion de la publication de cet acte aux Cayes ; il dit : « qu'il offrait aux citoyens une juste distribution entre les « pouvoirs constitués de l'État, pour leur éviter ces chocs dangereux qui menacent tou- « jours le corps social, lorsqu'on s'écarte de *l'équilibre* des pouvoirs, etc. »

Ainsi, le souvenir de la lutte entre le Sénat et Pétion contribua beaucoup à l'établissement de la Chambre des représentans ; mais personne ne sembla en prévoir une entre cette chambre et le Président d'Haïti.

[2] En 1803 et 1814, M. Laujon avait publié des brochures où il proposait des plans de conquête contre Haïti. Secrétaire de la commission, il était bien placé pour combattre les Haïtiens de la nécessité de se soumettre à la France. Mais, de même que Draverman, il fut *converti* à d'autres idées : l'année suivante, il revint avec des marchandises et finit par se faire une assez belle fortune dans son commerce.

Ledué, un Mulâtre de Léogane, ancien capitaine d'artillerie de la Légion de l'Ouest ; *Noël Délor*, chef d'escadron, et *Fournier*, deux autres Mulâtres dont nous ignorons l'origine : ce dernier venait en qualité d'aide-copiste du secrétaire général.

Dans la prévision du succès qu'il désirait, le gouvernement français remit au chef de la commission, 1000 croix du *Lis*, 10 croix de *Saint-Louis*, et 12 croix de la *Légion d'Honneur* à l'effigie de Henri IV, pour être distribuées aux généraux et aux principaux fonctionnaires Haïtiens qui se laisseraient prendre à cette amorce. Il est probable que *les croix* données par Henry 1er à la noblesse du Nord en fournirent l'idée.

Afin de mieux prouver aux Haïtiens qu'ils pourraient rétendre à ces distinctions, à raison des services qu'ils rendraient, le vicomte de Fontanges commença par décorer *Hercule* de l'une des croix de la Légion d'Honneur. Du reste, il l'avait *méritée* depuis longtemps, pour avoir apporté au général Leclerc, la loi du 30 mai 1802 qui rétablit *l'esclavage*[1].

Étant en mer, le 2 octobre, MM. de Fontanges et Esmangart écrivirent une lettre adressée « A Monsieur le général Pétion, » qu'ils firent porter au Port-au-Prince par *le Railleur*, sous le commandement de M. Bégon, autre colon : ce brig y entra le 4. Les chevaliers de Jouette et Hercule furent chargés de remettre la lettre à Pétion : ils étaient accompagnés de Ledué qui, ayant servi sous ses ordres, se montra très-officieux en cette circonstance[2]. Cette dépêche annonçait une mission pacifique ; ainsi :

---

1 Voyez le *Manifeste* publié par Christophe, en 1814. Il affirme ce fait dont il a eu connaissance au Cap où il se trouvait avec le général Leclerc.

2 Ledué avait épousé une ancienne comtesse en France. Il se crut appelé à jouer un rôle

« Sa Majesté était douloureusement affectée du retard
« mis par *ses enfans de Saint-Domingue* à arborer son
« *drapeau* qu'ils avaient longtemps défendu avec courage,
« car ils ne lui étaient pas *moins chers* que ceux que ce
« bon Prince avait retrouvés en Europe. *Les tentatives*
« *criminelles de l'Usurpateur* et les maux qu'elles ont oc-
« casionnés, avaient retardé l'exécution des *projets* du
« Roi (pendant le règne des Cent-Jours qui fit avorter
« l'expédition contre Haïti), et il n'ignorait pas que si
« d'une part les habitans de cette île avaient constam-
« ment résisté *à l'usurpation*, ils n'avaient pas montré
« moins de courage quand *ils s'étaient crus* menacés d'une
« domination *étrangère* (celle des Anglais appelés par *les*
« *colons* au nom du Roi)... Votre vieux, votre ancien
« Général, — le vicomte de Fontanges, — celui sous les
« ordres duquel *vous* et vos compatriotes avez défendu
« avec honneur la cause du Roi, quand *des sujets parju-*
« *res* (des colons) osaient l'attaquer, est le chef de cette
« mission toute pacifique... »

Pour comprendre cette dernière phrase, il faut se rappeler que le vicomte de Fontanges avait été le médiateur de la coalition formée en avril 1792, dans l'Artibonite où il avait ses propriétés, entre les blancs contre-révolutionnaires et les affranchis : coalition qui eut lieu par les soins de Pinchinat, afin de pouvoir résister à l'assemblée coloniale du Cap et à Borel, l'un de ses membres, qui, de concert avec Dumontellier, commettait mille atrocités sur

important en cette circonstance ; mais il comprit, comme Laujon, qu'il valait mieux revenir faire le commerce à Haïti. Lui et sa femme y moururent quelques années après.

C'est en 1816 que revinrent aussi l'adjudant-général *Lechat* et son fils, et le colonel *Louis Labelinais*. Quoiqu'ils eussent servi avec Christophe, sous Toussaint Louverture, ils aimèrent mieux se rendre dans la République. Pétion les accueillit et les maintint dans leurs grades militaires : il nomma *Lechat fils* officier du génie.

les affranchis [1]. Mais alors, Pétion était dans l'Ouest et ne s'était nullement trouvé *sous les ordres* du noble vicomte. Celui-ci ne rappelait ce fait, aussi vieux que lui, qu'afin de faire entendre à Pétion qu'il pourrait se concerter de nouveau avec *les hommes de couleur* pour replacer l'ancien Saint-Domingue sous les lois de la France, redevenue royaliste.

Le 6 octobre, le président répondit à la lettre des commissaires avec sa modération habituelle. Il convint que « lui et ses concitoyens avaient défendu *le drapeau fran« çais* (le drapeau tricolore) avec beaucoup de courage et « un dévouement sans bornes »; mais il rappela aussi la conduite qu'on avait tenue à leur égard : ce qui nécessita la formation d'un peuple nouveau, érigeant une République qui se gouvernait par ses propres lois. Il parla des efforts que faisait la Grande-Bretagne pour faire cesser le honteux et barbare trafic de la traite des noirs, et de la *réserve* que S. M. *Très-Chrétienne* avait faite de le continuer pendant cinq années, à la suggestion *des colons* dont la méchanceté, les écrits et les libelles incendiaires prouvaient, qu'auteurs de leurs propres maux, ils étaient des êtres incorrigibles [2]. A ce sujet, il rappela les faits relatifs à la mission de D. Lavaysse et consorts, envoyés à Haïti par un ministre-colon influent auprès de Louis XVIII. Enfin, Pétion termina sa réponse en disant aux commissaires français, qu'ils trouveraient dans la

---

[1] Voyez t. 1er de cet ouvrage, pages 366 et 367.
[2] M. Laujon prit sans doute sa part dans ces reproches si fondés. Dans l'ancien régime, il était membre du conseil supérieur de Saint-Domingue. On verra que par la suite et à la faveur de son commerce, il fut tellement converti à des idées d'arrangement entre la France et Haïti, qu'il devint un intermédiaire pour y arriver, étant une sorte d'agent de M. Esmangart qui y contribua le plus. Nous avons acquis la preuve que ce dernier était animé de sentiments aussi conciliants qu'honorables, et nous dirons plus tard ce qu'il fit.

République toute la sécurité commandée par le droit des gens, et « qu'établi par la nation, *le garant* et non *l'ar-*
« *bitre* de ses destinées, il recevrait en son nom les pro-
« positions qui concerneraient son bonheur et *ses droits*,
« en se conformant à l'exercice des pouvoirs qu'elle lui
« avait confiés. »

La Flore et *le Railleur* étaient déjà dans la rade du Port-au-Prince. Étant à bord, les commissaires adressèrent à Pétion une deuxième lettre avec une copie en forme, de l'ordonnance royale en vertu de laquelle ils venaient remplir leur mission. Cet acte disait :

« La colonie de Saint-Domingue a particulièrement
« fixé notre attention. Nous avons reconnu qu'il était
« utile d'y envoyer des commissaires, pour calmer les
« inquiétudes que les habitans de cette île peuvent avoir
« sur leur situation ; faire cesser leur incertitude, déter-
« miner leur avenir, légitimer les changemens que les
« événemens peuvent avoir rendus nécessaires, et spé-
« cialement ceux qui tendent à améliorer le sort de nos
« sujets. Nos commissaires s'entendront avec les admi-
« nistrateurs actuels, sur tout ce qui tient à la législa-
« tion de la colonie, au régime intérieur et d'ordre
« public, aux fonctionnaires civils et militaires, à l'état
« des personnes et au rétablissement des relations com-
« merciales avec la métropole. Ils nous désigneront
« ceux de nos sujets qui se sont rendus dignes de notre
« bienveillance, et qui auront mérité des récompenses
« par leur attachement et leur fidélité à notre per-
« sonne. »

Aussitôt après l'envoi de cette ordonnance, les commissaires et leur suite débarquèrent au port ; ils y furent reçus par les officiers de la place, et accompagnés au palais de la présidence où Pétion leur fit un accueil distingué, en présence de généraux et de fonctionnaires appelés expressément. Dans cette présentation, ils demandèrent une audience au président qui la leur promit [1].

Elle eut lieu le 8 octobre dans la soirée, après un échange de lettres où, d'une part, les commissaires consentaient d'avance à être reçus en conférence, soit par le président seul, soit en présence de quelques membres du gouvernement; de l'autre, Pétion les avertissant que les principales autorités de la République y assisteraient.

Ce fut la répétition, en tous points, de l'entretien que Pétion avait eu d'abord avec D. Lavaysse. Dès lors, les commissaires purent se convaincre qu'ils n'obtiendraient rien du principal objet de leur mission, — la soumission des Haïtiens à la souveraineté du Roi de France, par la renonciation à leur indépendance absolue qui leur garantissait leur liberté et leur propre souveraineté; mais ces commissaires étaient obligés de tout constater par écrit, afin de prouver au gouvernement français qu'ils avaient fait tous leurs efforts pour remplir ses vues.

Les commissaires ayant appris que la nouvelle constitution venait d'être proclamée, et que le lendemain Pétion serait élu Président à vie de la République d'Haïti, ils sentirent la convenance politique de n'être pas au Port-au-Prince dans ce moment. En conséquence, dans

---

[1] A leur retour en France, les commissaires dirent au ministre de la marine, dans un long rapport : « qu'ils avaient été reçus avec les égards et les prévenances qu'ils eussent « rencontrés chez le gouvernement le plus anciennement policé. » — M. Lepelletier de Saint-Rémy, t. 2, p. 22.

Quel langage flatteur pour Haïti et son chef, tenu surtout par des Colons de Saint-Domingue!

la matinée du 9 octobre, ils se rembarquèrent avec leur suite, et les deux navires de guerre allèrent croiser devant le Cap, dans l'espoir d'y pénétrer pour informer *le général* Christophe de l'objet qui les amenait à Haïti. Pendant deux jours, *la Flore* fit de vains signaux pour avoir un pilote. C'est alors que les commissaires profitèrent d'un bâtiment des États-Unis qui entrait dans ce port, et envoyèrent leur lettre à Christophe, en date du 12 octobre, et une copie de l'ordonnance royale du 24 juillet. Ils lui disaient à peu près les mêmes choses qu'à Pétion ; qu'ils avaient eu ordre « de se rendre au « Port-au-Prince, comme point central et intermédiaire, « afin de communiquer avec le Nord et le Sud ;... et qu'en-« fin, ils attendraient toutes les communications que Chris-« tophe voudrait leur faire. » N'en ayant reçu aucune, les commissaires se firent porter du côté des Gonaïves, où ils profitèrent d'un autre navire américain pour envoyer une lettre adressée au commandant de cette place, sous le pli de laquelle se trouvait le duplicata de celle adressée à Christophe [1].

Pendant que ces commissaires se portaient sur les côtes du Nord, le sénat rendait son décret du 9 octobre par lequel Pétion fut élu *Président à vie*. Le sénateur Bayard présidait ce corps.

Dans la séance du lendemain, qui eut lieu avec une

---

[1] Dans les pièces officielles publiées alors par ordre de Christophe, on trouve tous les faits que nous venons de rapporter dans ce paragraphe. Elles disent cependant que la lettre remise au premier navire fut renvoyée de suite aux commissaires, « parce qu'elle portait une « suscription injurieuse et insultante *au peuple haïtien* (celle de *général Christophe*). » Elles contiennent en outre la désignation des lieux d'Haïti où ces anciens colons avaient leurs propriétés.

grande solennité, et où assistèrent tous les corps constitués, les autorités civiles et militaires, l'agent commercial des États-Unis, nommé Taylor, qui avait été admis depuis quelque temps, les commerçans nationaux et étrangers, les instituteurs publics et leurs élèves, et une affluence inusitée de citoyens de tous rangs, le Président d'Haïti se présenta au sénat pour prêter son serment.

Le discours qui lui fut adressé par le sénateur Bayard récapitula la situation antérieure du pays depuis les premiers temps de sa révolution. Il rendit une éclatante justice au grand caractère, à l'énergie que montra Pétion durant cette période de vingt-cinq années ; il lui dit qu'il sut se préserver de la contagion du despotisme de ses prédécesseurs, et qu'il remplit l'attente publique ; que ses différentes élections à la présidence furent une approbation donnée à son administration, et que la nation y a applaudi.

« Haïti, entrant dans la carrière politique, n'offre pas
« encore cette brillante perspective des États qui figurent
« dans le monde civilisé : c'est l'ouvrage du temps. Mais,
« comme eux, passant par le degré de l'âge, elle doit arri-
« river à ce point de maturité qui, successivement, les a
« illustrés. C'est au sage dont le génie a plus d'une fois
« sauvé la patrie, à faire germer les principes qui peuvent
« conduire à cette fin désirée. C'est par le rétablissement
« des institutions sociales, c'est enfin par la création de
« lois dictées par la prudence, *et surtout à leur exécution*,
« qu'on peut obtenir cet heureux succès. Vous, dont le
« zèle pour le bien public ne s'est point attiédi, vous qui
« faites du bonheur de vos concitoyens votre principale
« étude, donnez l'impulsion nécessaire à l'exécution de
« ce plan ; puisse-t-il un jour arriver à la perfection !

« ... On aime à se persuader qu'un accroissement de
« puissance n'influera point sur l'usage modéré que vous
« avez toujours fait de l'autorité, et que les principes
« dont on a, dans toutes les occasions, reconnu la pu-
« reté, resteront invariables. Le peuple compte sur votre
« bienveillance. Il croit pouvoir espérer que les lois, et la
« justice qui en résulte, *seront votre règle unique,* qu'un
« gouvernement paternel signalera tous les instans de
« votre existence politique, et que le pouvoir confié à
« vos soins sera employé au bonheur général : tel est son
« vœu... »

Les mots soulignés dans cette partie du discours le furent par le président du sénat lui-même. Ils indiquent que ce corps, tout en tenant à Pétion un langage flatteur pour ses belles qualités, tout en lui disant de ces choses qu'il convient de rappeler au chef de l'État en de telles circonstances, partageait jusqu'à un certain point l'opinion du premier sénat de 1808, sur *l'inexécution des lois* qu'on lui imputait; et par là on le rendait *responsable* de l'impossibilité où se trouvaient bien des fonctionnaires de les comprendre : on semblait ne pas vouloir envisager le véritable état des choses [1].

Le Président d'Haïti répondit :

« Citoyens Sénateurs,

« La constitution de la République vient d'être revi-
« sée, aux termes de nos lois fondamentales et dans les
« bases de celle du 27 décembre 1806. Elle a éprouvé les
« changemens que le temps et l'expérience ont rendus

---

[1] Le colonel Prézeau m'a dit que Christophe ordonnait souvent à ses secrétaires de refaire des lettres qu'il adressait à certains fonctionnaires de son royaume, pour trouver des expressions qu'ils pussent comprendre.

« indispensables, et ces changemens sont calculés plutôt
« sur les mœurs et le caractère du peuple pour lequel
« elle a été établie, que sur tout autre pacte social des
« autres gouvernemens.

« Dans la situation où nous sommes placés, il était du
« devoir de nos législateurs de garantir la République
« contre tout ce qui aurait pu faire craindre pour sa
« sûreté et son indépendance ; d'expliquer au peuple
« l'étendue de ses droits et de sa puissance, comme sou-
« verain, et de lui indiquer en même temps ce qu'il de-
« vait de respect et de soumission aux lois qu'il s'était
« tracées lui-même. Que chaque Haïtien, la *Charte* con-
« stitutionnelle à la main, sache ce qu'il peut et ce qu'il
« doit.

« Il fallait *diviser* les pouvoirs sur lesquels reposent la
« garantie de la liberté publique ; les régler sur la démo-
« cratie qui nous gouverne ; lever tous les obstacles qui
« auraient pu *s'opposer* à la marche du gouvernement, et
« rendre la constitution *exécutable*, pour s'assurer qu'elle
« fût *exécutée*.

« J'aime à me persuader, citoyens Sénateurs, que ce
« but a été atteint, et que nous concourrons, avec la
« Chambre des représentans des communes, à justifier
« l'espoir du peuple... »

Après ce discours qui explique la pensée politique de Pétion dans l'œuvre de la révision, il prêta son serment, et le cortége se rendit à l'église pour entendre le *Te Deum* d'usage, et de là au palais de la présidence. Un banquet y fut offert aux principaux fonctionnaires publics par le Président d'Haïti, et dans la soirée la ville fut illuminée.

Dans le même mois, le président nomma les citoyens J.-C. Imbert, Secrétaire d'État des finances ; A. D. Sabourin, grand juge; et B. Inginac, Secrétaire Général. Depuis longtemps, ils participaient au gouvernement de la République : c'était récompenser leur zèle que de les appeler à remplir ces grandes fonctions.

Dans le courant du mois de septembre, S. Bolivar était arrivé au Port-au-Prince, encore en fugitif. Quand il partit des Cayes, en avril, il se rendit avec sa flotille à l'île de la Margarita. Le 31 mai, il opéra le débarquement de ses troupes sur la Côte-Ferme, à Carupano où deux de ses meilleurs généraux, Mariño et Piar, se séparèrent de lui pour aller recruter des forces dans l'intérieur. Bolivar se porta alors à Ocumare où il débarqua le 3 juillet. Le 6, dans une proclamation aux habitans de Venezuela, il décréta « la liberté générale des esclaves, » comme il l'avait déjà fait à la Margarita et à Carupano. « Nos « malheureux *frères* qui endurent *l'esclavage*, dit-il, sont « dès ce moment, *déclarés libres*. Les lois de la nature et « de l'humanité, et le gouvernement lui-même réclament leur liberté. Désormais, il n'y aura dans Venezuela qu'une classe d'habitans : tous seront citoyens. »

Après ce nouvel acte, où il tenait pour la troisième fois sa parole donnée à Pétion, il se rendait à Valencia, lorsque le 10 juillet, il rencontra le général Moralès, Espagnol royaliste, qui le vainquit dans un combat. Contraint de fuir, Bolivar revint à Ocumare où il s'embarqua sur *la Diane*, bâtiment des indépendans. Il se dirigeait avec toute la flotille à l'île hollandaise de Buenos-Ayres, quand l'amiral Brion le joignit et le persuada de retourner auprès de ses compagnons d'armes. Mais ayant rejoint Mariño et Piar, ces deux généraux l'accablèrent de reproches, et Piar menaça de le faire arrêter et juger : ce qui l'indigna et le porta à se rembarquer et à revenir à Haïti[1].

Ayant si loyalement rempli les promesses qu'il fit à Pétion, relativement aux esclaves, Bolivar ne pouvait qu'en recevoir de nouveau un accueil distingué, quoi qu'en ait dit Ducoudray Holstein, qui a écrit l'histoire de sa vie. Pétion savait que tout militaire est sujet à des revers, et que le principe de la liberté générale, une fois proclamé dans le Venezuela, porterait nécessairement son fruit.

Le 9 octobre, en apprenant l'élection à vie du président, il lui adressa une lettre des plus flatteuses où il rendit justice à ses hautes qualités gouvernementales : « Votre Excellence, lui dit-il, possède une faculté qui est au-dessus de tous les empires, celle de la *bienfaisance*... Il n'y a que le Président d'Haïti qui gouverne *pour le peuple* : il n'y a que lui qui commande à ses égaux. Le reste des potentats, contents de se faire obéir, méprisent l'amour qui fait votre gloire... Le Héros du Nord (Washington) ne trouva que des soldats ennemis à vaincre, et son plus grand triomphe fut celui de sa propre ambition. Votre Excellence a tout à vaincre, ennemis et amis, étrangers et nationaux, les pères de la patrie, et jusques aux vertus de ses frères. Cette tâche ne sera pas la plus difficile pour Votre Excellence; car elle est *au-dessus* de son pays et de son époque... »

---

[1] Bolivar n'oublia pas l'offense que lui avait faite le général Piar. Après que celui-ci eut fait la conquête de la Guyane et pris possession de la ville d'Angostura, en juillet 1817, Bolivar s'y rendit. Le 16 octobre, il fit fusiller Piar, qui fut accusé, étant mulâtre, de vouloir établir une République de noirs et de mulâtres dont il aurait été le président. Nous ne savons pas si cette accusation était fondée ; mais Bolivar émit à cette occasion, une proclamation où il exprimait le regret d'avoir été contraint à cet acte de sévérité.

On peut concevoir l'expression d'une telle admiration, par les secours que Bolivar avait reçus de Pétion au commencement de l'année; mais aussi par l'appréciation qu'il put faire de toutes ses qualités éminentes, qui lui valurent de semblables éloges de la part de D. Lavaysse, parlant à son propre gouvernement. En ce moment, Bolivar voyait encore avec quelle dignité il recevait les commissaires français, *des colons*, forcés eux-mêmes de rendre justice aux procédés de Pétion envers eux.

Peu après, l'amiral Brion réussit à porter les compagnons d'armes de Bolivar à le rappeler auprès d'eux; car son influence pouvait davantage pour le succès de la cause de l'indépendance de la Côte-Ferme. Pétion lui accorda de nouveaux secours en armes, munitions, etc., qu'il prit au Port-au-Prince et à Jacmel : là il s'embarqua sur *la Diane* le 26 décembre, cette fois, pour aller triompher définitivement de la puissance espagnole dans ces contrées [1].

Au moment où il adressait sa lettre à Pétion, le général Mina arrivait au Port-au-Prince sur le vaisseau *le Calédonien*, escorté de la corvette *la Calypso*, venant de Londres et en dernier lieu des Etats-Unis. Ce général s'était rendu célèbre, en Espagne, par la guerre de guérillas qu'il fit aux Français, de 1809 à 1814; mais il avait quitté son pays dans cette année pour se réfugier en Angleterre, à cause du despotisme de Ferdinand VII; et il allait alors prêter son appui aux indépendans du Mexique, dans la lutte qu'ils soutenaient contre l'Espagne. La République d'Haïti, déjà renommée à l'étranger par la haute réputation de Pétion et sa sollicitude pour tout ce

---

[1] Nous aurons à examiner sa conduite envers Haïti, en 1824, à l'occasion du Congrès de Panama dont il fut le promoteur.

qui favorisait la liberté et l'indépendance de l'Amérique, parut à Mina comme la dernière station où il devait s'inspirer pour son entreprise. En rencontrant Bolivar au Port-au-Prince, il se fortifiait par lui dans ses desseins.

La capitale de la République offrait en ce moment l'intéressant spectacle d'une réunion d'hommes de divers pays, y venant s'abriter à l'ombre de ses lois toutes favorables à la liberté, assistant à l'édification de ses nouvelles institutions et au témoignage de la confiance d'un jeune peuple qui remettait aux mains de son premier magistrat, les rênes du gouvernement de l'État pour toute la durée de sa vie. On y voyait, outre les commerçans étrangers, Mina et ses compagnons, Bolivar et plusieurs de ses compatriotes, des Français fuyant leur beau pays à cause des proscriptions de la réaction de 1815, et parmi eux, l'ex-conventionnel Billaud-Varenne qui trouva enfin un asile dans ses malheurs. Ce dernier et les plus éminens parmi les autres, voyaient Pétion assez souvent, parce que, dans la simplicité de ses mœurs républicaines, il était accessible à tous. Ils allaient admirer en lui, l'ami de ses concitoyens, le père de la patrie qui leur donnait refuge.

Il y avait réellement quelque chose de singulier à trouver en même temps à Haïti, un conventionnel qui avait voté la déchéance de Louis XVI, qui avait voté sa mort, un membre du fameux comité de salut public, — et des commissaires de Louis XVIII, qui venaient proposer à la République, née des idées et des principes révolutionnaires de la France, de renoncer à son indépendance et à sa souveraineté pour reprendre son ancienne condition de colonie sujette.

C'est alors que, témoin des efforts que faisaient ces anciens colons dans ce but, Billaud-Varenne dit à Pétion : « La plus grande faute que vous ayez commise, dans le « cours de la révolution de ce pays, c'est de n'avoir pas « sacrifié *tous les colons* jusqu'au dernier. En France, « nous avons fait la même faute, en ne faisant pas périr « jusqu'au dernier *des Bourbons.* » Mais il tenait ce propos abominable, à un chef dont le cœur ne connut jamais la haine et qui considérait tous les hommes, comme des créatures d'un même Dieu, tout en sachant défendre les droits de sa race [1].

Les commissaires français, présumant que l'installation de Pétion avait dû être terminée, revinrent au Port-au-Prince le 23 octobre. Etant encore à bord de *la Flore,*

---

1 Billaud-Varenne arriva au Port-au-Prince en janvier 1816, avec une femme noire de Cayenne, nommée Virginie. Libre et propriétaire dans cette colonie, Virginie vendit sa petite habitation pour le faire subsister, et le suivit au Mexique et aux Etats-Unis d'où il venait alors ; aussi il était très-attaché à cette femme à qui il légua quelques petites valeurs qu'il possédait en effets sur France. Après la mort de Billaud-Varenne, en 1819, le général Bonnet fit obtenir à Virginie le recouvrement de ces sommes, par ses relations de commerce avec la France, et elle put ainsi s'acheter une petite maison au Port-au-Prince.

Un Français qui a connu Billaud-Varenne au Port-au-Prince, a écrit ces lignes en parlant de lui :

« Son maintien était grave, sa parole brève ; sa figure pâle et maigre avait de la dignité. Sa taille assez haute et très-droite encore, contrastait avec son âge déjà avancé. Sa mise, d'une propreté remarquable, affectait la simplicité de celle des Quakers, et je le pris en effet, pour un de ces dignes habitans de la Pensylvanie. »

Pétion avait d'abord fait une pension mensuelle à Billaud-Varenne ; puis il le lui faisait toucher en qualité de *conseiller* auprès du grand juge Sabourin. Après le départ des commissaires français, l'ex-conventionnel commença un ouvrage ayant pour titre : « QUESTION « DU DROIT DES GENS ; *Les Républicains d'Haïti possèdent-ils les qualités requises pour* « *obtenir la ratification de leur indépendance ?* » Dans cet ouvrage, il traitait de la question de la traite et de l'esclavage des Africains, en faisant l'histoire de la révolution de Saint-Domingue jusqu'à son indépendance, dans un style énergique. Ce travail étant achevé peu avant la mort de Pétion, celui-ci le faisait imprimer ; mais Boyer en fit cesser l'impression, dès son avénement à la présidence. Je dis ce dont je suis certain, comme ayant été employé à l'imprimerie nationale. Colombel recueillit le manuscrit de cet écrit qui disparut dans son naufrage, en 1823.

ils lui adressèrent une lettre pour expliquer les causes de leur absence momentanée; à cet effet, ils lui envoyèrent copie de leur dépêche adressée à Christophe, en duplicata et sous le couvert du commandant des Gonaïves, « le pilote du Cap n'ayant pas répondu au signal de la « frégate, disaient-ils. »

La même lettre reprit les communications officielles commencées avant leur départ pour les côtes du Nord. Ils répliquèrent à celle de Pétion en date du 6, en lui disant qu'il fallait *oublier le passé* dont le souvenir ne pouvait que rendre les rapprochemens impossibles : « que la mis-
« sion de D. Lavaysse avait été désavouée publiquement;
« que Louis XVIII n'avait jamais donné aucun pouvoir à
« cet agent; qu'il n'avait eu connaissance de *sa mission*
« que par son résultat et par *la voix publique*, qu'il l'avait
« blâmée et bien plus encore la conduite qui avait été
« tenue. »

Or, le désaveu même publié sur *le Moniteur* du 19 janvier 1815, prouvait que le Roi de France avait *autorisé* cette mission, puisque cet article disait : « qu'elle était
« toute pacifique et avait pour but de recueillir et de
« transmettre au gouvernement des renseignemens sur
« l'état de la colonie, et que l'agent n'était nullement
« autorisé à faire des communications *aussi contraires* à
« l'objet de cette mission... » Au fait, on avait blâmé D. Lavaysse, pour avoir mis de côté ses instructions et proposé alors les mêmes choses que les commissaires venaient reproduire, ainsi qu'on le verra bientôt [1].

Enfin, les commissaires offraient aux Haïtiens, *le même bonheur* dont jouissaient les Français sous leur roi légi-

---

[1] En 1816, D. Lavaysse, mis en disgrâce, se trouvait aux États-Unis : de là il écrivit à Pétion qui répondit à sa lettre, le 21 juin. Pétion publia sa réponse sur *le Télégraphe*.

time : « Placés sur un volcan, vous n'osez rien entre-
« prendre, rien réparer; vos maisons sont en ruines, vos
« champs sont incultes, vos campagnes sont désertes [1].
« Toujours inquiets des malheurs qui peuvent fondre sur
« vous le lendemain, vous ne songez qu'à vous défendre,
« et *vos torches* sont prêtes pour vous détruire vous-
« mêmes. »

Les commissaires faisaient là une vraie figure de rhétorique ; car, à cette époque, on réparait toutes les maisons des villes et bourgs vendues aux particuliers; on en construisait d'autres sur les emplacemens vides; on réédifiait les usines des habitations concédées ou aliénées, on cultivait des denrées qu'exportaient les navires *français* admis sous pavillon masqué et qu'ils introduisaient en France, en ne payant que les mêmes droits établis sur les produits des colonies de cette puissance. Il est vrai que les arsenaux étaient garnis *de torches* incendiaires pour dévorer tout cela en cas d'agression ; mais c'était sur ce moyen même de destruction que les Haïtiens comptaient le plus pour en éloigner toute idée, indépendamment de leur climat meurtrier et de leur courage.

Le 25, Pétion répondit à la lettre des commissaires ; et, malgré leur invitation *d'oublier le passé*, il revint sur tous les faits antérieurs, même sur la mission de D. Lavaysse et sur la réserve faite de continuer la traite pendant cinq années. C'était à désoler les porteurs de paroles d'oubli et de réconciliation. Enfin, il leur dit :

« Si les intentions de S. M. T. C. se concilient sur ce

---

[1] Quatre jours avant leur retour au Port-au-Prince, le 19 octobre, cette ville avait essuyé un furieux ouragan qui enleva la toiture d'une grande partie de ses maisons; de là leur remarque : « vos maisons sont en ruines. » Mais, à leur arrivée, il n'en était pas de même. Cet ouragan occasionna ensuite une forte disette et une épidémie qui dura jusqu'à la fin de 1818.

« point, et que les pouvoirs dont vous êtes revêtus se
« rapportent avec cet esprit de justice et de modération,
« alors, *oubliant* tout motif particulier, et guidés par le
« pur sentiment de la vérité et le désir d'opérer le bien,
« vous nous regarderez comme *un gouvernement libre et
« indépendant*, dont les institutions consolidées reposent
« sur la volonté et l'amour national. Vous n'hésiterez pas
« à l'admettre comme base essentielle entre nous ; et en
« entrant par là dans l'esprit de nos lois, vous me met-
« trez à même, dans le cercle de mes devoirs, de pouvoir
« correspondre avec vous *sur tous les points* qui pour-
« raient être *réciproquement* avantageux aux deux gou-
« vernemens. »

Il résulte de tout l'ensemble de cette lettre, que le mot *gouvernement* fut mal employé, que c'était bien du *peuple* qu'il s'agissait, lequel avait proclamé son indépendance, et avec elle sa souveraineté. Les commissaires français feignirent de s'y méprendre, et bientôt l'on verra leur combinaison à ce sujet. La dernière partie de la lettre du président leur laissait néanmoins entrevoir que, la reconnaissance de ces deux droits étant admise comme *bases* des négociations, il pourrait s'entendre avec eux sur des conventions qui seraient également dans l'intérêt de la France et d'Haïti. Il ne pouvait être question que de *l'indemnité* déjà proposée en 1814, et du rétablissement des relations commerciales entre les deux pays, d'une manière franche, et non de la manière que cela se pratiquait déjà [1].

---

[1] Il paraît même que dans les entretiens que Pétion eut avec les commissaires, il leur aura renouvelé la proposition de l'indemnité et d'un traité de commerce. — Voyez M. Lepelletier de Saint-Rémy, t. 2, p. 23. Mais, d'après la combinaison qu'ils proposèrent à leur tour et que l'on verra bientôt, il est clair qu'ils écartèrent la proposition du président.

A peine *la Flore* et le brig étaient-ils revenus dans la rade du Port-au-Prince, que les matelots de l'équipage de *la Diane* et ceux de *la Calypso* et du *Calédonien* commencèrent l'embauchage des marins français en les excitant contre leurs officiers. L'insubordination était flagrante à bord de la frégate et du brig, et beaucoup de marins désertèrent. Les Français qui avaient cherché un refuge en Haïti contre la réaction royaliste, contribuaient de leur mieux à souffler cet esprit d'indiscipline, en raillant leurs compatriotes sur *le drapeau blanc* qui avait remplacé *le glorieux* drapeau tricolore ; et les commissaires se virent menacés de recomposer les deux équipages, parmi les navires marchands de leur pays qui se trouvaient dans le port [1].

En conséquence, ils s'adressèrent à Pétion pour obtenir son intervention et faire cesser cet embauchage. Le président donna l'ordre immédiatement au général Boyer d'y pourvoir. La police du port et le droit des gens exigeaient ces mesures [2].

Quelques jours après, le 30 octobre, les commissaires adressèrent une nouvelle lettre à Pétion. Afin de lui prouver que le Roi de France *ne pouvait* reconnaître l'indépendance d'Haïti pour consacrer ses institutions politiques, ils lui signalèrent seulement, disaient-ils, les articles 38, 39 et 44 de la constitution, relatifs à l'exclusion des *blancs* de la société haïtienne et à l'admission, au contraire, de tous les individus dont la couleur ou l'origine s'identifiaient avec celles de la race noire. Selon

---

[1] Le 6 juin, *la Gazette royale du Cap* parlait de 4 navires français qui étaient au Port-au-Prince, et d'un autre aux Cayes ; mais en disant qu'ils portaient pavillon *blanc, ce* qui était faux.

[2] Les navires qui portaient le général Mina et environ 500 hommes, partirent du Port-au-Prince le 28 octobre.

eux, c'étaient des actes de *lèse-philanthropie*, d'hostilité envers l'Europe, de scission avec elle, qui lui donneraient le droit d'user *de représailles*, etc. « Si l'Europe vous ju-
« geait par vos lois, elle serait loin de croire à votre
« gouvernement cette urbanité dont nous avons fait l'é-
« preuve, et dont nous nous ferons un devoir de rendre
« compte. »

Et c'étaient d'anciens colons de Saint-Domingue qui faisaient de tels reproches aux Haïtiens ! C'était M. Laujon, auteur des deux brochures citées plus avant, qui les écrivait en qualité de secrétaire de la commission ! Il est vrai que l'adjonction du *chevalier* Hercule, de Ledué, etc. *noir et mulâtres*, prouvait que la France *et ses colonies* ne connaissaient plus *le préjugé de couleur*.

La lettre des commissaires avait piqué Pétion; sa réponse du 2 novembre fut plus colorée que les précédentes.

« C'est de l'esprit dominateur des partis que la France
« a fait se succéder tour à tour dans cette belle contrée,
« leur dit-il, que l'arche sainte de l'indépendance d'Haïti,
« s'est élevée du sein de l'oppression et de l'injustice. En
« jurant de la maintenir, nous étions tout aussi loin de
« penser qu'elle affecterait l'autorité du Roi de France,
« que de l'idée de prévoir s'il triompherait un jour *des*
« *Français*, et qu'il ferait valoir contre nous *des titres*
« que nos armes ont détruits... Nous n'avons jamais
« craint d'être observés, et loin de perdre, nous ne pou-
« vons que gagner, surtout si ces observations sont faites
« de sang-froid et sans passion ; c'est peut-être la raison
« qui nous a rendus si accessibles dans une cause aussi
« délicate...

« En me mettant sous les yeux les art. 38, 39 et 44 de
« nos institutions, vous semblez *nous jeter le gant*, et vous

« éloigner de la question présente pour faire d'une cause
« particulière, une cause générale avec toutes les puissan-
« ces de l'Europe. Cet appel à des gouvernemens qui sont
« si clairvoyans, serait bien tardif; car ils n'ont pas jugé
« de la même manière, ce que vous appelez une marque
« d'*hostilité* envers eux... Ces articles n'ont jamais cessé
« d'être en vigueur, et n'ont pour but que notre garantie,
« qui ne peut nous être disputée que par le gouverne-
« ment français, comme vous le faites aujourd'hui, lors-
« que les autres puissances n'y ont aucun intérêt et qu'el-
« les ont eu des rapports constans avec nous. Vous devez
« vous en convaincre par la présence d'un agent *accré-
« dité* des États-Unis d'Amérique près la République, par
« l'Ordre en conseil du Roi d'Angleterre, du 14 décem-
« bre 1808, qui n'a jamais été révoqué, par les bâtimens
« étrangers qui sont dans nos ports où ils sont admis,
« comme les nôtres le sont dans les leurs. Vous avez dû
« voir dans cette ville beaucoup d'*Européens* faisant le
« commerce, et la proscription *de couleur* ne frapper au-
« cun d'eux. Y a-t-il réciprocité d'avantages dans les
« relations commerciales entre les Étrangers et l'île
« d'Haïti ? La question, je pense, est résolue. Y a-t-il *in-
« compatibilité* sous le rapport *des propriétés, des droits de
« citoyens* ? La réponse ne serait pas difficile... [1] »

Pétion ajouta, pour prouver le droit des Haïtiens à se donner des lois politiques comme ils le jugent convenable à leur *sécurité,* l'exemple de Louis XIV, révoquant l'édit de Nantes, excluant des Français au sein même de la France ; celui du Japon, de la Chine, interdisant

---

[1] Tout ce paragraphe et ses dernières phrases prouvent la fermeté des opinions de Pétion sur l'exclusion des blancs du pays. A-t-il eu tort, a-t-il eu raison de penser ainsi ? C'est là une question que chacun peut examiner. Je me borne à constater ce qui lui fut personnel.

aux étrangers jusqu'à l'entrée dans l'intérieur de leur pays. Enfin, il leur dit :

« Si vos pouvoirs n'ont pas la latitude nécessaire
« pour vous permettre de traiter *sur la base* que j'ai eu
« l'honneur de vous proposer, ou que vous ne jugiez pas
« convenable d'en faire usage dans cette circonstance,
« je dois vous prévenir que je ne crois pas devoir cor-
« respondre *plus longtemps* avec vous sur l'objet de votre
« mission. »

A cette offre de *passeports*, succéda une courte maladie du président. Le 10 novembre, les commissaires ayant appris son rétablissement, lui adressèrent une dernière lettre où ils accouchèrent enfin, *du plan* longuement médité, élaboré, discuté à Paris. Cette lettre est fort longue, à raison de toutes les considérations dans lesquelles ils entrèrent pour justifier ce plan et porter Pétion à l'accepter.

Ainsi que nous l'avons dit plus avant, ils feignirent de croire que le président n'aspirait qu'à avoir « un *gouver-*
« *nement* libre et indépendant. » Après avoir établi que
« *les droits* du Roi, comme *souverain*, sont incontesta-
« bles..., qu'ils sont imprescriptibles, etc.; » repoussé l'idée qu'ils eussent voulu faire un appel aux gouvernement étrangers, — « le Roi étant par lui-même *assez fort*
« pour défendre ses droits, selon son bon plaisir et sa
« volonté, sans appeler l'appui d'aucune puissance; » essayé de démontrer que les Haïtiens n'ont aucun moyen durable, aucune ressource appréciable, pour défendre leur indépendance soit au-dedans, soit au-dehors ; les commissaires finirent par dire :

« Au surplus, général, voulant nous rapprocher, au-
« tant qu'il est en nous, de cette *indépendance* qui seule,

« dites-vous, peut fixer le bonheur du peuple, nous allons
« vous faire connaître quelques-unes des *concessions*
« que nous pourrions faire au nom du Roi ; les voici :

« 1. Il serait déclaré, au nom du Roi, que *l'esclavage
« est aboli* à Saint-Domingue, et qu'il n'y serait jamais
« rétabli[1].

« 2. Que les droits civils et politiques seraient accor-
« dés *à tous les citoyens,* comme en France et aux mêmes
« conditions.

« 6. Que *les anciens colons* ne pourraient *arriver et
« résider* dans la colonie, qu'en se soumettant aux lois et
« règlemens qui seraient établis, notamment à ceux qui
« concernent l'état des personnes et des droits civils.

« 7. Qu'il serait fait par les autorités actuelles, *de con-
« cert* avec les commissaires du Roi, un règlement géné-
« ral *sur les propriétés,* afin de faire cesser les incertitu-
« des et empêcher que de nouveaux troubles ne viennent
« *encore* retarder le rétablissement de la colonie. »

Nous intervertissons l'ordre des propositions articulées,
afin d'indiquer de suite la chose la plus essentielle : — le
retour des anciens colons *sur leurs propriétés.* Du reste :
« —l'armée serait maintenue sur le même pied où elle se
« trouvait ; — le Roi n'enverrait jamais de troupes euro-
« péennes à Saint-Domingue ;—le Président de la Répu-
« blique, devenu *le gouverneur général de la colonie,*
« et les sénateurs, conserveraient leurs prérogatives et
« attributions, *provisoirement,* sauf les modifications à
« venir par la révision de la constitution ; — le gouver-
« neur général et un lieutenant-général au gouverne-

---

[1] Faire aux Haïtiens une concession *de la liberté* qu'ils tenaient de Dieu, et dont ils jouissaient par la puissance de leurs armes !... La France n'avait-elle pas reconnu et proclamé ce droit en 1794 ?

« ment seraient nommés à l'avenir *par le Roi*, sur la
« présentation de trois candidats choisis par le sénat ; —
« les ports continueraient à être ouverts à toutes les puis-
« sances, aux conditions qui sont établies aujourd'hui
« *pour les étrangers;* elles pourraient *changer* suivant les
« circonstances ; — le Roi emploierait *ses bons offices* au-
« près de Sa Sainteté pour obtenir un *Evêché* pour la co-
« lonie¹ ; *toutes les concessions* du Roi s'étendraient au
« Nord comme au Sud et à l'Ouest de la colonie ; — l'acte
« constitutionnel serait *revisé* dans l'année par le sénat,
« *de concert* avec les commissaires, et le Roi serait *sup-
« plié* de vouloir bien l'accepter après cette révision et la
« *garantir* pour lui et pour ses successeurs (sauf à être
« *violée* comme la charte de 1814 l'a été en juillet
« 1830). »

« Méconnaître les avantages *de telles concessions*, c'est
« vouloir continuer *la fiction* pour renoncer *à la réalité,* »
ajoutèrent les commissaires-colons, après cette longue
énumération d'avantages. Mais, prévoyant bien qu'ils ne
seraient pas écoutés du chef auquel ils parlaient, ils lui
annoncèrent qu'ils allaient *se retirer*, dès qu'il leur aurait accusé réception de leur lettre. Toutefois, ils le remercièrent du bon accueil qu'il leur avait fait, en promettant d'en rendre compte.

La réponse à cette lettre ne se fit pas attendre. Le
même jour, 10 novembre, Pétion leur écrivit qu'il y trouvait — « les mêmes principes et les mêmes idées que
« ceux qui étaient énoncés dans leurs communications
« précédentes, et qui ramènent au point de reconnaître
« *la souveraineté* du Roi de France sur cette île... En dé-

---

[1] En 1821, les bons offices du Roi portèrent le Pape Pie VII à envoyer à Haïti un Évêque qu'on ne lui avait pas demandé, tant sa sollicitude était prévoyante.

« clarant *son indépendance,* le peuple d'Haïti l'a fait à l'u-
« nivers entier, et non à la France en particulier. Rien
« ne pourra *jamais* le faire rétrograder de cette inébran-
« lable résolution. Il sait par l'expérience de ses mal-
« heurs passés, par ses plaies qui saignent encore, que
« *sa garantie* ne peut être qu'en lui-même et sans par-
« tage ; il a mesuré toute la force et l'étendue de sa dé-
« marche, puisqu'il a préféré se vouer *à la mort* plutôt
« que de revenir sur ses pas, sans avoir l'intention de se
« mettre en état d'hostilité contre qui que ce soit. C'est
« au nom *de la Nation* dont je suis le chef et l'interprète,
« que je vous ai parlé. Je ne compromettrai jamais *sa*
« *souveraineté*, et ma responsabilité est de me conformer
« aux bases du pacte social qu'elle a établi. Le Peuple
« d'Haïti veut être *libre et indépendant,* je le veux avec
« lui. Pour changer d'institutions, c'est la Nation qui doit
« se prononcer, et non le chef. »

Si les propositions formulées par les commissaires français tendaient à faire reconnaître *la souveraineté* du Roi de France, qui aurait ensuite l'air de laisser à Haïti, — à *Saint-Domingue,* voulons-nous dire, — *le droit* de se gouverner par ses propres lois ; cette fois, la réponse de Pétion leur disait très-catégoriquement, que le peuple haïtien étant *libre et indépendant,* entendait bien exercer *la souveraineté* qui résulte *de l'indépendance :* il n'avait d'ailleurs jamais compris autrement la question à résoudre entre Haïti et la France.

En résumé, cette mission ne présentait qu'une variante de celle qui l'avait précédée en 1814, à part la perfidie que la première dévoila dans le plan prescrit aux agents par le ministre Malouet. Mais si les Haïtiens avaient pu faire la sottise de se laisser séduire par le nouveau plan, le résultat définitif eût été *le même*. D. Lavaysse, convaincu qu'il ne pouvait tenir à Pétion le langage indiqué dans ses instructions, lui avait proposé de proclamer *la souveraineté absolue* du Roi de France, sauf à tout *espérer* de sa bonté et des faveurs qu'il voudrait bien accorder aux Haïtiens ; mais, au fond, il savait bien qu'on arriverait *à l'exécution* du plan de Malouet, si Pétion avait adhéré à sa proposition. Les commissaires de 1816 lui proposèrent aussi de reconnaître le Roi de France comme « souverain de la colonie de Saint-Domingue, » sauf à la gouverner en son nom d'après la constitution *modifiée* à raison de ce *léger* changement.

Cette proposition n'était pas acceptable; car en renonçant seulement au nom d'HAÏTI, c'eût été l'abjuration de notre indépendance. Redevenant *colonie*, cette île eût continué à exercer, *à l'intérieur*, et sous *le bon plaisir* du monarque français, cette espèce de *souveraineté* qui existe dans la législation de tout pays ; mais, *à l'extérieur*, le monarque seul aurait exercé cette autre *souveraineté* qui constitue réellement *l'indépendance*, ou plutôt qui en résulte à l'égard des autres puissances [1].

Après leurs entretiens et leur correspondance avec Pétion, les commissaires français devaient penser qu'il était *capable* de comprendre ces choses. Ils n'ont donc pu faire leurs dernières propositions, que pour obéir *à leurs instructions*, — quelles que soient d'ailleurs *les assertions contraires* qu'ils auront consignées dans leur rapport au ministre de la marine et des colonies.

Mais ce qui est fait pour nous étonner, c'est qu'en

---

[1] Au fait, les commissaires proposaient de revenir à l'état de choses que Toussaint Louverture et les colons avaient établi par leur constitution de 1801. Mais Pétion et les Haïtiens de 1816 étaient les mêmes hommes que ceux du 1ᵉʳ janvier 1804.

1845, on a vu paraître *en France,* un ouvrage où nous lisons ce qui suit, à propos de la mission de D. Lavaysse et de celle de Fontanges et Esmangart :

« Si l'on fût entré immédiatement dans la voie ouverte
« par notre agent (D. Lavaysse), *il est probable* que dans
« la situation où se trouvait alors la colonie (Haïti), *on*
« *serait arrivé à la solution* qui a été si vivement re-
« cherchée depuis, *et que quelques esprits rêvent encore*
« *aujourd'hui.*—Telle fut la mission de 1816. Entreprise
« *deux années plus tôt,* avant que la révolution politique
« des Cent-Jours fût venue, au dedans comme au dehors,
« ébranler *la confiance* qui renaissait *en la légitimité,*—
« *on peut avancer hardiment qu'elle eût été couronnée de*
« *succès*[1]. »

Quelle *hardiesse,* en effet, de la part de l'auteur de cet ouvrage ! Pour *avancer* une telle assertion, il a donc jugé des Haïtiens de 1814 d'après les hommes qui suivaient *le drapeau blanc* sous Jean François, Biassou et Toussaint Louverture ! Il n'a donc pas tenu compte de tous les événemens passés dans l'intervalle de ces deux époques !

N'est-ce pas le même auteur qui a écrit ces mots ?—
« La combinaison *astucieuse* qui fit *d'une perfidie* la base
« de l'expédition de 1802, *frappa la politique de la France*
« *d'un discrédit* dont rien ne put *la relever* aux yeux des
« noirs[2]. »

Et les Haïtiens auraient eu plus de confiance en la

---

[1] *Étude et solution nouvelle de la question haïtienne,* par M. Lepelletier de Saint-Rémy, tome 2, p. 20 et 23. Cet auteur a prouvé qu'il était « un de ces esprits *qui rêvaient encore une solution* en 1845, » pour une question déjà fort bien *résolue* en 1838. Dans son ouvrage, il a fait *l'honneur* aux Anglais et aux Américains, d'avoir été les instigateurs du refus de Pétion aux propositions des commissaires français, parce qu'il aura cru comme eux peut-être, que *ce mulâtre* n'avait pas assez de bon sens pour en juger par lui-même.

[2] Même ouvrage, t. 1er, page 193.

France gouvernée par *la légitimité?* Leurs chefs ignoraient-ils tout ce qui se passait déjà en France et dans ses colonies, dès la chute de Napoléon ? [1]

La France elle-même n'avait pas confiance dans les Bourbons revenus à la suite des armées étrangères [2].

Le 12 novembre, le jour même du départ des commissaires français, le Président d'Haïti fit paraître une proclamation au peuple et à l'armée, où il rendait compte de leur mission en ordonnant l'impression de toutes les pièces de la négociation. En félicitant ses concitoyens d'avoir montré en cette circonstance, comme en 1814, le même respect pour le droit des gens, il leur dit :

« Il n'existe pas un Haïtien dont l'âme soit assez tiède
« pour consentir à revenir sur les pas que notre gloire a
« franchis. Nos droits sont tracés ; nous les puisons
« dans la nature ; elle nous a créés égaux aux autres
« hommes ; nous les soutiendrons contre tous ceux qui
« oseraient concevoir la coupable pensée de nous subju-
« guer. Ils ne trouveraient sur cette terre, *que des cendres
« mêlées de sang, du fer et un climat vengeur...* L'autorité
« repose sur votre volonté, et votre volonté est d'être
« libres et indépendans. *Vous le serez,* ou nous donne-
« rons cet exemple terrible à l'univers, de nous ensevelir

---

[1] Le même auteur a signalé *la prédiction* remarquable de Pétion, faite à D. Lavaysse sur le retour de Napoléon de l'île d'Elbe et la fuite des Bourbons. Pétion n'a pu pressentir cet événement, que parce qu'il savait comment ces derniers gouvernaient la France. Et en 1820 encore, les Bourbons *légitimes* n'y faisaient-ils pas défendre *le mariage* entre les femmes blanches et les mulâtres ou noirs, en ressuscitant les vieilles ordonnances de Louis XV et de Louis XVI ?

[2] De nos jours, nous trouvons l'appréciation suivante sur *le Constitutionnel* du 22 mars 1857 :

« La Restauration eut tous les malheurs. Ce n'était pas assez de représenter forcément
« l'esprit d'émigration ; elle arrivait *à la suite de l'étranger*, avec un *Fils aîné de
« l'Église* presque athée, et sous la haute protection de M. de Talleyrand. »
(M. Paulin Limayrac, à propos des Mémoires du duc de Raguse).

« sous les ruines de notre patrie, plutôt que de retourner
« à la servitude, même la plus modifiée [1]... »

De son côté, le Roi d'Haïti, — puisque *Roi* il y avait, — publia le 20 novembre une *Déclaration*, à l'occasion de la lettre que les commissaires français avaient adressée « au général Christophe. » Ce nouveau Manifeste reproduisit, comme la correspondance de Pétion avec eux, tous les faits antérieurs, notamment ceux relatifs à la mission de D. Lavaysse et de Franco de Médina ; mais son style se ressentait de la qualité de *souverain* que Christophe avait usurpée sur les droits des populations soumises à ses ordres : il y parlait de *son peuple*, à la manière des potentats. Du reste, cette Déclaration était écrite avec énergie et résolution : Christophe ne manquait ni de l'une ni de l'autre. Il n'oublia pas, selon sa coutume, d'accuser Pétion de *trahison* pour avoir reçu D. Lavaysse et correspondu avec lui [2]. Enfin, il dit des injures des Français

---

[1] Un mois après la publication des actes officiels de la négociation, le 12 décembre, Hérard Dumesle fit paraître un écrit remarquable, intitulé : « *Réflexions politiques* sur la « mission des commissaires du Roi de France, près la République d'Haïti. » En appuyant les raisonnemens de Pétion, ses motifs, la justesse de ses vues, pour repousser les propositions des commissaires, il les développa dans un langage aussi judicieux que modéré. Justifiant les dispositions qui *excluent* la race blanche de la société haïtienne, il dit : « Ces « articles deviennent le boulevart de notre indépendance, » après avoir prouvé le danger qui existerait dans *l'admission* de ces hommes, par la comparaison de ce qui se passait depuis 1802 à la Martinique et à la Guadeloupe. Cet écrit, où le patriotisme éclairé se produisait librement, faisait pressentir le futur *Représentant* qui devait tant influer un jour sur les esprits. Il le termina par ces mots : « Rivalisons d'efforts pour consolider le monu-
« ment que nous érigeons à la postérité ; imitons ce peuple ancien qui ne trouvait jamais
« de bonheur *loin de la patrie :* qu'à ce nom sacré nos cœurs tressaillent, et laissons à
« nos enfans le glorieux héritage de nos vertus patriotiques. »
Au Cap, dès le mois de mars de la même année, Vastey publiait le meilleur de ses écrits en forme de *Réflexions* aussi, sur une lettre d'un colon nommé Mazères, à propos des Noirs et des Blancs, etc. Mais, à l'encontre du républicanisme ardent de H. Dumesle, il y joignait toutes les platitudes d'un esprit soumis au joug d'un affreux tyran.

[2] Le 20 août, une ordonnance du Grand Henry, avait dit qu'il serait élevé, au milieu de

et de leur Roi : ce qui était inconvenant, puisqu'il terminait par déclarer qu'il pourrait traiter avec eux. A ce sujet, il s'exprima ainsi :

« Nous ne traiterons avec le gouvernement français
« que sur le même pied, *de puissance à puissance, de sou-*
« *verain à souverain.* Aucune négociation ne sera en-
« tamée par nous avec cette puissance, qui n'aurait pour
« base préalable *l'indépendance* du Royaume d'Haïti,
« tant en matière de gouvernement que de commerce ;
« et aucun traité définitif ne sera conclu par nous avec
« ce gouvernement, sans que préalablement, nous ayons
« obtenu *les bons offices et la médiation* d'une grande
« puissance maritime (la Grande-Bretagne), qui nous
« *garantirait* que la foi du traité ne serait pas violée par
« le cabinet français... *Le pavillon français* ne sera
« admis dans aucun des ports du Royaume, ni aucun
« *individu* de cette nation, jusqu'à ce que l'indépen-
« dance d'Haïti soit définitivement reconnue par le gou-
« vernement français... »

A la suite de cette Déclaration royale, Christophe fit insérer les lettres écrites de la Jamaïque par D. Lavaysse, à lui et à Pétion, les lettres de créance et les instructions données par Malouet aux trois agents de 1814, les interrogatoires subis au Cap par Franco de Médina, etc., comme pièces justificatives de sa méfiance envers le gouvernement français, pour traiter avec lui autrement

---

la place d'armes de la citadelle Henry, une colonne « à la Liberté et à l'Indépendance, en « bronze, et que l'acte du 1ᵉʳ janvier 1804 y serait gravé avec les noms des signataires de « cet acte, — à l'exception de ceux *des traîtres.* » Le grand conseil d'État devait faire un rapport où ces derniers seraient désignés. Pétion eût été le premier parmi eux. Mais ce projet de colonne n'exista que sur le papier. — A la fin de ce volume, on saura ce qui fut mis sur la place de la citadelle, au lieu de la colonne.

que sous la médiation et la garantie de la Grande-Bretagne [1].

Mais cette puissance n'était pas plus disposée à l'assister, qu'elle ne s'était montrée disposée envers la République, lors de la mission de Garbage en Angleterre : elle était liée par le traité additionnel à celui de Paris. D'ailleurs, sa clause de *réserve*, dont nous avons parlé, laissait toujours à ses nationaux la faculté de continuer le commerce avec Haïti. Dans le Royaume, ils en avaient presque le *monopole* ; et dans la République, ils jouissaient d'un *privilége* par la réduction des droits d'importation. *L'intérêt* de la Grande-Bretagne était donc de laisser subsister le *statu quo* dans la question de l'indépendance.

C'était au gouvernement français à comprendre *l'intérêt* de la France et de son commerce ; mais il fallut plusieurs années pour cela, et l'accomplissement d'événemens importans pour le convaincre. Ses commissaires avaient dit à Pétion, « qu'il ne pourrait reconnaître « l'indépendance de la République d'Haïti, parce qu'elle « pouvait *succomber* sous les efforts *d'un simulacre de* « *monarchie horriblement absolue.* » On se retrancha derrière cette éventualité possible ; et après l'événement contraire, on trouva encore de nouveaux argumens. En attendant, on profita de la tolérance judicieuse de Pétion, en laissant continuer les relations de commerce entre les navires français et la République : car on ne perdit

---

[1] En 1815, Peltier avait conseillé Christophe, de persister dans l'offre qu'il l'avait autorisé de faire au gouvernement français, de donner 10 pour cent de la valeur des biens des anciens colons, comme indemnité, et ce, à raison des propositions de Pétion à D. Lavaysse. Mais Christophe lui fit répondre : « qu'il était trop tard, et que ce qui avait pu être proposable « dans un temps ne l'était plus dans un autre. » Alors, Christophe se persuadait que les événemens de 1815, en France, rendaient impossible toute expédition militaire contre Haïti. Il entra en correspondance avec Wilberforce et les autres abolitionistes anglais, dans ses vues d'obtenir la médiation et la garantie de la Grande-Bretagne.

pas l'espoir d'amener celle-ci à la soumission, par raisonnement, même par sentiment, sinon d'amour, du moins religieux, puisqu'on employa la crosse et la mitre d'un Évêque pour opérer ce qui eût été *un miracle* en plein XIX⁰ siècle ¹.

A leur retour en Europe, les commissaires français firent, sur leur mission, un long rapport au ministre de la marine et des colonies, dont on peut lire la partie la plus substantielle dans l'ouvrage que nous avons déjà cité ². On y voit qu'ils attribuaient leur insuccès *aux intrigues* de la Grande-Bretagne et des États-Unis « qui « calomniaient la France et la rendaient odieuse *à ce « peuple ignorant ;* qui entretenaient la méfiance de « Pétion, en ne cessant de lui répéter que la France n'a « d'autre projet que de le remettre sous le joug, lui et les « siens, de l'encourager dans la désobéissance, etc. » Et ce rapport disait aussi que c'était par l'intermédiaire de Pétion, que ces deux puissances faisaient donner des secours à Bolivar et aux indépendans des colonies espagnoles, lui déniant ainsi toute *initiative* dans l'un et l'autre cas ³.

Pétion et le peuple haïtien étaient *si ignorans*, en effet, qu'ils avaient besoin d'être *guidés* dans ces circonstances, comme ils l'avaient été en 1802 en prenant les armes contre la France ; car bien des écrivains français,

---

1 Il paraît que le gouvernement de la Restauration hésita beaucoup aussi à reconnaître ou concéder l'indépendance d'Haïti, par égard pour l'Espagne dont les colonies étaient en insurrection et qui espérait de les soumettre à son obéissance. Si la Grande-Bretagne garda ce ménagement envers l'Espagne jusqu'en 1823 où elle reconnut leur indépendance, on doit le concevoir encore mieux de la part des Bourbons de France.

2 M. Lepelletier de Saint-Rémy, t. 2, p. 25 à 30.

3 En cela, ils servirent la politique de Pétion, qui voulait garder l'apparence de la neutralité entre l'Espagne et ses colonies insurgées. A bien considérer les choses, il n'est pas une seule démarche de la France envers Haïti, qui n'ait servi la cause de celle-ci.

T. VIII.

nations, des Français surtout, de les voir respectés par les Haïtiens en général, de voir ces derniers heureux sous un gouvernement libéral, un chef humain, ils demandèrent la permission de prêcher sur la doctrine chrétienne qu'ils professent dans leur secte. L'abbé Gaspard, curé de la paroisse, les admit à le faire au presbythère, et les francs-maçons dans leur loge *L'Amitié des frères réunis*. Dans ces deux lieux, il y eut un grand concours de personnes des deux sexes qui écoutèrent leurs prédications avec recueillement.

CHAPITRE VI.

Proclamation du Président d'Haïti invitant le peuple à élire les Représentans des communes et leurs suppléans. — Le 22 avril, il ouvre la session législative. — Son discours en cette occasion, et discours du Président de la Chambre des représentans. — Réflexions sur les paroles prononcées par l'un et l'autre. — Élection de six sénateurs. — Motifs du Sénat qui refuse d'admettre le sénateur Larose. — Correspondance à ce sujet, entre le Sénat et le Président d'Haïti. — Le sénateur Larose est admis. — La Chambre rend 18 lois dans cette session, qui est prolongée d'un mois par le Président d'Haïti. — Adresse de la Chambre au peuple, rendant compte de ses travaux. — Réflexions diverses sur ces actes. — Prospectus et organisation du Lycée national du Port-au-Prince. — Édit de Christophe sur la vente des biens du domaine public dans le Nord et l'Artibonite. — Réflexions à ce sujet. — La foudre fait sauter une poudrière au Port-au-Prince. — Jean Marassa fait sauter celle du fort Bizoton et meurt volontairement dans l'explosion. — Installation du Tribunal de Cassation par le Grand-Juge. — Capture d'un bâtiment négrier au Cap, ayant à son bord 145 *Africains* qui deviennent *Haïtiens*. — Christophe refuse d'admettre un agent commercial des États-Unis. — Approbation de sa conduite. — Un navire haïtien est admis à la Nouvelle-Orléans. — Des navires français arrivent au Port-au-Prince, ayant des Haïtiens à leur bord. — Arrêt de la Cour royale de Bordeaux, sur une contestation entre Dravermann et Hoog, capitaine d'un navire russe venu au Port-au-Prince.

Le premier acte que nous avons à signaler dans cette nouvelle année, fut une adresse du Président d'Haïti au peuple, en date du 23 janvier, pour l'inviter à se réunir en assemblées communales, afin d'élire les Représentans et leurs suppléans, dans chaque lieu classé précédemment comme paroisse. Le 10 février, cette opération était accomplie sur tous les points : elle donna 29 repré-

car, autrement, on ne comprendrait pas cette négligence des intérêts du cabotage haïtien, à moins de supposer que le président n'eût ordonné une tolérance momentanée à cet égard.

C'est à peu près en ce temps-là que Pétion lui-même jeta les fondemens du *Lycée national* du Port-au-Prince. Dans ses vues de répandre les lumières parmi ses concitoyens, il voulait en faire un grand établissement d'instruction publique, en attendant que les ressources financières du pays lui eussent permis d'en organiser de semblables dans d'autres localités, et des écoles moins importantes dans certaines villes et les plus petits bourgs, comme l'avait prescrit l'art. 36 de la constitution. D'un autre côté, le pays étant privé d'hommes capables dans l'enseignement, il fallait concentrer à la capitale les spécialités qui s'offriraient sous ce rapport, pour les lettres et les sciences. Dans ces premiers momens, le président choisit une maison particulière, — l'Etat n'ayant pas un édifice convenable, — rapprochée du palais de la présidence et dans un lieu écarté du tumulte de la ville [1]. Mais il se disposa à faire construire l'édifice nécessaire au Lycée, et qui eût été vaste et approprié à un tel établissement.

Le Lycée naissant eut pour premier directeur, le citoyen Balette venu de France au commencement de 1816. A son arrivée, il avait tenu une école particulière au Port-au-Prince. Ce n'était pas une haute capacité dans l'enseignement; mais ses cheveux blancs et sa conduite le rendaient respectable aux yeux des élèves et de leurs parens, et des professeurs lui furent adjoints. Le président

---

[1] La maison du respectable vieillard Brouard, située près des anciennes casernes.

plaça dans cette institution, comme pensionnaires de l'État, quelques enfans de militaires morts au service de la République, ou dont la pauvreté ne leur eût pas permis de payer les frais de l'instruction et de l'entretien des leurs. Ceux qui avaient de l'aisance et les particuliers s'empressèrent d'y mettre aussi leurs enfans. Bientôt, nous parlerons, dans l'ordre chronologique, du remarquable prospectus du Lycée qui fut publié par Colombel, secrétaire particulier du président et d'après ses ordres.

S'il s'intéressa à l'instruction des jeunes garçons, il ne fut pas indifférent à la bonne éducation des jeunes filles. Afin de fonder un pensionnat au Port-au-Prince, il fit venir Madame Drury, anglaise distinguée par son instruction et ses mœurs, qui habitait Kingston, ville de la Jamaïque : cette dame parlait fort bien le français. A l'imitation du président qui fit entrer dans cet intéressant établissement les jeunes personnes de sa famille, celles de la capitale confièrent leurs enfans aux soins de sa directrice.

Ainsi on peut dire que, si Pétion inaugura sa présidence à vie en défendant avec fermeté l'indépendance de son pays envers la France, il fondait en même temps deux institutions d'où sortiraient un jour des sujets capables d'apprécier cette précieuse conquête ; car l'instruction seule peut assurer la liberté et garantir la nationalité haïtienne.

A cette époque, deux respectables Quakers de Philadelphie vinrent visiter la République. Ils furent accueillis avec distinction par le président et par la population éclairée du Port-au-Prince. Sensibles à cet accueil, et satisfaits d'y trouver cette foule d'Étrangers de toutes les

Pamphile de Lacroix entre autres, n'ont attribué la résistance des Indigènes qu'aux manœuvres des Anglais.

La France ne fit toujours que *des fautes* à l'endroit de son ancienne colonie, et ses agents et les écrivains de ce pays n'ont toujours voulu voir que *des imbéciles* dans les hommes de la race noire, incapables de comprendre qu'elle désirait *leur bonheur*.

Il faut rendre justice cependant aux commissaires de 1816, qui, *quoique* ou *parce que* Colons, avertirent leur gouvernement de ce qui arriverait un jour dans la situation des colonies européennes en Amérique ; ils lui disaient vainement :

« La sévérité apparente de l'Angleterre dans ses colo-
« nies ne doit cependant donner aucune sécurité aux au-
« tres puissances. Elle est trop active dans la surveillance
« *de ses intérêts* pour laisser croire qu'elle résistera long-
« temps à l'orage qui ne grossit que par ses soins. Tout
« annonce, quand on sait sa marche, qu'elle finira au
« contraire par céder *la première*, par prononcer *l'affran-*
« *chissement* dans ses colonies ; et, comme elle aura pris
« *l'initiative* sur cette importante question, elle sera re-
« gardée par tous les peuples de cette contrée, comme
« *la libératrice* du Nouveau-Monde ; elle fera valoir ses
« droits à leur reconnaissance, et elle s'assurera, au dé-
« triment des autres puissances, un grand commerce,
« sans charges, avec des avantages que nous ne pourrons
« plus balancer. »

Au moment où les commissaires du Roi de France allaient adresser à Pétion leur dernière lettre du 10 novembre, — le 5, le Secrétaire général de la République aisait publier sur *le Télégraphe*, journal officiel, un avis qui apprenait au commerce haïtien que, d'après des communications faites au gouvernement, les ports d'Autriche, notamment Trieste, étaient ouverts aux navires portant pavillon haïtien [1].

Quelques jours auparavant, le 30 octobre, le grand juge Sabourin avait adressé aux divers membres de l'ordre judiciaire, une circulaire tendante à leur rappeler leurs devoirs respectifs, à les engager à les remplir avec dignité et régularité, vu leur importance dans toute société organisée qui veut parvenir à la civilisation. Cet acte fut écrit dans un langage remarquable par sa modestie, son ton persuasif et le patriotisme qui distinguait ce digne ami de Pétion.

Enfin, le 25 novembre, le secrétaire d'Etat Imbert fit paraître un avis au commerce étranger, pour l'inviter à cesser un abus contraire aux droits du cabotage haïtien. Des négocians faisaient opérer, par les navires étrangers, le transport des denrées du pays d'un port ouvert à un autre, en contravention à la loi du 21 avril 1807 qui réservait ce genre de navigation aux caboteurs nationaux, et prescrivait la confiscation de tous navires contrevenans et de leurs cargaisons. Pour qu'un tel avis fût devenu nécessaire, il a fallu que les fonctionnaires de l'ordre financier, et même Imbert, leur chef depuis 1810, eussent considéré la loi de 1807 et l'arrêté du Président d'Haïti, du 30 décembre 1809, comme tombés en désuétude, puisqu'ils avaient souffert les actes signalés par cet avis;

[1] Dans le temps, j'entendis dire que c'était une ruse politique de Pétion, pour prouver aux commissaires que l'indépendance d'Haïti était un fait admis, même par l'un des membres de la Sainte-Alliance. D'autres personnes attribuaient l'idée de cet avis, comme une cabalerie, à B. Inginac qu'elles appelaient le Metternich haïtien, à cause de son absolutisme connu et de sa haute capacité. Cependant, il offrait au public la communication des dépêches officielles reçues à ce sujet, en date du 15 août. Si, à Londres, le pavillon haïtien avait pu flotter, pourquoi n'aurait-il pas été admis à Trieste?

sentans et autant de suppléans pour la formation de la Chambre. Les premiers, moins quelques retardataires, se réunirent au Port-au-Prince à la fin de mars.

En ce moment, Pétion était malade ; il ne put procéder à l'ouverture de la session législative que le 22 avril. Cette cérémonie, qui devait faire époque dans nos annales, eut lieu avec toute la pompe désirable, — le héros législateur, sentant qu'il devait entourer cette branche de la représentation nationale, de tous les honneurs propres à lui assurer la considération publique.

Accueilli lui-même par les représentans, avec ce sentiment de respect et de vénération qu'il sut inspirer à ses concitoyens, il prononça un discours remarquable, par la confiance qu'il témoignait dans la politique sage et habile qu'il avait suivie pour gouverner la République au profit de la nation haïtienne tout entière. Voici un extrait de ce discours :

« Citoyens législateurs, — L'histoire du monde nous
« offre l'exemple de plusieurs nations qui ont dû leur
« origine à des révolutions. La nôtre sera sans doute
« recueillie par la postérité, comme un des monumens
« les plus étonnans de ce que peuvent le courage et la
« persévérance pour le triomphe de la cause la plus sa-
« crée. Nous nous *glorifierons* peut-être d'avoir servi *de*
« *modèles* aux grands changemens *qui se préparent* en
« faveur de l'humanité ; et après nous être délivrés du
« joug de l'oppression, et avoir cimenté de notre sang
« l'ouvrage de notre régénération, de voir le bonheur se
« répandre *sur la classe infortunée qui gémit encore,*
« mais que le génie de la philanthropie et le cri de la
« raison appellent sans cesse à la civilisation.

« C'est dans le bruit tumultueux des armes, à l'ombre

« du laurier de la victoire, que la République d'Haïti s'est
« formée. Si nous portons nos regards sur le passé, sur
« ce qu'il a fallu entreprendre pour nous porter à notre
« situation présente, *nous nous enorgueillirons du titre
« d'Haïtiens;* nous trouverons en nous-mêmes de nou-
« velles forces pour le soutenir, et nous pourrons avan-
« cer sans crainte, que pour avoir opéré ce que nous
« avons fait, nous ne pouvions être *des hommes ordinaires.*

« ... Placé à la tête de la nation, je n'ai rien négligé
« pour sa gloire, et j'ai dirigé les rênes du gouvernement
« pour le plus grand avantage de mes concitoyens...
« les droits du peuple sont incontestablement assurés,
« et chacun connaît quelle est l'étendue de ses droits et
« de ses devoirs.

« C'est *de la Représentation nationale* que le peuple
« *doit attendre* sa félicité, et nos enfans la paisible jouis-
« sance de nos travaux et de nos sacrifices. C'est sur
« votre sagesse et votre dévouement à la patrie, citoyens
« législateurs, *que tous les yeux sont ouverts.*

« ... Je commence avec vous le nouvel exercice de
« mes fonctions : tous mes instans seront consacrés *à
« vous seconder,* pour faire jouir le peuple des avantages
« que nos institutions lui promettent ; et il n'y aura ja-
« mais pour moi de véritable bonheur au-dessus de celui
« que je pourrai partager avec lui. »

C'est le dernier discours officiel que prononça Pétion.
Ce fut pour lui comme *le chant du Cygne,* car on aurait dit
qu'il pressentait sa mort prochaine, au moment où il
venait d'essuyer une forte maladie. Dans ce discours, son
langage, ordinairement si modeste, est empreint de ce
louable orgueil qu'il est permis à un chef d'État, fondateur des institutions politiques de son pays, de manifester

« annuellement le compte rendu (les comptes généraux
« des recettes et des dépenses) par le secrétaire d'État,
« qui lui est transmis par le Président d'Haïti : de le dé-
« battre, de l'arrêter et d'en ordonner la publicité. »

D'un autre côté, en signalant ce qui concernait les bons ou mandats du trésor, c'était *blâmer* les opérations de la haute administration qui ne remédiait pas à cet état de choses ; et dans le passage cité, on reconnaît encore certaine affinité d'idées avec celles émises dans les Remontrances du sénat, du 28 juillet 1808, produites dans notre précédent volume. Comme le sénat, la chambre se montrait déjà *préoccupée* du sort de *l'armée*, des moyens de l'entretenir, en invoquant la constitution. Comment interpréter cette préoccupation, sinon par le besoin senti d'exercer *une influence légitime* dans les affaires publiques ? Cependant, le citoyen qui prononça ce discours était connu pour être très-attaché, très-dévoué à Pétion [1]. S'il ne craignit pas d'exprimer des idées qui rapprochaient son discours des doléances du sénat, dans la partie la plus importante de toute administration et qui fut toujours l'objet des plus grands reproches faits à celle du président ; de manifester l'intention de *poser* la chambre des représentans, aux yeux de *l'armée*, comme *sa protectrice naturelle*, — c'est qu'il subissait lui-même *l'influence de la nature des choses*, qui porte un tel corps délibérant *à la critique* des actes du pouvoir exécutif, et par suite à lui faire *une opposition* plus ou moins vive, selon le cas.

Or, à cette époque, les fonctionnaires et employés pu-

---

[1] Ce sentiment d'attachement à Pétion, de son vivant, à sa mémoire depuis sa mort, a toujours distingué Pierre André parmi ses concitoyens, et c'est faire son éloge que de le reconnaître ici.

blics *se plaignaient* généralement de recevoir rarement *en argent*, le montant de leurs émolumens; de n'avoir presque toujours que des feuilles ordonnancées en dépense, qu'ils étaient forcés d'escompter à 30 ou 40 pour cent avec les commerçans. Il en était de même des personnes qui faisaient des fournitures à l'État; et toutes ces ordonnances, ou bons ou mandats, appelés dans le discours *papier du gouvernement*, étaient reçus au trésor, *au pair*, pour leur valeur réelle, ainsi qu'il fut dit, en payement des droits de douanes principalement : ce qui augmentait le profit des commerçans, particulièrement des négocians étrangers consignataires¹.

Cette situation financière eut pour origine, l'acquisition de l'immense quantité d'approvisionnemens de guerre de toutes sortes, depuis que le pays était menacé incessamment d'une invasion de la France; et encore l'augmentation de la marine militaire par une frégate et des corvettes, afin de s'assurer une supériorité sur celle du Nord, en cas de nouvelle entreprise de la part de Christophe; ce qui contraignait le gouvernement à réserver les recettes *en argent* pour payer la solde des troupes de temps en temps, la confection de leur habillement et leur rationnement régulièrement. La réduction des droits d'importation sur les marchandises anglaises, était une cause de plus de la diminution des revenus publics et de la gêne du trésor; et cela contribuait encore aux

---

¹ On se plaignait aussi, avec raison, du scandale qu'offrait la conduite de Piny, directeur de l'hôtel des monnaies, par les dépenses excessives qu'il faisait et qu'une vaine ostentation lui suggérait, tandis que les autres fonctionnaires publics étaient forcés à l'escompte de leurs appointemens. Cette conduite le faisait accuser de fabriquer de la monnaie à son profit, aux mêmes titres et types que celle de l'État qui avait une valeur plutôt nominale que réelle. Quel que fût le respect qu'on avait pour Pétion, on ne pouvait approuver qu'il tolérât ce désordre financier.

« reté individuelle de ses concitoyens. Tout paraît donc
« promettre à Haïti un bonheur constant... Mais *un pou-*
« *voir nouveau* demande de la considération, de la splen-
« deur ; c'est l'aliment de son existence, sans lequel il
« périt ; avant qu'il ait une lumière *qui lui soit propre,*
« il faudra qu'il brille longtemps de l'éclat emprunté de
« la gloire et de la vertu du premier chef ; il aura besoin
« pendant longtemps de l'appui de son crédit et de sa
« puissance. Voilà, Président, ce que la Chambre espère
« de vous. »

Le Président d'Haïti se retira ensuite, aux acclamations des représentans et des citoyens assistant en foule à cette séance.

Après l'installation de la chambre, Pierre André adressa à ses collègues, un autre discours, où il leur retraçait leurs devoirs envers la nation dont ils étaient les représentans, et la manière la plus digne de les remplir. Il leur parla des objets qui devaient le plus fixer leur attention, concurremment avec le Sénat et le Président d'Haïti :— l'agriculture, l'industrie, le commerce, les finances, l'armée, l'instruction publique, l'établissement des conseils de notables. Examinant chacun de ces objets en particulier, il signala, pour *les finances*, le tort qu'occasionnait au gouvernement, la circulation des papiers ou mandats du trésor national, émis en payement des dettes de l'État, sur lesquels *les porteurs* (fonctionnaires publics et autres) perdaient 30 à 40 pour cent *d'escompte* dans le commerce, tandis que *les débiteurs* de l'État (commerçans surtout) donnaient au trésor ces mêmes mandats *au pair*, en paiement des droits de douanes ou autres. A ce sujet, il dit à ses collègues :

« En portant votre attention sur *les finances*, vous
« vous apercevrez aisément que, pour donner à toutes les
« branches leur action propre et naturelle, il faut *préa-*
« *lablement* connaître les dépenses annuelles de l'État,
« ses domaines, ses revenus, *proportionner sa dépense à*
« *sa recette;* et par le meilleur mode d'administration pos-
« sible, se procurer *les moyens d'entretenir l'armée*. Ces
« vieux soldats, le bouclier de l'État... oublierons-nous
« qu'ils doivent *s'attendre* que la Chambre des communes,
« dans sa sagesse, *appréciera leurs services*, en usant en
« leur faveur *du droit* que lui donne l'art. 58 de la cons-
« titution?... » [1]

En citant ce passage, nous ne voulons que faire remarquer une chose : c'est que le jour même de l'ouverture de ses travaux législatifs, par l'organe de son président qui avait été membre de l'Assemblée de révision, la Chambre des représentans se mettait en possession *du droit d'examen* de toutes les questions vitales d'administration publique; et quant aux finances spécialement, de connaître d'abord les dépenses annuelles, de les *proportionner* aux recettes, de ne statuer sur ces dernières qu'après due connaissance des autres : — ce qui équivalait à dire qu'il appartenait à la chambre *de décréter le budget des dépenses* comme celui *des recettes*, tandis que l'art. 126 de la constitution réservait au sénat *le droit*
« de décréter les sommes qui doivent être affectées à cha-
« que partie du service public, d'après le budget *de dé-*
« *penses*, fourni par le secrétaire d'État; » — et que
l'art. 75 confiait à la chambre la mission « de recevoir

---

[1] Art. 58. La chambre des représentans statue, d'après les bases établies par la constitution, sur l'administration ; *forme et entretient l'armée*, etc.

sans réserve pour communiquer à ses concitoyens la confiance qu'il a lui-même dans leur durée, dans les grands résultats qu'elles vont produire. S'il se persuade qu'elles doivent assurer le bonheur de sa patrie, il n'est pas moins convaincu que tous les autres hommes de sa race sont appelés à jouir, dans un avenir plus ou moins éloigné, de leur liberté naturelle, par l'exemple que les Haïtiens ont tracé de ce que peuvent le courage et une résolution persévérante. Il y a dans ce pressentiment de son génie, quelque chose de flatteur pour Haïti qui a donné naissance à cet homme illustre, et qui doit, aujourd'hui encore, pénétrer ses citoyens de la nécessité de suivre l'impulsion qu'il leur a donnée, s'ils ne veulent pas déchoir dans l'opinion des nations civilisées.

D'un autre côté, on reconnaît que Pétion était sincère quand il fit introduire dans le gouvernement de la République, la Chambre des représentans des communes comme une institution propre à promouvoir la félicité publique, par le concours de tous les citoyens qui devaient être d'autant plus obéissans aux lois, que leurs mandataires directs participeraient à la promulgation de ces lois. Dans ces vues, il va même jusqu'à dire que c'est *de la Chambre,* considérée comme étant *la Représentation nationale,* que le peuple attend son bonheur, que sa postérité devra la paisible jouissance de tous les droits que ses devanciers ont conquis pour elle, et que tous les yeux *sont ouverts* sur les représentans.

Dans sa pensée, cette partie du discours a pu n'être *qu'un compliment flatteur* pour mieux les porter *à être sages et dévoués au pays, qu'une espérance* exprimée avec franchise; mais ce fut peut-être *une imprudence* aussi par les termes dont il se servit. Car, dans l'ordre constitutionnel dérivant de la révision du pacte social, — nous l'avons dit, — les membres du Sénat et le Président d'Haïti étaient également *des Représentans du peuple*, nommés à des degrés différens pour gouverner en son nom. Cette profession de foi politique pouvait être *invoquée un jour* et avoir d'autant plus d'autorité, qu'elle sortait de la bouche même de celui qui fit instituer la chambre des communes ; et alors, *selon les circonstances*, une perturbation sociale, une grande révolution pouvait en être la conséquence plus ou moins désastreuse pour le pays : tant il est vrai qu'un chef d'État doit bien peser les paroles qu'il prononce !

Quoi qu'il en soit, le citoyen Pierre André, l'un des représentans du Port-au-Prince et Président de la chambre, répondit au Président d'Haïti par un discours où il exprimait au nom de ce corps les sentimens les plus favorables à Pétion, qualifié de *Père de la République*, l'estime la plus profonde pour les qualités qui le distinguaient, pour ses principes politiques, en le félicitant de la distribution impartiale *des terres* à tous les citoyens, ce qui «leur rendrait chère une patrie qui traite ses enfans sans prédilection,» en lui prédisant une reconnaissance incontestée pour ses bienfaits et une gloire immortelle aux yeux de la postérité.

« L'homme dont le génie, s'élevant au-dessus du pré-
« jugé commun, a créé un système de politique d'où il
« fait découler le repos et la prospérité de sa patrie ;
« l'homme dont le bras sauva plus d'une fois la Républi-
« que penchant vers sa ruine, est l'homme même qui en
« ce jour consolide l'arbre antique et majestueux de la
« liberté. Il le cultivera, il en étendra les rameaux, il fera
« reposer sous son ombrage la garantie de l'État et la sû-

choses signalées dans le discours du président de la chambre.

Au Chapitre III de ce volume, nous avons donné le chiffre des recettes et des dépenses pendant les années 1813, 1814 et 1815, la dernière avec un déficit de 530,707 gourdes. L'année 1816 présenta encore une balance défavorable au trésor : — 1,079,157 gourdes de *recettes*, contre 1,482,435 gourdes de *dépenses* : d'où 403,278 gourdes de *déficit*. A son tour, et pour le dire une fois, 1817 devait présenter 1,067,351 gourdes de *recettes*, et 1,376,166 gourdes de *dépenses :* d'où le *déficit* de 308,815 gourdes [1].

On lit encore au premier numéro du *Bulletin des lois,* consacré à rendre compte des travaux de la chambre, *des réflexions* où il est dit : « que ses membres sont invités à « prendre les renseignemens les plus précis *sur toutes* « *les parties* du revenu public, et qu'ils ont jeté les yeux « sur *les hospices de mendicité*, parce que *les Représentans* « *du peuple* ont senti qu'il était *juste* que le sort de tant de « victimes malheureuses attirât l'attention et les regards « de la République. » Enfin, *un avis* émané de la chambre, invitait *tous les citoyens* à lui soumettre leurs réflexions ou remarques qui pouvaient tendre au bonheur et à la prospérité générale, leurs idées et leurs plans sur la formation d'une chambre de commerce dans tous les ports ouverts aux bâtimens étrangers, des renseignemens précis sur l'établissement d'une banque nationale [2].

[1] En 1817, le café se vendait à 75 sous la livre ou 21 gourdes (piastres) le quintal ; le sucre 10 gourdes le quintal ; le coton 40 gourdes le quintal ; le campêche 7 gourdes le millier ; la farine 26 gourdes le baril, sur le marché des villes du pays. On en exporta environ 20 millions de livres de café, 400 mille livres de coton, 300 mille livres de cacao, 1,800 mille livres de sucre, 6 millions de livre de campêche, etc.

[2] En août suivant, les commerçans du Port-au-Prince adressèrent au président une pétition pour solliciter l'autorisation de former une chambre de commerce.

Le char était lancé dans la carrière, pour la parcourir jusqu'au bout. Dans sa course durant 26 années, il se heurta bien quelquefois contre des bornes posées par le pouvoir exécutif; mais, à la fin, il réussit à les éviter, et il le renversa lui-même. Ce résultat était-il dans la nature des choses, dans le progrès des idées? Ou bien, eut-il lieu par ces entraves du pouvoir exécutif, par des causes dépendantes de l'exercice de ce pouvoir? C'est ce que nous essaierons d'examiner loyalement.

Le lendemain de son installation, la chambre reçut un projet de loi sur l'établissement des conseils de notables, que lui proposa le Président d'Haïti; et le 25 avril, elle rendit d'elle-même une loi qui fixa le nombre des communes et des paroisses des départemens de l'Ouest et du Sud, et leurs distances de la capitale: les premières furent reconnues au nombre de 26, et les autres à celui de 17. Il fut établi que :

« Les *communes* sont les endroits où siégent un juge
« de paix, un commandant de place, l'officier de l'état
« civil et le conseil de notables. Les *paroisses* sont les
« bourgs ou bourgades où il n'y a seulement qu'une église
« bâtie ou à bâtir. »

Par la suite, cette définition fut rectifiée d'une manière plus rationnelle, à cause des *quartiers* et des *sections rurales*, d'après les nouvelles subdivisions territoriales qui furent adoptées.

Le sénat n'avait que 8 membres pour les départemens de l'Ouest et du Sud, quatre des élus en 1815 ayant refusé cette dignité. Pétion ayant toujours l'espoir d'une réunion de l'Artibonite et du Nord au giron de la République, pensa encore qu'il fallait réserver des vacances pour les citoyens de ces deux départemens; mais il lui sembla que, dans l'actualité, il était convenable de porter ce corps à 14 membres.

En conséquence, il adressa à la chambre *une liste générale* de 18 candidats afin qu'elle élût 6 sénateurs ; mais en portant ces candidats sur la liste, par *fractions de trois*, dans chacune desquelles la chambre en choisirait un, entendant bien positivement qu'il en dût être ainsi. Cependant, des représentans ayant émis l'opinion que leurs choix pouvaient se porter sur *la généralité* des candidats, le président Pierre André leur expliqua la pensée du Président d'Haïti à cet égard, qui lui avait été communiquée par Pétion lui-même. La chambre s'y conforma [1].

Le 28 avril, les citoyens Éloy, N. Viallet, Larose, Lamotte, Degand et Arrault furent élus *sénateurs*, au scrutin secret. Le sénat eut alors 14 membres, sur 24 dont il devait être composé. Disons une fois ce qui eut lieu après cette opération.

Ainsi que ses collègues du premier sénat, Larose avait cessé d'en être membre, le 28 décembre 1815.

Interprétant l'art. 112 de la constitution dans son sens rigoureux, le nouveau sénat, considérant que la réélection de Larose avait eu lieu avant l'intervalle de trois années écoulées, décida *qu'il ne serait pas admis*, puisque la constitution n'avait été observée, ni par le Président d'Haïti, ni par la chambre des représentans. Ce corps fit savoir cette décision au président, en lui expliquant ses motifs.

Pétion lui adressa un message, le 12 juin, par lequel il s'attacha à démontrer que le sénat avait *mal interprété*

---

[1] Cela résulte du procès-verbal de la chambre dont copie fut envoyée au sénat ; on y trouve ces particularités. Il est bon d'en faire la remarque ici, à cause des discussions qu'eurent lieu en 1839, à l'occasion de listes de candidats.

l'art. 112 de la constitution, dont la révision avait fait un acte nouveau disposant pour *l'avenir*, et ne se rattachant pas aux faits antérieurs. Mais le sénat persista dans sa manière de juger l'élection de Larose, qu'il considérait comme inconstitutionnelle. Quelques jours après, un nouveau message de Pétion entra dans d'autres développemens de son opinion et se termina ainsi :

« En vain, j'ai cherché dans la constitution un article
« qui vous donne *le droit* de refuser un sénateur élu par
« la chambre des communes, d'après les formes prescri-
« tes. Je ne pense pas que l'art. 113, qui vous charge *du*
« *dépôt* de cet acte sacré, *établisse ce droit,* parce que la
« charge de *dépositaire* ne confère pas *le droit de refuser*
« l'exécution de ce qui est fait d'accord avec les principes
« établis par l'acte déposé [1]. Ainsi donc, pour ne pas être
« *en opposition* avec la chambre des communes et avec
« moi-même, et bien persuadé que d'après les explica-
« tions que je vous soumets, *vous vous rendrez à l'évi-*
« *dence,* je ne cesserai pas de considérer le citoyen La-
« rose comme *sénateur* de la République, ayant été bien
« *légalement* nommé à cette charge. »

Force fut au sénat « de se rendre à l'évidence, » et le sénateur Larose fut admis à prêter son serment. Mais on voit que ce corps fit le sacrifice de son opinion au maintien de la tranquillité publique.

Ainsi, tandis que la chambre *se posait* en protectrice devant l'armée, *censurait* l'administration des finances et

---

[1] D'après ce raisonnement, il semble que Pétion ne considérait pas le Sénat comme *le pouvoir conservateur* des institutions établies par la constitution, devant veiller à ce que celle-ci ne fût pas violée dans ses dispositions. Il est vrai, d'une autre part, qu'il soutenait qu'elle n'avait été violée ni par lui, ni par la Chambre, parce que la révision en avait fait un acte disposant pour *l'avenir*. Ce raisonnement seul pouvait excuser Pétion ; car il ne suffisait pas que *les formes* eussent été suivies dans l'élection de Larose.

réclamait la formation du budget, — le sénat invoquait la constitution et se trouvait *en opposition* avec le chef de l'État ; car il n'ignorait pas que la profonde estime de ce dernier pour le citoyen Larose contribuait à sa manière d'interpréter l'art. 112.

Dix-huit lois furent rendues par la chambre dans cette première session, que le Président d'Haïti prorogea d'un mois, à raison de sa maladie qui en avait empêché l'ouverture au 1er avril, cette opération devant être faite par lui en personne. Dès le 25 mai, il transmit à la chambre l'état général des recettes et des dépenses annuelles de la République, basé sur celles qui avaient présenté un déficit considérable dans les années 1815 et 1816. On reconnaît dans cette communication, l'intention de *convaincre* la chambre de la nécessité de remanier les impôts, de les accroître, afin d'établir, s'il était possible, l'équilibre entre les recettes et les dépenses.

La loi du timbre abrogea celle sur la même matière et sur l'enregistrement, que le sénat avait rendue en 1807 en se référant à celles de la France. L'enregistrement fut aboli comme impraticable et n'ayant été d'ailleurs observé jusqu'alors que dans certaines localités. Tous les actes ordinairement soumis au timbre y furent dénommés, de même que tous autres exceptés de cette formalité.

Une loi prononça l'abolition des corvées personnelles pour l'entretien des grandes routes, en substituant à ce mode en usage dans le pays de tout temps, celui de leurs réparations par des entreprises adjugées au rabais et à criée publique, aux frais *des communes*, disait la loi, mais plutôt à ceux du trésor public. Elle se fondait sur l'inconvénient qu'il y avait à détourner les producteurs agricoles de leurs travaux de culture; mais ce fut un essai qui ne put durer qu'une année, par des inconvéniens plus grands reconnus dans son exécution. Elle occasionna des dépenses inutiles: les routes furent moins bien réparées par les entrepreneurs qui ne pouvaient trouver d'autres ouvriers que les cultivateurs eux-mêmes.

La loi sur les conseils de notables, espèce de municipalités dans chaque commune, fit revivre ces institutions qui avaient disparu depuis longtemps, mais selon les circonstances du moment; car ces conseils étaient loin d'avoir les mêmes attributions, et il n'en pouvait être autrement pour bien des raisons qu'il serait trop long d'énumérer. La loi accorda à chaque notable en fonction, des émolumens de 200 gourdes par an, ainsi qu'à leurs greffiers: tous furent à la nomination du Président d'Haïti, d'après des listes de candidats proposés par les principaux fonctionnaires de chaque commune [1].

Les lois concernant les patentes, l'affermage des boucheries, l'impôt prélevé sur la valeur locative des maisons dans les villes et bourgs, et l'imposition territoriale, établirent la perception de ces revenus sur de meilleures bases qu'auparavant. L'imposition territoriale et la quotité des patentes furent augmentées.

Quoique la loi sur les douanes laissât le droit d'importation à 10 pour cent, comme antérieurement, et à 5 pour cent sur les produits de la Grande-Bretagne, il s'ensuivit une augmentation de recettes par l'élévation des prix moyens portés au tarif des marchandises importées. Il

---

[1] *L'élection* n'était pas et ne fut jamais possible en Haïti, pour les conseils de notables; mais que d'erreurs à ce sujet, comme à bien d'autres, dans la suite de son existence politique!

semble qu'il eût été plus rationnel d'élever le taux du droit lui-même.

Le tribunal de cassation fut organisé par une loi. Un doyen et six juges le composèrent ; il fut assisté d'un greffier, et un commissaire du gouvernement y fit l'office du ministère public. Ses attributions et la forme de procédure à y suivre furent précisées, les émolumens du doyen fixés à 1,600 gourdes par an, de même que pour les sénateurs, ceux des juges et du commissaire du gouvernement, à 1,400 gourdes.

Des particuliers étaient porteurs de nombreuses créances pour des dettes contractées par l'administration départementale du Sud, pendant sa scission avec l'Ouest, et jusqu'alors on n'avait pu les payer. Le Président d'Haïti proposa à la chambre de les faire liquider ; et une loi les astreignit à n'avoir que *la moitié* de leur valeur, en se fondant sur le règlement que le trésor avait été également contraint de faire de la même manière, avec toutes les personnes qui possédaient de la petite monnaie appelée *d'Haïti*, lors de son retrait de la circulation.

Le président proposa encore une loi qui accorda à chacun des commandans d'arrondissement, une indemnité de 600 gourdes par an, pour leurs frais de bureaux et les tournées d'inspection auxquelles ils étaient obligés dans l'étendue de leur commandement.

Une autre loi pourvut à l'émission d'une nouvelle monnaie nationale, *à l'effigie* du Président d'Haïti et à un meilleur titre, afin de retirer de la circulation celle que le peuple nomma *monnaie à serpent* et que les faux-monnayeurs de l'étranger avaient contrefaite [1].

---

[1] Par des causes qui seront déduites plus tard, la monnaie *à serpent* ne fut retirée de la circulation qu'en 1828. Celle qui fut frappée à l'effigie de Pétion parut dans la seconde

Par une autre loi, les membres des tribunaux d'appel et de première instance et leurs assesseurs, les juges de paix et les leurs, reçurent des émolumens fixes du trésor public, en proportion calculée respectivement sur ceux qui furent alloués aux membres du tribunal de cassation. Les greffes de tous ces tribunaux furent mis en régie ; en percevant les frais des actes judiciaires suivant le tarif de 1813, les greffiers les versaient au trésor. Les actes des officiers de l'état civil furent mieux taxés par cette loi, qui pourvut à leur égard par des dispositions convenables pour la tenue de leurs registres.

L'importante loi concernant le Secrétaire d'État, le Grand Juge et le Secrétaire général, abrogea d'abord celle du Sénat, du 25 novembre 1808, et l'arrêté du Président d'Haïti, du 1er mai 1810, sur les attributions du Secrétaire d'État et de l'Administrateur général des finances.

— Le Secrétaire d'État eut dans son département, *les finances et le commerce,* et les attributions compétentes à ces deux branches du service public. Dans un paragraphe, il était dit :

« Il réunit les élémens pour la formation du *budget*
« *général* des recettes et des dépenses de la République,
« pour être *présenté à la Chambre* des communes, en
« conformité de l'art. 221 de la constitution. Ce budget,
« une fois adopté, sera expédié au Sénat de la République,
« en vertu de l'art. 126 de la constitution. Ce budget
« contiendra *les recettes* qui seront, pendant l'année,

---

quinzaine d'octobre 1817. Suivant l'*Abeille Haïtienne*, du 1er novembre, il y eut un empressement marqué dans le public à accepter ces pièces, à raison d'une nouvelle maladie que Pétion venait d'essuyer. Le sentiment populaire s'émut, en voyant l'image du chef qu'on craignait de perdre, dans la nuit du 16 au 17 octobre.

« chapitre par chapitre, *présumées* devoir se faire, avec
« des observations raisonnées sur les causes du plus ou
« moins que l'on devra espérer de recouvrer ; — et, pour
« *les dépenses* qui auront été *payées* et les sommes *néces-*
« *saires* pour chaque branche de service, avec observa-
« tion sur les économies que l'on *présumera* pouvoir
« opérer dans lesdites dépenses. »

Ainsi, la Chambre des représentans, sur la loi présentée en articles par le Président d'Haïti et décrétée ensuite par le Sénat, retenait bien la formation du *budget* tant en *dépenses* qu'en *recettes*. Les trois branches du pouvoir législatif interprétèrent de cette manière les art. 126 et 221 de la constitution [1].

— Quant au Grand Juge, il eut dans son département, *la justice, l'instruction publique, les cultes*, et cette partie de *l'intérieur*, relative aux prisons et à la police générale des villes et bourgs.

— Le Secrétaire général *parut avoir* dans ses attributions ce qui concernait *la guerre, la marine et les travaux publics* ; car, comme il était placé immédiatement près du Président d'Haïti, qu'il était chargé de son travail personnel, qu'il ne pouvait *signer* aucun ordre, aucun acte ayant pour objet une partie du service public, et que la signature du président, revêtue de son sceau, était *exigée* pour qu'ils fussent exécutoires, il s'ensuit que c'était le président même qui exerçait ces attributions, et celles qui étaient relatives à *l'intérieur*, à

---

[1] Il est à présumer, du moins, qu'après la discussion qui eut lieu entre le sénat et le président, au sujet de l'élection de Larose, le sénat n'aura pas voulu en renouveler une autre à propos du budget ; car l'art. 221 de la constitution ne concernait que les recettes et les dépenses *effectuées* chaque année, dont les comptes détaillés devaient être arrêtés, signés et certifiés par le secrétaire d'État, le 31 décembre, pour être rendus à la chambre.

l'agriculture, de même que *les affaires extérieures* que la constitution lui avait spécialement réservées [1].

Ces trois grands fonctionnaires portaient chacun, d'après la loi, un costume convenable au haut rang qu'ils occupaient dans la République : habit et chapeau brodés en or, etc.

Le Secrétaire d'État jouissait de 6,000 gourdes de traitement ; le Grand Juge et le Secrétaire général, chacun, de 4,000 gourdes. Les deux premiers étaient tenus, chacun, de faire tous les ans, une tournée d'inspection dans les départemens, et ils recevaient une indemnité pour leurs frais. Le Secrétaire général suivait naturellement le Président d'Haïti, partout où il se rendait.

Ces différentes lois ayant été rendues, — le 21 juillet, la chambre des représentans vota celle qui formait *le budget des dépenses*, en se basant sur les comptes établis par le secrétaire d'État, sur la nécessité de fixer d'une manière uniforme les appointemens, traitemens ou émolumens des fonctionnaires publics, employés ou autres salariés de l'État, ainsi que la solde de l'armée de terre et de mer. Le total des dépenses portées à ce budget s'éleva à 2,220,777 gourdes, pour toutes les parties du service public, y compris la somme de 100,000 gourdes devant former une caisse de *réserve* pour parer aux éventualités extraordinaires.

Il semble que le complément obligé de ce budget de *dépenses*, était un budget de *recettes* supputant, par aperçus au moins, celles qu'on présumait faire dans

---

[1] Au fait, le secrétaire général ne faisait que préparer le travail du chef de l'État, conformément à l'article 167 de la constitution.

l'année 1818, par tous les divers impôts qui venaient d'être remaniés et par toutes autres sources de revenus ; mais il n'y en eut pas. Or, cela devenait d'autant plus convenable, que l'état général des comptes, dressé par le secrétaire d'État et transmis à la chambre des représentans par le Président d'Haïti, reposait sur l'exercice des années 1815 et 1816 qui, toutes deux, avaient offert un *déficit* considérable : — 530,707 gourdes en 1815, — 403,278 gourdes en 1816 ; ce qui doit faire penser qu'il y avait pour ces deux années *des effets* du trésor en circulation. Eh bien ! on allait les augmenter encore par la loi rendue sur la liquidation de la dette départementale du Sud dont on ignorait la quotité. Aussi, nous l'avons déjà dit, l'année 1817 devait présenter elle-même un déficit de 308,815 gourdes.

En présence d'une telle situation financière, sur quoi donc se fondait-on pour établir un budget de *dépenses* dont la somme totale était *le double* des recettes en 1815, 1816 et même en 1817, — 1,100,000 gourdes environ dans chacune de ces années ? C'était, pour ainsi parler, *opérer dans le vide.*

Dans tous les cas, il y avait une grande *imprudence* à faire *espérer* à chacune des parties prenantes, d'être payée régulièrement *tous les mois,* des allocations qui leur étaient faites dans ce budget, — *à l'armée surtout* dont la chambre avait caressé l'opinion, en en parlant comme si elle était sa *protectrice* naturelle, puisque l'art. 58 de la constitution disait : « Elle forme et entre-
« tient l'armée. » Il est vrai que cette loi du budget disait aussi : « ces dépenses seront payées, *sitôt* que les revenus
« de l'État le permettront. » Mais, ordinairement, on est toujours porté à croire à cette possibilité, et à attribuer

à l'insouciance, sinon au mauvais vouloir, l'inexécution de pareilles lois [1].

Le budget se terminait par cette déclaration : « Les « *affectations* de fonds pour chaque partie du service « public, contenues dans la présente loi, étant dans *les* « *attributions* du Sénat de la République, en vertu de « l'art. 126 de la constitution, le secrétaire d'État ne « pourra disposer desdits fonds, qu'au préalable elles « aient été décrétées par le Sénat. »

Cette déclaration est remarquable, bien que dans la loi sur les attributions du secrétaire d'État, il lui était enjoint de toujours présenter *à la chambre* le budget des recettes *et des dépenses,* pour être discuté, adopté et expédié au sénat. On reconnaît que l'art. 126 était une entrave dans le système de la constitution, et que l'on contourna la difficulté qu'il présentait, par les dispositions ci-dessus. Heureusement que le sénat y consentit dans l'intérêt général ; car il pouvait réclamer la rigoureuse exécution de la constitution.

Enfin, la loi du budget étant la seule qui fut rendue sur cette matière, pendant la longue durée de cette constitution ; cette loi ayant encore occasionné à Pétion *des soucis,* dont nous entretiendrons nos lecteurs parce qu'ils parvinrent à notre connaissance, il est peut-être convenable de faire savoir les détails des allocations

---

[1] On a dit que cette loi du budget fut préparée par Inginac, qui aura aligné autant de chiffres pour *les recettes présumées*, qu'il en aligna pour *les dépenses*, afin de prouver que rien n'était plus facile que d'*équilibrer* les unes et les autres. Nous avons loué son travail pour la reddition des comptes de Bonnet, en 1809 ; mais il y avait une grande différence entre un état général de recettes et de dépenses *effectuées*, et un état présentant des recettes *à réaliser* et ne reposant que sur *des conjectures*. Et si, après la mort de Pétion, les finances parurent prospères, c'est que Boyer n'exécuta pas la loi du budget, à l'égard de *l'armée* surtout qui n'était payée que de temps en temps ; c'est qu'il fit augmenter les impôts et réduire bien des appointemens.

qu'elle fit aux diverses parties du service public.

Au *Président d'Haïti*, il fut accordé les 40,000 gourdes portées dans la constitution comme ses indemnités annuelles, et 30,000 pour les réparations du palais de la présidence (gravement endommagé pendant le siége de 1812), son ameublement et le service intérieur : total, 70,000 gourdes [1].

Aux 14 *Sénateurs*, pour leurs indemnités, 22,400 gourdes ; — pour les employés du sénat, 3,600 ; — pour les réparations de son palais et autres dépenses extraordinaires et imprévues, 14,000 : total, 40,000 gourdes.

Aux 29 *Représentans*, pour leurs indemnités, 17,400 gourdes ; — pour les employés de la chambre, 6,600 ; — pour les dépenses extraordinaires et imprévues, tout compris, 29,000 : total, 53,000 gourdes [2].

Au *Secrétaire d'État*, pour ses émolumens, ceux de ses employés, ses frais de tournée et les réparations de son hôtel, 15,000 gourdes ; — pour tous les fonctionnaires et employés de l'administration des finances, les réparations de logemens, etc., 80,000 ; — pour le directeur, la commission de surveillance et employés de l'hôtel des monnaies, 10,000 ; — pour les pensions civiles, secours *aux arrivans* de l'étranger, les invalides et autres infirmes, 10,000 : total, 115,000 gourdes.

Au *Grand Juge*, pour ses émolumens, ceux de ses employés, ses frais de tournée, etc., 8,000 gourdes ; — pour les membres du tribunal de cassation, ceux des tribunaux d'appel, d'instance et de paix, 81.097 ; — pour

---

[1] Dès 1816, on avait commencé les réparations du palais qui en exigeait de considérables.
[2] La constitution voulait que les représentans fussent indemnisés par leurs communes respectives ; mais, outre la difficulté d'y pourvoir, il paraît que le pouvoir exécutif trouva un avantage politique à les faire payer par le trésor.

les conseils de notables des 26 communes, 21,600 ; — pour les agents de police et leur habillement, 14,300 ; — pour les prisons et l'entretien des prisonniers, 12,000 ; — pour l'instruction publique (lycée au Port-au-Prince, lycée *à établir* aux Cayes et 8 écoles primaires en d'autres lieux), 20,000 : total, 156,997 gourdes.

Au *Secrétaire général,* pour ses émolumens et ceux des employés sous ses ordres, 12,000 gourdes ; — pour les imprimeries de l'État, 8,000 ; — pour les réparations et constructions des édifices publics, 36,000 ; — pour les travaux des grandes routes, 40,000 ; — pour le génie militaire et les fortifications, 15,000 ; — pour les chefs, officiers et employés dans les ports, 6,000 ; — pour les hôpitaux militaires et les officiers de santé, 40,000 ; — pour les arsenaux, 30,000 ; — pour achats d'armes, etc., 40,000 ; — pour les pensions militaires, 20,000 ; — pour les appointemens des commandans d'arrondissement, de place et leurs adjudans, frais de tournée, etc., 55,000 ; — pour la solde des généraux et officiers de tous grades et de toutes armes, et les soldats, 1,263,780 ; — pour le traitement des officiers de marine, des équipages et entretien des navires de guerre, 120,000 : total, 1,685,700 gourdes.

Enfin, pour la caisse *de réserve,* 100,000 gourdes.

Le même jour où la chambre votait le budget, elle rendait une autre loi, sur la proposition du Président d'Haïti, par laquelle, « considérant *l'augmentation* dans « *les dépenses publiques,* et que l'époque de la récolte des « denrées n'arriverait qu'à la fin de l'année, » elle prescrivit *l'exécution* de la loi du budget à partir du 1er janvier 1818.

Chacun dut donc espérer qu'alors on entrerait en pleine

jouissance des allocations si gracieusement faites par la Chambre *des Représentans du peuple.*

Cet espoir était d'autant plus naturel, qu'à la suite des deux lois citées ci-dessus, la Chambre *affirmait*, dans une adresse aux citoyens de la République, de la même date, que ses généreuses intentions pourraient *facilement* recevoir leur exécution. Cet acte fut publié pour rendre compte à la Nation des travaux législatifs de ses Représentans dans cette première session, en prenant l'engagement d'agir toujours de la même manière à l'avenir : il était rédigé avec clarté, et exprimait d'ailleurs les sentimens les plus patriotiques.

« Nous vous devons compte de nos travaux, disaient
« les Représentans ; nous allons vous le rendre avec les
« détails que vous devez attendre. Nous suivrons cette
« méthode à la fin de *chacune* de nos sessions, *parce que*
« *nous exigerons*, à leur ouverture, que les Grands fonc-
« tionnaires de l'État nous rendent aussi ceux de leur
« administration de l'année expirée ; obligés d'en avoir
« des fonctionnaires secondaires, il en résultera, citoyens,
« une reddition générale de comptes, qui vous donnera
« la connaissance parfaite de toutes les parties de l'ad-
« ministration publique. *C'est ce qui*, en vous rendant les
« attributions de votre pouvoir, *garantira* à la Nation
« de longues années de prospérité et de bonheur... »

Après avoir constaté l'ajournement mis à l'ouverture de la session, à cause de la maladie de Pétion « qui *durait*
« depuis le mois de novembre 1816, [1] » et parlé des diverses lois rendues, la chambre disait :

---

[1] On a pu voir dans la correspondance des commissaires français avec Pétion, que ce dernier était malade en novembre 1816 ; l'adresse de la chambre constate cette longue période, et après la session législative, le président continua à être encore malade de temps en temps : il le fut gravement dans la nuit du 16 au 17 octobre.

« *L'aperçu* des recettes et dépenses annuelles de la Ré-
« publique a été *fourni* à la Chambre par le Président
« d'Haïti. Vos Représentans ont vu avec satisfaction *que*
« *les recettes pouvaient aisément balancer les dépenses,* ¹
« en comprenant dans ces dépenses le salaire *des défen-*
« *seurs de la patrie,* qui ont été et qui seront *constam-*
« *ment* l'objet de notre plus grande sollicitude... L'admi-
« nistration des finances, organisée, en vous assurant
« que les sacrifices que vous faites par les droits que vous
« payez, ne seront pas *détournés* de leur objet principal,
« vous laissera l'espérance bien fondée d'une prochaine
« amélioration dans vos charges, et en même temps, que
« toutes les parties du service étant religieusement *ac-*
« *quittées et payées,* la République, chaque jour, gagnera
« des forces nouvelles... *L'Armée, payée et entretenue,*
« représentera cette masse active et imposante... »

Ainsi, la chambre ne doutait pas de la *possibilité* de l'exécution de la loi du budget ; et si elle n'oublia pas de rassurer *l'armée* à cet égard, de lui manifester une incessante sollicitude, elle n'oublia pas non plus de tenir aux fonctionnaires publics le langage qui suit :

« Fonctionnaires publics *de tous les rangs,* la Chambre
« des Représentans des communes sera toujours bien aise
« de vous honorer dans vos fonctions ; elle ne croit pas
« de jamais trouver en vous *des délinquans;* vos devoirs
« sont clairement tracés. Si elle était assez malheureuse
« pour rencontrer parmi vous des hommes capables de
« préférer leurs convenances à leurs devoirs, elle doit
« vous le dire, elle préférera *la dernière sévérité* à la com-
« plaisance ou à l'indulgence les plus tempérées. Vous

---

1 Cette déclaration confirme ce qu'on a imputé à Inginac, et l'histoire doit regretter que cet aperçu des recettes n'ait pas été publié.

« n'avez de tranquillité et de satisfaction *à espérer*, que
« dans la stricte exécution de vos obligations, puisque
« vous êtes les serviteurs du peuple. »

Qu'avaient à dire « les fonctionnaires de tous les
« rangs », — généraux commandans d'arrondissemens,
colonels commandans de communes, administrateurs des
finances, etc., — lorsque *les grands fonctionnaires* eux-
mêmes étaient menacés par la chambre, d'être contraints
à rendre compte de leur administration, parce qu'elle
l'exigerait d'eux [1] ?

Et que l'on ne croie pas que, dans nos observations,
il entre aucune malveillance à l'égard de cette institution ; car elles tendent seulement à constater *une situation historique* qui était dans la nature des choses, et qui
corrobore, nous le croyons, ce que nous avons dit plus
avant en analysant la constitution de 1816.

En effet, on voit que, dès sa première session, la chambre des représentans visait constamment *à se poser* aux
yeux *de l'armée*, — de la force agissante, — comme sa
protectrice naturelle ; qu'elle lui donnait l'assurance qu'on
pourrait *aisément* la payer et l'entretenir régulièrement,
d'après la loi du budget et la connaissance qu'elle avait
prise de l'état des recettes ; qu'elle *menaçait* de son omnipotence, depuis les grands fonctionnaires jusqu'aux
plus petits employés de l'État : et dans quel but ? *D'exercer*

---

[1] En 1843, Inginac s'est vanté d'avoir été *le premier* à proposer l'institution de la chambre des représentans ; mais il a oublié sans doute de dire si, en 1817, après cette adresse, il ne fit pas son *meâ culpâ*. En publiant ses Mémoires, peut-être pouvait-il dire : *meâ maxima culpâ* ; car il était accusé et en exil, par suite du triomphe de l'*Opposition* de la chambre. A la page 61 de ces Mémoires, il a dit cependant qu'il fut « celui qui conseilla « aux membres de la chambre de faire *une adresse* à leurs constituans, pour leur rendre « compte des travaux de chaque session. » Si le fait est exact, ce fut une faute de sa part : en sa qualité d'homme d'État, il ne devait pas la commettre.

une grande influence, sinon *d'absorber* celle du pouvoir exécutif.

Eh bien ! la lutte du Sénat de 1808 avec le Président d'Haïti, n'eut-elle pas la même cause ? Où était cette prétendue *pondération* du pouvoir politique, en présence du langage menaçant que nous venons de transcrire, s'adressant aux fonctionnaires publics qui relevaient du chef du gouvernement, et dans un pays où le *système militaire* dominait ? Dans l'intérêt même de cette Chambre, les représentans de 1817 ne furent-ils pas imprudens, par l'expression de leurs vues ? N'était-ce pas, de leur part, donner un *avertissement* à la *puissance* qui dirigeait « cette masse active et imposante, » comme ils disaient de l'armée ?...

Aussi, après cette adresse, un esprit quelque peu perspicace pouvait facilement entrevoir ce qui arriverait infailliblement. Ou il faudrait que le Président d'Haïti (sinon Pétion, du moins tout autre) employât toutes *les séductions* du pouvoir, — que l'on appelle ordinairement *la corruption*, — pour se créer une majorité docile dans la Chambre ; — ou qu'il fît usage de *l'intimidation* envers ce corps, afin de gouverner le pays paisiblement, de maintenir la tranquillité publique, par une harmonie factice entre les grands pouvoirs politiques : deux voies déplorables, cependant, dans tout État, l'une comme l'autre pouvant à la fin conduire *aux révolutions* qui sont toujours funestes aux nations.

On verra plus tard dans quelles circonstances le second de ces moyens fut préféré à l'autre, et l'on s'expliquera alors *l'abus* qui en a été fait [1].

---

[1] Lorsque les mœurs d'un pays ou que son état peu avancé, *ne se prêtent pas* au jeu

L'installation et les travaux de la chambre des représentans nous ont fait négliger de parler en son temps, du *prospectus* pour le Lycée national du Port-au-Prince, publié le 1er mars par Colombel, secrétaire particulier du président. La direction de cet établissement étant confiée au citoyen Balette, il avait alors pour aides, les citoyens Durrive, professeur de langue latine, et Delille Laprée, professeur de mathématiques, tous deux venus de France comme le directeur [1]. Ce prospectus annonçait qu'il y serait enseigné : la langue latine, le français, l'anglais et d'autres langues modernes ; les mathématiques, comprenant l'arithmétique, la géométrie, la trigonométrie rectiligne, la trigonométrie sphérique, l'algèbre et l'application de cette science à l'arithmétique et à la géométrie ; la statique et la navigation ; la sphère, la géographie ancienne et moderne ; l'histoire sacrée et profane ; la tenue des livres ; le dessin, la musique, l'escrime et la danse, comme arts d'agrément.

En outre des pensionnaires de l'État, les enfans des citoyens étaient admis aux conditions établies par le prospectus, comme dans les lycées de France. Les pères

---

d'une institution semblable, il ne peut guère être gouverné que par l'emploi de l'un de ces moyens. Quelque désagréable que soit cette vérité, on ne peut la nier. D'un autre côté, si *l'intimidation* a produit la révolution de 1843 en Haïti, — au dire de bien des publicistes, c'est *la corruption* qui a occasionné une autre dans un grand État européen, où l'on a fait peut-être un abus du *régime parlementaire*. Et si l'on croyait, en Haïti, que ma position et ma conduite antérieures à 1843, influent aujourd'hui sur toutes mes opinions à l'égard de la Chambre des représentans, je prierais d'abord qu'on attende la suite de ces *Études* pour en juger. Ensuite, je pourrais demander : Qu'est-il advenu à l'Assemblée délibérante de 1844, placée en face de l'*Opposition* arrivée alors au pouvoir exécutif ? Ce gouvernement nouveau aurait-il pu maintenir la paix publique, avec cette Assemblée et la constitution qu'elle avait votée ?...

[1] Balette étant mort en juillet suivant, D. Laprée devint le directeur du Lycée. En septembre, cet établissement perdit encore le professeur Durrive qui était un jeune homme instruit : successivement, le lycée eut d'autres professeurs venus de France, et l'on put apprécier la sagesse du président qui, en accueillant les navires de ce pays, procurait à la jeunesse d'Haïti les moyens de s'instruire.

et mères de famille furent invités à les placer dans cet utile établissement, qui devait incessamment recevoir un plus grand développement, par l'édifice que le Président d'Haïti se proposait de faire construire à cet effet. Pour les y convier, le secrétaire du chef de l'État leur disait :

« Sur les ruines de l'esclavage, s'élève, comme l'astre
« dispensateur de la lumière du sein des ténèbres, la Ré-
« publique d'Haïti, offrant aux regards étonnés de l'uni-
« vers, le spectacle consolant de la Liberté, planant sur
« la plus belle des Antilles ; de la Liberté secouant le
« flambeau du génie sur les descendans des fils du Désert,
« du Sahara, du Congo et de la Guinée, cruellement ar-
« rachés par l'avaricieuse cupidité à leurs familles éplo-
« rées... Haïtiens, vous êtes *l'espoir* des deux tiers du
« monde connu : si vous laissiez éteindre *le foyer de la*
« *civilisation* que la Liberté a allumé dans votre île, le
« grand œuvre de la régénération *refoulerait*, peut-être
« jusqu'à l'éternité, et votre nom serait aussi longtemps
« *l'opprobre* des générations futures... Mais non, vous
« méritez, et vous le prouvez chaque jour, vous méritez
« le beau titre de *Régénérateurs de l'Afrique...* ¹ ».

On ne pouvait dire en un plus beau langage, des vérités dont il importe tant aux Haïtiens de se pénétrer. En effet, c'est en vain qu'ils s'enorgueilliraient de leur gloire acquise sur le champ de bataille, lorsqu'il leur fallut conquérir leurs droits, s'ils n'étaient convaincus de

---

1 Le 1ᵉʳ août suivant, Colombel, autorisé par Pétion, fonda avec J.-S. Milscent, natif du Nord et revenu de France, l'*Abeille Haïtienne*, journal-revue paraissant tous les quinze jours et qui s'imprimait au Port-au-Prince. C'était un excellent recueil littéraire, par le talent de ses rédacteurs et son esprit libéral et modéré. Milscent ne tarda pas à être l'objet de l'envie et de la jalousie de quelques écrivains médiocres, notamment Béranger, esprit atrabilaire, qui s'appelait lui-même *le Sauvage malfaisant*, depuis que l'écrit publié à Kingston, en 1814, s'était servi de cette expression en parlant des Haïtiens, de même que la lettre de D. Lavaysse à Pétion.

l'urgente nécessité de cultiver les connaissances qui éclairent l'esprit : la force conquiert, mais c'est l'intelligence seule qui peut conserver. C'est en vain qu'ils s'enorgueilliraient d'être les descendans d'une race si long-temps persécutée, s'ils ne s'efforçaient de délaisser, par exemple, *les superstitions* grossières que, malheureusement, son ignorance profonde a implantées sur son sol primitif, pour adopter et pratiquer *les croyances* qui ont tant contribué à la civilisation des peuples de la race blanche.

Pétion avait donc raison de faire tenir ce langage persuasif à ses concitoyens, pour les engager à livrer leurs enfans aux soins des instituteurs qu'il choisit. Aussi est-il sorti du Lycée national du Port-au-Prince, des jeunes gens éclairés qui, parvenus à l'âge mur, ont occupé ou occupent encore aujourd'hui, avec distinction, de hauts emplois dans l'État. Et honte à ceux qui, parmi les Haïtiens, ne comprendraient pas ce qu'ils doivent de gratitude et de respect, à la mémoire du chef qui fit tout pour leur bonheur individuel et celui de la patrie!

Dans le même mois de mars où il régularisait les études à suivre au Lycée national, son royal adversaire publiait un édit pour *la vente générale* de tous les biens du domaine public dans le Nord. Dix années s'étaient écoulées depuis que Christophe en avait eu la pensée, et il avait suspendu cette mesure par un caprice de sa volonté absolue, en se fondant sur de prétendues circonstances majeures. Le fait est, qu'il avait réfléchi que *la propriété* est réellement ce qui rend les hommes *libres*, par *l'indépendance personnelle* qu'elle leur assure dans la société civile. Or, comme son système politique était d'assujétir *son peuple* à son autorité arbitraire, le Roi d'Haïti ne devait pas vouloir sincèrement d'un état de choses qui y eût été tout-à-fait contraire [1]. Aussi, même en cédant à ce qui paraît avoir été pour lui une nécessité politique, — à raison de la distribution des terres et de l'aliénation générale des biens domaniaux dans la République d'Haïti, — il ne fut pas aussi libéral que Pétion.

Ce dernier, en distribuant des concessions gratuites, avait fait vendre aussi les biens *à bas prix*, afin que les acquéreurs pussent payer immédiatement et entrer en jouissance, entière et incommutable des propriétés acquises. Mais, par son édit, Christophe faisait vendre les biens à un prix *si élevé*, et vu aussi la pauvreté de la majorité de ses sujets, qu'il accorda aux acquéreurs 15 et 20 années pour se libérer entièrement. Cette manière de procéder avait l'air de favoriser le grand nombre parmi eux ; mais, au fond, il étendait les droits du domaine à longue échéance, par *l'hypothèque* dont les biens restaient grevés. En cas de non-payement d'un terme, l'acquéreur était poursuivi rigoureusement en justice, — *justice royale* bien connue de tous. Cependant, ceux qui pouvaient payer de suite ou par anticipation, étaient admis à le faire. Tout acquéreur devait commencer par se libérer préalablement de toutes redevances du fermage antérieur.

Le fermier d'un bien rural qui en devenait acquéreur versait dans les magasins du Roi, en nature et au prix du cours, le *quart* de ses produits annuels en acquittement de sa dette ; il y versait encore un autre *quart* prélevé par l'État ou le Roi, à titre de subvention territoriale ; un troisième *quart* revenait aux cultivateurs du

---

[1] Par la même raison, il ne pouvait pas désirer que *ses sujets* fussent éclairés par l'instruction, afin de ne pouvoir examiner et discuter ses actes.

bien : de sorte que l'acquéreur ne jouissait que du *quart* restant.

Telle fut l'économie de cet édit royal. Aussi, en 1820, à la réunion du Nord à la République, il n'y avait guère de propriétaires définitifs[1].

Au milieu des travaux législatifs de la Chambre, le 19 juin, un orage éclata sur le Port-au-Prince ; la foudre pénétra, à ce qu'il paraît, par la serrure de la porte d'une grande poudrière qui était située dans un lieu enfoncé du Bel-Air, derrière et à peu de distance de l'église. Il s'y trouvait plus de cent milliers de poudre qui firent explosion, et toute la ville en fut ébranlée ; les pierres de la poudrière, volant en éclats, tombèrent dans les rues, sur les toits d'une foule de maisons de la rue des Fronts-Forts principalement, et même jusque dans la rade extérieure. Les militaires qui gardaient la poudrière périrent victimes de ce malheureux événement.

Neuf jours après, le 28 juin, une nouvelle explosion de vingt milliers de poudre eut lieu au fort Bizoton, par l'effet d'un orgueil excessif de la part de l'officier nommé Jean Marassa qui commandait ce fort. Il avait eu une querelle avec un autre officier, et le général Boyer, évoquant cette affaire par-devant son autorité, reconnut et prononça qu'il avait tort. Pour se venger de cette

---

[1] Ce ne fut que le 14 juillet 1819, que Christophe publia un nouvel édit par lequel il accorda aux colonels 20 carreaux de terre, aux autres officiers inférieurs, à proportion d'après leurs grades, jusqu'aux soldats qui reçurent 1 seul carreau. Cet édit leur permettait de vendre ou de cultiver des concessions gratuites.

En comparant cette tardive libéralité royale aux dons nationaux décrétés par Pétion, dès le mois de décembre 1809, en faveur des invalides, en 1811 et 1814, en faveur des officiers de tous grades, etc., l'avantage reste au système de la République d'après lequel chaque soldat reçut 5 carreaux de terre.

décision supérieure, il ouvrit la poudrière, sema de la poudre de là aux parapets du fort, et contraignit les militaires de garde à en sortir. Se tenant ensuite debout sur les parapets, un tison ardent à la main, Jean Marassa refusa de se soumettre à toutes les autorités. On parlementa en vain avec lui par ordre de Pétion, parce qu'on voyait qu'il avait bu des liqueurs fortes : il jura qu'il se ferait sauter aussitôt le coucher du soleil. Cette déclaration même faisait espérer qu'il n'en viendrait pas à l'exécution ponctuelle de son dessein ; mais il fit comme il avait dit, et l'explosion causa des dommages à la fortification, outre la perte de la poudre. Il n'y aurait eu qu'un seul moyen de l'empêcher de commettre cet acte de vandalisme : c'était d'aposter d'habiles tireurs pour l'atteindre à coups de fusil, pendant que, debout sur les parapets du fort, il répondait aux paroles qu'on lui transmettait au nom de Pétion ; mais ce dernier ne voulut point consentir à cette déloyauté envers un officier qui, d'ailleurs, avait été un brave défenseur de l'État. On ne peut qu'approuver cette humanité en Pétion, fondée de plus sur la droiture.

En octobre suivant, le Grand Juge installa le tribunal de cassation dans une solennité digne de cette cour supérieure de justice ; tous les membres du corps judiciaire de la capitale y assistèrent ainsi que l'élite de ses habitans. De respectables citoyens furent appelés à le composer ; c'étaient : Linard, en qualité de doyen, Fresnel, Thézan jeune, J.-F. Lespinasse, Pitre jeune, Lemérand et Thomas Christ, en celle de juges, et Audigé en celle de commissaire du gouvernement. Le Grand Juge, le doyen et le commissaire prononcèrent chacun un discours où étaient rappelés les devoirs de la magistrature en général, et ceux qui compètent en particulier à un tribunal aussi haut placé dans la hiérarchie judiciaire de la République. En attribuant son institution à Pétion, comme un bienfait accordé au pays, ces magistrats se réunirent à la pensée exprimée dans l'adresse récente de la chambre des représentans, pour lui décerner le titre glorieux de *Père de la Patrie*.

Dans le même mois, un bâtiment négrier, poursuivi par un navire de guerre anglais vers l'îlet de la Grange, sur la côte de Monte-Christ, entra dans le port du Cap-Henry comme s'il venait en relâche. C'était une goëlette voyageant sous pavillon portugais, mais qui était la propriété d'un citoyen des États-Unis : déjà capturée et condamnée à Sierra-Leone pour semblable cause, elle y avait été vendue ensuite. Elle avait à son bord 145 noirs, presque tous mal des aussi gravement que le capitaine américain; cette goëlette se trouvait alors sous le commandement du maître d'équipage. Aussitôt que ce dernier eut fait sa déclaration de relâche, les officiers du port du Cap s'y transportèrent et découvrirent la fausseté de cette déclaration, qui ajoutait une culpabilité nouvelle au crime de lèze-humanité dont s'étaient souillés ces misérables trafiquans. Le négrier fut capturé, et les malheureux noirs délivrés de cette prison flottante où ils étaient enchaînés, se mourant de faim et ne buvant qu'une eau corrompue. « Les Haïtiens s'em« pressèrent de leur ôter les fers, en leur disant qu'ils « étaient libres et parmi des frères et des compatriotes. « Il est impossible de se figurer la joie qui animait ces in« fortunés; il se précipitèrent à genoux pour remercier « leurs frères et leurs libérateurs ; ils versèrent des lar« mes. Les Haïtiens, émus de cette scène touchante,

« pleurèrent aussi : les bourreaux seuls furent insensi-
« bles et regrettèrent de se voir arracher leur proie. [1] »

Les Noirs étaient dans une complète nudité. Christophe ordonna de leur donner des vêtemens et de les envoyer à l'Acul-du-Limbé pour les soigner : plusieurs d'entre eux y périrent, et beaucoup d'autres étaient morts dans le voyage de cette goëlette qui se rendait à la Havane.

Le même journal qui nous a fourni les renseignemens ci-dessus, nous apprend aussi qu'à la fin de juillet, la frégate des États-Unis *le Congrès* était venue au Cap, ayant à son bord M. Tayler, appointé pour y résider en qualité d'agent commercial de cette République ; mais que cet agent ne fut pas admis à exercer ses fonctions, parce qu'il n'était point porteur de dépêches de son gouvernement pour celui de *S. M. le Roi d'Haïti*. Il n'avait présenté que le document dont la teneur suit :

« A tous ceux qui ces présentes verront, salut.
« Je certifie que Septimus Tayler, écuyer, a été appointé par
« le Président des Etats-Unis, pour résider au *Cap-Français dans*
« *l'île Saint-Domingue*, en qualité d'agent de commerce et de ma-
« rine des Etats-Unis d'Amérique, avec pleins pouvoirs et émolu-
« mens y appartenant. En témoignage de quoi, moi, James Monroe,
« Secrétaire d'Etat des Etats-Unis, j'y ai souscrit mon nom et ai fait
« apposer le sceau du département de l'Etat.
« Donné dans la cité de Washington, le 18 décembre 1816.
« Signé : J. MONROE. »

M. Tayler et les officiers du *Congrès* furent reçus avec

---

[1] Extrait de *la Gazette royale d'Haïti*, du 10 octobre 1817. Ce journal ne dit pas ce que devint l'équipage du négrier ; mais il est présumable que, qualifiés de *bourreaux*, ces blancs subirent l'effet de la *justice royale* de Henri Ier.

C'est en ce temps-là qu'on apprit au Port-au-Prince, qu'il venait de condamner à mourir de faim, l'archevêque *Corneille Brelle*, duc de l'Anse, ainsi que *Vitton*, son ancien ami qui fut le parrain de l'un de ses enfans.

politesse par les autorités du Cap, qui permirent à cette frégate d'y faire des provisions sans payer aucuns droits, mais elles se refusèrent à échanger avec elle le salut d'usage ; et le baron Dupuy, interprète, ayant adressé au ministre des affaires étrangères du royaume une traduction du certificat ci-dessus, le ministre le chargea de congédier Tayler courtoisement et de lui remettre pour sa gouverne et celle de ses constituans, un exemplaire de la Déclaration royale du 20 novembre 1816 dont il a été question plus avant, à propos de la mission de MM. de Fontanges et Esmangart.

On ne peut qu'approuver le refus fait par le gouvernement de Christophe, d'admettre un agent aussi lestement appointé et n'étant pas porteur même d'une lettre d'introduction du Secrétaire d'État des États-Unis auprès du ministre haïtien. Les dénominations de *Cap-Français* et de *Saint-Domingue*, employées dans le certificat qu'il délivra à cet agent, devaient d'autant plus choquer les esprits dans le Nord. On conçoit de telles dénominations, à cette époque, de la part de la France, et non pas des États-Unis qui ont toujours fait profession de reconnaître les gouvernemens *de fait,* sans s'inquiéter *du droit.* D'ailleurs, le gouvernement fédéral n'a pas plus qu'aucun autre, la faculté d'imposer ses agents commerciaux dans les pays étrangers ; il faut le consentement du gouvernement de ces pays pour qu'ils exercent leurs fonctions [1].

---

[1] Nous n'avons pu nous assurer si l'agent accrédité dont Pétion parlait dans sa correspondance avec les commissaires françois, avait été porteur d'autres documens que celui délivré à M. Tayler pour exercer ses fonctions au Cap. Il est probable que cet agent n'avait qu'un certificat semblable, et que Pétion ne l'aura admis qu'en considération de l'admission du pavillon haïtien dans les ports des États-Unis. En 1818, Boyer admit également Jacob Lewis à exercer les fonctions d'agent commercial, « sur la présentation du certificat qui a

Cependant, et en preuve de l'inconséquence du gouvernement des États-Unis, tandis que la frégate *le Congrès* était au Cap, le brig de la République *la Confiance* faisait flotter l'emblème de la Nationalité d'Haïti dans le port de la Nouvelle-Orléans, à la confusion des anciens colons de Saint-Domingue, qui s'y étaient réfugiés depuis longtemps. Ils firent retentir leurs plaintes dans les journaux, accusant les Américains de tiédeur, et parce qu'encore de jeunes enfans de la classe de couleur de cette ville s'avisèrent de parcourir les rues avec un petit drapeau haïtien, au cri de : *Vive Pétion !* [1].

A peu près dans le même temps, trois navires de Bordeaux arrivaient au Port-au-Prince, ayant à leur bord des citoyens d'Haïti, et le peintre français *Barincou* que le président employa à faire les portraits des généraux de de la République, qui décorent la grande salle du palais national [2]. Grâces au talent de ce peintre, on a pu conserver l'image de ces braves défenseurs de la patrie, et celle du chef auguste dont chaque acte offre à la postérité la preuve d'un sentiment louable.

Mais, pendant que Pétion accueillait les Français et leurs navires, la Cour royale de Bordeaux, plus influencée par *le dépit et le préjugé* que par *la justice*, rendait un arrêt odieux dans ses termes, entre Dravermann qui prit l'initiative dans le rétablissement du commerce entre la France et Haïti, et le capitaine Hoog, d'un navire russe que ce négociant avait affrété pour importer des

---

« été délivré par le Secrétaire d'État des États-Unis d'Amérique, J.-Q. Adams, » disait son arrêté du 22 juin qui accordait *l'exequatur* à cet effet.

1 *Abeille haïtienne* du 1er septembre, suivant le rapport fait par le capitaine de *le Confiance*, à son retour au Port-au-Prince.

2 Parmi ces portraits, il s'en trouve trois qui ont été faits par *Denis*, peintre haïtien, le même qui a fait ceux des grands capitaines que l'on voit dans le salon de Volant Le Tort.

marchandises. Une contestation était survenue entre eux au Port-au-Prince, et ils l'avaient fait juger par le tribunal civil de cette ville, qui donna raison à Dravermann. Mais, rendu à Bordeaux, Hoog appela de la sentence comme émanée d'un tribunal incompétent, irrégulier et composé de *révoltés*. On conçoit quelle belle occasion fut offerte ainsi à la déclamation des nobles conseillers royaux de Bordeaux, qui ne buvaient pas avec moins de plaisir *le café* d'Haïti récolté par *les révoltés*, que ceux-ci *les bons vins* du département de la Gironde. Quand on connut cet arrêt au Port-au Prince, il y eut une grande émotion à cause de ses termes ; mais on finit par comprendre qu'il n'était que l'expression d'une morgue coloniale et aristocratique, et il n'interrompit pas les utiles relations existantes entre Haïti et la France.

CHAPITRE VII.

Situation rassurante de la République, à l'intérieur et à l'extérieur. — Embarras financiers : *soucis* qu'ils occasionnent à Pétion. — Paroles amères qui lui sont attribuées. — Assertion d'Inginac à ce sujet et concernant le général Boyer. — Examen des motifs qu'a eus Inginac à son égard. — Voyage du général Borgella au Port-au-Prince et son but : accueil qu'il reçoit de Pétion. — Particularités relatives au général Boyer. — Faits d'un officier du 15° régiment : indulgence de Pétion envers lui. — Examen des causes physiques et morales qui ont pu contribuer à la maladie et à la mort de Pétion. — Ce que l'on a cru généralement à cette époque. — Lettres du général Boyer au général Lys et à plusieurs autres, sur la gravité de la maladie, et les mandant au Port-au-Prince. — Pétion gràcie, avant de mourir, un soldat du 14° régiment condamné à la peine de mort. — Il meurt le 29 mars. — Lamentations de la population de la capitale, sympathie des Étrangers : particularités touchantes à cette occasion. — Préparatifs ordonnés pour les funérailles du Président d'Haïti. — Cérémonies religieuses dans toute la République. — Éloges funèbres prononcés au Port-au-Prince et aux Cayes. — Parallèle de TOUSSAINT LOUVERTURE et d'ALEXANDRE PÉTION.

Nous voici parvenu à cette année de pénible souvenir, où l'on vit la République d'Haïti dans un deuil universel, par la mort de son fondateur : événement douloureux dont il faut avoir été témoin, pour comprendre à quel point un chef juste et bienfaisant peut être regretté par tout un peuple reconnaissant ; circonstance difficile à relater néanmoins, parce qu'il y a des faits qui restent gravés dans la mémoire sans qu'on puisse les reproduire, des sentimens qu'on a éprouvés sans pouvoir les exprimer. Toutefois, nous essaierons de dire ce que nous avons vu, et qui dépose en faveur du cœur humain, qui honore autant Pétion que le peuple haïtien.

Mais, auparavant, il faut que nous exposions quelques considérations qui se rattachent à l'état des choses, à la situation où le pays se trouvait alors ; et encore, quelques particularités qui ont pu contribuer au malheur qu'il essuya et dont les causes ont été diversement comprises ou expliquées.

Sous le rapport politique, la situation de la République ne présentait qu'un aspect rassurant à tous égards.

A l'intérieur, la tranquillité régnait de l'Ouest au Sud ; car, alors, l'insurrection de la Grande-Anse était réduite à se concentrer dans les plus hautes montagnes de ce vaste quartier. Depuis plusieurs années, Goman ne recevait plus de secours de Christophe dont la flotille ne pouvait paraître dans ces parages, et parce que ce Roi redoutait une nouvelle défection et parce que la flotte de la République avait une frégate, des corvettes et des brigs qui la rendaient très-supérieure. On voyageait avec sécurité sur tout le littoral des arrondissemens de Nippes (vers les Baradères), de Jérémie, de Tiburon et des Cayes (vers les Anglais et les Côteaux), jadis infecté par les bandes de ces insurgés. En suivant les instructions de Pétion, le général Bazelais avait obtenu la soumission de leurs chefs les plus fameux après Goman, et avec eux, celle d'un grand nombre de cultivateurs dont ils avaient fait des soldats. Christophe lui-même n'osait plus rien tenter contre nos frontières de Trianon et des Sources-Puantes, tant il craignait un résultat semblable à celui qui l'avait contraint à lever le siège du Port-au-Prince, en 1812. Depuis lors, de temps à autre, des défections partielles, des désertions de soldats de ses troupes du Nord et de l'Artibonite, l'avertissaient de ce qu'il avait à en redouter [1].

A l'extérieur, depuis l'issue de la mission de MM. de Fontanges et Esmangart, rien n'annonçait de la part de la France aucune intention hostile contre Haïti; tout présageait, au contraire, que le gouvernement de ce pays finirait par accepter les bases d'arrangemens proposées par Pétion à D. Lavaysse, et renouvelées verbalement dans ses entretiens avec les commissaires de 1816, en outre de ce qu'il leur fit entendre à cet égard par sa lettre du 25 octobre [2]. Il paraît même que vers la fin de de l'année 1817, un homme honorable sous tous les rapports, destiné à être un personnage remarquable par sa capacité dans les finances, par ses idées élevées en matière de gouvernement, par ses sentimens libéraux et philanthropiques, étant venu à Haïti, avait eu pour mission de voir Pétion, de le rassurer sur les intentions du gouvernement français, en même temps peut-être qu'il étudierait les ressources de la République qui offrait à la France une indemnité en faveur de ses anciens colons [3].

---

[1] Christophe faisait si peu inquiéter nos lignes avancées, que pendant la réédification des maisons du Port-au-Prince, depuis la vente générale des biens du domaine, nos soldats allaient en canots sur les côtes de l'Arcahaie, et enlevaient des carreaux et des briques dans les anciennes usines et maisons incendiées de cette plaine, qu'ils vendaient ensuite aux nouveaux propriétaires de la capitale.

[2] La France ne fut délivrée qu'à la fin de 1818, des 150,000 hommes qui y tenaient garnison. En somme, l'invasion de 1815 et cette occupation de son territoire lui coûtèrent près de deux milliards de francs; et dans une telle situation, recomposant son armée, elle ne pouvait songer à faire une expédition militaire contre Haïti.

[3] En 1838, M. Hypolite Passy me dit qu'il était au Port-au-Prince en 1817, et qu'il fut présenté par R. Sutherland à Pétion avec qui il eut plusieurs entretiens ou conversations. M. le comte Molé m'ayant dit aussi, qu'étant ministre de la marine et des colonies à la même époque, il avait été d'avis que la France reconnût l'indépendance d'Haïti aux conditions proposées par Pétion, j'ai pensé, sans en être certain, que M. Passy avait pu être chargé de la mission dont je parle. M. Lepelletier de Saint-Rémy avoue d'ailleurs, qu'après

Ainsi, tant à l'intérieur qu'à l'extérieur, la situation du pays ne présentait aucun danger réel pour le gouvernement paternel qui le régissait. Les étrangers comme les nationaux vivaient avec sécurité sous ses lois protectrices des intérêts de tous, et chacun, on peut le dire, ne formait qu'un vœu : c'est que le chef illustre de ce gouvernement vécût encore longtemps pour continuer le pouvoir qu'il faisait aimer par ses qualités personnelles.

Mais lui, mais Pétion, jouissait-il de la même sérénité d'âme que ses administrés? Certes, sous le rapport politique, aucun d'eux n'avait autant de confiance que lui dans l'avenir de son pays, et nous l'avons déjà fait remarquer à propos de son discours à l'installation de la chambre des représentans. Mais nous avons dit aussi quelle fut, à notre avis, *l'imprudence* commise dans le vote d'un budget de dépenses, que la situation financière de l'État ne permettait pas de réaliser, et qui laissait cependant d'autant plus d'espoir à tous les salariés, qu'une loi décrétée le même jour, en prescrivait l'exécution ponctuelle à partir du 1ᵉʳ janvier 1818, et que l'adresse de la chambre au peuple affirmait que rien ne serait plus facile.

Or, le mois de janvier s'écoulait sans que le trésor public vît affluer dans ses caisses les nombreuses recettes qu'on s'était promis d'effectuer, même au Port-au-Prince où les ressources sont plus considérables ; et cependant, magistrats, fonctionnaires civils et militaires, généraux, officiers et soldats, tous s'attendaient à être payés le 31 du mois, conformément aux lois précitées. C'était une

---

celle de 1816, le gouvernement français en fit remplir et que « les négociations cessèrent « d'avoir un caractère officiel, et tendirent plutôt à préparer les voies qu'à trouver une « solution. » — T. 2, p. 31.

fâcheuse situation : elle accusait en quelque sorte le gouvernement d'avoir manqué de prévoyance, ou d'avoir été dupe de ses propres calculs en se promettant de faire ce qu'il était impuissant à exécuter. Aussi est-il certain, par ce que nous allons relater, que Pétion se montra fort préoccupé et contrarié de cette situation, alors, peut-être, qu'il éprouvait d'ailleurs un certain dégoût résultant de son état maladif depuis la fin de 1816 et de quelque autre particularité que l'histoire ne peut omettre, parce qu'il est de son devoir de tout exposer, dans l'intérêt *de la vérité* qu'elle doit préférer à toute autre considération.

Dans les derniers jours de janvier, le président manda auprès de lui trois commerçans haïtiens : Arrault, J.-F. Lespinasse et J. Thézan [1]. Il leur fit savoir que le trésor avait peu d'argent, dans le moment où toutes les parties prenantes s'attendaient à être payées, et qu'il désirait vivement cependant donner un mois de solde à l'armée qui n'en avait pas reçu depuis quelque temps. En conséquence, il demanda à ces commerçans s'ils ne pourraient pas faire au trésor une avance de fonds qui leur seraient remboursés par les premières recettes que l'on effectuerait, d'après les ordres qu'il venait de donner pour la perception des patentes et autres droits. Ils lui répondirent qu'entre eux trois, il ne leur serait pas possible de fournir la somme nécessaire, mais qu'ils feraient un appel aux autres commerçans nationaux pour y concourir de leurs moyens. Pétion paraissait *regretter* que la loi

---

[1] C'est J. Thézan qui m'a entretenu, longtemps après, des particularités qu'on va lire à ce sujet. F. Arrault était en même temps sénateur de la République, et les deux autres juges au tribunal de cassation.

rendue sur le budget et celle qui l'accompagna, eussent été aussi affirmatives pour leur exécution ; il était triste, et il aurait prononcé ces désolantes paroles : « Ce qui « me peine, ce qui m'indigne, c'est que ceux qui devraient « le plus me soutenir et se pénétrer des embarras que « j'éprouve, sont les premiers à *critiquer* mon administra- « tion, mon gouvernement : — des hommes qui me doi- « vent tout et que je ferais rentrer, si je le voulais, dans « le néant d'où je les ai tirés. »

Avant de rechercher le sens de ces paroles, disons ce qui suivit cette communication confidentielle.

Les trois commerçans quittèrent le président, en lui promettant de tout faire pour répondre à ses désirs et à sa confiance. Ils se rendirent chez Lespinasse pour aviser aux moyens d'y parvenir, par la convocation des autres commerçans nationaux. Mais là survint Daumec, intime ami de Lespinasse : ils lui communiquèrent ce qui les affligeait eux-mêmes, par la tristesse qu'avait montrée Pétion. Partageant leurs sentimens, Daumec leur dit qu'il connaissait un négociant étranger qui professait pour le président une estime et une admiration dont il serait sans doute heureux de trouver l'occasion de lui donner la preuve, et qu'il savait que cet étranger avait des fonds disponibles.

C'était un jeune Anglais, homme de couleur de la Barbade, — John Smith, établi au Port-au-Prince depuis quelque temps. Daumec se rendit immédiatement chez lui, et lui proposa de prêter au gouvernement ce qu'il pourrait, en lui parlant des embarras du président. Smith accueillit cette proposition avec toute la générosité de son caractère, et consentit à verser aussitôt au trésor 50 mille gourdes, toute sa caisse, en témoignant la satisfaction qu'il éprouvait de ce que Daumec eût si bien apprécié ses sentimens pour le président.

De retour chez Lespinasse, Daumec alla avec lui, Arrault et Thézan au palais où ils firent savoir à Pétion la négociation qui venait d'avoir lieu ; et dans la même journée, Smith fit porter au trésor les 50 mille gourdes. En le remerciant de ce procédé qui avait le cachet d'une estime particulière pour lui, le président donna à ce jeune homme les témoignages de sa considération personnelle. Smith fut ensuite remboursé de cette somme.

L'armée put donc recevoir un mois de solde dès les premiers jours de février ; mais cet expédient ne pouvait pas se renouveler tous les mois, et cela ne pouvait qu'occasionner encore des soucis à Pétion.

Maintenant, à qui entendait-il adresser le reproche exprimé par les paroles qui lui ont été attribuées? Le lecteur remarquera, sans doute, qu'elles concernaient plusieurs personnes et non pas *une seule* ; car nous les rapportons telles qu'elles nous ont été dites.

Si l'on ajoute foi à ce que le général Inginac a avancé dans ses Mémoires, publiés en 1843 à Kingston : « Des « flagorneurs, dit-il, s'emparèrent de l'esprit du général « Boyer, peu d'années avant la mort de Pétion. Ce géné- « ral avait rendu d'éminens services à la patrie et au « chef de l'État, son ami, son bienfaiteur ; personne ne « l'ignorait. Cela lui donnait-il le droit de se ranger du « côté *des frondeurs* de l'administration du grand « homme, dont *il censurait les actes*, malheureusement « *trop souvent et publiquement*, sans réfléchir aux consé- « quences du mauvais exemple? Pétion *s'en indigna*, en « concentrant en lui-même *son déplaisir*, et mourut *le*

« *cœur ulcéré* de ce qu'il considérait comme *l'ingratitude*
« de celui qu'il croyait son meilleur ami [1]. »

Selon Inginac, même à cette époque si calme, d'autres hommes que le général Boyer frondaient aussi l'administration de Pétion. Cela ne doit pas étonner, car les meilleurs chefs y sont toujours exposés; et les paroles du président s'expliqueraient alors par la forme du pluriel qu'il aurait employée. Mais, relativement à Boyer, y aurait-il eu *erreur ou calomnie* de la part de l'ex-Secrétaire général, exilé comme lui, en 1843? Y aurait-il eu *ressentiment*, à raison de ce qu'il a lui-même fait savoir en ces termes, après avoir dit qu'il fut maintenu à cette grande fonction par Boyer, devenu Président d'Haïti?

« Je n'ignorais pas, comme il est facile de s'en souve-
« nir au Port-au-Prince, et en différens lieux de la Ré-
« publique, que le nouveau président *avait de fortes pré-*
« *ventions contre moi*, pendant quelque temps *avant la*
« mort de son prédécesseur, et qu'il avait plusieurs fois
« répété, que *j'avais dirigé* le président Pétion comme je
« l'avais voulu; mais qu'il n'en serait pas ainsi avec lui.
« Je me bornai donc à m'occuper du service matériel des
« bureaux de la secrétairerie générale, sans chercher à
« m'immiscer dans la politique du temps en quelque ma-
« nière que ce fût, d'autant plus que, peu de jours après
« son élection, m'ayant demandé la constitution, il lut
« en ma présence le chapitre relatif au Président d'Haïti,
« et s'arrêta à l'article concernant le Secrétaire général,
« en l'analysant, pour me bien faire comprendre la na-
« ture de mes obligations de bureaucrate [2]. »

En publiant ses Mémoires, Inginac a eu pour but de

---

[1] Pages 31 et 32.
[2] Page 34 des Mémoires.

justifier sa conduite et ses actes politiques, objet d'une accusation de *complicité* à tout ce que la révolution de 1843 imputait à l'ex-président Boyer; il était donc impossible qu'il s'abstînt de parler d'une foule de faits historiques, auxquels il prit part dans la haute position où il s'était trouvé placé sous Pétion et Boyer, ou dont il fut témoin. Bien que le dernier passage que nous venons de citer semble empreint d'un certain *ressentiment* qui expliquerait ce qu'il impute à Boyer dans le précédent, nous ne devons pas scruter l'intention qu'il a pu avoir, parce que nous avons nous-même à porter témoignage sur ce qui se rattache à cette imputation. Il faut que l'on remarque aussi que, dans nos investigations actuelles, nous ne cherchons qu'à saisir le sens des paroles que Pétion aurait prononcées, et qu'il importe à l'histoire de préciser, *autant que possible,* les circonstances qui ont rapport à sa mort.

Au surplus, nous ne pensons pas qu'il nous faille faire ici une *profession de foi* relativement à nos propres sentimens pour le président Boyer, dont nous avons *défendu* le gouvernement, quand il était attaqué par *l'Opposition* qui le renversa, et en faveur duquel nous espérons dire encore bien des choses; mais aussi, au point de vue de l'histoire, ce que nous *savons,* ce que nous avons *entendu,* nous ne pouvons *le taire;* et voici à quelle occasion [1].

---

[1] Je dois déclarer ici, une fois pour toutes, que si en ma qualité d'homme public, de sénateur, mes convictions raisonnées et mes sentimens me portèrent à *défendre* le gouvernement du président Boyer, aujourd'hui je comprends que j'ai une autre mission à remplir, en étudiant l'histoire de mon pays.

Le public haïtien doit comprendre aussi *la différence* qui existe entre ces deux situations. Le fonctionnaire résiste aux tentatives d'une révolution dont il prévoit les suites funestes; — celui qui écrit une histoire doit rechercher les causes des événemens, les apprécier avec impartialité, en disant tout ce qui est parvenu à sa connaissance.

A la fin de février, le général Borgella arriva au Port-au-Prince [1]. Le but de son voyage était de se plaindre de ce que, depuis assez longtemps, l'administration des finances lui faisait payer très-rarement les émolumens de son grade militaire, et d'une décision rendue par Pétion au sujet d'une maison qui lui avait été donnée pour logement, dès qu'il parvint au généralat, conformément aux lois de cette époque. Une dame ayant réclamé cette maison, située aux Cayes, comme sa propriété, avait produit, pour en obtenir la mise en possession, un acte irrégulier, contraire aux dispositions de l'arrêté de Dessalines en date du 7 février 1804 et des lois subséquentes, et le président avait été ainsi induit en erreur [2]. Pour former sa réclamation à cet égard, Borgella était parvenu à se procurer des documens, tant de la Jamaïque que de l'administration des Cayes, qui prouvaient que cette maison avait été légalement confisquée au profit de l'État, dès 1804. Comme il était privé des loyers qu'il en retirait, et en même temps de ses émolumens, il se trouvait réduit à une situation précaire sur son habitation de Cavaillon où il résidait : la plupart des travailleurs qui la cultivaient, étant devenus petits propriétaires, en étaient sortis, et par conséquent les revenus de cette habitation suffisaient à peine à son existence.

Faut-il appuyer cette déclaration par une opinion mieux formulée ? La voici : « ... Mais l'historien ne jouit pas de ce privilége-là ; son premier devoir est de mettre ses sympathies personnelles de côté, et de ne demander aux faits que ce qu'ils contiennent. Un historien est bien libre d'aimer tel pouvoir qui échoue et de ne pas aimer tel pouvoir qui réussit, mais il n'est pas libre de ne pas rechercher les causes du succès et de l'insuccès.... »

M. Paulin Limayrac.

1 Borgella logea chez mon père, comme il en avait l'habitude : c'est ainsi que j'ai pu savoir les particularités qu'on va lire.

2 Dans un voyage que Daumec fit aux Cayes, il se chargea de présenter cette demande de mise en possession et il l'obtint pour cette dame.

A son arrivée, Borgella fit sa première visite à Pétion, ainsi qu'il le devait. Il en reçut un accueil cordial, marqué de plus d'empressement et de bienveillance qu'il n'avait trouvé en lui dans ses précédens voyages à la capitale; car alors, il avait observé de la part du président, un refroidissement qu'il ne pouvait attribuer qu'aux refus qu'il fit à ses instances pour y résider, après le siége de 1812, et encore d'accepter le commandement de l'arrondissement des Cayes, après la mort du général Wagnac [1]. En lui faisant cet accueil, Pétion l'encourageait à produire sa double réclamation.

Le général Boyer vint le voir et lui témoigna également une vive amitié; et, apprenant dans quel but Borgella avait fait son voyage, il lui dit qu'il voulait être *présent* au palais afin de l'appuyer dans sa réclamation à Pétion, parce que, depuis quelque temps, le président se plaçait trop *sous l'influence* de certaines personnes qui l'avaient porté à faire des choses que lui, Boyer, considérait comme assez compromettantes pour la République; et il cita, nommément Inginac, Sabourin, Daumec et quelques autres. A ce sujet, il désapprouvait les mesures prises pour les finances, lesquelles laissaient le gouvernement sans ressources pour payer l'armée et ses chefs; les lois relatives au budget et concernant les attributions des grands fonctionnaires, celle-ci leur accordant plus d'appointemens qu'aux généraux de division. Boyer blâma également la tolérance que le président montrait pour le scandale des prodigalités de Piny,

---

[1] Il paraît que Pétion crut qu'il était secrètement mécontent. Sur son habitation, Borgella recevait beaucoup de visiteurs parmi les voyageurs; il y en eut qui, en échange de l'hospitalité gracieuse qu'ils y recevaient, répandirent contre lui des propos malveillans au Port-au-Prince.

directeur de l'hôtel des monnaies, qui insultait ainsi *à la pauvreté* des défenseurs de l'État [1]. L'institution de la Chambre des représentans et la plupart des autres lois rendues dans la session de 1817, furent aussi l'objet de *sa critique,* comme ayant été inspirées au président par ceux qui l'entouraient, surtout Inginac, disait-il, qui se croyait *un homme d'État.*

Ceux qui ont pu entendre Boyer discourir d'une matière quelconque, savent que, presque toujours en veine, il mettait dans ses expressions tout le sel de son esprit facile. Toutefois, nous devons *attester* ici, qu'il ne nous parut animé d'aucune *hostilité* contre Pétion, mais contre les personnes auxquelles il attribuait une grande part dans ce qui était l'objet de sa critique. Ainsi, quand Inginac a dit que le général Boyer *avait de fortes préventions contre lui,* il eut raison. Mais qui sait si, sachant cela, il ne se sera pas plaint à Pétion de ces opinions de Boyer, en les considérant comme *censurant* les actes de son gouvernement, *frondant* son administration? D'autres ont pu également lui rapporter les paroles de ce général en les envenimant, tandis que, quand il les prononçait, il n'avait sans doute que l'intention *d'excuser* le président, à propos des mesures qu'il n'agréait pas.

Cependant, nous devons dire aussi que nous n'approuvons point *la critique* que Boyer faisait des actes de son prédécesseur, même en les attribuant *à l'influence* des personnes qu'il désignait ; car il était trop haut placé près de Pétion, pour que ses paroles n'eussent pas du retentis-

---

[1] Piny éprouvait tant d'orgueil et d'ostentation dans sa charge, qu'il fit venir de France des vases de grande dimension *en porcelaine,* pour servir de pots à fleurs qu'il exposait sur une terrasse de son logement. Par là, il se fit accuser encore mieux de dilapidations dans l'hôtel des monnaies.

sement dans le public et ne fussent pas commentées au désavantage de ses sentimens pour lui : ce qui, dans tous les cas, était d'un fâcheux exemple et était propre à mécontenter le président, dans la situation d'esprit où il se trouvait alors [1].

Quoi qu'il en soit, Boyer assista effectivement le général Borgella dans sa réclamation. Elle obtint un plein succès, parce qu'elle était fondée : — quant aux appointemens, sur le droit qu'avait ce général d'être payé au trésor comme ses collègues, — et quant à la maison, sur les documens qu'il exhiba et qui prouvèrent à Pétion que sa première décision était le fruit de l'erreur. Le président l'engagea alors à acheter cette propriété du domaine public [2]. Mais comme Boyer lui faisait de vifs *reproches*, d'avoir en quelque sorte oublié tous les services rendus au pays par Borgella, particulièrement en se soumettant à son autorité pour faire cesser la scission du Sud ; circonstance, disait-il, où Borgella montra un patriotisme, un désintéressement et un dévouement rares, Pétion dit à ce dernier, en riant, mais avec un ton sarcastique : « A entendre Boyer aujourd'hui, ne dirait-on « pas qu'il est plus *votre ami* que moi ? »

Si ces paroles semblent avoir été dictées par une réminiscence des lettres que lui écrivit Boyer, au moment où il allait opérer la pacification du Sud, par l'oubli sincère du passé, qui lui ramena tous ses anciens amis, elles ne

---

[1] A cette époque, on imputa à Boyer d'avoir critiqué les mesures financières de l'administration, en parlant aux Officiers du 3e régiment réunis au fort Lamarre ; et l'on dit que ses paroles furent de suite rapportées à Pétion. Il peut avoir été calomnié, mais cela s'est dit. Cependant, on verra que les premiers actes de sa présidence ont été d'accord avec ses opinions.

[2] Les formalités administratives ne permirent à Borgella de l'acheter qu'au mois de mai suivant, sous la présidence de Boyer.

sont pas moins empreintes de cet esprit mordant que Pétion avait parfois, à l'égard des personnes qui le mécontentaient ; et par là encore s'expliqueraient, *peut-être*, et ses autres paroles que nous avons rapportées, et l'affirmation donnée par Inginac dans le premier passage de ses Mémoires, cité plus avant. Au surplus, en cette circonstance, on eût dit que Pétion se plaisait à rappeler à Borgella la vieille amitié qui les liait à Léogane, quand ils servaient tous deux dans la Légion de l'Ouest, et dont nous avons cité des traits dans le troisième volume de cet ouvrage. Il l'engagea à prolonger son séjour à la capitale et fit faire son portrait pour être placé dans la salle du palais. Inutile de dire que Borgella répondit à ces témoignages d'estime, par les sentimens d'une franche cordialité [1].

Les soucis qu'eut Pétion, même le mécontentement qu'il aura éprouvé, si on l'admet par les particularités exposées ci-dessus, n'étaient pas cependant de nature à impressionner tellement cet homme d'un caractère aussi ferme, pour que l'on croie à l'influence de ces causes morales sur son âme, et conséquemment sur l'événement du 29 mars. Il faut plus chercher la cause de ce malheur dans les circonstances de l'ordre physique, auxquelles on n'aura pas porté assez d'attention à cette époque : ce qui a donné lieu à une foule d'opinions sur la mort du président.

On a vu qu'après l'ouragan du 19 octobre 1846, le pays éprouva une forte disette de vivres et une grande épidémie.

---

[1] En parlant à Pétion des causes qui firent péricliter son habitation, Borgella reçut ce reproche amical : « Si vous aviez suivi mes conseils, vous eussiez mieux fait, et j'aurais eu « la satisfaction de vous avoir toujours près de moi. »

Cet ouragan avait frappé surtout dans l'Ouest, et au Port-au-Prince particulièrement : des sources nombreuses avaient jailli dans les quartiers de cette ville, voisins du rivage de la mer, ce qui y occasionna de véritables cloaques par les immondices qui s'y accumulaient. Le mouvement souterrain des eaux fut tel, que les deux lacs, appelés *Étangs Saumâtre et Salé*, ordinairement éloignés l'un de l'autre de deux lieues, se rapprochèrent à un-quart de lieue. Le Port-au-Prince étant mal tenu sous le rapport de la propreté, cet état de choses aggrava excessivement l'épidémie dont il s'agit : des fièvres intenses enlevaient les indigènes, la fièvre jaune, les étrangers qui y affluaient. Le 15 février 1818, elles continuaient encore, et elles durèrent même toute cette année.

Un article parut ce jour-là sur *le Télégraphe*, dans lequel un particulier appela l'attention des autorités sur la malpropreté des rues et des quais de la ville, sur l'air vicié, malsain, que respirait une population agglomérée ; cause des mortalités nombreuses, disait-il, qu'elle essuyait depuis plus de 15 mois, et il conclut *à proposer* de ne plus faire les inhumations au cimetière intérieur, situé au quartier du Morne-à-Tuf, lesquelles pouvaient contribuer aussi à l'épidémie [1].

Sept jours après, le 22 février, un autre article fut publié sur le même journal par le conseil de notables, qui fit savoir au public que ces réflexions avaient été prises en considération ; que l'autorité avait ordonné l'éta-

---

[1] Cet article fut reproduit sur *l'Abeille haïtienne*, avec de nouvelles réflexions de son rédacteur qui engageait les autorités à prendre des mesures pour la salubrité de la ville. Nous croyons nous rappeler que celui du *Télégraphe* fut écrit par Daumec, qui publiait quelquefois des choses utiles sur ce journal. Nous les avons sous nos yeux.

blissement d'un nouveau cimetière au sud de la ville, en dehors de son enceinte, la construction de tombereaux pour l'enlèvement des immondices dans les rues, la réparation des fontaines publiques où l'eau potable coulait irrégulièrement, etc, etc. Ainsi, il est prouvé qu'il y avait eu négligence de la part des fonctionnaires chargés de la police de la ville.

Dans la semaine sainte, qui arriva du 15 au 22 mars, un fait eut lieu au palais de la présidence, le jeudi dans la soirée, lequel occasionna de l'émotion aux citoyens par ses circonstances; et nous en parlons pour prouver d'une part, l'intérêt qu'inspirait Pétion, de l'autre, la bonté de son cœur et cette modération qui était dans son caractère; car ce fait était réellement insignifiant, malgré les proportions qu'il prit dans le public.

Le 15ᵉ régiment, d'Aquin, étant en garnison à la capitale, le capitaine Colomb, de ce corps, fut mis de garde à la douane. Ce vieux militaire, qui avait fait partie de la 13ᵉ demi-brigade en 1802, au Haut-du-Cap, avait de l'admiration pour Pétion, son ancien chef, et ne manquait jamais de le visiter pendant les garnisons de son nouveau régiment. Mais depuis quelque temps, il abusait des liqueurs fortes : or, le Jeudi Saint, dans la matinée, s'étant enivré extraordinairement, il commit des actes, du côté de la douane, qui dénotaient une sorte de folie; et l'autorité militaire de la place, ou n'en fut pas avertie pour le retirer de cette garde, ou négligea ce devoir. Dans la soirée, Colomb quitta son poste dans l'état d'ivresse où il se trouvait encore, portant son sabre au côté et des cailloux dans ses poches, dans ses mains; il se rendit au palais, où il demanda à parler au président, tout en divaguant complètement : arrêté par la garde du palais, il fit résistance avec énergie, en vociférant des paroles injurieuses contre Pétion. On supposa alors qu'il était venu à cette heure, dans une intention hostile, avec le projet perfide de l'assassiner; et il fut conduit ou plutôt traîné violemment en prison, où il fut mis aux fers.

La connaissance de ce fait, amplifié, occasionna l'émotion dont nous venons de parler. Mais Pétion ayant su le lendemain matin, que c'était Colomb qui en était l'auteur, dit aux personnes qui se rendirent au palais, que c'était une erreur de penser que ce vieux soldat eût voulu attenter à sa vie, et il le fit mettre en liberté. Cependant, on jugea que Colomb, ayant contracté l'habitude des liqueurs fortes, il ne convenait pas qu'il fût encore le chef d'une compagnie, et il fut renvoyé du 15e régiment [1].

Ce trait de bonté de Pétion, guidé par le ressouvenir des services que ce brave officier avait rendus à la patrie et à la liberté, sous ses ordres, prédispose en quelque sorte aux regrets que doit faire éprouver le pénible événement qu'il nous faut relater.

Dès le mois de novembre 1816, avons-nous dit, Pétion avait fait une maladie dont les suites duraient en avril 1817, lorsqu'il fallait installer la chambre des représentans : ce qui a été constaté dans une lettre des commissaires français et dans l'adresse de cette chambre au peuple ; et nous avons encore cité un article de *l'Abeille haïtienne,* qui a parlé d'une nouvelle et grave maladie

---

[1] Rendu à la raison, après son emprisonnement, Colomb fut si peiné d'avoir manqué de respect à Pétion, et si honteux d'être renvoyé de son corps, qu'il prit dès lors la résolution de ne plus boire des liqueurs fortes. Il vint voir Borgella, son ancien colonel, qui lui fit de vifs reproches sur sa conduite ; et ce vieux brave pleura comme un enfant, en ma présence : il vécut longtemps après, retiré sur son don national qu'il cultivait dans la commune de Cavaillon.

qu'il essuya à la mi-octobre 1817. Il semble donc qu'il était constamment placé sous l'influence pernicieuse de l'épidémie qui régnait au Port-au-Prince.

Le dimanche 22 mars, jour de Pâques, il ne put ni aller passer l'inspection des troupes, ni assister à la grand' messe de cette solennité religieuse, comme il en avait l'habitude, parce que la fièvre le saisit de bonne heure, peut-être dans la nuit précédente. Son absence de la parade et de l'église fut remarquée avec une certaine inquiétude, et par l'armée et par la population : on voyait revenir trop souvent, depuis quelque temps, ces maladies persistantes.

Il y avait environ un mois que le général Borgella était au Port-au-Prince, et il avait fixé son départ au lundi 23 mars. Dans la soirée du dimanche, il se rendit au palais pour prendre congé du président, qu'il trouva couché dans sa chambre et souffrant de la fièvre. Il voulut abréger sa visite; mais Pétion le retint, causant avec lui d'un ton calme. Cependant, vers neuf heures, Borgella lui dit que, partant le lendemain matin, il était venu le saluer et qu'il lui souhaitait un prompt rétablissement : « Comment, lui répondit Pétion, vous partez déjà ! Pourquoi vous pressez-vous de retourner chez vous ? Restez donc ici *encore quelques jours*. — Président, j'ai des travaux à faire exécuter sur mon habitation, et ma présence y est nécessaire. Mes aides de camp ont besoin aussi de retourner chez eux. — *Quelques jours de plus* n'y feraient rien, répliqua Pétion. » Mais Borgella insistant, il lui serra affectueusement la main, en lui souhaitant bon voyage [1].

---

[1] Revenu chez mon père, le général Borgella lui dit qu'il venait de quitter Pétion avec un sentiment de pénible émotion ; qu'il trouvait que ses traits étaient profondément altérés

L'événement qui suivit, et les circonstances qui l'accompagnèrent, peuvent sans doute donner un sens lugubre à ces paroles de Pétion; mais il se peut aussi qu'elles étaient toutes naturelles de sa part, attendu qu'il avait déjà engagé Borgella à prolonger son séjour à la capitale.

On a toujours dit que dans ses maladies, Pétion faisait peu d'usage des médicamens de toutes sortes, et qu'il avait résisté longtemps à l'emploi d'un traitement sudorifique que lui donna enfin le docteur Mirambeau, son médecin, et qui le guérit de l'affection cutanée qui avait été si souvent cause, il paraît, des douleurs chroniques dont il souffrit. Il n'est donc pas étonnant que dans cette dernière maladie, il ait encore répugné à prendre les médicamens qu'on lui offrait. A l'égard des alimens qu'il aurait également refusés, dit-on, cela se conçoit encore mieux : ordinairement, la fièvre en dégoûte, et la nature elle-même les repousse, quand on est malade.

Mais, à cette époque, on tira mille inductions de ces particularités. On prétendit que Pétion était *fatigué, dégoûté de la vie, qu'il se laissa volontairement mourir de faim*. D'autres ont dit, ont cru peut-être, qu'en ne prenant ni alimens ni médicamens, c'est qu'il craignait *d'être empoisonné*. Cette absurdité se réfute d'elle-même; car, qui lui aurait inspiré une telle crainte dans cette dernière maladie, lorsque dans les précédentes il n'en

---

après un seul accès de fièvre, et que tout en lui semblait présager une mort prochaine. Mon père l'engagea alors à différer son départ, et Borgella lui apprit que le président le lui avait conseillé, mais qu'il lui avait répondu qu'il était nécessaire qu'il retournât chez lui. Un instant après, Solages et Chardavoine, ses aides de camp, rentrèrent et opinèrent pour le départ, en disant à leur général, que depuis quelque temps Pétion étant souvent malade, il fallait espérer qu'il n'y aurait aucun résultat fâcheux de sa maladie actuelle. Le lundi au jour, ils se mirent en route.

éprouvait pas, et qu'il était soigné par les mêmes personnes de sa famille?

Nous trouvons dans *l'Abeille haïtienne,* du 5 avril, ce qui suit :

« Le 22 mars dernier, la fièvre le saisit. On lui prodi-
« gue les soins les plus empressés ; mais *il refuse les re-*
« *mèdes* qu'on lui présente ; *il ne veut même prendre au-*
« *cun aliment,* malgré les instances les plus vives de sa
« famille, de ses amis, et le 29 du même mois, à 4 heures
« du matin, il expire *dans ce calme de l'âme* qui caractérise
« l'homme irréprochable. »

Comme on le voit, cette narration semble insinuer *un refus volontaire* de la part de Pétion, de prendre ce qu'on lui offrait ; une sorte *de résolution arrêtée* de terminer sa précieuse existence par l'inanition ; enfin *un suicide* combiné et long, puisque la maladie dura sept jours entiers [1].

Ce fut l'opinion assez généralement adoptée alors, parce que toujours, lorsqu'une vie chère à tout un peuple est abrégée trop promptement, les vœux formés pour sa prolongation, les espérances déçues, imaginent des causes contraires à l'ordre naturel des choses auquel tout être humain est assujéti [2].

Cependant, nous ne nous arrêtons pas même aux

---

[1] Pétion n'aurait pas pu vivre aussi longtemps dans une abstinence *complète* ; il faut donc croire qu'il a pris au moins des tisanes, etc.

[2] Cet article de *l'Abeille haïtienne,* écho de toutes les appréciations erronées de l'époque, paraît avoir été cause de toutes celles qui ont été reproduites dans les livres étrangers, avec plus ou moins d'amplifications. Il est inutile de citer ici leur texte à ce sujet, et en cela on peut dire que leurs auteurs sont excusables de s'être trompés sur les causes probables de la mort de Pétion. Si, d'après ce journal, « Pétion expira dans le calme de l'âme, » un tel état moral ne s'accorderait pas avec la pensée, la volonté d'un suicide. On n'aura pas fait attention, sans doute, qu'en se refusant aux instances de sa famille et de ses amis, il était déjà dans un état comateux.

quelques jours que Pétion engageait le général Borgella à passer encore à la capitale, et qui sembleraient prêter à l'induction générale du temps; car ces paroles ne nous semblent, à nous, que la suite des témoignages d'amitié qu'il lui avait donnés. Elles pourraient tout au plus faire *supposer* que Pétion avait, dès le premier jour, *le pressentiment* de sa mort dans cette dernière maladie, attendu que depuis environ dix-huit mois, il était constamment malade. Cette opinion est corroborée par l'assertion du général Inginac, qui prétend que 40 jours avant sa mort, Pétion lui aurait parlé *de sa fin prochaine* [1].

Ce ne serait certainement pas la première fois qu'un homme aura eu un tel avertissement intime du terme de son existence. On ne peut expliquer *le pressentiment*, et il est vrai qu'il se produit souvent. Mais, tout fait croire que la mort de Pétion aura été occasionnée par ces maladies récidivées, qui auront prédisposé ses organes à être plus facilement sous l'influence de l'épidémie qui régnait au Port-au-Prince. Chef de l'État, il était homme et soumis comme tous autres à cette pernicieuse épidémie.

Ce ne fut que le 26 mars *au soir*, que son état commença à donner des inquiétudes, d'après la lettre suivante adressée par le général Boyer, au général Lys : il en écrivit deux autres, peut-être semblables, aux généraux Borgella et Francisque qui étaient sans emploi dans le Sud, de même que Lys [2].

Port-au-Prince, le 27 mars 1818, à 11 heures 1/2 du soir.
BOYER, général de division, commandant
la garde du gouvernement et l'arrondissement du Port-au-Prince,
Au général Lys, sur ses terres au Petit-Trou.

[1] Dans ses Mémoires de 1843, p. 32 et 33.
[2] Je produis cette lettre d'après *l'original* que j'ai sous les yeux.

Mon cher Lys,

Le Président d'Haïti, atteint depuis dimanche dernier d'une fièvre ordinaire, est dans ce moment à presque toute extrémité, sa maladie ayant commencé *hier au soir* seulement à prendre un caractère sérieux. Nous sommes dans une situation bien douloureuse et bien pénible; mais, quels que soient mes chagrins et mes alarmes sur l'état du Père de la Patrie, le sentiment de mon devoir m'a donné la force de m'occuper des affaires militaires et de prendre les mesures que la prudence m'a dictées, pour mettre cette frontière à l'abri de toute tentative de l'ennemi. Votre présence ici m'est indispensable, mon cher ami, et je vous invite à ne point tarder à venir en la capitale. *Le Président parle encore, pour nous prêcher l'union et la concorde* [1], et c'est répandre dans son âme navrée un baume consolateur, que de lui jurer de faire abnégation de tout sentiment particulier, pour ne voir que la patrie et notre postérité. Il paraît essentiel que les généraux commandans d'arrondissement restent à leurs postes, au moins jusqu'à ce que des mesures de sûreté générale y rendent leur présence moins nécessaire. Ce sont des avis que l'amitié et le désir du bien public dictent.

Je vous attendrai avec impatience, mon cher ami; en attendant, recevez l'assurance de mon bien sincère dévouement.

Votre ami,   Signé : BOYER.

Dans la journée du jeudi 26, il paraît que Pétion lui-même ne se faisait pas illusion sur la gravité de sa maladie; et, acceptant son sort avec cette résignation de l'homme juste dont la conscience se sent irréprochable; se préparant à paraître devant le juge suprême qui pèse avec équité les actions des plus humbles mortels et celles des potentats les plus superbes; lui qui n'avait gouverné son

---

[1] S'il est vrai qu'il prêcha *l'union et la concorde* à ceux qui l'entouraient, et « qu'il « expira avec *ce calme de l'âme* qui caractérise l'homme irréprochable, » comme l'a dit le journal, c'est une preuve *qu'il ne se suicida pas*, mais *qu'il se résigna* à son sort, à l'effet de la maladie. Un chef qui se laisse mourir *volontairement* ne se préoccupe pas de l'union de ses concitoyens, ne meurt pas avec ce calme religieux et philosophique.

pays qu'avec les intentions les plus pures, un esprit toujours conciliant, en s'efforçant d'humaniser les cœurs, d'inspirer à ses concitoyens les sentimens de la justice, il prit la résolution de ne pas descendre dans la tombe, sans avoir fait encore une belle et bonne action, afin d'honorer la République qu'il avait fondée et son propre caractère.

Le colonel Zacharie Tonnerre, du 14e régiment, possédait dans la plaine une sucrerie où il faisait travailler des soldats de son corps, concurremment avec les cultivateurs. Un de ces militaires ayant mal rempli son devoir, fut réprimandé par son colonel et lui répondit avec humeur; impatienté, ce colonel le frappa; le soldat le repoussa violemment et le renversa par terre. Ce fait avait eu lieu en présence d'autres de ses camarades et des cultivateurs. Il était fâcheux, sans doute, que le colonel eût frappé son subalterne, lorsqu'il pouvait le punir; mais le soldat avait aggravé son tort primitif en manquant à la fois au respect dû *au propriétaire* et à *l'autorité militaire*. Traduit par-devant la commission permanente, il fut condamné à la peine *de mort*, en vertu de cette disposition du code pénal qui ne permet pas à un inférieur *de lever la main* sur son supérieur.

Cependant, Pétion voulant le grâcier, manda le colonel Zacharie pour le faire en quelque sorte concourir à cet acte de bonté, en le persuadant d'être généreux; il se persuadait lui-même que ce serait un moyen de maintenir l'autorité de ce chef sur le corps placé sous ses ordres, parce que de tels actes gagnent mieux les cœurs que la sévérité la plus juste. Alors que Pétion venait de se montrer bon envers le capitaine Colomb, et que sa maladie donnait déjà des inquiétudes, il ne pouvait qu'influer sur l'esprit du colonel Zacharie : celui-ci consentit avec empressement à ce qu'il désirait.

Ce fut la dernière action de la vie de Pétion, si pleine d'ailleurs de touchans exemples d'humanité, de bonté, de générosité. Ainsi que nous l'avons déjà dit, il termina sa carrière politique comme il avait commencé sa carrière militaire : en sauvant la vie d'un homme! Le 2 septembre 1791, ce fut un officier du régiment d'Artois, *un blanc* qu'il protégea et arracha à la fureur de ses camarades d'armes : le 26 mars 1818, ce fut un soldat de ce brave 14e régiment qui s'était rallié sous son autorité, *un noir* qu'il enleva au glaive de la loi!

Un pays qui a eu un tel Chef, une République qui a eu un tel Fondateur, n'ont-ils pas eu le droit d'en être orgueilleux ?

Aussi, comment retracer ces pénibles émotions, cette anxiété, ces angoisses déchirantes éprouvées au Port-au-Prince, par toutes les classes de la population, lorsqu'on se disait : « Le Président est gravement malade, « il est à toute extrémité, il va mourir! » Les travaux, les occupations, la vie tout entière de la cité, s'arrêtèrent à cette affligeante nouvelle [1]. On s'interpellait dans les rues, on se portait en foule au palais pour savoir à tout moment, s'il n'y avait pas un changement dans son état qui pût faire espérer que ses jours seraient conservés. Dans la nuit du 28 au 29 mars, bien des person-

---

[1] L'épidémie enlevant d'autres infortunés, on avait cessé de sonner le glas funèbre à l'église, selon l'usage, dans la crainte que ce bruit lugubre des cloches ne fît impression sur Pétion. (*Abeille haïtienne* du 3 avril.) — L'église ayant beaucoup souffert dans l'explosion de la poudrière placée dans son voisinage, il la faisait réparer. Il avait fait venir de l'étranger une grosse cloche pour remplacer celle qui était fêlée ; elle fut montée à l'occasion de sa mort, par les soins du colonel Morette et des marins de l'État. Des capitaines de navires étrangers vinrent d'eux-mêmes l'assister dans cette opération.

nes y demeurèrent, beaucoup d'autres ne prirent aucun repos chez elles, comme si elles avaient des malades dans leurs propres familles. Et lorsqu'à 4 heures 5 minutes du matin, des cris de douleur retentirent dans la chambre de Pétion, annonçant son trépas, ils se répandirent du palais dans toute la ville : les pleurs, les sanglots, les gémissemens devinrent universels.

Jamais, non, jamais on ne vit un tel spectacle! Jamais aucun autre chef d'État n'a fait couler autant de larmes à sa mort! Les Haïtiens ne furent pas les seuls qui en versèrent; les Étrangers partagèrent leur douleur et pleurèrent comme eux [1].

« Les Étrangers portent comme nous le crêpe funèbre ; « ils n'honorent pas moins la mémoire de notre illustre « chef ; et ce sont eux qui, les premiers, ont dit: « Vous « avez perdu votre Washington ! » »

De même que les garde-côtes de l'État et les bâtimens nationaux, les navires de toutes les nations étrangères qui étaient dans le port, mirent leurs vergues en croix et leurs pavillons à mi-mâts, en signe de deuil, durant les trois jours passés aux préparatifs des funérailles. Tous les magasins marchands et toutes les boutiques restèrent fermés. On ne vit pas un acte de désordre dans toute la ville, pas un seul homme ivre, tant la douleur était réelle et universelle [3].

Lorsqu'il fallut procéder à l'autopsie du corps de Pétion, pour en retirer le cœur et les entrailles et l'embaumer, sous la direction du docteur Mirambeau, inspecteur général du service de santé, assisté des médecins Elie,

---

[1] J'ai vu ce que je dis. On croit généralement que les matelots sont des hommes peu sensibles, par le dur métier qu'ils font : j'ai vu ceux des navires étrangers pleurer comme les commerçans de leurs nations.

2 et 3. *Abeille haïtienne* du 3 avril.

Williamson, Laporte, etc, on vit ces hommes honorables, pleurant comme tous les assistans, hésiter un instant à porter leurs instrumens sur ce corps inanimé d'un chef qu'ils vénéraient. On eût dit qu'ils craignaient de commettre une impiété [1].

Le cœur fut mis dans une urne en argent, et destiné à être gardé par sa famille ; les entrailles, dans une boîte en plomb, pour recevoir leur inhumation au fort National, tandis que le corps, placé dans un double cercueil en plomb et en acajou, serait déposé dans un caveau construit sur la place d'armes.

Le grand salon de réception du palais fut disposé en chapelle ardente, où le corps embaumé fut placé sur un lit de parade. Un char fut préparé pour le recevoir dans une sorte de cercueil ouvert, le porter à l'église, et rester ainsi pendant la cérémonie religieuse, et jusqu'au moment de le mettre dans le double cercueil : quatre chevaux noirs, caparaçonnés de deuil, traînèrent ce char également revêtu de deuil et portant des inscriptions en lettres d'or autour de son chapiteau. On y lisait : ALEXANDRE PÉTION, *Président d'Haïti, né le 2 avril 1770, Fondateur de la République. — Il n'a jamais fait couler les larmes de personne.* [2]

Pendant les journées des 29 et 30 mars et les nuits correspondantes, le palais était constamment rempli de personnes de tous états et de tous rangs, qui venaient

---

[1] Laporte était un de ces Français venus de Cuba au Môle, en 1809, et qui acquit la qualité d'*Haïtien* en soignant les blessés de l'armée de Lamarre. L'opération des médecins se fit en présence des présidens et secrétaires du Sénat et de la Chambre des représentans, des Grands fonctionnaires, etc.

[2] Ces mots élogieux avaient été écrits dans l'Adresse du Sénat, du 1er juillet 1807. Depuis la mort de Pétion, on a dit : *Il ne fit couler des larmes qu'à sa mort.* Ce fut Chéri Archer qui orna ce char avec un goût particulier.

voir les traits de Pétion pour la dernière fois. Les campagnards ne furent pas les moins empressés autour du lit de parade, pour regarder ce beau visage qui semblait celui d'un homme simplement endormi, tant la vie s'était éteinte en lui dans le calme d'une conscience pure. On les entendait, dans leur langage expressif, faire l'éloge du chef qui avait substitué un régime doux et humain, pour la culture des terres, à un régime de contrainte barbare fondé sur le mépris des hommes et de leur liberté. Celui-ci disait qu'il n'avait été affranchi d'une domination absolue, que depuis l'avènement de Pétion à la présidence; celui-là faisait savoir qu'il en avait reçu une concession de terrain qui le rendait *propriétaire aussi* du sol qu'il arrosa de ses sueurs. Et les militaires de tous grades vinrent joindre le témoignage de leur gratitude envers le chef qui les dota de semblables propriétés au nom de la Nation; les soldats, pour la douce discipline qui faisait d'eux des hommes libres, des citoyens dévoués au service de la patrie commune.

Une femme noire, enceinte, paraît dans le salon; on lui fait des observations sur son état, elle répond: « Je « veux que le fruit de mes entrailles ressente aussi la « perte que nous éprouvons tous en ce jour. [1] »

Un aveugle s'y présente également; il est vêtu de l'uniforme d'artillerie qu'il portait constamment; il prie les assistans de l'approcher du corps de Pétion, afin qu'il lui touche la main. La serrant affectueusement, il dit adieu, en sanglotant, à son ancien capitaine, et le remercie de l'avoir toujours secouru dans sa misère. C'é-

1 *Abeille haïtienne* du 3 avril.

tait Noël Desvignes, ancien artilleur de la compagnie de Pétion, qui perdit la vue en 1793[1].

Et que d'autres affligés comme lui, hommes et femmes, — des militaires invalides, des pauvres que le président assistait régulièrement chaque semaine, — ne vinrent pas aussi autour de ce lit de parade, faire entendre des gémissemens échappés de leurs cœurs reconnaissans[2] !

Il faut avoir assisté à ce touchant spectacle, pour apprécier ce qu'il y eut de respectable et de glorieux dans la bienfaisance de Pétion ; car ces sentimens, ce langage des malheureux, furent le plus bel éloge prononcé à sa mort.

Le 31 mars, quand l'heure arriva pour l'enlèvement de son corps afin de procéder aux obsèques, — moment toujours pénible, en Haïti surtout, — ce fut encore un spectacle bien douloureux. Sa famille fut appelée pour ce dernier adieu : au milieu d'elle, on distinguait, on ne voyait peut-être que Célie, âgée de 12 ans, cette enfant si aimée de Pétion, qu'il élevait dans ses habitudes de bienfaisance ; car elle était souvent la douce et intelligente intermédiaire entre son père et les infortunés. Ses cris de douleur, ses lamentations, ses invocations aux mânes de celui qui lui inspira un si profond attachement, arrachèrent de nouvelles larmes à tous les assistans : la pauvre enfant s'évanouit sous la pression de ses pénibles émotions ! En cet instant, il n'y eut qu'un sentiment,

---

[1] Noël Desvignes est mort au Port-au-Prince, en septembre 1851, âgé de plus de 80 ans. Il avait perdu la vue dans une salve tirée en l'honneur des commissaires civils Polvérel et Southonax.

[2] Tous les samedis, les pauvres du Port-au-Prince se réunissaient au palais où Pétion, toujours assisté de sa fille Célie, leur distribuait l'aumône que sa bonté rendait plus agréable à leur gratitude.

universellement partagé : CÉLIE sera l'enfant adoptive de la Nation ! Car on savait que Pétion ne lui laissait point de fortune [1].

Dès le 29, dans la matinée, le Secrétaire d'État Imbert avait fait publier une Adresse au peuple et à l'armée, pour annoncer l'événement déplorable qui privait la République de son chef. Cet acte disposa que ses obsèques seraient célébrées avec pompe, que son corps serait déposé sur la place du Champ de Mars au pied de l'arbre de la Liberté qu'il y avait fait planter, ses entrailles au fort National et son cœur remis à sa famille. L'armée et les fonctionnaires publics durent porter le deuil durant trois mois. A la réception de l'adresse dans les arrondissemens, le canon de deuil serait tiré dans chaque place, de dix en dix minutes pendant 24 heures, et la cérémonie des obsèques y serait figurée comme elles se feraient à la capitale. Là, le général Boyer, commandant de l'arrondissement, fut chargé de tout faire pour donner de l'éclat à la cérémonie.

En conséquence, il publia un programme qui prescrivit le tir du canon de deuil, dans tous les forts de la ville et par les bâtimens de la flotte, le glas funèbre des cloches de l'église, et de mettre le pavillon de la République à mi-mâts [2]. La chapelle ardente du palais, comme l'église, durent être tendues de deuil, quatre généraux gardant le corps placé sur le lit de parade, le péristyle de l'édifice et ses avenues, jonchés de feuillages et de fleurs. Enfin, l'ordre de la marche des troupes de la gar-

---

[1] « Au moment de l'enlèvement du corps du défunt, sa fille, l'affligée Célie, est aussi venue faire les derniers adieux aux mânes de son père... Intéressante pupille du Peuple haïtien, tu nous as déchiré le cœur par ta touchante invocation ; il nous a fallu toute la maturité de l'âge pour ne pas tomber de faiblesse avec toi... » — *Abeille haïtienne*.

[2] Ces choses se firent durant trois jours consécutifs.

nison, de la place à tenir dans le cortége par les sénateurs, les représentans des communes, les grands fonctionnaires de l'État, les membres du corps judiciaire, les fonctionnaires de l'administration civile, les généraux et autres officiers de l'armée, les commerçans nationaux et étrangers, les instituteurs publics et leurs élèves, le peuple : tout fut réglé avec un ordre intelligent, pour donner la plus grande pompe à la cérémonie, et la rendre digne du chef regretté de la République [1].

L'abbé Gaspard, curé du Port-au-Prince, assisté d'autres prêtres, exécuta l'office des morts selon tout le rituel de l'Église catholique, avec cette dignité qu'il mettait dans ses fonctions et un sentiment qui marquait l'estime et la reconnaissance qu'il professait pour Pétion. Espagnol de naissance, ne s'exprimant pas bien en français, il céda à l'abbé Gordon, son vicaire, l'honneur de prononcer une oraison funèbre à sa mémoire. Après cet ecclésiastique, le grand juge Sabourin monta en chaire, pour faire l'éloge du chef auquel il était attaché depuis longtemps, et dont il n'avait toujours reçu que des témoignages d'une haute considération ; ce ne fut que par des paroles entrecoupées qu'il remplit sa tâche, car ses pleurs, ses sanglots l'arrêtèrent bien souvent.

En sortant de l'église pour se rendre au Champ de Mars, les aides de camp de Pétion, le colonel Ulysse le premier, ne voulurent plus que le char fût traîné par les chevaux ; ils donnèrent un exemple qui fut suivi par la plupart des

---

[1] Un peintre étranger, nommé Hardy, conçut l'idée de représenter en huit tableaux, la marche du cortége pendant les obsèques de Pétion. Il les dessina et se rendit aux États-Unis où il fit exécuter des gravures qu'il enlumina et qu'il revint vendre en Haïti, en les accompagnant d'une petite brochure explicative où il fit les plus grands éloges du défunt.

autres officiers qui étaient dans le cortége, et ce char fut tiré par eux tous, en signe du profond regret qu'ils éprouvaient de la perte de ce chef bien-aimé [1].

Quel autre chef que Pétion a jamais obtenu à sa mort des témoignages aussi flatteurs de considération, d'estime et de gratitude? Qui les a mérités autant que lui? Aucun !...

Après que son corps eut été déposé dans le caveau que l'on avait construit avec diligence, le cortége se dirigea au fort National où les entrailles furent également placées dans un caveau qui y avait été préparé [2].

Il faut ici rendre justice au général Boyer, pour les mesures d'ordre qu'il prit dans ces jours de deuil, pour le soin qu'il eut de rendre les funérailles de Pétion aussi pompeuses qu'elles pouvaient l'être. Il le devait à celui qui l'aima toujours d'une affection particulière, qui lui en donna des preuves multipliées, qui fut enfin, on peut le dire, son bienfaiteur. En cette circonstance, il trouva, d'un autre côté, tous les citoyens disposés à le seconder; car leurs peines étaient trop réelles, pour qu'ils ne sentissent pas que c'était le moyen d'honorer la mémoire du Père de la Patrie : les plus humbles comme les plus élevés dans la société s'unirent dans ce sentiment. C'est le plus bel éloge qu'on puisse faire du peuple, composant alors la République d'Haïti.

Si dans tous ses arrondissemens, dans ses différentes villes, dans ses moindres bourgades, la mort de Pétion fut considérée comme un malheur public, aux Cayes on

---

[1] Parmi les aides de camp de Pétion, on distinguait le chef d'escadron Viesama dont l'attachement et la vénération pour le président ont été constans : ce qui honore son cœur.

[2] La famille de Pétion garda durant plusieurs années, dans un oratoire, l'urne qui contenait son cœur ; et elle la plaça ensuite dans le caveau où est le cercueil et où un petit autel a été dressé. Là fut placé aussi le cercueil où gît Célie, décédée en 1823.

sentit vivement cette perte. Le général Marion, qui avait une estime affectueuse pour lui, comprit que le chef-lieu du Sud, naguère témoin de sa modération et de sa générosité, devait se distinguer dans les honneurs funèbres rendus à sa mémoire. Le 3 avril, il procéda à la cérémonie ordonnée par le Secrétaire d'État chargé de l'autorité exécutive. Le cortége des fonctionnaires publics et des citoyens réunis chez lui, se rendit sur la place d'armes où étaient toutes les troupes de la garnison. Là, sur l'autel de la Patrie, ombragé par l'arbre de la Liberté, il prononça un discours à la louange du chef de la République. On se rendit ensuite à l'église, où le service religieux se fit avec un saint recueillement. A l'issue de l'office, le représentant Lafargue fit l'éloge de Pétion; après lui, le citoyen Hérard Dumesle prit la parole et exprima à l'assistance les sentimens qu'il éprouvait. Nous ne pouvons nous dispenser de citer une partie de ce discours, qui fait honneur à son esprit, à son jugement et à son cœur.

« Heureux, dit-il, celui qui, en s'approchant du tombeau d'un grand homme, éprouve ce sentiment profond qu'inspirent les bienfaits et la gloire ! Heureux le panégyriste qui, dans le recueillement de la douleur, peut adresser ces paroles aux mânes qu'il honore : « La basse « adulation n'a jamais souillé mes lèvres ni ma plume « durant ta vie, et l'encens que je viens brûler sur ton « cercueil est aussi pur que ton âme. »

« Avant d'offrir à la mémoire du Président d'Haïti le tribut d'éloges et de regrets que nous venons lui payer ici, tournons nos regards vers cet arbre sacré, dont les rameaux ombragent les tombeaux des défenseurs de la

Liberté, et arrêtons-les sur cet autel dédié à la Patrie ; en les reportant dans ce sanctuaire, consacré au Dieu de l'univers, nous nous sentirons pénétrés d'une émotion salutaire, qui élèvera nos âmes au niveau de celle de ce mortel révéré.

« Il n'est plus, celui qui mérita le titre de *Père de la Patrie;* celui à qui l'antiquité eût élevé des autels, et auquel la postérité confirmera le titre de *Grand*, que ses contemporains lui ont donné... Pétion n'est plus... et le génie d'Haïti, couvert d'un crêpe funèbre, le redemande vainement au destin. Le philanthrope, le héros bienfaiteur de sa patrie, le législateur qui consacre ses veilles à chercher les vraies sources de la félicité publique, le politique humain, le magistrat intègre, tous sentiront couler leurs larmes au récit de ses vertus et de sa gloire ; ils brigueront l'honneur d'imiter un homme qui réunissait toutes les vertus à un degré si éminent ; ils regretteront que le ciel les ait fait naître loin du théâtre où s'exerçait son influence, et qu'ils n'aient pu participer au bonheur de vivre sous son gouvernement ; ils prendront plaisir à associer son nom à ceux des Titus et des Marc-Aurèle.

« Je ne ferai pas le tableau de toutes les belles actions dont sa vie fut remplie, et qui ont illustré son gouvernement ; j'abandonne ces grands traits au pinceau de l'Histoire, et je me borne ici à vous offrir une légère esquisse de quelques circonstances que nous aimerons toujours à nous rappeler.

« ALEXANDRE PETION, dès l'aurore de la révolution, montra ce grand caractère qui présagea ses hautes destinées ; toujours calme et réfléchi, il n'était pas soumis à l'effervescence des passions qui rendent les grands hommes si souvent inférieurs à eux-mêmes, en leur faisant payer des tributs honteux aux faiblesses humaines. Il se lança dans la carrière militaire, où sa bravoure et ses talens lui ouvrirent le chemin des honneurs.....

« Ombre révérée, si tu dédaignas ces lauriers ensanglantés ; si la conquête des cœurs te parut le seul triomphe digne de toi, ne crains pas que je profane ton auguste nom et te ravisse cette gloire pure qui ne coûta jamais de larmes à l'humanité : l'univers la publiera !.....

« O toi, qui es ravi à notre amour et à nos vœux, mais dont l'âme sublime s'est élevée vers cette Essence divine dont elle émane, du sein de l'immortalité daigne encore fixer tes regards sur nous. Couvre-nous de tes ailes protectrices. Éclaire celui que tu as désigné pour nous conduire. Inspire-lui cet amour de la patrie qui embrâsa ton cœur. Fais que, comme toi, toute sa sollicitude ne tende qu'au bonheur du peuple, sans lequel ceux qui le gouvernent n'en peuvent goûter de véritable [1]. Fais fructifier tes vertus sur cette terre chérie, afin que le voyageur qui y abordera (quand la génération qui succédera à celle-ci sera remplacée par une autre), dise, en voyant les heureux effets de tes exemples : « Ici vécut un bien-
« faiteur de l'humanité ; les lois, qui font le bonheur et
« la grandeur de cette nation, sont dues à son génie. »

« Pères et mères de famille, vieillards, et vous, intéressante jeunesse, l'amour et l'espoir de la patrie, n'ou-

---

[1] Au 3 avril où Hérard Dumesle prononça son discours, on savait aux Cayes l'élection de Boyer à la présidence. Le 8, H. Dumesle lui écrivit pour l'en féliciter ; nous n'avons pas vu sa lettre, mais son discours dit assez ce qu'il a dû lui écrire. Le 13, Boyer lui répondit en lui exprimant sa reconnaissance au sujet des félicitations qu'il lui avait adressées, et lui dit qu'il avait juré de maintenir et de faire respecter les droits et l'indépendance du peuple haïtien ; qu'il comptait sur l'assistance de tous les vrais amis de la patrie, de ceux qui trouvent leur bonheur particulier dans la félicité publique, et qu'il serait toujours disposé à recevoir de leur part, *les avis* que leur amour du bien public leur dictera. (J'ai la copie de la lettre de Boyer.)

bliez jamais que votre félicité présente et celle dont vous jouirez à l'avenir, sont son ouvrage, qu'il a tout préparé pour le rendre éternel. Que vos enfans, dès le berceau, apprennent à bégayer son nom, et que le récit de ses actions soit leur catéchisme ; il leur inculquera le germe précieux de l'amour de la patrie, qui se développera en eux avec leurs organes.

« Vous, Étrangers, présens à cette auguste et triste cérémonie, vous direz, en retournant dans vos patries, que vous avez vu la population des Cayes suffoquée par les larmes et anéantie par la douleur, en rendant le dernier devoir à ce grand homme. »

Près de huit lustres se sont écoulés depuis que ces paroles ont été prononcées dans le sanctuaire; inspirées par une admiration qui ne s'est jamais démentie, elles excitent encore une douce émotion, parce qu'elles furent vraiment dignes du grand citoyen que la patrie venait de perdre. Aujourd'hui que la postérité a sanctionné les vifs regrets éprouvés de ce malheur ; que le sentiment populaire, universel, a consacré les éloges que mérita le héros-législateur, nous voudrions nous-même pouvoir résumer dignement la carrière illustre qu'il a parcourue pendant vingt-sept années consécutives. Mais, après avoir exposé successivement tous les traits, tous les actes de cette vie si noble qui l'a distingué entre tous les chefs de notre pays, nous craindrions d'omettre certains faits qui rendraient ce tableau plus intéressant. Cependant, il est un autre moyen d'en tirer encore des enseignemens utiles à notre patrie, et c'est à quoi nous nous arrêtons.

Dans les révolutions qu'elle a éprouvées depuis 1791,

deux hommes de génie apparurent parmi ceux de la race noire: Toussaint Louverture et Alexandre Pétion. Comparons entre eux ces deux descendans de l'Afrique; mettons en regard le point de leur départ, l'objet qu'ils ont eu en vue, leurs procédés, l'influence que leurs systèmes de gouvernement et d'administration ont exercée sur les destinées de leur pays. Ce parallèle, si nous le saisissons bien, sera d'une haute importance au point de vue des intérêts d'Haïti et de la race africaine tout entière, de la vraie politique, et de la morale qui en est la base la plus solide.

Toussaint, né dans la malheureuse condition de l'esclavage, initié aux premiers élémens des connaissances humaines, a commencé sa carrière à 48 ans, avec l'expérience que donne un tel âge et que son esprit méditatif lui acquit encore par ses observations sur la société coloniale. Tout atteste qu'il fut un instrument, — intelligent toutefois, — dans les mains de Blanchelande et des colons contre-révolutionnaires, pour soulever les ateliers d'esclaves, afin de *comprimer* la révolution dans la colonie de Saint-Domingue, et de *réagir* sur celle de la métropole. Aussi voulut-il, peu après, borner le triomphe de ses frères, à la seule conquête de l'affranchissement des 50 principaux de leurs chefs, y compris lui,— à l'abolition de la peine du fouet, — à obtenir trois jours par semaine pour travailler à leur profit ; — mais à la condition du maintien de leur esclavage [1].

Pétion, né dans la classe qui possédait seulement la liberté civile, d'un père qui ne l'aimait pas, ne put ac-

---

[1] Voyez pages 228 et 283 du 1er volume de cet ouvrage.

quérir une instruction supérieure [1]. Il commença sa carrière à 21 ans, à cet âge où l'effervescence des passions nuit au progrès de l'expérience ; mais, doué aussi d'un esprit méditatif et d'une vue étendue, il fit la sienne promptement. Armé pour aider à la conquête des droits politiques de sa classe, il le fut aussi pour *le triomphe des principes* de la révolution métropolitaine dans la colonie, lesquels pouvaient seuls assurer ces droits. Au premier combat où il se trouva, il fit prévaloir, par sa modération généreuse, un principe du droit des gens en sauvant la vie à un officier ennemi, au milieu du carnage de la guerre ; et si dans les rangs de sa classe, des esclaves se mêlèrent à titre d'auxiliaires, sous le nom de *Suisses*, on le vit concourir à garantir l'affranchissement de ces hommes après un service de peu de durée, et protester ensuite énergiquement contre la violation des conventions conclues à cet effet. Ces premiers actes de sa carrière le placèrent si haut dans l'opinion de son parti, que les plus anciens parmi ses chefs subirent l'influence de ce jeune homme et s'honorèrent en l'appelant dans leurs conseils, —que les colons eux-mêmes l'accueillirent avec l'empressement d'une estime fondée sur sa belle action envers l'officier de leur parti, quand il s'agissait de traiter de la paix du 23 octobre 1791, appelée *Concordat*.

Ainsi, dès cette première phase de la révolution coloniale, on pressent, par le point de départ de Toussaint et par celui de Pétion, par l'objet qu'ils ont en vue, quelle sera *la conclusion logique* à laquelle l'un et l'autre arriveront, s'ils obtiennent du succès dans leur carrière.

On reconnaît que Toussaint est dominé par les idées

---

[1] Voyez l'ouvrage de M. Saint-Rémy, intitulé *Pétion et Hoïti*, pour connaître l'enfance et la jeunesse de Pétion, et les brutalités dont son père l'accabla.

qui résultent des institutions de son époque, que son âge accepte moyennant, sans doute, des modifications avantageuses à la classe d'hommes dont il fait partie, mais pourvu qu'il en retire un profit *personnel* supérieur à celui de ses frères : l'égoïsme individuel s'allie en lui à ce qu'il considère comme un ordre de choses *nécessaire* à la prospérité de son pays.

On voit que Pétion, au contraire, est dominé par les idées nouvelles qui surgissent de la révolution française, et qui se proposent une complète rénovation politique et sociale : son jeune âge les accepte avec cet enthousiasme qui porte à la générosité des sentimens, et qui ne doit s'arrêter que devant la limite des droits tracés pour tous et chacun [1].

Que l'on remarque bien cette différence entre Toussaint et Pétion ; car ils furent aussi les deux hommes *les plus persévérans* dans leurs vues, *les plus conséquens* aux idées qu'ils conçurent dès leur début, à la vaste ambition qui les animait et qui en a fait des êtres remarquables dans leur pays, supérieurs à tous leurs contemporains.

Les événemens y suivirent leur cours, et l'on vit Toussaint arborer *le drapeau royaliste;* se placer sous la puissance de l'Espagne qui protégeait les contre-révolutionnaires; *se refuser* ensuite à accepter la déclaration de la

---

[1] On a beaucoup reproché aux hommes de couleur, à la classe intermédiaire, de n'avoir pas aspiré, dès le début de la révolution, à l'émancipation complète *des esclaves.* Il est vrai qu'ils ne songeaient, de même que les *Amis des Noirs*, qu'à une émancipation *graduelle*, la seule *possible* alors. Eh bien ! au fond, Toussaint, le plus éclairé parmi les esclaves, même le seul éclairé, adopta *le même système* par les conditions qu'il posa pour la soumission des ateliers en révolte : c'était les émanciper *graduellement*, que d'abolir le fouet et de leur accorder trois jours par semaine. Si nous l'accusons *d'égoïsme*, c'est qu'il donna ensuite la preuve de ce sentiment lorsque *la liberté générale* fut proclamée, et qu'il ne voulut pas se réunir avec ses frères aux commissaires civils.

liberté générale faite par les commissaires de la France, pour devenir le plus fameux artisan de la conquête opérée d'une partie du territoire du Nord et de l'Ouest, au nom de l'Espagne et sur les instances des colons, en même temps que ceux-ci livraient à la Grande-Bretagne d'autres portions du territoire du Sud et de l'Ouest.

Dans les mêmes circonstances, on vit PÉTION suivre *le drapeau tricolore* de la France révolutionnaire, *accepter* franchement, résolûment la déclaration de la *liberté générale,* cette ère nouvelle ouverte au profit des esclaves de sa race et qui devait, de son pays, s'étendre un jour sur la plus grande partie de l'archipel des Antilles. Ce fut dans sa ville natale, sur la même place d'armes où, deux années auparavant, il avait foudroyé de son artillerie les violateurs de la paix ou Concordat du 23 octobre 1791, qu'il fit servir ses canons à la solennisation de cet acte d'éclatante justice envers ses frères [1]. Les salves qu'il y exécuta et que répétèrent les échos de nos montagnes, furent comme un avertissement donné au système colonial, s'écroulant devant la puissance des droits de la nature, et aux Anglais, ses protecteurs, qu'il serait l'un des plus fermes soutiens du régime nouveau.

Si TOUSSAINT abandonna ensuite le camp des Espagnols, c'est qu'il y fut *contraint* par la crainte de perdre la vie dans ses querelles avec ses concurrens. Et pour passer dans celui des Français, pour changer de drapeau et donner des gages de sa fidélité future, il se vengea de ses adversaires, il immola des victimes, il teignit ses lauriers

---

[1] Le 21 novembre 1791, Pétion était d'abord sur la place du Champ de Mars avec ses canons, quand il tira sur Praloto et consorts : le 21 septembre 1793, il y salua la déclaration de la liberté générale faite par Polvérel, au nom de la France. Prédestiné à consacrer ce droit en Haïti par de solides institutions, il était convenable que son tombeau fût érigé sur la même place d'armes, pour y être couvert par les rameaux de l'arbre de la Liberté.

du sang des hommes naguère en communauté d'intérêts avec lui. En embrassant la cause de la révolution, ce ne fut qu'avec *l'arrière-pensée* de revenir à ses premières idées, dès que les circonstances le lui permettraient. Il devint sans doute un guerrier, un capitaine redoutable, et pour les Espagnols et pour les Anglais ; il leur reprit successivement toutes les parties du territoire qu'ils avaient envahies. Mais, plus il se distingua sous ce rapport, plus il parut à Laveaux et au gouvernement français d'alors, propre à être l'agent de la *réaction* conçue contre les droits civils et politiques proclamés dans la colonie : ses antécédens mêmes furent une garantie qu'il serait docile à ce projet. Il l'adopta pour favoriser lui-même l'exécution de son *arrière-pensée,* qui devenait le but à atteindre dans le plan du Directoire exécutif, désormais livré aux intrigues des colons. Il accueillit encore ce plan, comme un moyen de parvenir au suprême pouvoir qu'il ambitionnait. Il sacrifia tout dans ce dessein, même ses protecteurs devenus les instrumens de son élévation, en faisant preuve de toute la duplicité de son humeur hypocrite. Satisfait, orgueilleux de son rang de général en chef de l'armée coloniale, il se fit l'agent le plus actif des vues liberticides de la métropole, par son influence sur les masses qu'il prépara, par ses mesures et à leur insu, à être replacées dans leur ancienne condition. Et quand la métropole voulut briser le seul obstacle qui s'opposait à ses propres vues, qu'elle alluma le feu des discordes civiles, Toussaint se livra aux excès des plus grands crimes pour rester vainqueur de Rigaud et de son parti. Victorieux, dominant sans partage sur son pays, c'est alors qu'il exécuta le plan qu'il eut toujours en vue, en favorisant *les colons* de toutes nuances d'opinion, *les émigrés* contre-révolutionnaires, et partant la France *réactionnaire*. Le régime affreux qu'il établit après la guerre civile du Sud justifie ce que nous disons de lui. Mais ce fut aussi l'écueil sur lequel il devait faire naufrage dans sa plus grande prospérité.

PÉTION, en restant fidèle au drapeau révolutionnaire, fit loyalement la guerre aux Anglais dans le rang inférieur où il se trouvait, et il se fit remarquer de ses chefs par ses talens et son courage : ce fut son seul titre à son avancement dans la carrière militaire ; aucune action de sa part ne trahit un vice en lui. Quand il déserta ensuite l'armée de TOUSSAINT pour passer dans le camp de Rigaud, il ne changea pas de drapeau : au contraire, il rejoignit ses amis dans le parti politique qui ambitionnait de conquérir l'avenir de son pays et de la race noire ; il fut fidèle aux principes libéraux que la métropole avait proclamés. Dans la guerre civile, aucun fait, aucun crime ne souilla sa conduite : aussi y conquit-il, l'épée à la main, une position militaire remarquable, et le droit de conduire plus tard son parti politique aux destinées brillantes qui lui étaient réservées. Vaincu, il s'enfuit en France avec son chef et revint dans le pays avec lui, pour aider au renversement de TOUSSAINT, devenu *un instrument usé et dédaigné*, à la destruction de son odieuse tyrannie. Mais, en coopérant ainsi à l'œuvre de la métropole, entendait-il être un de ses partisans aveugles ? Il prouva le contraire, aussitôt la déportation de Rigaud et de TOUSSAINT, en faisant des avances à Dessalines pour secouer le joug de la France, venger noblement ces deux chefs, par *l'indépendance absolue* de leur pays ; car leurs rôles politiques passaient naturellement en la personne de leurs lieutenans. L'indépendance, c'était *la consécra-*

tion de la liberté et de l'égalité civile et politique de tous les hommes de la race noire habitant Haïti, de tous ceux qui voudraient s'y réfugier pour jouir de ces droits ; c'était *le triomphe* des idées et des principes proclamés en 1789 par la France elle-même.

À la rigueur, le parallèle que nous faisons de Toussaint et de Pétion pourrait s'arrêter là, et serait tout à l'avantage de Pétion; mais alors il n'était encore qu'un officier en sous-ordre. Il nous faut poursuivre pour le montrer chef de gouvernement, agissant sous l'impulsion de ses idées politiques et de ses sentimens humains.

C'était avec le calme de l'homme d'État et la résolution du militaire, que Pétion avait fait ses avances à Dessalines, afin de le convaincre de l'opportunité de l'insurrection contre l'armée française. Et voyez ensuite comment il sut persuader tous ses camarades d'armes de l'ancien parti de Rigaud, de montrer envers celui qui était devenu le chef du parti de Toussaint, la même abnégation, le même désintéressement, le même dévouement que lui ! Ce fut à l'exemple qu'il traça de ces vertus civiques, que le pays dut *la fusion*, *l'union* de ces deux partis, qui pouvait seule produire son indépendance de la France.

Pétion ne fut-il pas après cet acte consommé, un lieutenant *soumis* à Dessalines, *obéissant* à son autorité? Mais, lorsque, revêtu de la dignité impériale, ce chef conçut le fatal projet de se défaire violemment de lui et de Geffrard, et qu'ils en reçurent l'avis de H. Christophe, *également menacé*, qui pouvait refuser *à ces trois généraux* le droit de *prévenir* un tel dessein contre leurs jours, par le renversement de l'Empereur ? Ils en prirent la résolution, avec raison. Cependant, la mort prématurée de Geffrard la fit évanouir. L'insurrection des Cayes fut occasionnée par *des causes indépendantes* de la participation de PETION ; c'est un fait constant. Mais rien ne pouvait, ne devait s'opposer à ce qu'il se ralliât à cette insurrection, qui était celle d'un peuple irrité par toutes les vexations dont il fut la victime.

Ses motifs expliquent encore l'origine de la *désunion* qui survint entre H. Christophe et lui, après la mort de Dessalines. Il ne fallait pas qu'un si grand attentat, exécuté avec regret, tournât au profit de la continuation *du pouvoir absolu* que Christophe voulait avoir : de là la guerre civile entre eux, entre *les principes* qui guidaient respectivement l'un et l'autre.

En relevant le drapeau de TOUSSAINT LOUVERTURE, avec le cortége de ses crimes, Christophe contraignit PÉTION à relever aussi le drapeau de Rigaud avec les idées libérales dont il était l'emblême.

Mais, laissons ce fastueux imitateur de son ancien chef se complaire dans les délices de sa royauté éphémère, pour reprendre notre parallèle de TOUSSAINT et de PÉTION ; car voilà ce dernier parvenu à son tour au pouvoir gouvernemental.

Eh bien ! que ressort-il de l'œuvre constitutionnelle de TOUSSAINT, proclamée en 1801 ? Celle qui fut conçue par *les colons* dès 1789 : nous l'avons prouvé. Il y a consenti à tout ce qu'ils voulurent, même au rétablissement de *la traite des noirs*, pour repeupler leurs ateliers décimés par les guerres de la révolution ; et par là, il en a fourni *le prétexte* à la France même [1]. Le régime qui découla de cette constitution avait-il fait du *peuple* de Saint-

---

[1] « Quant à la continuation de *la traite des nègres*, cela ne put pas affecter *les noirs* de

Domingue, des hommes réellement *libres ?* Dans son système agricole, Toussaint n'avait-il pas entravé le légitime désir de ses anciens compagnons, de ses frères, d'acquérir *leur indépendance personnelle* par *la petite propriété,* fondement de la liberté ? Et par ses mesures de coërcition, n'empêcha-t-il pas le développement de la civilisation de sa race, n'arrêta-t-il pas l'avenir de son pays ? La tyrannie ne peut avoir d'autre résultat.

Voyez au contraire la constitution de 1806 dont Petion fut l'inspirateur, et cette œuvre revisée en 1816 sous ses auspices : n'a-t-elle pas consacré la liberté de ses concitoyens et tous leurs droits dans l'état social? Le régime qui en découla ne fut-il pas tout de douceur, de bonté, d'humanité envers tous ? Dans son système agricole, Petion n'a-t-il pas favorisé *l'indépendance personnelle* des vrais producteurs, d'abord par *le métayage* mis en pratique, puis par *le morcellement, la division* des biens des anciens colons et *leur distribution* en faveur de ces hommes, de ses compagnons d'armes, des fonctionnaires et employés publics ? N'était-ce pas, enfin, le moyen de consolider l'ordre social, d'assurer l'avenir de la race noire dans son pays et d'en faciliter la civilisation ?

Le gouvernement de Toussaint n'a été qu'un despotisme organisé, une cruelle tyrannie. Celui de Petion, une œuvre de conciliation, de magnanimité envers ses adversaires.

Le génie de Toussaint a dû inspirer de l'admiration,

« Saint-Domingue *qui la désiraient* pour se recruter et s'augmenter en nombre ; ils « l'avaient encouragée pour leur propre compte. » — Mémoires de Sainte-Hélène.

C'est-à-dire, que Toussaint Louverture la *désirait* et *se proposait* de l'encourager ; mais *les Noirs* ne partageaient pas ses vues, car la traite n'eût amené que *des esclaves* à Saint-Domingue. A cet égard, Toussaint pensait comme le Premier Consul : voilà l'exacte vérité.

en le voyant sortir de l'état d'esclavage et parvenir au suprême pouvoir par ses talens, et en exploitant les circonstances de son époque. Mais il a terni ses grandes qualités par les vices de son caractère, et surtout par ses crimes nombreux. Il a laissé une mémoire honnie parmi les hommes de sa race, parce que, serviteur encore docile *des colons* dans sa haute position, il a sacrifié beaucoup de ceux qui étaient *les plus éclairés* pour les venger et se venger lui-même, et qu'il a tenu *les autres* sous un joug plus oppresseur que celui qui pesait sur eux dans l'ancien régime. En reconstituant ce régime, il a été certainement *conséquent* aux idées et aux vues qu'il eut au début de sa carrière; mais il a prouvé par cela même que son génie n'avait pas la véritable intelligence de la situation créée dans son pays par la révolution. Aussi a-t-il échoué dans sa coupable entreprise, malgré le concours qu'il reçut des colons et la haute protection du gouvernement français; car il ne put reconnaître qu'ils ne le secondaient que pour faire de lui un instrument de *réaction*.

Le génie de Petion, qui a eu tout à faire par lui-même en dépit de *l'opposition* qu'il rencontra dans son parti politique, de la part des plus capables de ses collaborateurs, et malgré la guerre civile qui déchirait le sein de sa patrie, son génie a commandé une admiration qui s'est soutenue de son vivant, et qui a augmenté depuis sa mort. Et pourquoi son génie est-il admiré? Parce que ses grandes qualités n'ont été ternies par aucun vice ; que la noblesse de son âme, les vertus de son cœur bienfaisant, ont inspiré le respect même de ses ennemis ; qu'il a été le fondateur d'institutions dont l'influence a produit, après sa mort, tous les résultats qu'il s'était promis d'obtenir ; parce qu'enfin, son génie comprit parfaitement les aspirations diverses nées dans son pays par la révolution, à laquelle il fut toujours fidèle. Aussi a-t-il garanti, fixé les destinées d'Haïti [1]. Et son dévouement ne l'a pas servie seule ; il a été utile encore à la cause de la race noire tout entière, en prouvant qu'elle peut se gouverner par elle-même, respecter les droits des autres hommes, parvenir à tous les avantages de la civilisation. PÉTION a eu constamment cette grande cause en vue, en s'affranchissant de tout esprit d'égoïsme par rapport à son pays ; car, en même temps qu'il y rappelait tous les hommes de cette race qui se trouvaient en Europe, par suite de divers événemens, qu'il accueillait avec générosité les fugitifs de la Côte-Ferme et leur donnait des secours en objets de guerre pour recouvrer leur patrie, il conseillait à Bolivar, il mettait pour condition à ces secours, de proclamer *la liberté générale des esclaves* dans cette partie de l'Amérique méridionale. Dans la même année, on l'a vu recevoir avec égards les envoyés de la France, après avoir été modéré et indulgent envers un autre dont la mission perfide légitimait toute son indignation. Et si son patriotisme discuta avec chaleur les droits de son pays, fondés sur ceux de toute la race noire, il ne posa pas moins les bases équitables de la réconciliation entre Haïti et la France. Et pourquoi? parce qu'en homme d'État, en vrai législateur qui veut fonder des institutions durables, il jugea qu'il fallait faire comprendre aussi à ses concitoyens, que cette race noire n'a pas seule des droits à ré-

---

[1] « Par quels moyens Guillaume (d'Orange) triompha-t-il de tous ces partis, de ces ennemis intérieurs, de ces obstacles ? Par un seul, en restant *fidèle* à la cause de la révolution qui l'a appelé. » — Louis-Napoléon, *Révolutions* de 1688 et 1830.

clamer, à exercer; que si elle veut qu'on respecte les siens, elle doit également respecter ceux des autres hommes.

Enfin, terminons ce long parallèle en faisant ressortir le haut enseignement qui en découle.

Toussaint n'est parvenu au pouvoir qu'avec des antécédens blâmables: car, pour satisfaire son ambition toute personnelle, il a méconnu les principes de la morale, en suivant seulement les inspirations d'une politique fausse, étroite et machiavélique, qui le porta à immoler sans cesse des victimes à son égoïsme; et par là, il devint cruel et odieux à ses concitoyens. La Providence *l'a puni* de toutes ses fautes, de tous ses torts, de toutes ses déviations à l'ordre immuable qu'elle a imposé à la raison de l'homme, en le faisant périr misérablement dans un cachot, après l'avoir fait assister à la chute de son autorité.

En arrivant au pouvoir, Pétion avait les antécédens les plus honorables. Ils lui ont conquis l'assentiment, le suffrage de ses concitoyens, et il a fourni sa carrière en respectant les droits de tous, même ceux de ses ennemis. Dans la noble ambition qui l'animait, il a gouverné son pays avec un désintéressement antique, une abnégation exemplaire, ramenant les esprits égarés, par sa patience, son indulgence, sa modération, la magnanimité de ses procédés, la douceur de ses actes : la bonté, l'humanité et la bienfaisance furent surtout les vertus qui caractérisèrent son intelligente administration. La Providence *a béni* ses travaux glorieux; elle lui a fait jouir du triomphe de son œuvre politique; elle l'a consolidée après sa mort, qu'elle a rendue digne de toute sa vie.

Un haut enseignement, une moralité intéressante,

instructive, ressort nécessairement de la fin si triste de Toussaint Louverture, mise en parallèle avec celle d'Alexandre Pétion : — c'est que les chefs des nations gagnent à suivre la voie que Dieu leur a tracée comme à tous les autres hommes. Il leur a donné la raison pour les guider dans le bien, la conscience pour les avertir d'éviter le mal : c'est à eux de se conformer aux préceptes de la morale universelle, que l'une et l'autre conseillent de pratiquer.

Après ce parallèle qui représente Pétion supérieur à son devancier, et si influent sur les destinées de son pays, nous croyons devoir communiquer à nos lecteurs l'opinion qui a été émise, peu de temps après sa mort, par quelques hommes de cette époque.

Ils ont dit que, pour sa gloire personnelle, Pétion était *mort à temps*, qu'il était à bout de son système de gouvernement ; et ces paroles, rapportées à l'étranger, en même temps que les circonstances passées dans sa dernière maladie, ont motivé les assertions produites dans plusieurs ouvrages que nous avons sous les yeux [1].

---

[1] Parmi les auteurs étrangers, Pamphile de Lacroix a dit, tome 2, p. 265 et 266 :

« Quant à Pétion... je prédis alors ses destinées ; il les a remplies. Il paraît, au reste, qu'il est mort à temps pour ne pas décliner. Dégoûté des choses de ce monde, il était tombé dans l'apathie, et n'avait plus l'activité d'âme nécessaire au créateur et au directeur d'un système politique... Il s'est jeté dans le monde imaginaire de Platon, et dans l'aberration de ses facultés, a pourtant conservé assez de volonté pour se laisser mourir de faim. Sa mort a consolidé la République... »

Après lui, M. Lepelletier de Saint-Rémy a dit aussi, t. 1er, p. 205 et 206 :

« Pétion gouverna jusqu'en 1818. Quoiqu'il n'eût que 48 ans, l'énergie de son âme s'était affaiblie, tandis que son intelligence, restée saine, lui révélait sa décrépitude hâtive... Aucune foi religieuse n'étayant sa faiblesse, il se laissa mourir de faim comme un sophiste grec. »

Ainsi du reste ; chacun broda à sa guise sur le canevas que leur fournirent des Haïtiens, ou des Étrangers présens dans le pays au moment de la mort de Pétion. Il est inutile de réfuter ces assertions erronées.

Examinons s'il y a quelque chose de fondé dans cette opinion, qui tend à dire que Pétion n'eût pu continuer l'exercice de son pouvoir sans y mettre une sévérité qui répugnait à ses sentimens et à sa modération habituelle.

Il nous semble que l'on doit reconnaître, que la mission providentielle que Pétion avait reçue, par rapport à son pays, fut essentiellement *politique*, afin de fixer *la forme sociale* qui lui convenait et que le peuple cherchait depuis 1791. On peut dire aussi qu'il était doué d'un caractère et des qualités qu'exigeaient, et sa mission et son époque.

Devenu chef de parti en 1802, après la déportation de Rigaud, il fit des avances à Dessalines, également chef de parti après celle de Toussaint, afin de s'insurger contre les Français, de leur résister, et de proclamer l'indépendance d'Haïti de la France et de toutes autres puissances. S'effaçant par abnégation patriotique, il se soumit à l'autorité de son concurrent pour pouvoir constituer *l'unité haïtienne ;* mais il dut ensuite concourir au renversement de son despotisme, dans le but d'assurer les droits du peuple. Lorsque H. Christophe se fit le champion de ce despotisme abattu, Pétion dut lui résister par les mêmes motifs. Reprenant alors son rôle de chef de parti, il institua le régime républicain, afin de garantir surtout *l'égalité civile et politique*, objet des vœux de l'universalité de ses concitoyens, et particulièrement *des masses* qui se préoccupaient moins de la *liberté politique*, puisqu'elles jouissaient sous ce régime de leur *liberté naturelle et civile*. Il consacra *l'égalité* dans les lois, et par le partage et la vente des biens du domaine public en faveur de tous les citoyens, pour asseoir la félicité générale sur le bien-être individuel. Mais alors, il jeta aussi *les seules bases possibles* d'un arrangement avec la France, afin de parvenir à la consécration de l'indépendance nationale. Et en même temps qu'il favorisait celle de l'Amérique méridionale et l'émancipation des esclaves de cette contrée, il revisait le pacte social en fortifiant le pouvoir dirigeant du gouvernement pour le mettre en mesure de remplir ses obligations ; mais aussi en ajoutant une nouvelle branche au pouvoir législatif, dans l'espoir de mieux garantir les libertés publiques, de les préserver du despotisme. Sachant que les lumières sont leur plus solide appui, il jeta les fondemens de l'instruction publique, de l'éducation nationale, au profit de la jeunesse des deux sexes.

Par tous ces travaux importans, la mission de Pétion était réellement *accomplie ;* et c'est ce qui aura sans doute suggéré les réflexions dont s'agit. Car il ne restait plus qu'à développer successivement les institutions qu'il avait fondées pour couronner son œuvre politique : ce devait être le travail du temps et des circonstances plus ou moins propices. Or, malgré sa mort prématurée, le succès de cette œuvre, dans sa partie essentielle, est venu justifier ses prévisions : l'influence des institutions a amené *l'unité politique* d'Haïti par *l'unité territoriale*, et l'indépendance nationale a été consacrée solennellement, par les traités faits avec la France.

Pétion mourut dans toute la force de l'âge et doué d'une excellente constitution : s'il eût vécu encore quelques années, sait-on ce qu'il aurait accompli ? Il se serait trouvé toujours entouré des hommes de cette génération qui avait fondé la patrie avec lui, et probablement, ils ne se seraient plus *opposés* à son système politique, puisque déjà ils en avaient reconnu les avantages et que de nouveaux succès les en auraient encore convaincus.

Un seul côté de son administration laissait à désirer plus d'énergie de sa part, à cause des mesures qu'il fallait prendre : — *les finances*, ce besoin indispensable pour les grandes choses à exécuter dans l'intérêt général; car, les velléités d'influence politique que nous avons signalées de la part de la Chambre des représentans, si elle persistait à les manifester, eussent été réfrénées par un seul mot de lui. Sa manière de procéder envers le Sénat en est un sûr garant.

Personne ne peut donc savoir si, après ses soucis par rapport aux finances, — soucis augmentés sans doute par son état maladif, — il n'eût pas senti la nécessité d'y pourvoir par plus de résolution envers les comptables, par des mesures plus appropriées à l'état des choses, à raison même de tout ce qu'il projetait et des arrangemens qui seraient survenus entre Haïti et la France, dans ces quelques années de son existence prolongée [1].

Mais il a plu à la Providence de l'abréger; car nous croyons avoir suffisamment démontré qu'il faut attribuer la mort de Pétion aux causes physiques auxquelles il n'a pu échapper, loin que nous sommes d'admettre qu'elle fut volontaire de sa part.

Dans sa profonde sagesse, la Providence a des vues qui échapperont toujours aux investigations humaines. Du moins on peut dire que Pétion a légué à son pays tout ce qui pouvait contribuer le plus à sa tranquillité et à sa prospérité dans l'avenir. C'était aux chefs qui lui succéderaient au pouvoir, à son successeur immédiat surtout,

---

[1] L'ordre que mit Boyer dans les finances, peu après son avènement, nous autorise à dire que Pétion eût pu le faire avec autant de facilité. Il ne s'agissait que de ne pas exécuter les lois sur le budget, de réduire les émolumens, les appointemens des fonctionnaires publics, la solde de l'armée, d'augmenter certains impôts, toutes choses que fit Boyer.

aux classes éclairées de la nation également, à se pénétrer de sa pensée, de ses sentimens, pour ne pas compromettre le sort de la patrie érigée par les fondateurs de l'indépendance. A eux tous était dévolue désormais la mission qui conv ent *aux conservateurs* dans tous les temps, pour garantir l'ordre social des événemens qui le bouleversent quelquefois.

CHAPITRE VIII.

Le général Jean-Pierre Boyer est élu *Président d'Haïti :* particularités relatives à cette élection. — Il prête son serment par-devant le Sénat, et publie une proclamation au peuple et à l'armée. — Il ordonne l'élargissement de certains détenus et une revue de solde à l'armée entière. — Il ouvre la session législative. — Ordre du jour sur l'inspection des armes des troupes. — Missions envoyées à la Jamaïque et à Santo-Domingo. — Loi portant reconnaissance des services rendus à la patrie par *Alexandre Pétion.* — Lois sur divers autres objets. — La Chambre des représentans décharge le Secrétaire d'État de la gestion des finances, de 1811 à 1817. — Christophe vient à Saint-Marc et envoie des députés au Port-au-Prince. — Capture d'un navire de traite ayant à son bord 171 Africains qui sont libérés et deviennent Haïtiens. — *Félix Darfour* arrive au Port-au-Prince : il est accueilli généreusement par le président qui lui permet de publier un journal. — Boyer va visiter les lignes de Trianon et l'arrondissement de Jacmel. — La foudre fait sauter la salle d'artifice de la citadelle Henry. — Formation d'une commission pour préparer le Code civil haïtien. — Tournée du président dans le département du Sud : il y prend la résolution de mettre fin à l'insurrection de la Grande-Anse. — Affreux matricide commis au Port-au-Prince. — Introduction du culte *Westléyen* à Haïti. — Services funèbres particuliers en mémoire de Pétion.

Si la mort de Pétion fut un grand malheur pour la République, néanmoins la stabilité que son génie politique lui avait procurée, permettait d'espérer qu'elle sortirait de cette crise avec honneur pour une forme de gouvernement si souvent sujette à des troubles en pareils cas. Cet espoir fut justifié, en effet, par le patriotisme de tous les citoyens.

C'était au Sénat que revenait la haute mission de choisir celui qui lui paraîtrait le plus propre à succéder au défunt. De ses quatorze membres, il y en avait onze présens à la capitale [1]. Le sénateur Larose était d'abord président du comité permanent, et il devint celui du Sénat qui se réunit dès qu'on reconnut que la maladie de Pétion s'aggravait.

Ses collègues et lui, ayant appris que le général Boyer avait invité les généraux Lys, Borgella et Francisque à venir promptement au Port-au-Prince,—peut-être après avoir pris l'avis des sénateurs et des grands fonctionnaires, — ils convinrent entre eux, après le trépas de Pétion, d'attendre l'arrivée de ces généraux pour procéder à l'élection présidentielle. Larose fut celui qui fit prendre cette résolution, parce qu'il est certain qu'il désirait voir nommer le général Borgella en remplacement de Pétion, et qu'il n'avait pas une grande estime pour le général Boyer.

Mais le 30 mars, dans la soirée, aucun des généraux appelés n'était encore rendu à la capitale. Le fait est, que les lettres du général Boyer, expédiées le 27, à 11 heures et demie de la nuit, ne parvinrent à Lys et à Borgella, que le 30 au soir, sans doute par le retard que mirent les dragons porteurs de ces dépêches; et ils ne se mirent en route que le 31 au matin, l'un du Petit-Trou, l'autre de Cavaillon.

Pétion n'ayant pas usé de la faculté que la constitution lui donnait, de désigner son successeur par une lettre autographe, quoique ce fût au Sénat à l'élire, il était tout naturel que l'opinion des citoyens et de l'armée sur-

[1] C'étaient Panayoty, Lamothe, J.-B. Bayard, N. Viallet, Éloy, Simon, Hogu, Obas, Gédéon, Larose et Arrault. Les absens étaient Hilaire, Degand et Ch. Daguilh. La session législative devait s'ouvrir le 1er avril; ces sénateurs et la plupart des représentans se rendirent à la capitale quelques jours auparavant.

tout, se formât en faveur de celui qu'ils auraient désiré voir appelé à la présidence. A cause des traditions du pays et de la guerre civile subsistante, c'était nécessairement parmi les généraux qu'il devait être pris : de là l'influence que l'opinion des militaires devait aussi exercer sur ce choix. Or, il est certain que deux corps de la garde du gouvernement, — le régiment d'infanterie et les chasseurs à cheval, — partageaient en majorité l'opinion de leurs colonels Eveillard et Quayer Larivière en faveur du général Borgella, tandis que le régiment des grenadiers à cheval commandé par le colonel Carrié, suivait son opinion favorable au général Boyer. Parmi les autres troupes de la garnison du Port-au-Prince, on a cité le 10e régiment comme partageant aussi cette pensée, et d'autres comme indécises. Nous rapportons ici ce qui fut dit à cette époque.

Il y avait trop de chances favorables à Boyer, de parvenir au pouvoir, pour qu'il n'usât pas en cette circonstance de l'influence de sa position, afin d'obtenir la première magistrature de l'État, que sans nul doute il avait toujours ambitionnée, en cas *seulement* de la mort naturelle de Pétion. Il ne faut pas plus en accuser son ambition que celle de quiconque se fût trouvé à sa place : ce sentiment, ce désir est trop vivace dans le cœur humain, pour qu'il encourre le moindre reproche. Depuis longtemps, il était l'ami intime de Pétion ; il connaissait toutes ses pensées, toutes ses vues politiques. Tandis que d'autres capacités avaient fait opposition à son gouvernement, il était resté fidèle au président et avait obtenu sa confiance, le commandement de sa garde et celui de l'arrondissement du Port-au-Prince qui en faisaient pour ainsi dire son lieutenant dans la République ; ce qui était visible à tous les yeux [1]. Avec tous ces avantages, Boyer possédait des lumières et des qualités essentielles à tout chef de gouvernement : rien ne s'opposait donc à ce qu'il se crût tout le mérite nécessaire pour le devenir.

On a dit à cette époque, que sachant les opinions qui lui étaient contraires, tant parmi les troupes que parmi les citoyens et même des sénateurs, Boyer gagna celles de Panayoty, de Bayard, etc., et surtout du général Gédéon, pour obtenir son élection à la présidence, après leur avoir représenté l'extrême danger qu'il y aurait pour la République, de retarder la nomination du successeur de Pétion.

Certainement, en présence de la guerre civile et du partage d'opinions dont il s'agit, il était urgent que cette nomination se fît le plus tôt possible. Dans une République dominée par le régime militaire, on doit toujours agir ainsi.

Dans la soirée du 30 mars, les sénateurs Panayoty, Bayard et d'autres de leurs collègues, requirent donc leur président Larose de convoquer le Sénat à bref délai, pour procéder à l'élection du Président d'Haïti. En vain Larose leur fit observer qu'ils avaient consenti à ajourner cette élection, et que les restes de Pétion, encore exposés sur le lit de parade, semblaient protéger la République, puisqu'aucun trouble ne se manifestait nulle part : il dut céder à leur désir; mais il prit la résolution de se démettre de sa fonction de président du Sénat. Arrivé au palais de ce corps, il y persista d'autant plus, que le général Gédéon, devançant toute délibération,

---

[1] Depuis 1816, à cause de son état maladif, Pétion ne passait presque plus l'inspection des troupes de la garnison de la capitale : c'était le général Boyer qu'elles voyaient en action.

déclara énergiquement : « que le général Boyer *seul* pou-
« vait être le successeur de Pétion, et que si le Sénat ne
« le nommait pas, il se mettrait à la tête des troupes
« pour le proclamer. »

Cette épée de Brennus, jetée ainsi dans la balance des destinées d'Haïti, décida de la question. Néanmoins, à l'honneur du courage civil, Larose contraignit ses collègues à reformer le bureau du Sénat. Panayoty fut élu président, et Lamothe, secrétaire. A *l'unanimité* des onze scrutins sortis de l'urne, le général BOYER fut élu *Président d'Haïti* : à 10 heures, les canons placés devant le palais du Sénat annoncèrent cette élection.

Si le respectable sénateur Larose vit son opinion personnelle contrariée, il fit néanmoins une œuvre de bon citoyen, de judicieux sénateur, en se ralliant à l'opinion de ses collègues, moins par la crainte que lui inspiraient les paroles de Gédéon, — car il montra toujours une grande fermeté d'âme en toutes circonstances, — que pour consolider la stabilité de la République par son vote. Il était important, en effet, que le scrutin présentât cette unanimité de la part du Sénat, pour interdire toute velléité *d'opposition* au nouveau chef de l'État, parmi les militaires et les citoyens qui avaient désiré un autre choix.

Quant au général Borgella, qui était peut-être l'unique candidat que ceux-là avaient en vue, il n'ambitionnait pas la présidence ; car, outre qu'il eût conçu des craintes sur la maladie de Pétion et qu'il eût persisté à retourner sur son habitation, malgré l'invitation de rester au Port-au-Prince que lui fit l'illustre malade, lorsqu'il reçut la dépêche du général Boyer qui l'engageait à y revenir, il ne se pressa pas. Parti de Cavaillon le 31 mars, il s'arrêta à Aquin, où il passa la journée en apprenant la mort du président ; le 1ᵉʳ avril, il se rendit au Petit-Goave où il passa encore la journée, et où il apprit l'élection de Boyer ; enfin il n'arriva à la capitale que le 2. Certes, s'il avait eu l'ambition de concourir à l'élection, il ne fût pas reparti pour le Sud dans le moment où il croyait voir le président gravement malade, après en avoir reçu tant de témoignages d'amitié durant son séjour au Port-au-Prince, et de la part des militaires et des citoyens, les preuves de sympathie qu'il y excitait toujours, depuis 1812.

Le général Lys ne mit pas plus d'empressement que Borgella à se rendre à l'invitation de Boyer. Le général Francisque arriva comme eux à la capitale, après que le nouveau président eût prêté son serment.

Du reste, ni eux ni aucun de leurs collègues n'eût voulu agir contrairement à ce qu'on croyait généralement être *la pensée intime* de Pétion ; car, s'il s'abstint de désigner son successeur, conformément à la constitution, il avait mis le général Boyer assez en évidence pour déterminer le choix du sénat en sa faveur.

Reconnaissons aussi franchement que, dans la situation des choses, Boyer devait paraître à tout esprit judicieux celui qui offrait *le plus de garantie* pour la continuation du système politique adopté par Pétion, — la chose la plus essentielle pour la République, — puisqu'il l'avait constamment défendu [1].

---

[1] C'est ce que dit le général Borgella à mon père, à son arrivée au Port-au-Prince, en apprenant qu'il avait été question de lui pour la présidence. « Il convient mieux, disait-il, que ce soit Boyer qui ait remplacé Pétion, puisqu'il a été toujours dans son intimité. Il pourra facilement opérer *les réformes* dont il m'a entretenu récemment, parce qu'on ne supposera de sa part aucun mauvais sentiment ; tandis que j'aurais été constamment l'objet de préventions, pour avoir été dans la scission du Sud. Au reste, à cette époque,

Le 1er avril, le Sénat se réunit et reçut le serment constitutionnel du nouveau Président d'Haïti. A cette occasion, le sénateur Panayoty lui adressa un long discours pour lui rappeler les devoirs qui lui étaient imposés, en lui disant que le choix du Sénat reposait surtout sur la confiance et l'estime que Pétion lui avait toujours montrées, et sur ses qualités personnelles. « ..... Les « principes d'Alexandre Pétion seront les vôtres. Vous « vous êtes, pour ainsi dire, nourri dans le secret de sa « pensée.... Il s'agit de faire le bien, de continuer ce « qu'il a commencé, de rendre le peuple heureux, de dé- « fendre la République, de maintenir la gloire de nos « armes, de faire fleurir *toutes nos institutions*, de faire « respecter et exécuter les lois. C'est de leur exacte ob- « servation que vous retirerez l'avantage le plus précieux « de vos travaux, et que le gouvernement recevra *toute* « *sa force*.....» Telle fut la substance de ce discours.

Celui du président élu fut plus concis. « Secondé, dit- « il, par les généraux, mes camarades d'armes, et forti- « fié de la confiance de mes concitoyens, la République « peut compter sur mon zèle, citoyens sénateurs. Tous « les actes émanés de notre auguste bienfaiteur seront « religieusement respectés. Je marcherai sur ses traces. « Je donnerai surtout *l'exemple de l'économie*. Toutes les « parties de l'administration seront surveillées. Les ser- « vices de l'armée seront appréciés. Tous mes efforts « enfin, auront pour but le salut de l'État.....»

Après cette cérémonie au Sénat, l'élection du Prési-

« j'ai fait une complète expérience des hommes, et je ne désirerai jamais d'être chef de « l'État. Boyer a d'ailleurs de la capacité et de belles qualités pour l'être : notre devoir « consistera à le seconder, pour le bonheur de notre pays. »

Plus tard, on saura que Borgella fut fidèle à ce sentiment.

dent d'Haïti reçut, comme toujours en pareil cas, la consécration de la cérémonie religieuse à l'église par le chant d'un *Te Deum*; et le cortége usité accompagna le président à son logement [1].

Entré en fonction, son premier acte fut une proclamation au peuple et à l'armée. Elle était comme une sorte de profession de foi des sentimens qui l'animaient, en parvenant à cette première magistrature de la République. Après avoir fait l'éloge de Pétion et de son administration, il disait : « ..... Je suis devenu le chef de la « plus intéressante famille, et j'ai besoin de l'assistance « divine, du concours et de l'aide de mes concitoyens. « Dans un gouvernement populaire, c'est le Peuple qui « est tout; sa confiance est ce qui constitue l'autorité, « et cette autorité ne peut que tourner à son avantage. « Je sens, à l'amour brûlant de la patrie qui m'anime, « au respect que je porte à la volonté nationale, que je « ne suis plus le même être, que je suis l'homme de « l'État. Oh! mes concitoyens, couvrez-moi de votre « égide ; Sénateurs, Législateurs, *soyez mes guides, éclairez-moi*; généraux, mes collègues et mes frères d'armes, « brave armée de la République, prêtez-moi l'assistance « de vos bras pour assurer la paix et le repos de nos familles ; magistrats du peuple, comptez sur l'exécution « des lois, sur mon premier respect à les observer ; agriculteurs, cultivateurs paisibles, livrez-vous sans crainte

---

[1] Boyer continua à loger pendant deux années, dans sa maison située rue du Centre, à cause des réparations que le palais de la présidence exigeait.

La ville ne fut point illuminée, comme au temps des élections de Pétion : la douleur publique était trop vive, et d'ailleurs l'acte du secrétaire d'État, du 29 mars, avait prescrit un deuil général pendant trois mois. Des salves d'artillerie seulement furent tirées après le serment du Président d'Haïti et pendant le *Te Deum*, comme le signe de la Force qui doit accompagner l'Autorité constitutionnelle, érigée pour le salut du Peuple Souverain.

« à vos précieux travaux ; plus le salaire vous sera avan-
« tageux, plus mon âme sera satisfaite : rien de ce que
« mon auguste prédécesseur avait établi ne peut ni ne
« doit être altéré. La conservation de la République re-
« pose sur le droit sacré *des propriétés :* que le maître d'un
« carreau de terre, comme celui de cent, se croie *égal*
« aux yeux de la loi, et qu'il soit le souverain de sa pos-
« session. Que le commerce se livre sans inquiétude à
« ses spéculations : celui de la République, celui des
« étrangers seront protégés..... ¹ »

Ce langage, rassurant pour toutes les classes de la population, était digne du successeur de Pétion et devenait une garantie que, placé désormais à la tête de la nation, il marcherait sur ses traces, ainsi qu'il le promettait. Boyer arrivait à la présidence à l'âge de 42 ans ; il était plein de santé et d'activité et d'un tempérament qui s'y prêtait admirablement ; habitué au travail de l'intelligence, il avait acquis une grande expérience des affaires de son pays par son intimité avec le noble défunt. Cet attachement qu'il lui avait toujours montré, ses lumières, ses antécédens libéraux, l'amour de la gloire qui paraissait l'animer : tout portait à croire qu'il voudrait se distinguer honorablement, et d'autant mieux, qu'il avait eu des adversaires capables qui le jalousèrent dans la carrière qu'il parcourut auprès de Pétion, et qui, pour justifier leur opposition, aimaient à dire que ses facultés militaires et politiques étaient au-dessous de son ambi-

---

1 Cette proclamation fut rédigée par le grand juge Sabourin. Bien que le président l'eût approuvée et signée, il avait ordonné au directeur de l'imprimerie de lui faire envoyer une épreuve de cet acte : cet ordre fut exécuté. La proclamation commençait par ces mots : « Le « Président d'Haïti n'est plus !... » En lisant l'épreuve, Boyer dit, avec raison : « Alexandre « Pétion n'est plus ! Mais le Président d'Haïti existe : c'est moi. » Et il fit corriger l'épreuve par l'employé de l'imprimerie qui la lui avait apportée : ce fut le seul changement qu'il y fît.

tion. On trouvait que Boyer avait *des défauts*, — ce qui était vrai, — en ce que, par son caractère ardent, il était susceptible de vivacités, et que par son esprit brillant, il était souvent mordant à l'égard de ses adversaires; mais on savait aussi qu'il avait un cœur droit, et cela suffisait pour faire espérer qu'il serait modéré dans l'exercice de son pouvoir. Cet espoir fut en effet justifié.

Il maintint dans leurs charges les trois grands fonctionnaires, Imbert, Sabourin et Inginac [1]. Chacun d'eux avait des titres à sa considération ; et en respectant ces choix de son prédécesseur, de même que dans les commandans d'arrondissement et autres fonctionnaires publics, il rallia à lui tous ces agents de l'administration politique et civile.

Le 2 avril, le nouveau Président d'Haïti commença la sienne par un acte d'humanité, « en imitant, disait-il, « la bonté qui caractérisait toutes les actions de son il- « lustre prédécesseur. » Il ordonna l'élargissement de tous les prisonniers détenus pour diverses causes correctionnelles et criminelles, à l'exception de celles qui emportaient la peine de mort. Même les détenus pour *dettes*, par suite de la contrainte par corps, durent être élargis, à condition de fournir caution à leurs créanciers [2].

---

[1] Les préventions antérieures de Boyer à l'égard d'Inginac ne suffisaient pas pour l'exclure de cette grande charge où il pouvait être difficilement remplacé d'ailleurs, à cause de sa capacité incontestable ; et son patriotisme égalait ses hautes facultés.

[2] Par cette dernière disposition de son ordre, non-seulement le président excédait ses pouvoirs, mais il se créait des embarras en statuant sur des affaires d'intérêt entre des particuliers. Il ne tarda pas à intervenir dans un procès qui eut lieu entre Doran et Surcau, négocians anglais et français : procès qui dura plusieurs années, par l'esprit de chicane qui animait Doran. Ce fut lui qui réclama cette intervention du président, et il finit par réclamer aussi celle du gouvernement britannique contre Boyer, pour en obtenir 500 à 600 mille piastres comme dommages-intérêts de la prétendue violation de son droit. Ce serait toute une histoire à relater, car elle ne prit fin qu'à la mort de Doran, arrivée en 1843 : alors, il réclamait encore cette somme du gouvernement haïtien, responsable, selon

Le droit de *grâce* n'était pas plus accordé au Président d'Haïti dans la constitution de 1816 que dans celle de 1806, comme le Sénat l'avait fait observer à Pétion, dans ses Remontrances de 1808 ; mais l'usage que ce dernier en avait fait fut sanctionné par l'approbation populaire, en tout temps. Qui eût voulu contester à Pétion mourant, ce bel attribut de l'autorité supérieure, lorsqu'il grâcia le soldat du 14e régiment condamné à mort ? A son avènement, Boyer pouvait donc imiter sa conduite : un tel acte est toujours de bon augure pour l'administration d'un chef de gouvernement.

Un ordre du jour, du 3 avril, prévint l'armée qu'elle serait passée en revue, dans toute la République, pour recevoir un mois de solde le 9.

Il y avait peu de fonds dans les diverses caisses du trésor national ; mais, décidé à renouveler souvent de pareils ordres du jour et à faire jouir les fonctionnaires publics de leurs appointemens, le président dessina son administration dès ce moment, en enjoignant au secrétaire d'État de contraindre immédiatement les débiteurs du trésor à solder leurs comptes. Au Port-au-Prince, des négocians étrangers et nationaux étaient dans ce cas ; ils avaient mésusé de la bonté de Pétion à leur égard, en prorogeant incessamment les délais qu'il leur fit accorder pour faciliter leurs transactions. Le caractère de son successeur, connu de tous, et quelques paroles sévères qu'il prononça à cette occasion, imposèrent tellement, qu'en peu de jours presque tous les débiteurs s'étaient exécutés [1]. Aussi, dès le mois d'août suivant, il n'y avait

---

lui, des faits de l'ex-président. Secrétaire d'État de la Justice, j'éclairai le gouvernement sur cette étrange réclamation et le fis rejeter, par la connaissance que j'avais de toutes les phases de cette affaire : mon rapport fut publié.

1 Cette mesure fut cause, en partie, de la déconfiture de Samuel Dawson, négociant

plus de *bons du trésor* en circulation ; c'est-à-dire, les feuilles d'appointemens des fonctionnaires, les ordonnances en dépenses pour fournitures à l'État, etc., dont les commerçans trafiquaient par un agiotage ruineux auquel les porteurs étaient soumis [1].

Boyer fixa encore l'attention publique par une autre mesure d'ordre qu'il prit le 7 avril : il fit publier un avis par le secrétaire général, qui accorda un jour d'audience par semaine, où *le public* serait admis à se présenter pardevant le Président d'Haïti, le dimanche étant exclusivement consacré aux fonctionnaires. Comme bien des gens avaient contracté l'habitude d'aller presque chaque jour au palais, sans y avoir affaire, et d'autres pour solliciter une foule de choses de Pétion, — ce que souffrait sa patiente débonnaireté [2], à partir de cet avis, *les flâneurs* durent se résigner à s'abstenir de troubler le travail du chef de l'État : de là néanmoins quelque mécontentement fort injuste de leur part.

L'ouverture de la 2ᵉ session de la Chambre des représentans eut lieu le 13 avril : dans leur discours, les deux

---

américain. Obligé de payer ce qu'il devait à l'État et ayant pris des particuliers des sommes considérables à gros intérêts, il fit banqueroute.

1 *Abeille haïtienne* du 16 août.

2 Indépendamment des habitués de la capitale, les visiteurs de la campagne affluaient au palais par rapport aux dons nationaux. Un jour, l'un d'entre eux demanda à Pétion une concession, et il lui dit de présenter une pétition en désignant l'habitation de son choix pour l'avoir. Le solliciteur revint ensuite avec la pétition qui désignait *le verger* de Volant le Tort, propriété de Pétion. Celui-ci rit beaucoup de cette demande étrange ; mais soupçonnant que le campagnard avait été égaré par l'écrivain de la pétition, il lui dit : « Comment, mon ami, vous voulez que je vous donne mon beau verger où j'ai planté moi-même des arbres auxquels je tiens tant ? — Non, président, je ne vous demande qu'une concession de terre. — Qui donc a écrit la pétition pour vous ? — C'est un vieux mulâtre nommé Leriche ; il m'a demandé vingt gourdes pour la faire. — Eh bien ! allez lui dire que le président ordonne qu'il vous remette ces vingt gourdes, sinon il sera mis en prison. Revenez ensuite auprès de moi, et je vous donnerai 5 carreaux de terre sur une bonne habitation. » On conçoit bien que *le vieux mulâtre* s'exécuta aussitôt.

présidens s'attachèrent à décerner des éloges à la mémoire de Pétion. Celui de la Chambre exprima, au nom de ses collègues, l'espoir qu'ils avaient que Boyer se plairait à suivre les traces de son illustre prédécesseur.

Le même jour, un avis du secrétaire général prévint le public que le gouvernement voulait faire achever la construction du lycée national, et procéder aux réparations urgentes du palais de la présidence; qu'en conséquence, les offres des entrepreneurs seraient reçues afin de parvenir au marché le plus avantageux à l'État. Mais, de ces deux objets d'utilité publique, le palais fut le seul qu'on acheva.

Quelque temps avant sa mort, Pétion faisait tailler, dans la cour du palais, la charpente de l'édifice dont il avait tracé le plan pour servir au lycée national, parce qu'il se plaisait à diriger l'architecte chargé de ces travaux : cet édifice eût été vaste et approprié à un tel établissement. Toutes les offres produites pour son achèvement furent rejetées par Boyer qui trouva que ce serait *trop dépenser*; et le lycée continua à être placé successivement dans des maisons dont la construction n'y convenait guère.

Cette épargne était d'autant plus mal-entendue, que la situation du trésor public ne tarda pas à s'améliorer. Et quelle dépense pouvait être plus utile, plus avantageuse au pays tout entier, que celle qui eût créé un local propre à recevoir de nombreux élèves, pensionnaires ou externes, venus de toutes les parties de la République, pour y recevoir une instruction supérieure et une éducation nationale sous les yeux du gouvernement? C'était la pensée de Pétion, et le prospectus qu'il fit publier pour le lycée le prouve; car il voyait tout l'avenir de la patrie dans les lumières de ses enfans. Il est probable qu'il n'eût pas négligé de faire venir de France de bons professeurs à cet effet. En rémunérant généreusement leurs talens et leurs services, le gouvernement aurait mis, d'un autre côté, les pères de famille en mesure de faire profiter à leurs fils ces moyens d'instruction, avec la facilité de venir les voir à la capitale, de dépenser moins que ceux qui se sont vus dans la nécessité d'envoyer les leurs à l'étranger. D'autres considérations importantes se rattachaient d'ailleurs à la fondation d'un grand établissement d'instruction publique dans le pays; mais elles ne peuvent être exposées ici.

Un nouvel ordre du jour du 14 avril enjoignit aux chefs de corps de troupes de passer, une fois par semaine, l'inspection des armes, équipemens et fournimens des militaires sous leurs ordres ; — aux officiers sans emploi, de se présenter au bureau de l'état-major général pour être inscrits ; — aux invalides, de se présenter également à celui des commissaires des guerres pour être immatriculés. Cet acte se terminait ainsi : « Le Prési-
« dent d'Haïti compte sur le zèle et l'activité des chefs
« de corps et de tous ceux qu'il appartiendra, pour l'exé-
« cution entière des dispositions du présent ordre. Il
« sera aussi prompt *à faire l'éloge* de ceux qui feront
« leur devoir, qu'il le sera *à censurer* ceux qui montre-
« raient de la négligence. » Un mois après cet avertissement, un autre ordre du jour annonça que le président passerait lui-même l'inspection des armes, etc., des troupes de la capitale, et que les commandans d'arrondissement agiraient de même dans l'étendue de leurs commandemens respectifs.

Mettre de l'ordre dans les finances de l'État, afin de

pouvoir rémunérer ponctuellement les services publics ; prescrire à l'armée des obligations à suivre pour assurer sa force et sa discipline, c'était opérer utilement sur deux parties essentielles dans l'administration de tout pays ; et l'état de guerre où se trouvait la République donnait un nouveau prix à ces mesures. Néanmoins, sa force et sa stabilité ne dépendaient pas uniquement de *ses armes* : le développement *des idées*, par l'instruction de la jeunesse, avait droit à une égale sollicitude [1].

Celle du président se porta, dans la première quinzaine d'avril, sur une autre mesure qui dépendait de l'édilité de la capitale, et dont la nécessité avait été reconnue au mois de février précédent. Il ordonna le nettoyage des rues, places et quais, par l'enlèvement des immondices qui les comblaient ; il fit réparer les fontaines publiques : déjà on ne faisait plus d'inhumations au cimetière intérieur de la ville.

On ne pouvait qu'applaudir à cette attention donnée par le chef de l'État, à la propreté d'une ville où la chaleur est si intense, à la circulation facile de l'excellente eau de Turgeau qui désaltère ses habitans, lorsqu'on se rappelait que trois années auparavant, le 3 juillet 1815, le général Boyer avait pris une semblable *initiative* par rapport à ces deux choses [2]. Mais, hélas ! pourquoi faut-il que l'histoire qui prend note de tout, dise dès à présent, que sous ce rapport, la longue administration du président ne répondit point à son commencement !...

Dans la situation où il prenait les rênes du gouver-

[1] On remarquera que la loi du budget ne fut pas exécutée, quant à l'armée surtout : s'il avait fallu la payer tous les mois, le gouvernement n'aurait pu mettre de l'ordre dans les finances, avoir un excédant en caisse pour payer les fonctionnaires publics.
[2] Par un Avis au public, le Général commandant de l'arrondissement :
« Prenant en considération et voyant avec peine les difficultés que les habitans de cette

nement de son pays, Boyer jugea qu'il était convenable de faire une démarche auprès des autorités supérieures de la Jamaïque, représentant la Grande-Bretagne dans le voisinage d'Haïti, afin d'entretenir de bonnes relations avec elles, par l'assurance qu'il leur donna, que le commerce de cette puissance continuerait, comme sous Pétion, à être considéré et protégé, étant celui d'une nation amie.

En conséquence, le 16 avril, le brig de l'État *le Philanthrope*, commandé par Juste Lafond, partit du Port-au-Prince et se rendit à Port-Royal. Le colonel Lerebours, aide de camp du président, accompagné du chef de bataillon du génie Lechat fils, fut chargé de dépêches adressées au duc de Manchester, gouverneur général, et à Sir Home Popham, amiral de la station. Ces deux autorités accueillirent parfaitement les envoyés du Président d'Haïti et la notification qu'il leur fit de son avènement. Elles lui répondirent qu'elles allaient transmettre au gouvernement britannique l'expression des sentimens du nouveau chef de la République; et elles témoignèrent elles-mêmes l'espoir que les sujets de la Grande-Bretagne se conduiraient toujours, de manière à mériter la protection qui leur était promise comme par le passé [1].

Le 2 mai, *le Philanthrope* rentra au Port-au-Prince avec les envoyés haïtiens, qui se plurent à dire à chacun,

---

ville éprouvent souvent pour avoir l'eau des fontaines publiques, et voulant aussi remédier aux causes qui, depuis longtemps, altèrent la qualité de celle qu'on en reçoit, etc. »

[1] Soit en entrant à Port-Royal, soit en sortant de ce port pour retourner à Haïti, Juste Lafond fit une manœuvre dont l'habileté prouva sa capacité comme marin et lui valut les complimens des officiers anglais. *Le Philanthrope* fut visité par eux, et ils adressèrent des éloges à son brave commandant, pour la propreté et la belle tenue du navire, pour la discipline qui régnait parmi son équipage. Nos marins firent eux-mêmes respecter le pavillon national, par leur attitude et la décence qu'ils montrèrent durant leur séjour à Port-Royal.

avec quelle courtoisie ils avaient été reçus à la Jamaïque ; et le 5, le président adressa au sénat un message pour lui faire part de ces particularités et des dépêches qu'il avait reçues.

En même temps que ce garde-côtes se rendait à Port-Royal, une autre mission prenait la voie de terre pour se rendre à Santo-Domingo, auprès du gouverneur pour l'Espagne de la partie de l'Est d'Haïti. C'était le colonel Ulysse, aide de camp du président, accompagné du capitaine Chéri Archer, des chasseurs à cheval de la garde, qui était porteur de la dépêche par laquelle le Président d'Haïti donnait l'assurance au gouverneur, de son intention d'observer les rapports préexistans de bon voisinage, et que les naturels de cette partie de l'île pouvaient continuer leur commerce avec la République, en toute sécurité. Accueillis également avec égard et distinction, les envoyés revinrent bientôt, porteurs d'une réponse favorable.

Ces deux missions furent dictées par une sage politique. A l'extérieur, elle maintenait la République dans une excellente position, à l'égard de la puissance qui faisait tous ses efforts auprès des gouvernemens européens, pour faire cesser la criminelle *traite des noirs*, et dont le concours indirect avait contribué à préserver Haïti d'une invasion de la France. A l'intérieur, cette politique jalonnait pacifiquement la route que, quatre années après, notre armée devait parcourir pour aller planter le drapeau haïtien sur la Tour de la ville des Colombs.

La mémoire du chef auguste dont on suivait alors la pensée si prévoyante, réclamait un acte national pour consacrer les services qu'il avait rendus à son pays. Le 16 avril, la première proposition que fit le président

Boyer à la Chambre des représentans fut dans ce but, et elle vota la loi « portant la reconnaissance nationale des « services rendus à la patrie, par le feu Président d'Haïti, « ALEXANDRE PÉTION. »

Lorsqu'un peuple s'honore aux yeux de la postérité, l'histoire se doit à elle-même de faire connaître ses actes. Voici cette loi rendue le 27 avril :

La Chambre des Représentans des communes,

Considérant que la conscience nationale ne serait point satisfaite, si, au milieu des regrets qui affligent tous les cœurs, le corps législatif ne s'empressait de consacrer de la manière la plus solennelle, la reconnaissance du Peuple Haïtien, pour les services signalés que le feu Président d'Haïti, ALEXANDRE PÉTION, a constamment rendus à la patrie pendant sa glorieuse vie ;

Considérant que ce vertueux Magistrat de la République, en travaillant à l'œuvre de la régénération d'Haïti, avait fait le sacrifice de tout intérêt personnel pour ne s'occuper uniquement que du bonheur public, sa seule ambition, et qu'en conséquence de ce désintéressement, sa fortune particulière ne peut offrir à sa famille un sort heureux, qu'il est de la grandeur haïtienne de fixer ;

Après les trois lectures, la Chambre, usant des droits que lui donne la constitution, a arrêté ce qui suit :

1. Il sera érigé au pied de l'arbre de la Liberté, où le corps d'ALEXANDRE PÉTION est déposé, *un mausolée* pour éterniser la mémoire du Fondateur de la République d'Haïti, où seront tracées les principales actions qui ont honoré sa vie. Le pouvoir exécutif est chargé de l'adoption du plan qu'il jugera conforme au vœu de la Nation.

2. La forteresse, dans la capitale de la République, connue sous le nom de *Fort National*, portera désormais celui de *Fort Alexandre* ; et la place d'armes ou champ de Mars, s'appellera *Place Pétion*.

3. Pendant trois années, le 29 mars, il sera célébré dans toutes les églises de la République, un service funèbre en commémoration du défunt, auquel toutes les autorités assisteront en corps. Ce jour de

deuil sera marqué par la fermeture des magasins ou boutiques, et par la suspension des travaux dans les campagnes.

4. La Nation décerne, par l'organe de ses Représentans, une pension viagère et annuelle à la citoyenne *Célie Pétion* (sous la tutelle de sa mère), d'une somme de quatre mille gourdes; et à ses deux neveux, les citoyens *Méroné* et *Antoine Pierroux*, une semblable pension de quinze cents gourdes à chacun, payable par trimestre.

5. La présente loi sera envoyée au Sénat de la République pour son acceptation.

(Elle fut signée par *Baronnet*, président, *Pierre André* et *Lefranc*, secrétaires de la Chambre; décrétée le 4 juin par le Sénat et signée par *Larose*, président, et *N. Viallet*, secrétaire; et enfin promulguée le 6 juin par *Boyer*, avec le contre-seing de *B. Inginac*, secrétaire général.)

La gratitude personnelle que le président Boyer devait à Pétion, rendait très-convenable l'initiative qu'il prit pour proposer les mesures que dictait cette loi. C'était encore à lui de les exécuter, pour répondre au vœu de la Chambre des représentans et du Sénat, revêtu de l'approbation du peuple.

A l'égard du mausolée à ériger, après diverses combinaisons, divers projets, on avait adopté le plan d'un tombeau en marbre sur la place *Pétion*, sur lequel on eût posé une statue en bronze, pour représenter l'image du grand Citoyen aux yeux et à l'admiration de la Nation qu'il rendit heureuse par ses bienfaits et sa sagesse politique; des bas-reliefs auraient figuré les principales actions de sa vie.

Boyer resta chargé de tout faire préparer à l'étranger; il le promit. Mais, vingt-cinq années d'une administration paisible s'écoulèrent, après un nouveau projet conçu en 1840 pour l'érection d'une chapelle, et le président n'a laissé que le modeste caveau où se trouve le cercueil qui renferme les restes du Fondateur de la République.

La disposition de la loi, relative à la pension nationale accordée à sa fille, ne fut pas non plus exécutée [1].

Un sentiment d'extrême délicatesse fut cause de l'inexécution de cette dernière. Mais à quoi attribuer l'inexécution de l'autre disposition? Certes, ce n'est pas le cœur de Boyer qu'il faut accuser, mais son esprit d'économie poussant l'épargne à ses dernières limites [2].

Cet esprit parut dans plusieurs autres lois qu'il proposa. L'une d'elles établit la perception d'une gourde, comme droit d'entrée dans la République, pour chaque bœuf, vache, génisse et bouvart introduits par mer ou par terre. Le fait est, qu'on n'en importait point par la première voie; mais que la loi avait pour but d'établir cette imposition sur les bestiaux venant de la partie de l'Est, qualifiée de *Partie Espagnole* dans son 3e article.

Une nouvelle loi fut rendue sur le timbre, qui abrogea celle de 1817. Elle établit des amendes contre les contrevenans, lesquelles n'existaient pas dans l'autre, et régla mieux la comptabilité relative à cet impôt.

Par une autre sur le tribunal de cassation, quelques changemens furent introduits dans la procédure à y

---

[1] Le moment viendra, peut-être, où je dirai dans quelles circonstances je fus étonné de savoir cela; que ce fut moi qui engageai et décidai le président Boyer à faire payer à la mère de Célie, la totalité de la somme qu'elle aurait dû recevoir annuellement, pendant plus de sept années, pour la pension de sa fille; et que j'écrivis l'ordre qu'il signa à cet effet et qui fut exécuté par le Secrétaire d'État Pilié.

[2] Il faut convenir que l'érection du mausolée, tel qu'il fut conçu, aurait produit un mauvais effet sur la place *Pétion*, si mal tenue sous tous les rapports et entourée de maisons inégalement bâties ou en ruines. En y élevant ce monument national, il aurait fallu tout mettre en harmonie, faire beaucoup d'autres dépenses. Boyer y aura réfléchi, sans nul doute, et il aura renoncé à l'exécution de la loi. Il en a été de même pour la chapelle qui devait être bâtie sur l'emplacement où naquit Pétion et qui lui avait appartenu comme héritage de famille, dans laquelle on aurait déposé son cercueil et celui de Célie.

suivre, et une *réduction* fut opérée sur les émolumens accordés à ses membres. En prêtant son serment, Boyer avait dit « qu'il donnerait surtout *l'exemple de l'écono-*
« *mie :* » ce fut par ce haut tribunal qu'il commença ses réformes.

Elles portèrent aussi sur un autre objet qui les réclamait réellement : l'entretien des grandes routes publiques. La loi de 1817 à ce sujet fut abrogée, parce qu'elle avait occasionné de fortes dépenses sans obtenir de meilleures réparations à ces voies de communication, et que les ouvriers agricoles n'avaient pas moins été détournés de leurs travaux, volontairement, en se mettant au service des entrepreneurs.

Cependant, tout en économisant, le président songea à une dépense que réclamait l'humanité et qui était dans les prévisions de la constitution. Il proposa au corps législatif une loi qui fut rendue, « portant établissement
« d'un *hospice* de charité et de bienfaisance dans le chef-
« lieu de chaque département de la République, pour re-
« cevoir les pauvres valides et les infirmes des deux sexes
« et de tout âge. » Tout fut réglé par cette loi, — admission, soins à donner, administration, etc. Un édifice considérable fut même construit sur l'ancienne habitation *Gressier*, à 5 lieues du Port-au-Prince, dans un lieu salubre, pour être l'hospice du département de l'Ouest en attendant l'érection de celui du Sud. Mais après son achèvement à grands frais, le président ne donna plus suite à ce dessein; aucun infirme n'y fut admis, et ces constructions finirent par tomber en ruines, après avoir servi pendant quelques années au logement de la cavalerie.

Dès à présent, il nous faut constater *ce manque de persévérance* qui était un des traits distinctifs, un des défauts du caractère de Boyer. Avec l'esprit le plus prompt à concevoir un projet judicieux, le désir le plus vif de le mettre à exécution, il lui arrivait souvent de ne pas le poursuivre jusqu'au bout, comme s'il se rebutait par le moindre obstacle qu'il rencontrait ensuite, ou qu'il ne faisait qu'entrevoir.

Peut-être fut-ce à raison de cette observation qu'on avait faite sur son caractère, et de l'ardeur qu'on le voyait mettre à vouloir opérer beaucoup de choses par lui-même, que dans le mois qui suivit son avènement à la présidence, Milscent, se faisant l'organe du public, osait, dans son journal, l'engager à s'entourer d'une sorte de *conseil-d'Etat*, qu'il formerait en choisissant des fonctionnaires et des citoyens, « pour l'aider à gouverner la République [1]. » Ce journaliste espérait, sans doute que Boyer serait porté à *exécuter* ce qui aurait été jugé utile, par lui et ce conseil *ad-hoc*. Mais, quelque fût son motif, Milscent s'adressait au chef le moins disposé à croire qu'il avait besoin d'être aidé dans le gouvernement de l'Etat, ni qu'il lui fallût déférer aux avis d'autres hommes, à moins qu'ils ne pénétrassent sa pensée intime. La forme même que Milscent prit pour l'engager à cela, — la publicité, — était la moins propre à faire agréer son idée.

Sans nul doute, il ne convenait pas que le chef de l'Etat parût être sous *l'influence* de qui que ce soit; car il y a toujours un grand inconvénient, un danger même pour la chose publique dans une telle situation. D'un autre côté, le président Boyer était trop *éclairé* pour n'avoir incessamment besoin *de conseils* pour gouverner son pays; il a prouvé par des faits et par des actes nombreux

---

[1] *Abeille haïtienne* du 16 mai.

qu'il en désirait le bonheur et la prospérité, et il lui en a procuré le plus qu'il a pu. Mais peut-être a-t-il poussé trop loin la crainte qu'on le crût *influencé*, même par de simples *avis* qui lui auraient été donnés [1].

Dans cette session législative, la chambre des représentans déchargea le secrétaire d'Etat de toute responsabilité, par rapport aux comptes généraux des finances pendant les années 1811 à 1817 inclusivement. Peu de jours après, ce grand fonctionnaire publia un avis au commerce, pour avertir les consignataires qu'il ne serait plus reçu dans les douanes, des *supplémens* aux factures originales et aux manifestes exigés d'eux, après ceux qui auraient été d'abord présentés à cette administration pour l'entrée des marchandises. Cet avis prouve qu'ils voulaient continuer une pratique qui facilitait des fraudes dans la vérification des marchandises.

Le président avait fait une visite d'inspection dans les lignes de Trianon. Accueilli avec enthousiasme par le général Benjamin et ses subordonnés, il émit un ordre du jour qui les signala tous comme ayant acquis des droits à la reconnaissance publique, par leur exactitude à remplir leurs services, tout en déclarant sa satisfaction du zèle et du bon esprit de l'armée en général : une revue de solde fut annoncée en même temps, ce qui était propre à satisfaire également l'armée.

[1] Voyez à ce sujet les Mémoires d'Inginac, page 34 et 35. Il n'est pas un seul fonctionnaire public, parmi ceux qui approchaient le président Boyer, qui ne puisse attester ce que j'en dis moi-même ; et je rappelle ici que, sous son gouvernement, en 1840, je publiai un écrit politique où, tout en le défendant contre des imputations injustes, je dus protester de n'être pas son conseiller habituel, en affirmant « qu'à ma connaissance, le Président « d'Haïti n'a aucun conseiller, qu'il n'est sous l'influence de qui que ce soit. »

En ce moment, des députés, envoyés par Christophe, arrivaient au Port-au-Prince. Ils étaient au nombre de quatre, et porteurs d'une proclamation par laquelle il invitait les généraux, les officiers de tous grades, les soldats et citoyens de a République, à se soumettre à son autorité royale, en promettant l'oubli du passé, le pardon des injures, la conservation de chacun dans ses fonctions, etc., enfin, comme il avait fait en 1815 [1]. A cet effet, il s'était rendu à Saint-Marc au commencement de juin, et bien plus dans l'intention de profiter de toute chance que lui auraient laissée des divisions dans la République, par suite de la mort de Pétion et de l'élection de Boyer ; mais plusieurs soldats de son armée saisirent eux-mêmes leur rapprochement de nos lignes pour y passer en transfuges : c'était lui donner un avertissement utile à la conservation de sa couronne, et il y fit attention [2].

Quant à ses députés, arrivés le 1er juillet, jour où fut chanté à l'église un grand service funèbre en mémoire de Pétion, le président les reçut immédiatement après cette cérémonie religieuse, au milieu des généraux, des officiers de tous les corps, des fonctionnaires civils, des sénateurs et des représentans qui en revenaient avec lui. Il fit donner lecture de la proclamation royale, séance tenante : une explosion d'indignation éclata aussitôt dans

---

[1] Nous croyons nous rappeler que cette députation était composée du général Bottex, de L. Dessalines, d'Édouard Michaud et d'un quatrième dont le nom nous échappe. La proclamation dont ils étaient porteurs avait été rendue à Saint-Marc, le 9 juin : elle disait que Pétion était le seul obstacle qui s'opposait à la réunion des Haïtiens, etc.

[2] C'est en apprenant la prochaine arrivée de Christophe à Saint-Marc, que le général Toussaint Brave, qui en avait le commandement, prit la résolution de s'empoisonner, parce qu'il avait su que ce tyran le suspectait d'entretenir des relations avec le Port-au-Prince : ce qui était faux.

cette assemblée, et avec d'autant plus de force, qu'on venait de s'attrister sur la mort de Pétion, par la cérémonie qui représentait le jour de ses obsèques. Parmi les assistans qui se montrèrent les plus indignés, et en même temps les plus disposés à défendre la République, le général Gédéon, sénateur, se distingua : dans son enthousiasme, étant près de Boyer, il le prit à bras-le-corps et le souleva, en disant aux députés de Christophe : « Voilà notre chef, notre ami, celui que nous soutien- « drons au péril de notre vie ! Allez dire à votre roi ce que « vous avez vu ! Retirez-vous du territoire de la Républi- « que ! » Les cris de : Vive la République ! Vive le Président d'Haïti ! sortis de toutes les bouches, firent aussi bien comprendre aux envoyés que leur mission était terminée. Boyer fut d'une éloquence chaleureuse, en présence de cette manifestation patriotique, et il dit aux envoyés : que ce n'était pas à *un révolté* qu'il appartenait d'offrir le pardon et l'oubli du passé. Là même, une réponse fut formulée et signée par les assistans. On permit aux députés de passer la journée et la nuit suivante au Port-au-Prince; le lendemain ils repartirent pour Saint-Marc, d'où *le Grand Henry* retourna tout penaud, à son palais de Sans-Souci.

Quelques jours après, le brig *le Philanthrope* entrait dans la rade de la capitale, ayant à son bord 171 *Africains* qu'il avait trouvés sur un navire de traite qu'il captura du côté des Cayes et qui se rendait à Cuba. On éprouva une grande joie au Port-au-Prince, de cette résolution ferme et intelligente du commandant Juste Lafond, qui délivra ces malheureuses victimes d'un odieux trafic. Néanmoins, en l'absence de toute loi locale sur la matière, le président fit relaxer le navire négrier. Il soumit au baptême religieux tous ces Africains dont il devint l'unique parrain et fit incorporer dans sa garde les plus valides : les autres hommes, les femmes et les jeunes filles furent confiés aux principales familles de la ville pour en prendre soin, et il y eut peu de mortalité parmi eux [1].

Un autre Africain *civilisé*, marié à une Européenne, arriva aussi au Port-au-Prince, le 30 juin, parmi les passagers d'un navire français sorti du Hâvre : il se nommait *Félix Darfour*, et venait spontanément habiter la République. Présenté au président par M. J. Ardouin, armateur du navire, qui revenait lui-même dans son pays natal après 46 ans d'absence, Darfour en fut gracieusement accueilli. Il n'avait pas les moyens de payer son passage et celui de sa femme ; néanmoins, l'armateur les avait reçus et nourris à bord du navire durant une traversée de trois mois. Le président ayant appris ces particularités, fit *indemniser* M. J. Ardouin de ses dépenses, en le complimentant sur ses procédés généreux. Darfour n'avait non plus aucun moyen d'existence à son arrivée ; mais sachant lire et écrire, il profita des bonnes dispositions du président envers lui, pour obtenir l'autorisation de publier *un journal* à l'imprimerie du gouvernement, la seule qui existât alors au Port-au-Prince. Non-seulement le président ordonna que ce travail s'y fît gratuitement, mais pour assister Darfour encore plus, il lui fit donner du magasin de l'État le papier nécessaire à la publication du journal qui paraissait tous les quinze jours, et il y prit douze abonnemens pour une année qu'il paya de sa

---

[1] La plupart de ces Africains des deux sexes eurent une excellente conduite dans leur nouvelle patrie ; ils se montrèrent reconnaissans des soins qu'on prit d'eux, devinrent industrieux et acquirent de petites propriétés par la suite. Voilà le résultat de la différence entre la Liberté et l'Esclavage : à Cuba, ils n'eussent été que des infortunés courbés sous la verge de fer des colons qui les auraient achetés ; à Haïti, ils devinrent des personnes utiles à la société.

cassette, au-dessus du prix fixé. En peu de temps, Darfour était assez à l'aise; car d'autres fonctionnaires et des particuliers s'y abonnèrent aussi ; et s'il n'eut pas un plus grand nombre d'abonnés, c'est qu'il écrivait médiocrement et que l'esprit de son journal déplut au public [1].

Le 14 août, en même temps que le Président d'Haïti informait le sénat qu'il allait faire une tournée dans l'arrondissement de Jacmel, il publia un nouvel ordre du jour pour féliciter l'armée sur les frontières de sa mâle attitude, les gardes nationales des campagnes, de leur zèle, pendant que la présence de Christophe à Saint-Marc faisait croire à une prochaine attaque. Ce même acte contenait des dispositions relatives au renvoi du service militaire, des vieux soldats qu'il était temps de réformer, et des infirmes qui ne pouvaient plus continuer ce service. Par suite de cette mesure, un mois après un autre ordre du jour prescrivait un recrutement dans toute la République, pour remplacer les congédiés et compléter les cadres des corps de troupes, et une revue de solde et d'inspection des armes. Presque en même temps, un arrêté avait réorganisé la garde nationale.

A Jacmel et dans tout son arrondissement, le président reçut de tous les citoyens et des militaires l'accueil le plus empressé et le plus cordial ; il fut fêté, la ville fut illu-

---

[1] J'ai déjà publié ces faits dans un écrit politique, et je les affirme de nouveau, parce que Daffour et sa femme furent reçus chez mon père ; que je connais ces faits mieux que personne; que c'est moi qui faisais prendre le papier au magasin de l'État pour travailler ensuite au journal qu'il publiait. Son premier numéro parut *le 5 août*, et en *octobre* suivant il insinuait des choses *malveillantes* contre le président Boyer, dans *l'Éclaireur haïtien*. Milscent lui en fit le reproche dans l'un des numéros de *l'Abeille haïtienne*, du mois de novembre.

minée en signe de la joie générale. Le 30 août, il était de retour à la capitale.

Quelques jours auparavant, à 5 heures de l'après-midi du 25, la foudre tomba sur la salle d'artifice de la citadelle Henry ; cette salle sauta, et l'explosion occasionna des dégâts considérables dans ce monument de l'orgueil. Une partie du trésor royal fut emportée, et les pièces d'or et d'argent éparpillées dans le voisinage : le prince Noël, frère de la reine et duc du Port-de-Paix, périt dans cet événement avec quelques autres militaires [1]. En l'apprenant, Christophe se rendit à la citadelle avec sa maison militaire pour veiller aux premiers travaux ; il ordonna que tout y fût réparé dans le plus bref délai ; et il enjoignit aux populations circonvoisines de rechercher partout les pièces d'or et d'argent, et de les lui rapporter sous peine *de mort*. En peu de jours, des sommes considérables furent remises au trésor ; car aucun individu n'aurait eu la tentation de s'approprier une seule de ces pièces de monnaie.

Déjà, dans le mois de juin, un arrêté du Président d'Haïti avait déterminé les formalités à remplir par ceux qui voulaient obtenir des concessions de terrains à cultiver, ou l'échange de leurs titres sur de nouvelles propriétés, parce que ces titres avaient été délivrés sous Pétion, sans due connaissance de la quantité de terre disponible sur chaque habitation rurale ; il en était résulté une grande confusion et des litiges entre les concessionnaires. Les arpenteurs, chargés de mesurer les concessions, avaient empiré cet état de choses, par leur négligence ou des opérations erronées : un autre

---

[1] On voit la tombe de ce *prince* dans la citadelle.

arrêté fixa leurs obligations et des peines contre les contrevenans.

Une proclamation du président avait suivi ces deux actes nécessaires; elle avait pour but d'honorer et encourager l'agriculture comme « l'art le plus noble et le plus « révéré chez tous les peuples éclairés. C'est elle qui a « civilisé le monde; elle est la source du commerce, de « l'industrie et des arts, et le germe précieux qui, seul, « peut nourrir et faire fructifier les semences de nos « institutions politiques... Cultivons la terre... En repous- « sant nos ennemis, le territoire est devenu notre pro- « priété. Des armes et de la terre, voilà nos biens... »

Ainsi, après les finances et l'armée, Boyer étendait sa sollicitude sur la culture des champs, en la relevant aux yeux du peuple comme une occupation utile. Il se préoccupa également d'un autre objet qui tient aux intérêts généraux de la société, dans ses rapports avec la famille, les mœurs, la propriété, les conventions et transactions entre les hommes : de la rédaction du *Code civil haïtien*. A cet effet, il forma une commission composée du général Bonnet, et des citoyens Théodat Trichet, Daumec, Dugué, Granville, Pierre André, Colombel, Milscent et Desruisseaux Chanlatte ; il la chargea du travail préparatoire qui, en élaborant ce code de lois, mettrait le pouvoir exécutif en mesure de le proposer au corps législatif [1].

---

[1] A peine cette commission avait-elle commencé ses travaux, que Darfour disait, dans son journal, « que si on n'y prenait garde, elle pourrait livrer les Haïtiens *pieds et poings « liés* à la France. » — Voyez *l'Abeille haïtienne* du 1er décembre 1818. Cinq mois après son arrivée dans le pays, cet homme essayait *de semer la discorde* entre les citoyens ! Où était-il, quand Bonnet signait l'acte d'indépendance, quand il fondait la République d'Haïti avec Théodat Trichet, Daumec, Boyer, etc. ? Ce dernier eût dû dès lors *supprimer* le journal de Darfour : c'était *son devoir*, et il en avait certainement *le droit*.

Cette disposition était devenue une nécessité sociale, dans la situation où se trouvait déjà la République. On en avait senti le besoin sous le gouvernement de Dessalines, — en 1808, en organisant l'ordre judiciaire, — et lorsqu'en 1816, Pétion autorisa les tribunaux à appliquer le code Napoléon : déjà, en 1812, Christophe avait donné un code civil à son royaume.

Parmi les membres de cette commission, on voit figurer Bonnet avec son titre de *général*. Bien qu'il ne fût pas encore réactivé dans l'armée, il n'est personne qui ne le qualifiât ainsi depuis son retour dans le pays, puisqu'en effet il n'aurait pu perdre ce titre que par un jugement légal. Pétion lui-même le lui donnait dans la conversation, et plus d'une fois Bonnet fut consulté, assure-t-on, dans les affaires de l'État. Depuis assez longtemps, il s'était réconcilié avec Boyer ; et l'on doit considérer, à l'honneur des sentimens de ce dernier, qu'en le désignant comme président de la commission, c'était un acheminement vers sa réintégration dans son rang militaire. En effet, le 1er janvier 1819, il figura parmi les autres généraux réunis autour du Président d'Haïti.

Celui-ci, après sa tournée dans l'arrondissement de Jacmel, se décida à en faire une autre dans tout le département du Sud. Il convenait qu'il allât se présenter aux populations pour en connaître les besoins, et étudier sur les lieux les moyens à prendre pour mettre fin à l'insurrection de la Grande-Anse, déjà frappée d'impuissance, ainsi que nous l'avons dit. Parti de la capitale le 15 octobre, le président se dirigea aux Cayes où il fut accueilli, comme dans l'arrondissement d'Aquin, avec des témoignages de respect et une bienveillance empressée ; il en fut ainsi dans tout le département. Possédant lui-même l'art et le talent de se faire agréer, il en revint le 21 novembre, pénétré d'une entière satisfaction qu'il manifesta dans un ordre du jour du 28. Il y dit : « L'accueil flatteur « qui m'a été fait, les marques d'attachement et de con- « fiance qui m'ont été prodiguées, ont excité ma recon- « naissance, et c'est avec plaisir que je la conserverai « envers mes concitoyens... Le Président d'Haïti témoi- « gne sa vive satisfaction au peuple et aux troupes des « lieux par où il a passé... [1] »

Le même ordre du jour prescrivit la solennisation de la fête de l'indépendance nationale dans toutes les communes, de manière à lui donner la plus grande pompe ; et, en ordonnant une revue de solde à l'armée pour ce jour-là, il recommanda aux généraux et aux chefs de corps, de rappeler incessamment aux militaires sous leurs ordres, tout ce que leur devoir exigeait et ce que la patrie attendait encore d'eux : cet acte, enfin, appela l'attention de tous les fonctionnaires publics sur la nécessité de promouvoir l'accroissement des cultures, pour le bien être des cultivateurs producteurs et de la population en général.

Par suite de cette tournée d'inspection et de celle qui l'avait précédée, le président ayant visité les villes et les moindres bourgades des deux départemens de la République, un arrêté fut publié pour établir un nouveau classement dans le commandement des places et postes militaires.

Si le pouvoir exécutif ne négligeait pas les différentes

[1] Étant aux Cayes, le président avait parlé aux généraux Borgella et Francisque de son intention de leur confier des divisions de troupes qu'il mettrait en campagne l'année suivante, contre les insurgés de la Grande-Anse. Le 15 novembre, étant à Jérémie, il annonça publiquement sa résolution à ce sujet. La flotte de la République y vint ajouter à l'éclat de sa présence dans cette ville. Quand il passa au Petit-Trou, il avertit aussi le général Lys, qu'il aurait une division de troupes sous ses ordres pour la campagne projetée. Dans le premiers jours de décembre, il écrivit à ces trois généraux de se tenir prêts.

administrations, par ses instructions et sa surveillance personnelle, il ne portait pas moins d'intérêt au commerce national. Le 1er décembre, la classe des marchands en gros et en détail lui adressa une pétition où elle se plaignait de la violation de la loi sur les patentes, par des consignataires étrangers établis au Port-au-Prince, qu'elle désigna individuellement en citant des faits à l'appui, imputables à chacun d'eux, prouvant par là que ces étrangers vendaient *en détail* dans leurs magasins. Non-seulement le président accueillit favorablement cette plainte, en y répondant par une lettre ; mais il fit publier un avis à ce sujet par le secrétaire général Inginac, pour interdire cette pratique, et il donna des ordres pour que les autorités chargées de la police veillassent à la conservation des droits des nationaux.

Deux autres avis du même grand fonctionnaire tendirent à faire cesser des exactions que des employés commettaient dans les bureaux publics, en exigeant des particuliers des rétributions non autorisées par la loi, pour l'expédition des affaires, et à interdire l'exercice de la médecine et de la vente des drogues, par des individus non pourvus d'autorisation à cet effet.

Dans tous les actes que nous avons cités jusqu'ici, on voit percer l'esprit d'ordre et de régularité qui animait Boyer. Aussi obtint-il successivement plus de ponctualité de la part des fonctionnaires publics, dans l'accomplissement de leurs devoirs. Il parvint à ce résultat, surtout par son caractère qui était plus exigeant que celui de Pétion. Chacun éprouvait une certaine crainte d'être en butte aux paroles sévères de celui qui avait dit aux chefs militaires, dans son ordre du jour du 14 avril : « Le Président d'Haïti sera aussi prompt à faire *l'éloge* de ceux

« qui feront leur devoir, qu'il le sera *à censurer* ceux qui
« montreraient de la négligence. »

Nous nous bornons pour le moment à ces seules remarques, car nous trouverons d'autres occasions d'en faire de nouvelles.

A la fin de novembre, un fait horrible eut lieu au Port-au-Prince : un fils donna la mort à sa mère en l'éventrant avec une fureur épouvantable, et voici dans quelles circonstances.

En 1817, Pétion avait témoigné le désir (nous croyons que ce fut au célèbre Wilberforce) de voir venir à Haïti, des professeurs anglais pour appliquer la méthode lancastérienne à l'enseignement primaire de la jeunesse, et deux ministres de la secte *méthodiste* de John Wesley étaient arrivés au Port-au-Prince, avec autant de ferveur pour propager leur culte, que de zèle pour l'objet qui les y amenait. Ils avaient promis de former de jeunes sujets à cette méthode d'enseignement mutuel, et ils établirent une école; mais prêchant en même temps, ils endoctrinèrent au méthodisme plusieurs individus. Parmi ces derniers, il se trouva un jeune homme d'une famille du Bel-Air, qui embrassa ce culte avec une grande exaltation : en vain sa mère, catholique, s'efforça de l'en détourner. Irrité des reproches journaliers qu'elle lui faisait à ce sujet, dans la nuit, il s'abandonna à une tentative exécrable; et voyant qu'elle y résistait avec colère, il prit un couteau qu'il plongea dans les entrailles qui l'avaient porté, en le tournant dans tous les sens. Aux cris de la malheureuse mère, on accourut et l'on arrêta son meurtrier qui fut livré au jugement du tribunal criminel. Quoiqu'il fût encore jeune et qu'il y eût lieu peut-être de croire qu'il avait agi sous l'empire d'une **exaltation religieuse** poussée jusqu'à la démence, le tribunal le condamna à la peine de mort. Ses parens firent des démarches auprès du président pour obtenir une commutation de peine ; mais il n'y consentit pas, et le condamné fut exécuté [1].

Le président n'aurait pu céder à un sentiment de commisération, sans irriter profondément l'indignation populaire qui fut telle au moment de ce crime, qu'une multitude immense se porta à l'école tenue par les méthodistes anglais et l'assaillit à coups de pierres, voulant même mettre à mort les deux professeurs. Ils furent protégés par la police et par les autorités ; mais ils quittèrent Haïti peu après.

De cette époque date l'introduction dans le pays du culte *Wesleyen* ; car il y resta d'autres adeptes, et plus tard de nouveaux ministres y vinrent prêcher leur doctrine en établissant des écoles gratuites : le gouvernement ne s'y opposa point, et la conduite morale de ces ministres, à l'encontre de celle de bien des prêtres catholiques, contribua à l'extension du méthodisme.

Tandis que des catholiques apostasiaient au Port-au-Prince, les officiers et soldats des différens régimens, chaque corps séparément, les propriétaires et cultivateurs de la plaine et des montagnes, même *les pauvres infirmes*, se cotisèrent dans leurs classes, pour faire chanter successivement, à l'église de cette ville, des services funèbres en mémoire de Pétion. L'abbé Gaspard

---

[1] Ce malheureux ne fut pas la seule victime de l'apostasie : une sœur de David-Troy, déjà d'une grande dévotion au culte catholique, devint folle pour avoir passé au méthodisme. A cette époque, des mesures de police furent prises pour interdire les réunions des sectaires ; mais elles ne firent que les fortifier dans leur foi nouvelle.

répondit parfaitement à leurs intentions, et il mit encore plus de pompe dans la cérémonie commandée par les infirmes, qui témoignaient ainsi de leur gratitude envers l'homme qui fut leur généreux soutien pendant sa vie. Il y avait quelque chose d'édifiant à voir ces infortunés réunis dans le temple du Seigneur, pour l'invoquer dans leurs prières. A des jours fixes on les voyait pendant longtemps se rassembler autour du tombeau de Pétion, récitant des prières, y jetant des fleurs.

Un fait se passa quelque temps après, qui prouva à quel point Pétion vivait, pour ainsi dire, dans tous les cœurs. Un homme de la campagne vint solliciter, nous ne nous rappelons quoi ; éconduit de la demeure du président qui ne l'avait pas vu, il se retira en disant qu'il allait *porter plainte* à Pétion. Rendu auprès de son tombeau, il se plaignit, en effet, à haute voix, de ce qu'il appelait une injustice. Informé de suite de cette particularité, de cette touchante confiance aux mânes de son illustre prédécesseur, Boyer honora son pouvoir et son propre cœur, en faisant appeler cet homme qu'il renvoya très-satisfait.

Bruno Blanchet, étant à la Seyba, sur une hatte près de Saint-Jean, avait adressé au président, le 15 novembre, une lettre de félicitations sur sa nomination, où il exprima son désir de *visiter* la République : il voulait être rassuré à cet égard. Le 28, Boyer lui répondit, le remercia de ses complimens et lui dit que ses concitoyens le reverraient sans doute avec autant de satisfaction que le Président d'Haïti lui-même. Blanchet vint alors au Port-au-Prince où il obtint du président une commission de défenseur public qu'il sollicita, et il fit insérer un avis sur les journaux pour annoncer qu'il ne donnerait que des consultations, ne pouvant plaider à cause de sa faible santé. Mais quelque temps après, il retourna sur sa hatte, et de là il alla se fixer définitivement à Santo-Domingo, dans le cours de l'année 1821.

Dans le même mois de novembre, une ordonnance du roi Henry Ier organisa *l'instruction publique* dans ses États, sous la direction d'une chambre royale composée de quinze membres. Il devait y avoir des écoles primaires, selon la méthode lancastérienne, des colléges, des académies et autres établissemens où l'enseignement serait *gratuit*, le roi salariant les professeurs qui baseraient leur instruction *sur de bons principes,* — la religion, le respect pour les lois et l'amour du souverain. Mais il n'y eut d'autres établissemens que quelques écoles primaires dans les principales villes [1].

---

[1] C'est cette ordonnance qui fit croire à l'étranger, que Christophe répandait l'instruction et les lumières dans son royaume, et que — « l'instruction porta ses fruits contre le « despotisme, » en le renversant de son trône : Placide Justin le dit textuellement. Voilà comment on écrit l'histoire des pays qu'on ne connaît pas.

CHAPITRE IX.

Proclamation de Boyer aux citoyens du Sud, annonçant la campagne contre les insurgés de la Grande-Anse. — Plan de cette campagne conçue par Pétion. — Les généraux Borgella, Francisque et Lys sont nommés pour l'exécuter. — Mort du grand juge Sabourin. — Ouverture de la session législative. — Instruction du président aux divers généraux employés dans la Grande-Anse. — La campagne s'ouvre le 1" février : premières opérations des troupes. — Modification ordonnée au plan de la campagne : marche générale sur le *Grand-Doco* de Goman, laquelle anéantit l'insurrection dès le 1" juillet. — Mort du général Vaval, à Aquin : le général Borgella est nommé pour l'y remplacer. — Le général Nicolas Louis remplace ce dernier dans la Grande-Anse. — Divers ordres du jour du Président d'Haïti, à propos de l'insurrection — Il nomme le juge Fresnel à la charge de grand juge. — Diverses lois rendues dans la session législative. — Divers arrêtés du Président d'Haïti. — Portraits de *Henri Grégoire* placés aux palais du Sénat et de la présidence. — Boyer se rend dans le Sud où il est accueilli avec enthousiasme. — Proclamation qu'il publie pour annoncer la pacification de la Grande-Anse : mort présumable de *Goman*. — Le président retourne et est accueilli au Port-au-Prince. — Les commerçans nationaux de cette ville lui présentent un mémoire avec des considérations sur le commerce et l'agriculture. — Ce qu'il ordonne au grand juge. — Ses instructions aux commandans d'arrondissement et à ceux de place. — Session législative et lois rendues en 1820. — L'amiral anglais Sir Home Popham arrive au Port-au-Prince et propose à Boyer de faire la paix avec Christophe. — Le président s'y refuse. — L'amiral se rend au Cap d'où il écrit au président et lui envoie un projet de traité qui est encore repoussé. — Réflexions à ce sujet. — Prévarication de Cator, trésorier aux Cayes. — Incendie au Port-au-Prince : actes de Boyer à cette occasion. — Règlement sur les conseils d'administration dans les corps de troupes. — Ouragan au Port-au-Prince. — Le 15 août, Christophe est frappé d'apoplexie dans l'église de Limonade.

Le calme profond qui avait suivi la mort du Fondateur de la République, la soumission des chefs de l'armée et de l'armée elle-même, et celle de tous les citoyens au décret du sénat qui appela le général Boyer à le remplacer ; l'accueil que celui-ci reçut dans toute l'étendue de l'État ; l'impuissance où se trouvait le cruel tyran du Nord de renouveler ses attaques : tout prouvait que l'œuvre de Pétion était consolidée à jamais. Il n'y avait plus, désormais, qu'à en recueillir les doux fruits au profit de la nation haïtienne.

Mais, si la République était assurée de son avenir à l'intérieur, elle ne pouvait se dissimuler que la question extérieure de son indépendance politique restait encore sans solution. Pour amener cette solution et conquérir aussi l'avenir sous ce rapport, elle n'avait qu'à maintenir son union ; car *l'union, c'est la force, c'est le secret d'être invincibles.*

Dans cette pensée, le chef qui la gouvernait, ouvrit l'année 1819 par la célébration pompeuse de la fête de l'indépendance nationale. Il y prononça le premier de ce discours chaleureux et éloquens qu'il renouvela souvent à pareil jour sur l'autel de la patrie, en prêtant le serment consacré dès le 1er janvier 1804. Dans la circonstance qui nous occupe, il eut à faire appel à la mémoire du grand homme dont la cendre repose au pied de l'arbre de la Liberté ; et cette partie de son discours fit prêter avec plus d'enthousiasme le serment national, par l'armée et les citoyens qui l'entouraient [1].

---

[1] F. Darfour, arrivé dans le pays depuis six mois seulement, saisit l'occasion de cette fête nationale pour présenter une adresse imprimée : « Aux citoyens vénérables chefs de « la République d'Haïti, » afin de leur exposer des considérations générales sur la manière dont, selon lui, il fallait gouverner la République pour former des citoyens dévoués à la patrie, etc. Cet écrit, que nous avons sous les yeux, offre un résumé de l'histoire de Grèce et de Rome, avec quelques citations relatives aux Chinois et aux Suisses. Darfour y faisait le parallèle de l'Angleterre et de la France, en disant de celle-ci « qu'elle était semblable « à un épileptique agité du mal caduc et tourmenté depuis 29 ans par toutes les convul- « sions révolutionnaires. » Il semblait lui-même vouloir se poser en *Réformateur* de tout ce qu'il voyait dans le pays qui venait de l'adopter pour citoyen.

Le 8 janvier, il fit paraître une proclamation adressée au peuple du département du Sud, pour lui annoncer que « l'heure avait sonné où l'insurrection de la Grande-Anse devait cesser, et que des forces suffisantes allaient être déployées contre les rebelles. » Cet acte accorda néanmoins une *amnistie* à tous ceux qui s'empresseraient de recourir à la clémence du gouvernement, tandis que ceux qui persisteraient dans leur désobéissance aux lois de la République seraient traités avec rigueur.

Non-seulement le président était à même de savoir que Pétion se proposait d'ordonner une pareille campagne, après avoir recueilli tous les renseignemens propres à le guider dans le plan qu'il en tracerait ; mais dans sa tournée du Sud, Boyer s'en était convaincu par les déclarations des officiers militaires et du général Bazelais principalement. En recueillant lui-même des renseignemens de vive voix sur les lieux, le plan de la campagne devenait plus facile à établir.

En sa qualité de chef de l'état-major général de l'armée, commandant les arrondissemens de Jérémie et de Tiburon, le général Bazelais étendrait sa haute surveillance sur les opérations militaires et pourvoirait aux approvisionnemens et à la solde des troupes, que l'on expédierait de la capitale. Les généraux Borgella, Francisque et Lys auraient chacun une division sous leurs ordres, formée de deux régimens du Sud, pour agir sur les points désignés par les instructions du Président d'Haïti. Ces généraux allaient être indépendans les uns des autres ; mais il leur serait recommandé de correspondre souvent entre eux et avec le général Bazelais, afin de s'entr'aider mutuellement, pour parvenir à la répression efficace des insurgés.

Ainsi, cette entreprise serait confiée à des chefs qui avaient agi pendant longtemps contre l'insurrection et qui connaissaient toutes ses pratiques et toutes les localités ; et trois d'entr'eux, Borgella, Francisque et Lys, étaient sans emploi dans le Sud : le président ne pouvait trouver une plus belle occasion d'utiliser leurs talens, leur activité et leur connaissance des lieux. Tandis qu'ils feraient traquer les insurgés, les généraux Marion et Bruny Leblanc seraient à la tête des gardes nationaux des arrondissemens des Cayes et de l'Anse-à-Veau, aux limites de leurs commandemens respectifs, pour former des cordons et des postes qui empêcheraient ces insurgés de passer hors de la Grande-Anse, qui les refouleraient incessamment vers les troupes agissantes : les gardes nationaux des arrondissemens de Jérémie et de Tiburon, sous les ordres des commandans de communes, opéreraient comme les autres.

Tel fut le plan de cette campagne dont le succès devait ramener une parfaite tranquillité dans le département du Sud [1].

Pendant que le président faisait publier sa proclamation, le grand juge Sabourin se mourait à la capitale. Malade depuis quelque temps, il venait d'accompagner Boyer aux Cayes pour y inspecter les tribunaux : le 10 janvier, il termina son existence, comme Pétion, à l'âge de 48 ans [2]. La magistrature perdit en lui un chef qui se recomman-

---

[1] Au moment où elle allait s'ouvrir contre les insurgés, Grégor Mac-Grégor arriva aux Cayes avec plusieurs navires de guerre et marchands, venant de Londres ; il allait attaquer Carthagène, encore au pouvoir des Espagnols. Boyer lui refusa les armes et les munitions qu'il lui demanda, de l'arsenal des Cayes ; mais il lui permit d'en acheter du commerce de cette ville. Mac-Grégor échoua dans son entreprise et revint aux Cayes, d'où il repartit ensuite. — *Abeille haïtienne* du 16 février 1819.

[2] Environ deux mois après, R. Sutherland mourut aussi au Port-au-Prince : il avait paru très-affligé de la mort de Pétion.

dait à l'estime publique, par ses talens, par son esprit élevé et son patriotisme. Sabourin avait un caractère conciliant et une politesse exquise dans ses rapports avec le public : deux qualités convenables à la haute fonction qu'il exerçait. Ses restes furent inhumés à l'église paroissiale, après des obsèques dignes de son rang et des services qu'il avait rendus à l'État.

Étant aux Cayes, Boyer avait convoqué la Chambre des représentans au 10 janvier : quelques jours après, la session législative fut ouverte. En rendant compte de l'heureuse situation de la République, résultat de l'union de ses citoyens et de leur confiance dans son gouvernement, le Président d'Haïti annonça aux représentans des communes, que l'expérience indiquait diverses *réformes* à opérer dans plusieurs branches du service public, notamment dans *l'ordre judiciaire* où il fallait porter *de l'économie*; que l'État *ne devait plus rien* à qui que ce soit ; qu'il regrettait de ne pouvoir dégrever l'agriculture des charges qui pesaient sur ses produits, parce que beaucoup d'édifices publics étaient à réparer ou à reconstruire, et que l'entreprise qu'il allait diriger contre les insurgés de la Grande-Anse exigeait encore des dépenses extraordinaires.

Le 13 janvier, le président adressa ses instructions aux généraux Bazelais, Borgella, Francisque, Lys, Marion et Bruny Leblanc, pour l'entrée en campagne dans ces arrondissemens : les six régimens d'infanterie du Sud eurent en même temps l'ordre de s'y rendre. A la fin de ce mois, chacun était au poste qui lui fut désigné, et les généraux reçurent avec leurs instructions, une petite carte des quartiers en insurrection pour les guider dans leurs opérations.

Le général Lys, rendu à Jérémie, eut sous ses ordres les 18e et 19e régimens ; le territoire marqué en jaune sur la carte était celui où il devait opérer, — sa gauche appuyée sur le général Francisque, depuis la rivière de la Voldrogue, — et sa droite, sur le général Borgella, à l'Ilet-à-Pierre-Joseph près de l'Anse-d'Eynaud.

Le général Francisque avait sous ses ordres les 15e et 16e régimens, opérant depuis la rivière de la Voldrogue jusqu'aux montagnes de la Hotte et du Macaya, élevées de 1200 toises au-dessus du niveau de la mer : ce territoire était compris dans la partie de la carte lavée en bleu.

Le général Borgella commandait aux 13e et 17e régimens et opérait depuis l'Ilet-à-Pierre-Joseph, dans la partie des Irois et de Tiburon, pour atteindre aussi la Hotte et le Macaya : ce territoire était marqué en rouge.

Au moyen de ces indications sur la carte, chacun savait où il devait agir pour concourir à traquer les insurgés établis dans ces hautes montagnes, et chacun avait le choix du lieu le plus propre à fixer son quartier-général; car de là devaient partir incessamment des colonnes mobiles, des détachemens de 25 à 50 hommes, pour rechercher les insurgés dans leurs retraites les plus cachées, de manière à les surprendre, à les harceler, les capturer s'il se pouvait, ou abattre ceux qui ne voudraient pas se rendre prisonniers. Il était recommandé aux généraux d'exiger des troupes, de la persévérance et de l'opiniâtreté dans ces battues, les colonnes se croisant partout. Au quartier-général seraient une ambulance pour les malades parmi les troupes et un dépôt de munitions et de salaisons diverses pour le rationnement de chaque division, les militaires devant se nourrir avec les vivres du pays plantés en abondance par les insurgés.

Les instructions du président enjoignirent aux généraux de tenir un journal de leurs opérations, et de lui en envoyer un extrait tous les quinze jours, avec leurs *observations* s'il y avait lieu. Elles disaient : « Les in-
« surgés sont sans forces et sans moyens; l'insurrection
« est détruite aux trois-quarts : cependant, il en reste un
« noyau à détruire que l'on ne peut considérer comme des
« ennemis à combattre, mais bien comme des marrons
« qu'il faut traquer... La volonté générale est que la
« Grande-Anse soit rendue à la tranquillité; il faut que
« cela soit. Donnons à nos observateurs jaloux cette
« nouvelle et forte preuve de notre pouvoir national, et
« notre pays acquerra un nouveau degré de force et de
« considération... [1] »

Boyer y ajouta d'ailleurs des paroles flatteuses pour ses compagnons d'armes, qu'il appela à concourir avec lui à pacifier ce beau quartier de la République, trop longtemps dévasté par la stupide ignorance et la barbarie du chef de cette révolte.

Le quartier-général de Lys fut d'abord fixé sur l'ancienne habitation Gélin, dans le haut de la Grande-Rivière de Jérémie; celui de Borgella, sur l'habitation Pontonnier, à quelques lieues des Irois; celui de Francisque, sur l'habitation Charamel, dans le haut du canton de la Voldrogue. Leurs opérations commencèrent sur tous les points le 1er février, d'après l'ordre du président. On rencontra peu d'insurgés dans la partie basse des montagnes, car ils s'étaient établis sur les plus hautes

---

[1] J'ai sous les yeux les instructions tracées au général Lys, conformes à celles données aux autres généraux : elles sont de l'écriture d'Inginac, ainsi qu'il l'a dit dans ses Mémoires de 1843, p. 35 et 36; mais il ne s'ensuit pas que ce fut lui qui conçut le plan de la campagne et l'établit, comme il semble le faire entendre dans ce passage.

parties ; ils furent chassés à coup de fusil ; et dans le cours du Bras-Droit de la Grande-Rivière, ils résistèrent un instant à quelques compagnies de la division Borgella. Les rebelles s'enfuirent dans les étages supérieurs des montagnes ; on les y poursuivit.

Ils avaient imaginé un moyen intelligent, on peut le dire, de dérober leurs cazes et leurs plantations de vivres, aux recherches des troupes qui seraient envoyées contre eux : c'était de ne pas tracer, de ne pas laisser apercevoir un seul sentier y conduisant ; et pour cela, ils marchaient dans le cours des rivières et des nombreuses sources qui y affluent de toutes parts, tant ce quartier est bien arrosé. Mais en ne voyant ni sentiers, ni traces de pas d'hommes, les colonnes mobiles se doutèrent bientôt de cette ruse, et elles suivaient les cours d'eau qui se présentaient sur leur marche ; elles avaient d'ailleurs à leur tête d'anciens insurgés qui s'étaient rendus et qui les guidaient la plupart : on parvenait ainsi aux plantations immenses qui fournissaient la nourriture aux rebelles. Bien que les troupes dussent se nourrir aussi avec les vivres qu'ils avaient plantés, elles avaient ordre de détruire, de ravager ces plantations, d'incendier les cazes, afin que les rebelles ne pussent plus en tirer parti : ce qu'elles exécutaient avec rapidité.

Elles furent employées durant un mois entier à ces opérations dans la partie basse des montagnes, à les parcourir en tous sens : il en résulta quelques soumissions parmi les insurgés, qui furent traités avec bonté et relégués dans les bourgs du littoral pour y être surveillés. Mais le plus grand nombre d'entre eux s'étant réfugiés dans les hauteurs, les colonnes mobiles allaient avoir trop d'espace à parcourir pour les y atteindre, en partant du quartier-général respectif des trois généraux agissans : ces marches et contre-marches pour s'approvisionner de salaisons auraient fatigué les militaires, sans utilité pour la répression de l'insurrection.

Le général Borgella conçut alors l'idée de proposer au Président d'Haïti, une modification au plan de la campagne, en ordonnant à lui et ses deux collègues de se porter avec leurs troupes, moins des postes laissés dans le bas du terrain, sur les hautes montagnes avoisinant la Hotte, le Macaya et les Mamelles, pour y pourchasser les insurgés, et Goman surtout qui avait son principal établissement, un gros village qu'il appelait le *Grand-Doco*, à environ 15 lieues de Jérémie, et qui était entouré de plantations immenses de vivres [1]. Il communiqua son idée aux généraux Bazelais, Lys et Francisque, afin qu'ils concourussent avec lui à faire cette proposition au chef de l'État : ce qu'ils agréèrent. Ils proposèrent cette mesure vers le 1er mars.

Le président y ayant consenti, le 26 du même mois il leur ordonna de se mettre en mouvement, après s'être de nouveau concertés entre eux, sous la présidence du général Bazelais [2]. A cette fin, ce dernier convoqua les autres généraux dans une réunion au fort Marfranc, et delà, sur sa propriété de l'ancienne habitation Breteuil : elle eut lieu dans la première quinzaine d'avril, et ils décidèrent de se mettre en marche aux premiers jours de mai,

---

[1] Borgella avait une connaissance particulière des lieux, pour y avoir agi contre Goman en 1802, alors qu'il commandait aux Abricots. En entrant en campagne, il avait fait une marche à pied avec sa division pour étudier le terrain où elle devait remplir sa tâche. C'est après avoir parcouru les montagnes de l'Anse-d'Eynaud et des Irois qu'il eut cette idée.

[2] J'ai également entre les mains la lettre de Boyer à Lys, du 26 mars, par laquelle il modifia le plan de campagne, tout en maintenant les autres parties de ses premières instructions.

pour avoir le temps de faire rationner leurs troupes en salaisons, sel et eau-de-vie, toutes choses nécessaires pour se porter dans les hautes montagnes.

D'après le changement adopté pour la campagne, le général Francisque porta son quartier-général sur l'habitation Castillon, voisine du Grand-Doco de Goman ; le général Lys passa par la rivière du Bras-Gauche de la Grande-Rivière, pour opérer la jonction de sa division avec celle du général Borgella qui, lui, passa par la rivière du Bras-Droit, pour parvenir aux Sources-Chaudes, au bas des Mamelles, où cette jonction se fit [1]. De là, les deux généraux et leurs troupes gravirent ces montagnes escarpées, pour aboutir au Grand-Doco où l'on arriva vers le 6 juin. Généraux, officiers et soldats marchaient *à pied* dans les rivières, les sources, sur les crêtes des montagnes ; et dans cette marche, on trouvait à chaque instant des accidens de terrain très-variés, plus ou moins dangereux à franchir ; mais aussi, la vue de la riche végétation de ces lieux compensait tout cela.

Sur la route parcourue, des colonnes mobiles se détachaient à droite et à gauche pour traquer les insurgés, détruire leurs plantations et rejoindre ensuite les divisions en marche. C'est dans ces circonstances que l'une d'elles, de la 18e, commandée par le brave capitaine Welsh,

---

[1] La division Borgella passa quinze jours sur l'habitation Bourdon, pour y détruire les vivres plantés par les insurgés. Ce général eut alors le désir d'aller au sommet des Mamelles, et s'y rendit avec deux compagnies de grenadiers. Parvenu sur ces énormes rochers qu'on voit de loin, il fit battre une diane par les tambours et tirer un feu de joie pour épouvanter les insurgés du voisinage. On jouit de la plus belle vue, de ce point élevé et pittoresque : la Presqu'île du Môle, l'île de Cuba, la Navaze, etc., se montraient à nos yeux charmés de ce spectacle magnifique. Étant au Grand-Doco, les généraux Borgella et Lys allèrent au Bois-Pin-Brûlé, sur la chaîne de la Hotte, d'où l'on découvre la mer au nord et au sud de la péninsule méridionale d'Haïti. Francisque ne pouvait, comme eux, marcher à pied dans ces montagnes, parce qu'il boîtait d'une jambe par une ancienne blessure.

faillit prendre Goman entouré de ses femmes. *Son Excellence le comte de Jérémie* fut contraint de se sauver en toute hâte, et laissa sur place ses papiers, ses effets parmi lesquels était un gilet galonné, et le drapeau du 2e bataillon de la 19e demi-brigade qu'il avait en 1807, en commençant sa rébellion. Tout fut envoyé au Président d'Haïti.

Les six régimens du Sud passèrent un mois au Grand-Doco, pour y détruire les plantes jusqu'à leurs racines, comme on faisait dans tous les lieux ; même les vivres qui ne servaient pas à leur nourriture étaient réunis en tas et brûlés. De ce village, dont les maisons furent ensuite incendiées, les colonnes mobiles partaient dans toutes les directions afin de traquer les insurgés. Ceux-ci, éperdus, fatigués de fuir incessamment, se rendaient aux autorités de Jérémie et des bourgs, aux postes établis dans les bas : la clémence du gouvernement les faisait accueillir partout. Il n'y eut que Goman et ses principaux officiers qui persistèrent encore quelques mois à se tenir cachés dans les bois ; car à la fin de juin, l'insurrection était vaincue.

La mort du général Vaval, survenue dans ce mois, décida le président à nommer le général Borgella pour le remplacer dans le commandement de l'arrondissement d'Aquin ; et il envoya le général Nicolas Louis pour relever Borgella dans la Grande-Anse. Nicolas arriva au moment où les généraux quittaient le Grand-Doco pour se réunir de nouveau, à Jérémie, le 1er juillet, afin de se concerter sur les opérations qu'il y aurait désormais à faire pour l'entière pacification de la Grande-Anse.

Si les troupes employées contre les insurgés éprouvèrent les fatigues inséparables d'une telle campagne, elles reçurent aussi de nobles encouragemens de la part du chef de l'État. Au moment où il ordonnait qu'elles se portassent sur les plus hautes montagnes de ce quartier, il publia, le 6 avril, un ordre du jour par lequel il adressa les plus grands éloges aux généraux, aux officiers et soldats, en leur disant de persévérer dans cette entreprise qui devait rendre la tranquillité à leurs concitoyens ; et il ordonna en même temps d'user de bonté envers les rebelles qui venaient se soumettre. Alors, il envoya plusieurs de ses aides de camp auprès des généraux pour leur exprimer sa satisfaction de vive voix [1].

Quelques jours après, un nouvel ordre du jour prescrivit une revue pour payer un mois de solde aux troupes. Un autre encore du 20 août, après la marche générale sur le Grand-Doco de Goman, adressa de nouveaux éloges à ces infatigables militaires, en leur disant qu'ils avaient bien mérité de la patrie. « Les insurgés, pressés « de toutes parts, se sont soumis en si grand nombre, « que le Président d'Haïti est fondé à croire qu'il aura « sous peu à annoncer définitivement la capture ou la « soumission de Goman et de deux autres principaux « rebelles, marrons dans les bois. Tout annonce le retour « de la prospérité dans les beaux quartiers de cette partie « du Sud. » Une revue de solde fut ordonnée en même temps.

La situation du trésor public n'eût-elle pas permis ces rares payemens aux troupes, que leur constance à

---

[1] Le chef d'escadron Vicsama, ensuite le colonel Carrié, le capitaine Grellier, etc., vinrent remplir ces missions, en apportant aux généraux des caisses d'un vin de choix et d'autres approvisionnemens que leur envoyait Boyer personnellement : ces attentions leur furent agréables. Carrié et Grellier firent, à pied, la marche sur le Grand-Doco avec Borgella et Lys, afin de pouvoir bien rendre compte au président de la situation des choses dans cette campagne.

poursuivre cette campagne n'aurait pas failli, que leur dévouement à leurs devoirs envers la patrie n'aurait pas été moins grand. Non, on ne saurait jamais faire assez de louanges du patriotisme que montrèrent en tout temps les braves soldats de la République d'Haïti !

Maintenant, passons aux travaux des législateurs du pays.

Tandis que le Président d'Haïti publiait des arrêtés pour affranchir les bois de construction, des droits à l'importation pendant l'année afin de faciliter la réparation des édifices publics et particuliers ; pour remplacer Sabourin par le respectable citoyen Fresnel, juge au tribunal de cassation [1] ; pour créer une commission de l'instruction publique, — la Chambre des représentans et le Sénat rendaient la loi relative aux animaux épaves dont le produit de la vente était versé au trésor public ; celle sur les patentes pour l'année courante ; celle sur l'établissement des droits curiaux et les attributions des marguilliers [2] ; celle sur l'établissement des postes aux lettres : toutes devaient produire des ressources financières. Il en fut de même de la loi sur les douanes.

Cette dernière, en augmentant un peu l'évaluation des prix moyens des marchandises étrangères, élevait de 10 à 12 pour cent les droits d'*importation*, excepté sur celles de la Grande-Bretagne qui, au lieu de payer 5 pour cent,

---

[1] Ce choix fut généralement approuvé, car Fresnel était justement estimé pour ses qualités personnelles. Sous Dessalines, il était commissaire impérial près le tribunal civil du Port-au-Prince. Il devint membre de l'Assemblée constituante de 1806 et ensuite sénateur, de la série des neuf années.

[2] Cette loi était la conséquence nécessaire de la création des conseils de notables, qui ne sont que les municipalités des communes ; auparavant, les droits curiaux étaient fort mal régis et perçus encore plus mal : désormais ils allaient former un revenu assez important.

durent payer dorénavant 7 pour cent. Ces marchandises anglaises, importées par navires *haïtiens*, ne devaient payer que 5 pour cent, et celles de toutes autres nations par les mêmes navires, 9 pour cent. Ainsi, la faveur faite par Pétion aux produits de la Grande-Bretagne était maintenue ; mais le fisc prélevait 2 pour cent de plus que par le passé, et le pavillon national recevait la protection et les avantages qui lui étaient dus.

A *l'exportation*, les principaux produits du pays restaient assujétis aux mêmes droits qu'en 1817, d'autres éprouvèrent une réduction. Une autre loi de cette session réduisit aussi l'impôt territorial sur le sucre et le sirop, en les affranchissant des droits d'exportation pendant une année, afin d'en encourager la sortie, parce que le commerce diminuait ses exportations à cause plutôt de la fabrication défectueuse de ces deux denrées [1]. Les droits de consignation, de cubage et de jaugeage furent supprimés.

Au moyen de ce remaniement du tarif à l'importation, et des dispositions de la loi qui assuraient plus d'ordre et de régularité dans la perception des droits, le trésor public vit augmenter ses revenus. Aussi l'année 1819 donna 1,832,940 gourdes de *recettes* et 1,660,101 gourdes de *dépenses*, d'où la balance en sa faveur de 172,839 gourdes. Nous regrettons de ne pouvoir donner ici les chiffres de 1818, qui ont échappé à toutes nos recherches ; il eût été

---

[1] Il est certain que la mauvaise fabrication du *sucre* du pays, outre les frais de production, contribua à empêcher l'exportation de ce produit, de même que la préparation du *café*, mal soignée, est cause de son faible prix à l'étranger, en comparaison du café d'autres provenances. Dans cette année, on exporta 22,500,000 livres de café ; 875,000 livres de sucre ; 215,000 livres de coton ; 283,000 livres de cacao ; 3 millions de livres de campêche, etc., le tout en chiffres ronds. — En 1818, l'exportation du café avait été de 20,500,000 livres ; 1,900,000 livres de sucre ; 384,000 livres de coton ; 326,000 livres de cacao ; 6,800,000 livres de campêche, etc.

convenable de les comparer à ceux-là. Nous savons seulement que la solde de l'armée n'eut pas lieu, tous les mois, selon que le prescrivait le budget voté en 1817 : ce qui permit de payer exactement tous les fonctionnaires publics.

La plupart des lois rendues dans la session de 1817, avons-nous déjà dit, avaient été l'objet de la *critique* du général Boyer parlant au général Borgella. Dans la session de 1818, il avait fait abroger, avec raison, la loi sur l'entretien des grandes routes publiques, et il fit aussi *réduire* les émolumens des magistrats composant le tribunal de cassation.

La loi sur les attributions respectives du Secrétaire d'État, du Grand Juge et du Secrétaire général devint, en 1819, l'objet d'une attention spéciale de sa part; car elle n'avait pas obtenu non plus son assentiment. Boyer était trop porté, il faut le dire, à vouloir *tout concentrer* en ses mains, pour laisser en celles du Secrétaire d'État et du Grand Juge, toutes les attributions que leur conférait la loi de 1817 ; et quant au Secrétaire général, il est vrai qu'il n'en avait pas réellement d'après cette loi, qu'il n'était que chargé du travail personnel du Président d'Haïti, au terme de l'art. 167 de la constitution.

Avec ses idées préconçues, le président proposa au corps législatif une nouvelle loi qui fut rendue, sur les attributions de ces grands fonctionnaires. Elle mérite un examen de notre part, pour avoir partagé la longévité de la constitution de 1816.

Celle de 1817, en divisant les attributions que la loi du 25 novembre 1808 avait données à un seul Secrétaire d'État, laissa à ce dernier ce qui concernait *les finances et le commerce,* pour donner au Grand Juge ce qui avait rapport *à la justice, à l'instruction publique, aux cultes,* et à cette partie de *l'intérieur* concernant les prisons et la police générale des villes et bourgs, et au Secrétaire général, ou plutôt au Président d'Haïti, les attributions relatives *à la guerre, à la marine, aux travaux publics, à l'agriculture,* et *aux affaires extérieures* qui lui étaient spécialement dévolues par la constitution ; car le Secrétaire général ne pouvait *signer* aucun acte.

On le voit, dans ce système de 1817, le Président d'Haïti exerçait déjà, sous le nom du Secrétaire général, diverses attributions importantes dans l'administration générale du pays ; et le Secrétaire d'État et le Grand Juge *travaillaient* avec lui pour ce qui concernait leurs attributions.

La loi, de même que la constitution, ne disaient pas que ces ministres dussent jamais se réunir *en conseil* sous la présidence du chef de l'État : ce n'était qu'en cas de *vacance* du pouvoir exécutif que, suivant l'art. 147 de la constitution, *le ou les Secrétaires d'État* devaient exercer *en conseil* l'autorité exécutive, jusqu'à l'élection d'un nouveau Président d'Haïti. Mais, par analogie, la loi aurait pu organiser *le conseil* de ces grands fonctionnaires.

Par la nouvelle loi de 1819, le Grand Juge n'eut plus que l'administration et la surveillance de *l'ordre judiciaire,* la correspondance avec les doyens des tribunaux et les commissaires du gouvernement, pour faciliter la rédaction des lois et actes.

Le Secrétaire d'État eut encore les attributions relatives *aux finances* qu'il n'était pas possible de lui retirer. Il ne fut plus chargé « de préparer la formation du *budget* « général des recettes et dépenses de la République, pour

« être présenté à la Chambre des représentans, ni de
« mettre à la disposition des administrateurs les sommes
« décrétées par le Sénat. » Mais, « il ordonnançait en
« dépense toutes les sommes qui devraient sortir du tré-
« sor public, n'importe pour quelque branche de service
« que ce pût être. »

Ce qui revenait à dire, qu'il n'y aurait *plus* de budget, mais seulement une *reddition* de comptes généraux, chaque année, tant en recettes qu'en dépenses [1].

Selon la loi, le Secrétaire général *travaillait* avec le Président d'Haïti sur les objets dont il était chargé. Mais il fut dit de plus que : « Le Secrétaire général est *sous*
« *les ordres directs* du Président d'Haïti ; il n'a la signa-
« ture d'aucune pièce ; il veille à l'impression des lois et
« actes du gouvernement, à leur envoi aux autorités
« publiques, aux imprimeries de l'État, à la correspon-
« dance du Président d'Haïti, etc. »

---

[1] Il y avait certainement bien des considérations qui militaient en faveur du vote d'un budget de recettes et de dépenses, chaque année, pour la République. Mais, indépendamment du mauvais effet qu'avait produit celui de 1817 pour l'année suivante, et qui porta sans doute à y renoncer pour l'avenir, les revenus du pays sont si éventuels, que le budget aurait pu présenter presque toujours un inconvénient. Par exemple, une mauvaise récolte de *café*, principal produit, venant à diminuer de plusieurs millions de livres l'exportation de cette denrée, réduisait aussi d'une somme considérable la perception du droit d'exportation et de l'impôt territorial. Entre autres années, voici des chiffres à ce sujet :

En 1823, on en exporta 33,600,000 livres ; — en 1824, 44,300,000 ; — en 1826, 33,200,000 ; — en 1827, 49,700,000 ; — en 1833, 48,400,000 ; — en 1837, 31,000,000.

Ces chiffres prouvent la difficulté d'asseoir un budget de *recettes*, partant de *dépenses*. Et puis, l'importation des marchandises étrangères varie excessivement aussi d'une année à l'autre ; et cependant, c'est dans les douanes qu'aboutissent les plus grands revenus de l'État, car la perception des autres impôts est encore plus éventuelle. Dans le pays, on ne peut recourir aux *emprunts* pour combler un *déficit* : aussi, après les arrangemens pris avec la France, il fallut créer *le papier-monnaie* à cause de l'insuffisance des revenus.

Un budget est convenable, surtout par rapport aux *dépenses*, pour limiter l'administration, afin de ne pas surcharger le peuple d'impôts. Mais ce n'est pas en cela qu'on peut rien reprocher au président Boyer : au contraire, il a mis peut-être *trop d'économie* dans l'administration de l'État. Ce sujet mérite un développement auquel nous nous livrerons plus tard.

Ainsi, le président cumulait réellement les attributions relatives *aux affaires extérieures, à l'intérieur, à la guerre, à la marine, au commerce, aux travaux publics, aux cultes et à l'instruction publique.* Les deux autres grands fonctionnaires *travaillant* aussi avec lui, séparément, il est clair qu'ils n'exécutaient que *ses ordres.* Et quoique, dans l'exercice de son pouvoir, Boyer les réunissait fort souvent pour *délibérer* avec lui sur bien des mesures à prendre, la loi ne lui en faisait pas une *obligation,* non plus que la constitution.

Cette concentration d'attributions diverses n'effraya pas Boyer qui aimait le travail ; mais, malheureusement, il entrait par là dans une foule de détails de l'administration de la République : ce qui lui faisait perdre un temps précieux qu'il eût peut-être mieux employé aux conceptions de choses utiles. Cette manière de procéder était sans doute convenable dans les premiers momens, pour donner l'impulsion aux hommes chargés des diverses branches du service ; mais après, surtout quand toute l'île d'Haïti fut réunie sous les mêmes lois, il eût convenu aussi que des Secrétaires d'État eussent des attributions *réelles* pour *administrer,* tandis que le Président d'Haïti *gouvernerait,* et que la loi *régnerait.*

La constitution de 1816 ne s'opposait point à une telle organisation, sous la direction du chef de l'Etat ; car elle admettait la nomination d'autant de Secrétaires d'État qu'il faudrait pour l'administration. En *divisant* le travail, cette organisation aurait pu permettre d'appeler plus de capacités à concourir au gouvernement et à l'administration du pays, de donner aux départemens une satisfaction d'amour-propre de s'y voir représenter en quelque sorte par des citoyens sortis de leur sein : considération qu'il est utile de ne pas méconnaître, à raison des jalousies, des luttes antérieures entre les diverses parties du pays.

Peut-être aurons-nous d'autres occasions de revenir sur ces remarques : en attendant, disons que tout en restreignant les *attributions* du Secrétaire d'État et du Grand Juge, le président n'oublia point de diminuer aussi leurs *traitemens* et ceux du Secrétaire général. Au lieu de 6,000 gourdes, le Secrétaire d'État n'en reçut plus que 4,000 par an ; au lieu de 4,000 gourdes, le Grand Juge et le Secrétaire général ne durent en recevoir que 3,000 par an.

Par une autre loi, celle de 1812 sur l'hôtel des monnaies fut amendée, en réduisant également les *appointemens* du directeur, de 2,000 gourdes à 1,200, et ceux des membres de la commission de surveillance, de 1,200 gourdes à 600, annuellement. Et cet hôtel ne tarda pas à chômer, et par conséquent ces fonctionnaires à n'être plus payés, à raison de la situation prospère du trésor qui permettait de se passer de fabrication [1]. Mais comme on n'avait pas émis assez de monnaie à l'effigie du Président d'Haïti, pour retirer de la circulation celle *à serpent*, cette dernière continua d'être dans le commerce [2].

Après la loi annuelle sur les patentes, une autre fut publiée concernant « les animaux qui ravagent les « champs cultivés et ceux que l'on fait voyager dans l'in- « térieur du pays. » Cette dernière avait pour but de

---

[1] Dès la publication de cette loi, le directeur Piny prit congé de l'hôtel des monnaies et se retira aux Cayes. Depuis longtemps il savait qu'il n'agréait pas au président.

[2] Il y avait alors en circulation cette monnaie *à serpent*, des pièces à l'effigie de Pétion et d'autres à celle de Boyer, et toute la monnaie nationale était presque au pair avec celle d'Espagne : on en donnait 17 gourdes pour un doublon en or, mais le trésor payait les services publics sans établir aucune différence.

protéger les cultures, en établissant des amendes contre les propriétaires de ces animaux ; et elle obligeait les autres à se munir de permis ou passeports des commandans de communes, délivrés sur papier timbré : ce qui devait accroître les revenus publics.

Enfin, la dernière loi rendue dans cette session porta une notable modification à l'organisation judiciaire, en supprimant les tribunaux de première instance et ceux d'appel, pour les remplacer par des *tribunaux civils*, ayant pour attributions, de juger toutes les affaires qui ne seraient pas de la compétence des tribunaux de paix, et sans autre recours que la voie en cassation. Cependant, ces tribunaux civils devinrent tribunaux d'appel à l'égard des causes jugées par les tribunaux de paix, dans les cas prévus par la loi ; et ils se transformaient aussi en tribunaux correctionnels ou criminels, selon la nature des délits, et en tribunaux de commerce ou d'amirauté, pour les affaires commerciales ou les causes maritimes. Du reste, sous bien des rapports, les dispositions de la loi organique de 1808 furent reproduites, peut-être avec une rédaction plus claire.

Cette nouvelle loi organique porta également ses réformes sur les *émolumens* des magistrats. Ils furent considérablement réduits, d'après le programme posé dans le discours du Président d'Haïti à l'ouverture de la session : « qu'il était *juste* de porter dans l'organisation « judiciaire *la même économie* qui se faisait remarquer « dans les autres portions de l'administration publique. »

Il est vrai que la loi remplaçait cinq tribunaux de première instance et deux d'appel par six tribunaux civils. Mais aussi, en cumulant tant d'attributions dans ces derniers, si le président eût considéré qu'en tout pays bien organisé ou qui aspire à l'être, *la magistrature* forme une autorité essentielle dans l'État, que la constitution la qualifiait de *pouvoir judiciaire*, peut-être aurait-il reconnu qu'elle ne devait pas être *assimilée* aux autres administrations.

Mais, que disons-nous? Ce fut probablement à cause même de cette position *constitutionnelle*, que Boyer, différant beaucoup en cela de Pétion, voulut la réduire à ce rôle inférieur ; et à ce sujet, il sera quelquefois l'objet de notre *critique* dans sa longue administration : il avait l'esprit trop éclairé, pour ne pas encourir *les reproches* qu'il s'est attirés par rapport *aux magistrats*.

En réduisant leurs émolumens au niveau des appointemens des autres fonctionnaires dépendans du pouvoir exécutif, révocables à volonté, ayant des charges plus ou moins *lucratives* (quoi que fasse ou veuille la loi), n'était-ce pas les exposer à une *corruption* fatale *à la justice*, à ce premier besoin de tout peuple, de toute société d'hommes marchant vers la civilisation? Le magistrat qui la distribue ne saurait être trop à l'abri des nécessités qui assiègent l'homme dans la vie sociale; il faut qu'il soit aussi *indépendant* sous ce rapport, pour rester *intègre*, qu'il l'est quand il ne se dirige que d'après la loi et sa conscience : considération importante qui a seule motivé *l'inamovibilité* de sa charge [1].

Bien que le président ait eu le concours de la chambre

---

[1] Par la loi de 1817, le doyen du tribunal de cassation recevait annuellement 1,600 gourdes, et les juges 1,400. En 1818 et 1819, ils furent portés, le doyen à 1,000 gourdes, les juges à 850. — En 1817, les doyens des tribunaux d'appel recevaient 1,400 gourdes, et les juges 1,200 ; les juges de première instance, 1,000 gourdes. En 1819, le doyen du tribunal civil de la capitale fut porté à 850 gourdes, les juges à 750, et les autres à proportion, selon l'importance des villes. Et des administrateurs de finances, des directeurs de douanes recevaient 1,000 gourdes d'appointemens fixes, outre des rétributions sur les navires de commerce, selon leur tonnage !

et du sénat dans cette réforme, nous l'attribuons à sa seule initiative, parce qu'il est évident que, par tous les actes législatifs cités jusqu'ici, son pouvoir prédominait déjà sur celui de ces deux corps, tant par son caractère qu'à cause du mauvais effet qu'avait produit la loi sur le budget, et parce qu'il exerçait le pouvoir dirigeant dans la République.

Cette loi sur l'organisation judiciaire a été, dans le temps, l'objet d'une grande controverse, par rapport à la suppression des deux degrés de juridiction qui existaient depuis celle du 24 août 1808. En parlant de celle-ci dans notre 7e volume, page 198, nous avons dit qu'en les établissant dans chaque département, — la première instance et l'appel, — « c'était un progrès sur les idées « que l'on avait en faisant la constitution de 1806 : » *un progrès* en ce sens, que cette manière de procéder valait mieux que celle qui était prescrite dans cette constitution comme dans la loi organique de 1805, et qui consistait à se pourvoir *en appel* d'un tribunal civil de département à celui d'un autre département; et nous avons encore fait remarquer que, pour être d'accord avec la constitution, la loi de 1808 autorisait encore un *second appel*, tant au civil qu'au criminel, au tribunal d'appel du département voisin : ce qui tendait à prolonger les procès « au détriment des parties et à celui de la justice. »

Eh bien ! la constitution de 1816, qui institua le tribunal de cassation, reproduisit textuellement les dispositions de celle de 1806, dans son article 185 au paragraphe de la *justice civile*, en disant : « Le *tribunal civil* « prononce en dernier ressort, dans les cas déterminés « par la loi, sur *les appels* des jugemens, soit des juges de « paix, soit des arbitres, soit des *tribunaux d'un autre dé-*

« *partement.* » Et elle disposa ainsi, alors que la loi de 1808 avait établi un autre système d'appel. C'était maintenir un état de choses vicieux, par rapport aux intérêts réels *des parties,* presque toujours en opposition avec ceux des avocats ou défenseurs publics, intéressés, eux, à éterniser les procès. Il est même probable que les rédacteurs de la révision de 1816 n'auront pas fait attention à cette reproduction de dispositions, quand ils créaient le tribunal de cassation.

Quoi qu'il en soit, en supprimant les tribunaux de première instance et d'appel, pour n'établir que des *tribunaux civils* jugeant en dernier ressort, le législateur de 1819 semble avoir voulu rentrer dans *la lettre* de la constitution de 1816 existante. Mais alors, pour être *conséquent,* il aurait dû réserver *l'appel* qu'elle établissait, et c'est ce qui fournit matière à la controverse dont s'agit. Il ne le fit pas, probablement dans l'espoir de voir administrer la justice plus promptement, moins dispendieusement pour les parties [1].

Par suite de la loi sur les douanes, un arrêté du Président d'Haïti régla le mode de procéder à la vérification des marchandises importées ; et un autre régla aussi la marche des courriers de la poste aux lettres, en vertu

---

[1] En 1836, j'eus occasion de causer, à Paris, de notre organisation judiciaire avec un jurisconsulte qui prenait intérêt à Haïti et qui était informé de la controverse que cette organisation avait suscitée. Il *approuva* l'établissement de nos tribunaux civils, *sans appel,* avec recours seulement en cassation, en me disant : « qu'Haïti ne devait pas se guider absolument sur l'organisation judiciaire de la France, pays industrieux, riche et éclairé, « où l'on peut trouver beaucoup de capacités pour composer les tribunaux de première « instance, les cours d'appel et celle de cassation ; que n'ayant pas tous ces avantages, « Haïti devait se borner à avoir des tribunaux civils bien composés, autant que possible, « ainsi que son tribunal de cassation, afin d'éviter les longs procès qui sont même dispen« dieux en France, l'entêtement des parties ne tenant pas toujours compte de leurs vrais « intérêts. »

de la loi y relative. Mais cet utile établissement ne put jamais prendre racine durant l'administration de Boyer, qui ne voulait pas faire *les dépenses* qu'il nécessitait, ni le laisser exploiter par une entreprise particulière.

En attendant qu'une loi parût sur l'instruction publique, la commission nommée pour en exercer la surveillance publia un *règlement* pour le lycée national du Port-au-Prince, qui donnait déjà des résultats satisfaisans, sous la direction de D. Laprée assisté de plusieurs professeurs [1]. Le 16 décembre, les élèves subirent un examen public, en présence du Président d'Haïti, des magistrats et fonctionnaires de l'État, des familles de ces enfans. Ce fut un jour de fête pour ces derniers et pour tous les assistans, par l'espoir que donnait cet examen, des progrès successifs de l'instruction dans le pays : les jeunes lauréats furent couronnés au bruit des applaudissemens et au son de la musique militaire de la garde du gouvernement.

Dans la même année, J. Granville avait fondé au Port-au-Prince une excellente école pour les jeunes garçons, où il admettait des pensionnaires et des externes : il possédait à un haut degré le talent de l'enseignement, étant d'ailleurs fort instruit. Ses sœurs, Mesdames Charpentier et Méresse, Mesdames Courtois, Durand-Rouanez, etc., dirigeaient aussi de bons établissemens où l'instruction et l'éducation des jeunes filles étaient soignées avec une sollicitude digne d'éloges.

Peu de jours après l'examen du lycée national, un avis du secrétaire général Inginac informait le public, que le président allait faire venir, *à ses frais*, un portrait en pied

---

[1] Cette commission, à cette époque, était présidée par Inginac : ses autres membres étaient Frémont, Colombel, Granville, Rouanez et Desrivières Chanlatte.

du vénérable Evêque Henri Grégoire, pour en faire hommage au Sénat de la République et orner la salle de ses séances. Cet avis invitait les citoyens à concourir à une souscription, afin d'avoir une copie de ce portrait et de l'offrir au Président d'Haïti, pour le placer dans la salle principale de son palais : ce qui eut lieu.

C'est ainsi qu'Haïti possède l'image du philanthrope dont elle vénère la mémoire à si juste titre ; car Grégoire fut toujours constant dans ses sentimens d'amour bienveillant pour la race noire tout entière et pour les Haïtiens [1].

Il ne tarda pas, si déjà il ne l'avait fait, à entrer avec Boyer dans une correspondance intéressante à tous égards, surtout par rapport à la religion catholique dont il désirait la prospérité en Haïti, en donnant des conseils au président à ce sujet. A la même époque, Lafayette, Laîné de Villevêque, Morénas, etc., lui adressèrent des lettres où ils exprimaient toutes leurs sympathies pour les Haïtiens et les hommes de la même race [2].

La religion catholique, à laquelle Grégoire s'intéressait

---

[1] Le portrait de *William Wilberforce* aurait dû figurer à côté de celui de Grégoire, en attendant que le temps arrive où Haïti érigera des statues à ces deux hommes, qui sont à ses yeux la plus digne personnification de la philanthropie dans les deux pays qui s'intéressent le plus à la race noire.

[2] Le 1ᵉʳ juillet, le général Jacques Boyé adressa une lettre à Boyer, datée de Saint-Pétersbourg. Il lui fit savoir qu'ayant été fait prisonnier par les Russes, en 1812, il avait fixé sa résidence en Russie. Il se rappela au souvenir du président, en lui offrant ses services, soit pour des publications sur les journaux qui pussent détruire les fâcheuses impressions produites en Europe par celles que Christophe faisait faire dans les journaux anglais contre la République, soit pour entamer des négociations avec le gouvernement de Russie, s'il le jugeait convenable aux intérêts d'Haïti. C'est par suite de la correspondance suivie entre J. Boyé et le président, que le premier vint à Haïti à la fin de 1822.

Dans cette année 1819, Pierre Pradères avait fait un voyage en France sur son navire chargé de denrées d'Haïti. Par intérêt pour la République, il se rendit à Paris afin d'y voir de grands personnages et de leur parler de la justice qu'il y aurait de la part de la France, à reconnaître l'indépendance du pays auquel il avait accordé tout son dévouement.

si naturellement, était loin d'être dans la situation qu'il désirait pour elle, et nous en avons souvent dit la cause. A la capitale de la République même, sous les yeux du gouvernement, une sorte de schisme religieux existait depuis plusieurs années entre les paroissiens, et voici à quelle occasion.

L'abbé Gaspard, curé de la paroisse, possédait sans doute l'une des plus belles vertus du chrétien, — la charité, — qu'il exerçait avec générosité envers tous et surtout les pauvres, avant que les droits curiaux eussent été confiés à la surveillance du conseil de notables établi en 1817 ; car il en percevait tous les revenus. Mais cet ecclésiastique ne se faisait nul scrupule de s'abandonner à certaines passions incompatibles avec la sainteté de son ministère. Il en était résulté que presque toutes les familles honnêtes ne pouvaient remplir leurs devoirs catholiques, et que parmi elles il y en eut qui s'adressèrent à l'abbé Marion, curé de Léogane. Ce prêtre français était âgé et d'une conduite convenable à son état : ces personnes ne pouvant se transporter à Léogane, il venait de temps en temps au Port-au-Prince pour exercer son ministère à leur égard. Il trouvait chez Toulmé, secrétaire rédacteur du sénat, *un oratoire* qui, insensiblement, avait fini par devenir *une chapelle,* par le zèle pieux des personnes qui s'y rendaient. C'était, de sa part, empiéter sur la juridiction spirituelle du curé du Port-au-Prince. Celui-ci réclama contre son confrère qui passa outre ; et bientôt, la querelle prit entre eux toutes les proportions d'une question de nationalité : c'était *le Français* opposé à *l'Espagnol.* L'autorité ne se prononçant pas encore, parce qu'il lui répugnait de froisser les sentimens religieux des familles qui préféraient l'abbé Marion ; celles-ci abandonnèrent tout à fait l'église paroissiale pour n'aller qu'à la chapelle. Les autres paroissiens, qui laissaient à l'abbé Gaspard la responsabilité de ses actes devant Dieu, devinrent ses partisans, à cause de la violation de sa juridiction : de là sortirent les sobriquets de *Marionnettes* et de *Gasparites,* appliqués aux uns et aux autres selon qu'ils allaient à la chapelle ou à l'église, et les chansons populaires vinrent encore y ajouter. A la fin, le dissentiment devint querelle entre toutes les bonnes âmes de la capitale ; les familles furent profondément divisées entre elles. Alors Pétion fit défendre à l'abbé Marion de quitter sa paroisse pour venir officier à la capitale ; car les hommes, en général, les militaires surtout, étaient devenus les partisans de l'abbé Gaspard : on menaça Toulmé de briser sa maison, on y jeta même des pierres pendant la nuit.

Quelque temps après, l'abbé Marion mourut à Léogane; mais cet événement ne rallia pas à l'église paroissiale les fidèles qui avaient suivi la bannière de ce prêtre, et les divisions religieuses continuèrent entre les habitans de la capitale.

Dans ce regrettable état de choses, un nouveau prêtre catholique y arriva au commencement de cette année 1819. C'était un Irlandais nommé *Flime,* mais qui se présenta sous le nom de *Jérémie.* Il paraît qu'il avait fait partie de l'ordre religieux de la Trappe, qu'il avait servi aux États-Unis ensuite, dans le diocèse de Baltimore, et dans les îles du Vent.

De quelque endroit qu'il vînt à Haïti, il arrivait dans un moment très-favorable pour faire cesser le schisme qui existait au Port-au-Prince. L'abbé Gaspard était devenu presque aveugle et n'en pouvait plus desservir la cure. Ce nouveau confrère lui témoigna beaucoup d'intérêt, à cause de sa position : ce qui lui acquit les sympathies des *Gasparites*. D'un autre côté, il s'attacha à visiter les *Marionnettes*, à manifester son respect et sa bienveillance à ces personnes pieuses, pour les persuader de cesser toute dissidence avec le Temple du Seigneur ; elles l'accueillirent, dans le besoin qu'elles avaient de trouver un prêtre qui leur inspirât de la confiance.

Le président Boyer se décida à le nommer curé de la capitale, en faisant donner une pension viagère à l'abbé Gaspard, qui y avait des droits par ses sentimens charitables et ses longs services dans cette cure. Au moyen de cette décision, la paix se rétablit dans la paroisse, les sobriquets cessèrent. Le curé Jérémie tint une conduite convenable sous tous les rapports, et qui empruntait quelque chose de la ferveur qu'on remarque parmi les Irlandais et qui est naturelle aux Trappistes.

Enfin, la religion reprit son doux empire sur les âmes pendant deux années consécutives, jusqu'à l'arrivée de M. de Glory, Évêque de Macry. Mais plus tard nous parlerons de sa querelle avec l'abbé Jérémie.

Le 17ᵉ anniversaire de l'indépendance nationale fut célébré au Port-au-Prince et dans toutes les communes de la République, peut-être avec plus d'enthousiasme que jamais ; car cette fête rappelle toujours au peuple haïtien qu'il a glorieusement rempli son devoir dans la cause la plus juste.

Cette fois, il s'y mêlait une espérance indéfinie et un pressentiment difficile à expliquer, mais qui présageaient de grands événemens dans cette année 1820. On voyait que la pacification de la Grande-Anse était opérée par le dévouement de l'armée, que la tranquillité publique se consolidait par le patriotisme des citoyens, que l'agriculture et le commerce prenaient de l'accroissement, que les finances étaient restaurées, que tout souriait enfin au successeur de Pétion, et l'on se demandait si ses succès s'arrêteraient là, lorsque la politique du grand citoyen avait déjà produit des résultats si avantageux.

Le 31 janvier, le président partit pour le Sud, et se dirigea sur Jérémie [1]. Là il se convainquit, par le rapport des généraux, que l'insurrection était entièrement finie. Tous les rebelles et leurs chefs s'étaient successivement soumis aux autorités, à l'exception de *Goman* et de deux autres nommés *Malfait* et *Malfou*, dont on avait perdu les traces depuis plusieurs mois. Le fils de Goman, nommé *Lundi*, en venant se soumettre au général Francisque, lui déclara qu'il n'avait pu retrouver son père après trois mois de recherches dans les bois, dans tous les lieux où il espérait le rencontrer : il répéta cette déclaration au président, quand il fut gracié [2].

On pensa alors que Goman avait péri par suite de blessures, et voici à quelle occasion :

D'après les indications fournies par un insurgé qui s'était soumis, le général Lys avait ordonné qu'un détachement du 18e régiment fût envoyé pendant la nuit, pour surprendre Goman qui s'était réfugié sur la crête

---

[1] La population de cette ville se porta au-devant de Boyer, pour le complimenter et le remercier d'avoir rendu la sécurité à la Grande-Anse, par la répression de l'insurrection qui la désolait depuis si longtemps. Les dames lui présentèrent un bouquet emblématique : il contenait *des pensées*, en souvenir des bienfaits répandus sur leurs familles ; *l'immortelle*, comme un sourire de la postérité qui s'en souviendrait ; 4 *tours*, pour figurer la force d'âme nécessaire aux grandes entreprises ; un *drapeau national*, représentant la patrie reconnaissante. — *Abeille haïtienne.*

[2] *Abeille haïtienne.* Cet acte de clémence a été le sujet d'un tableau historique par un peintre du pays.

d'une montagne, au bord d'un affreux précipice. En y arrivant, ces soldats firent feu sur le groupe de gens qu'ils y trouvèrent, car on était persuadé que Goman ne se laisserait pas prendre vivant. On avait capturé plusieurs de ses femmes dont quelques-unes furent blessées, et elles déclarèrent qu'il était parmi elles dans le moment de la surprise. Or, on vit sur la montagne des traces de sang conduisant au précipice. On crut d'abord qu'étant blessé, Goman avait pu fuir ailleurs; mais quand quelques mois s'écoulèrent sans qu'on en entendît parler, on pensa qu'il était mort dans le précipice, par ses blessures [1].

Cette idée étant admise assez généralement, le 18 février, une proclamation du Président d'Haïti, datée de Jérémie, annonça au peuple et à l'armée la fin de l'insurrection qui durait depuis le mois de janvier 1807. Elle attribua ce résultat « à l'habileté des généraux, à la « persévérance et à la vaillance des officiers et soldats « qui furent employés en cette occasion. »

Les troupes et les citoyens du Sud, en effet, eurent la gloire d'avoir puissamment secondé le chef de l'État à donner la paix à leur département. La proclamation leur dit en outre :

« Militaires employés dans la Grande-Anse, et vous, « gardes nationales volontaires ! J'éprouve une satisfac- « tion bien douce en vous félicitant aujourd'hui !... La « patrie est reconnaissante de vos services ; elle ne les

---

[1] D'autres suppositions furent faites à cette époque. Ainsi, on prétendit que Goman s'était rendu sur l'habitation de l'adjudant-général Gilles Bénech, aux Chardonnières, où il se livra à cet ancien camarade pour obtenir sa grâce du Président d'Haïti ; et que le président, avisé de cela par Gilles Bénech, envoya chez lui un détachement qui exécuta Goman *secrètement*. Mais Goman était un chef de rebelles, que le président pouvait légalement faire mettre à mort : pourquoi aurait-il environné cet événement de mystère ? Quelle crainte pouvait-il avoir à ce sujet ? Les gouvernemens ne peuvent jamais se flatter d'échapper à la calomnie, en Haïti peut-être plus que dans tout autre pays.

« oubliera jamais... Vous allez retourner dans vos quar-
« tiers respectifs, vous délasser de la pénible campagne
« que vous venez de terminer. Au sein du repos que
« vous allez goûter, rappelez-vous sans cesse que, si
« vous avez vaincu dans la Grande-Anse des difficultés
« qui paraissaient insurmontables, *il vous reste encore
« plus à faire!...* Soyez donc toujours attentifs à ma
« voix et prêts, *au premier signal,* à marcher avec moi là
« où il faudrait arriver pour consolider la stabilité et la
« gloire nationale... »

Un paragraphe de cet acte important s'adressa aux habitans de la Grande-Anse, pour leur recommander de cultiver leurs terres, et surtout d'user de justice, de fermeté et de bonté envers les cultivateurs, particulièrement les rebelles qui s'étaient soumis.

On peut dire qu'à partir de ce jour mémorable, Boyer avait complètement gagné l'affection et l'estime de toute l'armée républicaine. L'exemple tracé par les généraux était d'une influence notable sur cet heureux résultat, qui allait garantir de longues années de tranquillité au pays.

Après avoir parcouru les diverses communes de la Grande-Anse, le président se rendit aux Cayes où il fut accueilli en pacificateur de ce beau quartier; il y fut fêté, et au spectacle, une dame lui récita des vers à sa louange [1].

Les citoyens du Port-au-Prince voulurent aussi lui préparer une réception magnifique. Ils érigèrent un arc de triomphe à l'entrée sud de cette ville, où ils se por-

---

[1] Parmi ces vers, nous citerons ceux-ci :
>Doué d'un cœur sensible autant que belliqueux,
>Il désire la paix sans redouter la guerre :
>Entreprenant, actif, doux, et pourtant sévère,
>Il se sert du pouvoir pour faire des heureux.

tèrent à son retour à la fin de mars, pour le complimenter de ses succès. Mais, en acceptant leurs complimens, Boyer déclina les honneurs de ce triomphe inopportun, en leur disant que la pacification de la Grande-Anse était, de sa part, l'accomplissement d'un devoir envers la République, et qu'en ramenant à son giron des malheureux qui avaient été si longtemps égarés, c'étaient des citoyens, des frères de la même famille qu'il rendait à la société, non des ennemis qu'il avait vaincus [1].

Le bon sens, le patriotisme s'alliaient à la modestie dans cette réponse si digne d'un chef d'État républicain ; mais, plus on avait compté sur l'acceptation de ces honneurs par un homme qu'on savait animé de l'amour de la gloire, qu'on disait même très-vaniteux, plus la déception fut grande. On crut voir une désapprobation, une censure dans ce refus si bien motivé, tandis qu'en réalité il n'y avait eu qu'une démonstration mal avisée de la part des citoyens de la capitale.

Quelques jours après, au commencement d'avril, ses commerçans nationaux allèrent en corps présenter au président, un long mémoire où ils exposaient des considérations étendues sur le Commerce et l'Agriculture du pays ; ils y proposaient des *mesures* à prendre pour faire fleurir ces deux branches de la fortune publique, et ces mesures étaient indiquées de manière à en faire autant d'articles d'une *loi* que le mémoire, fort bien rédigé, provoquait du gouvernement [2].

[1] Aux Cayes, où on lui érigea aussi un arc de triomphe *sur le pont* à l'entrée de cette ville, il avait fait les mêmes observations ; mais il avait été forcé de passer sous ce monument, tandis qu'au Port-au-Prince, il put éviter celui qui fut érigé, vu la nature des lieux.

[2] Ce mémoire fut publié *in extenso* dans l'*Abeille haïtienne* du mois d'avril, et nous nous ressouvenons qu'à cette époque, on en attribuait la rédaction à Milscent. Deux années auparavant, il avait engagé Boyer à s'entourer d'un conseil d'État ; il y trouvait une occasion de formuler d'autres idées.

Le président accueillit ces concitoyens avec cette urbanité qui le distinguait, et reçut le mémoire auquel il promit de porter toute son attention. Mais, après l'avoir examiné, il se borna à adresser au grand juge, le 11 avril, une lettre pour lui ordonner d'appeler la surveillance sévère du ministère public, sur les opérations des encanteurs dont les commerçans nationaux se plaignaient, parce qu'en recevant des marchandises des négocians étrangers surtout, ils les vendaient le plus souvent, non à l'encan public, mais en gros et au détail : ce qui nuisait réellement aux nationaux payant patentes pour ce genre de débit. Au fait, les commerçans étrangers se servaient des encanteurs pour éluder les lois qui restreignaient leur trafic. La lettre du président apprécia fort bien cet état de choses, et reconnut la nécessité de protéger les nationaux ; mais elle fut équitable aussi, en déniant aux encanteurs la faculté de vendre pour eux, autrement qu'ils ne le pouvaient eux-mêmes, d'après la loi sur les patentes. Elle posa les règles qui devaient guider les encanteurs dans l'exercice de leurs fonctions, en enjoignant au ministère public de poursuivre les délinquans pardevant les tribunaux ; et ces dispositions durent leur être également signifiées par le grand juge.

C'était de ce juste motif de plainte, que les commerçans nationaux avaient pris leur point de départ, pour réclamer d'autres *priviléges* en leur faveur ; et le commerce ayant des relations naturelles avec l'agriculture, ils en étaient arrivés à formuler leurs idées sur la manière dont ces deux industries devaient être *réglementées* législativement, selon eux. Mais le gouvernement avait *le droit* de penser différemment, ou tout au moins, d'examiner s'il y avait *opportunité* pour mettre ces idées à exécution.

Il faut le dire ici, pour expliquer les causes de ce que le lecteur verra plus tard. Depuis quelque temps, l'esprit public, au Port-au-Prince, était travaillé par certains citoyens qui se croyaient appelés à exercer une influence sur les affaires de l'État. Par divers motifs, ces hommes n'avaient jamais agréé le général Boyer et l'agréaient moins encore, après son avénement à la présidence. Si Pétion avait continué d'avoir des *opposans* à son administration, malgré les grands résultats de sa politique gouvernementale qui avait procuré le repos à la République, même en dépit de la guerre civile subsistante, comment aurait-il été possible que Boyer n'en eût point, lorsqu'on pouvait se rappeler que dans les derniers temps de son prédécesseur, lui-même *critiquait* publiquement les actes qu'il n'approuvait pas? Maintenant, c'était à son tour de faire cette épreuve ; car *l'opposition* à tout gouvernement est une chose *délicieuse* pour certains esprits ; elle est même *naturelle* et en raison directe de la *liberté* dont on jouit, des *succès* même du gouvernement : plus il en obtient et plus il garantit la situation du pays, la sécurité des personnes et des propriétés, plus aussi on attend de lui *le mieux* vers lequel les hommes gravitent toujours.

Nous nous bornons, pour le moment, à constater ce qui fut, sans citer aucun nom propre, — ce qui serait prématuré de notre part [1].

Toutefois, si le président n'adopta pas les vues exposées dans le mémoire des commerçans, on vient de re-

---

[1] Ce que nous disons dans ce paragraphe explique sous certains rapports, ce que nous avons signalé plus avant de la part de Félix Darfour. Nouveau venu dans le pays, entendant les discours de bien des gens contre Boyer, il oublia promptement l'accueil et les faveurs qu'il en avait reçus, et se crut appelé à jouer un rôle important.

connaître qu'il entendait bien assurer aux nationaux, pour leur industrie, les priviléges inhérens à leurs qualités civiques ; et à l'égard de l'agriculture, on va voir qu'il s'en préoccupa aussi, selon sa manière d'apprécier les choses.

Le 18 avril, sept jours après sa lettre au grand juge, il signa ses *instructions* aux commandans d'arrondissement et de place, qui furent publiées.

En mettant sous les yeux des premiers, les considérations qui font de chacun d'eux, *l'agent principal* du chef du gouvernement dans l'étendue de leurs commandemens, *le chef politique et administratif* de chaque arrondissement, il leur recommanda de porter leur attention et leur surveillance sur toutes les parties du service public, afin de maintenir la tranquillité et l'union entre les citoyens pour garantir tous leurs droits ; de veiller à ce que la *contrebande* ne se fît point sur les côtes, ce qui, par l'introduction frauduleuse des marchandises étrangères, devait nuire autant au commerce national qu'au fisc ; d'interdire dans les campagnes destinées à la culture des terres, l'exercice de faits de *commerce*, parce qu'il y avait dans les villes et bourgs des citoyens patentés pour cela. Voilà pour cette industrie. — Quant à *l'agriculture*, il prescrivit à ces officiers supérieurs, de telles règles de conduite à exiger des habitans et des cultivateurs, que ces instructions devenaient une sorte de *code rural* à appliquer pour sa prospérité. L'oisiveté, le vagabondage, les associations superstitieuses du *Vaudoux*, etc., qui en sont toujours l'inévitable conséquence et qui sont contraires au culte religieux, furent indiqués pour être supprimés ou réprimés.

Ainsi, l'industrie agricole, comme le commerce,

était l'objet de la sollicitude du chef du gouvernement.

Il va sans dire que tout ce qui se rattache à l'ordre militaire, à la défense du pays par les armes de ses troupes et de ses gardes nationales, fut également embrassé dans ces instructions. La bonne police des villes et des campagnes, enfin, était recommandée aux commandans d'arrondissement et à ceux de place.

Quatre jours après, le 22 avril, le président procéda à l'ouverture de la session législative. Il prononça, à cette occasion, un discours où il annonçait aux législateurs, que la nouvelle organisation judiciaire avait été favorablement accueillie par l'universalité des citoyens, et que la magistrature fonctionnait avec plus de célérité et d'une manière plus économique pour les justiciables ; que le projet du code civil serait présenté dans cette session ; que l'*agriculture* réclamait encore des encouragemens pour produire d'heureux résultats en faveur du *commerce* ; que la pacification de la Grande-Anse y contribuerait ; que l'armée qui y a été employée avait bien mérité de la patrie ; qu'enfin, il comptait sur le concours du patriotisme de la législature, pour consolider la gloire et le bonheur de cette patrie.

La première loi rendue dans cette session réorganisa la gendarmerie destinée à la surveillance des *cultures* et à la police des routes [1]. Une autre réduisit l'impôt territorial sur le sucre et le sirop, en les affranchissant encore de tous droits à l'exportation pendant l'année 1820. Une troisième refit celle de l'année précédente, sur les droits

---

[1] A ce dernier égard, — la police des routes, — on peut dire que c'était une prévision inutile ; car aucun pays au monde n'a jamais offert, comme Haïti, autant de sécurité dans le parcours de ses routes publiques. C'est une justice que bien des Etrangers se sont plu à rendre à ses citoyens.

curiaux, pour la rectifier, et une nouvelle sur les conseils de notables accorda 200 gourdes d'appointemens par an à chacun de leurs membres et de leurs greffiers, sans distinction de communes, ce qui produisait une économie [1].

La loi importante sur *l'instruction publique* contint beaucoup de dispositions qui étaient déjà dans le règlement fait pour le lycée national du Port-au-Prince. Cet établissement fut maintenu, et quatre écoles primaires gratuites fondées aux Cayes, au Port-au-Prince, à Jérémie et à Jacmel : on y suivait le système lancastérien ou d'enseignement mutuel. Des commissions d'instruction publique surveillaient l'éducation des élèves, qui devait être basée « sur la religion, le respect aux lois et le dévouement à la patrie [2]. »

L'enseignement fut déclaré *libre ;* néanmoins, tout Haïtien, pour s'y livrer, devait justifier de sa *capacité* et de sa *moralité* devant la commission du ressort. Tout Etranger y était également assujéti, et la commission sollicitait en outre du Président d'Haïti *une licence* en sa faveur.

Les deux premiers livres du *Code civil haïtien,* proposés par le président, d'après le travail préparatoire de la commission nommée en novembre 1818, furent examinés par la chambre des représentans ; mais ils ne furent pas décrétés dans cette session. On avait adopté le plan

---

[1] Dans cette session, la Chambre des représentans déchargea le secrétaire d'État de sa gestion des finances pendant les années 1818 et 1819.

[2] On peut dire que l'éducation de la jeunesse fut plutôt basée sur *la morale* que sur *la religion*. Car le culte catholique, professé par l'immense majorité du peuple haïtien, étant toujours privé de la hiérarchie ecclésiastique, les prêtres desservant les paroisses n'avaient aucun souci de l'enseignement religieux, dans les écoles de jeunes garçons surtout ; bien peu d'entre ces derniers firent leur première communion. Quant aux filles, elles y ont été portées par la sollicitude de leurs mères. Nous reviendrons sur ce sujet important.

du code Napoléon pour ce code, par *livres, titres*, etc., au lieu de la division par *lois, chapitres*, etc., qui a prévalu ensuite, après des votes successifs par la chambre et le sénat ; car on discuta différentes parties du code dans plusieurs sessions [1].

La pacification de la Grande-Anse était un résultat qui importait trop à la République, pour ne pas porter ses fruits de toutes manières. Ce beau succès avait prouvé le caractère entreprenant du chef de l'État, en même temps que son activité était constatée par de fréquens voyages dans les départemens, par de nombreux actes de gouvernement et d'administration. L'amour de la gloire paraissait l'animer ; et en trouvant dans ses compagnons d'armes tout le concours désirable depuis son avénement à la présidence, il n'avait rien négligé pour le maintien de la discipline militaire, pour tenir les troupes à leur grand complet, pour stimuler leur ardeur guerrière. Son langage était éloquent, persuasif, et dans sa proclamation du 18 février, en renvoyant à leurs cantonnemens celles qui furent employées à la répression de l'insurrection qui troubla le Sud si longtemps, il leur avait dit que : « si elles y avaient vaincu des difficultés qui « paraissaient insurmontables, il leur restait *encore plus* « *à faire ;* de se tenir attentifs à sa voix et prêts, au pre- « mier signal, *à marcher* avec lui là où il faudrait arriver « pour consolider la stabilité et la gloire nationale. » Cet avertissement, dicté par le génie de la patrie, s'adressait également aux troupes de l'Ouest.

---

1 Le Code civil, dans sa forme et son texte actuels, a été définitivement voté dans la session de 1825.

Le bruit qu'il produisit fit résonner les échos du Nord et les voûtes de Sans-Souci, et troubla le sommeil du *Lion* qui habitait ce palais : il en frémit. Le *Lion* sentit qu'il ne pouvait plus *se réveiller* comme en 1812 ; sa dernière tournée à Saint-Marc, deux années auparavant, lui en avait laissé la profonde conviction. Reconnaissant son impuissance et frappé du pressentiment de sa fin prochaine, il dut aviser. Que faire dans une telle occurrence, pour préserver ses Etats de toute entreprise de la part de la République triomphante, qui, dans sa virilité active, semblait les menacer? Appeler le *Léopard* à son aide, afin de conjurer ensemble cet orage. Telle fut la résolution du Tyran.

A cet appel fait à sa philanthropie incontestable, l'amiral Sir Home Popham, dont la destinée était de mourir aussi dans la même année, se rendit au Cap-Henry et fut accueilli par le Roi d'Haïti avec les plus grands honneurs. Ce Roi le supplia d'aller au Port-au-Prince, afin de persuader le Président d'Haïti de ne rien entreprendre contre son royaume, attendu qu'il était de l'intérêt de tous les Haïtiens, sans cesse menacés d'une invasion de la France, de vivre en paix, d'unir leurs forces au besoin pour repousser l'ennemi commun [1]. Convaincu *de ces sages dispositions, des bonnes intentions* qui animaient Henry Christophe, l'amiral souscrivit à ses ardens désirs.

Il arriva au Port-au-Prince le 27 avril, sur la frégate *la Cybèle*, commandée par son propre fils, accompagné de celui du duc de Manchester, gouverneur général de la

---

[1] Dans le même mois d'avril, l'ancien général du génie Vincent, qui avait servi dans le Nord, faisait des démarches en faveur de Christophe auprès du gouvernement français. J'ai lu un document à ce sujet, au ministère de la marine.

Jamaïque. La frégate était escortée par le brig *l'Ontario*. L'accueil que Sir Home Popham reçut du Président de la République fut des plus distingués, sans avoir le faste royal de celui qu'il avait reçu au Cap et à Sans-Souci. Le président devait cette haute considération et ces égards à l'amiral qui avait si bien accueilli lui-même ses envoyés, en 1818. Il le fit loger dans sa belle maison de la rue du Centre, qu'il venait de quitter pour habiter le palais de la présidence : toute la suite de l'amiral y logea également. Le colonel Lerebours fut chargé d'être à ses ordres, de lui faire les honneurs pendant son séjour ; il était secondé par le chef de bataillon Lechat fils et d'autres officiers d'état-major.

Aux propositions que lui fit Sir Home Popham, comme s'il ne venait pas du Cap, mais de la Jamaïque et de sa propre initiative, le président répondit qu'il ne pouvait oublier son devoir et faire la paix avec *un rebelle* à la constitution et aux lois de la République, qui avait allumé la guerre civile pour satisfaire à son ambition ; qui avait fait verser des flots de sang, en immolant à sa fureur des milliers de victimes parmi les populations soumises à ses ordres ; qui n'était, enfin, qu'un exécrable tyran dont la domination s'anéantirait avant longtemps. « En moins
« d'un an, ajouta-t-il, sa tyrannie aura cessé, comme
« l'insurrection de la Grande-Anse qu'il avait encouragée;
« et les Haïtiens de l'Artibonite et du Nord se réuniront
« à leurs frères de l'Ouest et du Sud. Christophe est
« réduit à une complète impuissance ; car en venant à
« Saint-Marc, il y a deux ans, il n'a pas osé aborder nos
« frontières : ses troupes l'auraient abandonné pour se
« ranger de notre côté. » Boyer n'en remercia pas moins

l'amiral anglais de sa sollicitude pour le bonheur de son pays [1].

Après avoir visité tous les établissemens du Port-au-Prince qui offraient de l'intérêt à sa curiosité, et la maison de Pétion à Volant le Tort, Sir Home Popham repartit le 1er mai dans la nuit, en disant au président qu'il allait au Cap pour faire les mêmes propositions de paix au Roi d'Haïti [2].

Rendu là, l'amiral étant sur la frégate *la Cybèle*, adressa à Boyer une lettre en date du 14 mai, qu'il lui expédia par le brig *l'Ontario;* il lui disait : « Que le Roi « est *sincèrement* disposé à entrer dans un arrangement « de la plus parfaite *amitié* avec *ses amis* de l'Ouest et du « Sud. » Il joignit à sa lettre un extrait de celle que lui écrivit Christophe à ce sujet, pour mieux *convaincre* le président *de la sincérité des intentions royales*, et que *les députés* que Boyer devrait envoyer dans le Nord seraient en parfaite sécurité. L'amiral dit, en outre, qu'il avait fait voir à Christophe une copie des bases du traité à inter-

---

[1] Le 5 avril, trois semaines avant l'arrivée de l'amiral anglais, Boyer répondait à une lettre de Lainé de Villévêque, du 1er septembre 1819, et lui disait :

« Quant aux dissensions intérieures qui divisent notre pays, c'est sans doute un malheur « bien déplorable, mais je ne pense pas qu'elles doivent causer la moindre *inquiétude* à « S. M. Très-Chrétienne : c'est une querelle de famille qui se règlera tôt ou tard, et la « République est assez forte par elle-même pour ne pas avoir besoin *de secours étrangers* « contre des frères dont elle plaint l'égarement, et contre les tentatives du chef qui les re-« tient sous l'oppression... »

Ce passage dit assez ce qui lui était *insinué*, sinon *proposé*. Si nous donnions ici toute sa lettre, on verrait d'ailleurs quel beau langage son patriotisme tenait à ce philanthrope.

[2] Le 9 juillet 1832, R. Sutherland fils déclara au comité d'enquête du parlement britannique, qu'il alla au Cap avec Sir Home Popham, en 1819 et 1820, et qu'il fut admis à la cour de Christophe avec qui il dîna, en compagnie de l'amiral. Il ajouta que Christophe le voyait avec défiance, à cause de la préférence que R. Sutherland père avait donnée à Pétion sur lui.

Ainsi, dès 1819, alors que les insurgés de la Grande-Anse étaient vaincus, Sir Home Popham se préoccupait des projets ultérieurs de Boyer à l'égard de son royal protégé.

venir, — copie qu'il avait laissée au président ; et que des passeports et sauf-conduits seraient expédiés pour ces députés [1].

« Quant à la *sincérité* et aux *bonnes dispositions* du Roi, « *en ce moment*, je n'en doute pas, ajouta l'amiral ; et « vous pouvez compter qu'*il remplira* exactement tous « ses engagemens... Considérez cet objet très-sérieuse- « ment : c'est la cause de *l'humanité*, et il ne dépend « que de vous de me donner toute assistance pour l'ac- « complir... Ne pensez jamais à faire la guerre ; ne tentez « pas d'avancer *au delà de vos frontières* : car, *si vous le* « *faites, je vous considérerai comme agresseur, et vous* « *serez responsable* aux yeux du monde entier des consé- « quences de la guerre civile, et d'autant plus, que *je dé-* « *clare* avoir été témoin *des bonnes dispositions* du Roi en « cette occurrence. Ecrivez-moi clairement et franche- « ment à ce sujet, afin que j'essaie d'aplanir les difficul- « tés... »

Nous ignorons quelle fut la réponse écrite de Boyer à cette étrange lettre de l'amiral anglais ; mais elle n'a pu être que la même qu'il lui fit verbalement [2]. Le projet de traité tendait à établir des relations entre *les sujets* des deux États ; à ce qu'ils s'unissent pour défendre le terri- toire haïtien en cas d'attaque de la part de la France ; à soumettre ce traité au *jugement* de toutes les nations qui avaient contribué *à l'abolition* de la traite des noirs, et particulièrement la Grande-Bretagne, en le faisant *insérer* dans tous les journaux de l'Europe.

Il faut applaudir, sans doute, aux sentimens philan-

---

[1] Selon l'amiral, c'était à la République de faire le premier pas envers le Royaume. On doit excuser cette idée d'un sujet anglais.

[2] On verra dans le dernier chapitre de ce volume ce que Boyer en dit lui-même.

thropiques de Sir Home Popham. Nous savons, en outre, qu'il fut un excellent et vaillant amiral de la marine britannique, et qu'il fit des choses glorieuses pour son pays; mais nous ne trouvons pas qu'il ait donné en cette circonstance la preuve d'une grande *capacité* diplomatique, — à moins que, comptant sur l'*inintelligence* de Boyer et des citoyens de la République d'Haïti, il n'ait pas jugé digne de lui d'en montrer. En effet, il ne pouvait pas agir plus maladroitement pour dévoiler la *crainte* qu'éprouvait son royal protégé, d'une campagne contre le Nord, qu'en *menaçant* le président de le considérer, en ce cas, comme *agresseur*, qu'en le rendant *responsable* des conséquences de la guerre.

Il n'y avait vraiment qu'un officier de la marine anglaise qui pût concevoir l'idée de venir se poser en *conciliateur* entre Christophe et Boyer, lorsque les commandans des navires de guerre de S. M. B. avaient si souvent fait preuve de *partialité* pour Christophe! L'amiral de la station de la Jamaïque avait-il pu ignorer la conduite tenue dans la rade du Port-au-Prince, pendant le siége de cette ville, par les officiers des deux frégates qui s'y trouvaient?

Les appréhensions de Christophe étaient telles, l'impartialité de Sir Home Popham si sincère, qu'on assure qu'après avoir reçu la réponse de Boyer, ces deux amis jetèrent les bases d'une *convention* suivant laquelle la Grande-Bretagne serait sollicitée de fournir au Roi d'Haïti, 40 mille *Africains* parmi ceux que les navires de guerre de cette puissance prendraient sur les bâtimens négriers capturés, parce que Christophe voulait recruter son armée par ces infortunés, n'ayant plus confiance dans les Haïtiens qui la formaient. Il était assez clairvoyant pour apercevoir le mécontentement qui existait déjà dans son royaume; car, quels que soient les succès de la tyrannie, il arrive toujours un moment où le tyran se voit menacé de la haine du peuple qu'il opprime.

Sir Home Popham retourna à la Jamaïque. Sa mort et celle de Christophe, dans la même année, firent avorter le projet conçu entre eux [1].

Quelques semaines après la visite de cet amiral à Haïti, le gouvernement acquit la conviction de la prévarication du citoyen Cator, trésorier aux Cayes, dont la conduite inspirait des suspicions; après vérification de sa comptabilité et de sa caisse, il y fut constaté un *déficit* s'élevant à l'énorme somme de 142,124 gourdes et 15 centimes. Le président destitua d'abord le délinquant et le dénonça ensuite au Sénat, en vertu de l'art. 124 de la constitution; un décret d'accusation lancé contre lui le renvoya par-devant le tribunal compétent à le juger. Cator fut jugé et condamné à la restitution de cette somme [2].

L'attention publique fut bientôt détournée de cette scandaleuse affaire, par l'incendie qu'éprouva le Port-au-Prince dans la journée du 15 août, et qui occasionna des pertes bien supérieures à celle-là. Vers midi, le feu prit par accident à l'oratoire d'une dame qui célébrait aussi la

---

[1] On peut ajouter foi à ce projet entre Christophe et Sir Home Popham, puisque en 1839, en faisant un traité avec la République d'Haïti pour avoir son concours dans la répression de la traite, la Grande-Bretagne lui fit proposer de recevoir les Africains qui seraient capturés par ses propres navires de guerre.

[2] Nous ne pouvons dire si Cator fut condamné à subir une détention; mais nous savons qu'il offrit ses biens pour en percevoir les revenus, afin de rembourser l'État : ce qui fut accepté par ordre du président. Ce qu'on en retira fut insignifiant, à côté de la grosse somme soustraite au trésor public. Cator n'avait pas assez de capacité pour la charge qu'il exerçait; il était d'un caractère faible, et il fut la dupe de certains employés sous ses ordres : de là l'indulgence de Boyer envers lui, ce qui fut néanmoins d'une fâcheuse influence sur la gestion des finances.

fête patronale de la paroisse ; il se communiqua aux matières inflammables d'une pharmacie voisine, et le vent d'ouest soufflant avec force en ce moment, l'incendie se propagea rapidement et dévora environ 300 maisons en peu d'heures ; le commerce de détail, situé dans la rue des Fronts-Forts, fut ruiné par ce malheureux événement.

Dès le lendemain, le président rendit un arrêté qui affranchit des droits à l'importation, les matériaux nécessaires à la reconstruction des propriétés incendiées. C'était venir au secours des habitans qui avaient souffert de ce désastre ; mais parmi eux, il y en avait qui étaient encore plus à plaindre, par la perte de tout ce qu'ils possédaient ; ces derniers avaient droit à une assistance immédiate. Plein du sentiment de son devoir, Boyer adressa au Sénat un message pour provoquer un décret qui permît d'affecter une somme au soulagement des plus nécessiteux. Par cet acte, rendu le 24 août, le Sénat autorisa le secrétaire d'État à disposer du *quinzième* de toutes les sommes existantes à la trésorerie générale. Il y avait environ 300 mille gourdes : ce furent donc 20 mille gourdes qui en sortirent pour cet objet [1]. Une commission, présidée par le grand juge Fresnel, fut chargée de cette distribution ; et le public augmenta l'allocation par une souscription volontaire que le conseil de notables recueillit.

---

[1] Les *recettes* de l'année 1820 s'élevèrent d'après les comptes généraux, à la somme de 2,213,440 gourdes, et les *dépenses* à celle de 1,809,228 gourdes ; d'où il résulta une balance favorable de 404,212 gourdes. Il est évident que dans les recettes, les sommes provenant du trésor de Christophe ne furent point comprises, ayant été portées dans un chapitre distinct. — Les produits de la République, dans cette année, furent : 26,200,000 livres de café ; 345,000 livres de coton ; 433,000 livres de cacao ; 413,000 de sucre ; 1,870,000 livres de campêche, etc., le tout en chiffres ronds.

En même temps, le président adressa une lettre à la commission de bienfaisance, pour l'inviter à s'adjoindre des commerçans nationaux et étrangers, afin de parvenir à des arrangemens, à des attermoiemens entre les créanciers et les débiteurs du commerce, plus ou moins ruinés par l'incendie. Cette sollicitude du chef de l'État était dans l'intérêt des uns et des autres, et eut pour but essentiel d'éviter des procès entre eux, de sauvegarder la bonne foi dans les transactions commerciales du pays [1].

Dans la prévision des éventualités qui pouvaient surgir d'un moment à l'autre, et où l'armée serait appelée à rendre à la patrie ses services accoutumés, le président, dont le désir de l'ordre se décelait successivement par tous ses actes, voulut fixer les droits et les devoirs des militaires des corps de troupes d'une manière équitable et invariable. En conséquence, le 18 septembre, il publia un règlement sur la formation des *conseils d'administration* dans les régimens de ligne, et sur les attributions de ces conseils.

« L'institution militaire, dit-il, étant dans ce pays la
« sauvegarde de l'indépendance nationale, rien ne doit
« être épargné pour assurer à l'armée de la République,
« cette force morale qui la portera à rendre avec enthou-
« siasme, dans toutes les circonstances, les services
« qu'on attend d'elle... »

Ce règlement établit dans chaque régiment un conseil d'administration dont les membres furent à la nomination du Président d'Haïti, ou des autorités militaires auxquelles

---

[1] Boyer ne se borna pas à cela ; dans la session de 1821, il proposa au corps législatif une loi qui accorda aux commerçans incendiés, un délai de cinq années pour se libérer envers leurs créanciers.

il déléguerait ce soin. Ces conseils furent chargés de la formation des matricules des corps, de l'annotation des faits qui pourraient porter à distinguer chacun des militaires par leur conduite, afin de les récompenser par leur avancement quand il y aurait lieu ; et ce sont ces conseils qui nommaient tous les *sous-officiers*, à moins de désignation spéciale du chef de l'État dans des cas fort rares : chacun d'eux était présidé par le colonel du régiment. D'autres dispositions de ce règlement tendaient à entretenir l'esprit militaire et à exciter une généreuse émulation parmi les défenseurs du pays.

Le malheur semblait poursuivre la ville du Port-au-Prince. Après le désastreux incendie du 15 août, un terrible ouragan s'abattit sur elle, le 28 septembre, et enleva la toiture de bien des maisons que le feu avait épargnées. Les dispositions de l'arrêté du président lui profitèrent encore et servirent à relever le courage remarquable des habitans de cette cité. Dans la plaine du Cul-de-Sac, les eaux de la Grande-Rivière, grossies par une pluie torrentielle, produisirent une inondation qui emporta beaucoup d'animaux et des cases de cultivateurs : plusieurs personnes périrent dans cette nuit affreuse. La tempête ne se fit pas moins sentir dans les montagnes avoisinantes, et la récolte du café en souffrit.

C'étaient sans doute deux catastrophes déplorables pour la capitale de la République, que cet incendie et cet ouragan dans l'intervalle d'une quarantaine de jours. Mais, quand les flammes changeaient sa fête patronale en une journée de désolation pour tous ses habitans, aucun d'eux ne pensait que, presque au même instant, la justice de la Providence frappait, enfin, le cruel Tyran qui, depuis quatorze ans, affligeait le Nord et l'Artibonite par ses barbaries : pour avoir été lente à se prononcer, elle n'en fut pas moins exemplaire.

Le 15 août, Henry Christophe assista à la messe chantée à l'église de Limonade par un prêtre nommé Jean-de-Dieu, qui avait remplacé Corneille Brelle. Christophe était assis sur un trône; et pendant que le prêtre prononçait son sermon, le Roi fut soudainement frappé d'apoplexie et renversé la face contre terre : il reçut immédiatement les secours du docteur Stewart, mais la moitié de son corps resta paralysée [1]. Il semble que si la Providence permit à la science médicale de le rappeler à la vie, ce ne fut que pour lui réserver l'humiliation d'assister à la chute de son autorité sanguinaire, que pour punir en lui cet orgueil excessif, cause de tous ses crimes.

Dans le chapitre suivant, le lecteur verra comment arriva ce drame si longtemps prévu, si impatiemment attendu.

---

1 Le prêtre Jean-de-Dieu fut si saisi de cet événement, qu'il mourut trois jours après.

CHAPITRE X.

H. Christophe ordonne de nouveaux travaux de défense à Saint-Marc. — Au Cap, ses généraux conspirent contre lui. — Insurrection de la garnison de Saint-Marc. — Elle se soumet à la République en envoyant une députation au Port-au-Prince. — Boyer envoie des généraux et des troupes à Saint-Marc, et ordonne la réunion des autres régimens à la capitale. — Christophe envoie des forces contre Saint-Marc : cette place résiste. — Il veut envoyer les troupes du Cap contre elle. — Le général Richard les soulève : les populations du Nord participent au mouvement. — Pillage et dévastation des châteaux royaux, etc. — Christophe veut aller réprimer l'insurrection : sa paralysie l'en empêche. — Il envoie sa garde sous les ordres de Joachim Deschamps : elle fait défection en faveur des insurgés. — En apprenant cette nouvelle, Christophe se suicide. — Pillage et dévastation du palais de Sans-Souci. — Madame Christophe et ses filles, assistées de Dupuy et Prézeau, font porter le cadavre à la citadelle Henry et y vont l'enterrer. — Assassinat des deux fils de Christophe et de six autres individus. — Appréciations sur son gouvernement, son administration, son caractère et sa conduite en tous les temps.

Quand la proclamation du Président de la République eut annoncé la fin de la révolte de la Grande-Anse et donné lieu à croire qu'il méditait d'autres projets, Christophe ne s'était pas borné à solliciter de Sir Home Popham, qu'il vînt à Haïti pour s'entremettre de la paix entre lui et le président : il avait ordonné de nouveaux travaux de défense à Saint-Marc, pour garantir cette place de l'entreprise qu'il redoutait ; il y avait fait envoyer des munitions de guerre et de bouche, en farines, salaisons, etc.

Le maréchal de camp Jean Claude commandait Saint-

Marc depuis plusieurs années, et obéissait à Paul Romain, prince du Limbé, qui avait le commandement supérieur de tous les quartiers de l'Artibonite et qui résidait à la Petite-Rivière. Au fond, Jean Claude n'était pas un méchant homme ; mais, possédant la confiance du roi et obligé d'exécuter ses ordres sévères pour la défense de la place, il dut mettre de la rigueur dans les travaux qu'elle nécessitait : ce qui occasionna le mécontentement des troupes de la garnison habituelle, de la population de la ville, de celle des campagnes avoisinantes, hommes et femmes, appelés à y participer ; et ce mécontentement les prédisposait à une insurrection.

Dans le Nord même, les esprits en sentaient le besoin pour se débarrasser de la tyrannie qui pesait sur eux depuis si longtemps. Pour la première fois, peut-être, tous les généraux de Christophe voyaient ce tyran pâlir en prévision des éventualités de la guerre, redoutant l'avenir, n'ayant plus foi en son étoile, après avoir reconnu son impuissance à attaquer ses ennemis, dans son voyage à Saint-Marc, en 1818, où il fut cause de la mort de Toussaint Brave ; enfin, appeler à son aide un amiral anglais. De ces observations à une conspiration contre son pouvoir et sa vie, contre la dynastie qu'il avait fondée, la pente était naturelle ; car ces généraux devaient espérer qu'il y aurait possibilité d'établir un autre gouvernement à leur profit. Aussi lisons-nous, dans un ouvrage publié à Paris en 1826 :

« Dès le mois *de juillet* 1820, des bruits alarmans
« pour le maintien de la royauté dans le Nord d'Haïti
« avaient pénétré jusqu'en Europe : on y parlait d'une
« *conspiration* vraie ou supposée ourdie par sept des
« principaux dignitaires de Christophe, pour l'établisse-

« ment d'une *République* semblable à celle du Sud. Une
« nouvelle plus extraordinaire se répandit : on assura
« que le roi Henry I*er* était *mort* dans les premiers jours
« *de ce mois*, et que sa famille cachait cet événement dans
« le but d'éviter une révolution qui aurait pu écarter du
« trône le prince royal Victor Henry... ¹ »

Bientôt nous citerons un document émané de quelques généraux du Nord, qui confirme en effet, que *le projet* du renversement de Christophe existait avant les événemens survenus à Saint-Marc ; et pour que la nouvelle en parvînt en Europe dans le mois de juillet, il faut que cette conspiration ait été conçue, au plus tard, immédiatement après le départ de Sir Home Popham, qui était encore au Cap à la fin de mai.

Toutefois, il était difficile de la mettre à exécution, parce que le despotisme, la tyrannie avilissent tellement les âmes, les rendent si pusillanimes, que la crainte les retient dans la torpeur de la soumission, jusqu'à ce qu'une circonstance imprévue vienne les enhardir. Le danger réel qu'il y a d'être trahi par ceux qui ont le même intérêt à se défaire d'un tyran, et auxquels on est forcé de communiquer sa pensée pour avoir leur concours, est encore une cause qui s'oppose longtemps à sa chute. Mais cette circonstance désirable arriva enfin : ce fut la Providence qui la produisit en frappant Christophe d'apoplexie. Du moment que cette maladie lui avait laissé sa compagne ordinaire, — la paralysie, — qui l'empêchait d'agir physiquement, la conspiration devenait plus facile à exécuter. Cependant, les conjurés en étaient encore à leurs

---

1 *Histoire de l'île d'Haïti* par Placide Justin, d'après les documens de Sir J. Barskett. En 1825, Charles-Malo avait publié aussi, à Paris, une *Histoire d'Haïti* où se trouvent les mêmes assertions, dans une note de la page 363 de ce volume.

désirs, à leur projet, quand un incident inattendu en donna le signal.)

Une querelle survint à Saint-Marc entre le général Jean Claude et le colonel Paulin, commandant la 8e demi-brigade qui y tenait garnison. Peut-être Paulin n'ignorait-il pas l'existence de la conspiration du Nord [1]; d'un caractère orgueilleux, d'ailleurs courageux, il osa résister à son chef qui le dénonça à Christophe. Celui-ci manda Paulin à Sans-Souci, le vexa par des paroles injurieuses; et, sur ses réponses pleines de fermeté, il ordonna de le dégrader, de lui arracher ses épaulettes. Mais Paulin fut assez audacieux pour arracher lui-même la croix de Saint-Henry qu'il portait à sa boutonnière et la jeter par terre, en disant au roi : « Cette croix m'a été donnée par vous, « mais quant à mes épaulettes, je les ai gagnées et con-« quises sur le champ de bataille : vous ne pouvez me les « arracher ! » A ces mots, à ces gestes que l'exaltation de l'honneur inspirait, Christophe, en fureur, ordonna que Paulin fût décapité; mais la reine, présente à cette scène, intercéda en sa faveur et obtint qu'il fût seulement envoyé à la citadelle Henry où on le mit aux fers.

La connaissance de ces faits parvint à Saint-Marc et décida du sort de Christophe. Ils portèrent les sous-officiers et les soldats de la 8e à l'exaspération, car ils souffraient plus que leurs officiers; et, aimant leur colonel, sa courageuse conduite à Sans-Souci les électrisa. A l'insu de leurs chefs, ils se communiquèrent la pensée d'un soulèvement. Un sous-officier de la garnison de la Petite-Rivière vint à Saint-Marc et fut mis dans le secret,

---

[1] Un petit écrit publié au Port-au-Prince et intitulé : *Détails sur l'insurrection de Saint-Marc et des Gonaïves*, en 1821, le dit formellement.

sans doute pour en faire la propagande dans son corps ; à son retour, il en parla à son chef de bataillon qui en fit le rapport au général Romain. Aussitôt, Romain quitta la Petite-Rivière avec Bazin, devenu général et comte des Verrettes, et se rendit à Saint-Marc, à la tête d'un bataillon d'infanterie et de quelques escadrons de cavalerie : il y arriva dans la soirée du dimanche 1er octobre.

Le lendemain, il passa la revue et l'inspection des troupes, artillerie, 8e, etc., sans rien dire de ce qu'il savait ; mais il convoqua dans son logement, pour l'après-midi, tous les officiers de ces corps. Là, il leur demanda des renseignemens sur la trame qui s'ourdissait dans la garnison ; tous lui répondirent qu'ils l'ignoraient. L'un d'eux lui proposa de s'en informer par les sous-officiers, en désignant le sergent-major Antoine, de la 8e, dont l'intelligence et la résolution étaient remarquables : la nuit allait se faire en ce moment. Romain envoya un aide de camp appeler Antoine ; il s'adressait justement au chef de la conjuration.

Antoine, se considérant perdu s'il se présentait par-devant le général, communiqua instantanément à ses compagnons la résolution de prendre les armes dans le moment même, après avoir répondu à l'aide de camp qu'il allait le suivre. Loin de se rendre chez Romain, il sortit avec un fort détachement de la 8e, afin d'aller rallier d'autres militaires de ce corps qui étaient dans divers postes et de prendre des munitions à l'arsenal que gardait l'artillerie : il y réussit, parce que les sous-officiers et soldats de l'artillerie étaient leurs complices.

Dans ces entrefaites, le général Jean Claude avait monté à cheval pour inspecter les postes et veiller contre toute surprise ; il vint à rencontrer un des détachemens de la 8ᵉ; il cria *qui vive* et tira un coup de pistolet dans l'obscurité : les soldats firent feu sur lui et l'abattirent; il n'était que blessé mortellement à la gorge. La révolte avait éclaté! il fallait la soutenir ou périr : c'est ce que comprirent les militaires de la 8ᵉ, guidés par le sergent-major Antoine.

Les coups de fusil avaient donné l'alarme chez le général Romain, qui attendait vainement ce sous-officier, après avoir renvoyé les officiers qu'il avait réunis chez lui, pensant qu'il n'y avait eu que des propos tenus sans projet arrêté; et ces officiers ne s'étaient même pas empressés de retourner à leurs postes. Mais alors, Romain comprit d'autant mieux ce dont il s'agissait, qu'on vint lui apprendre la mort de Jean Claude : il monta à cheval avec Bazin, et se mit à la tête de l'infanterie et de la cavalerie qu'il avait emmenées de la Petite-Rivière, afin de comprimer cette révolte.

Mais les officiers de la 8ᵉ avaient enfin rejoint leur corps qui était très-nombreux et que dirigea le chef de bataillon Constant Paul, officier aussi brave que méritant à tous égards : tous suivirent le mouvement des soldats. Romain se vit forcé de sortir avec ses troupes de l'enceinte de Saint-Marc, dans la nuit même; il alla occuper les forts du dehors, notamment celui du *Diamant* qui domine cette ville, pour attendre de nouvelles forces. Il paraît qu'il adressa une dépêche à Christophe, l'avisant de cet événement, puisque le roi envoya des troupes du Nord sous les ordres du général Guerrier, qui devait rallier celles des Gonaïves et joindre Romain.

De leur côté, les militaires de la 8ᵉ, reconnaissant qu'ils auraient à soutenir une lutte sanglante, écoutèrent l'avis de leur commandant Constant Paul, qui leur conseilla de se soumettre à la République, en envoyant une députation au Président d'Haïti. L'artillerie partagea cette résolution qui lui fut conseillée également par le sous-lieutenant Victor Toby, jeune frère du colonel Paulin et quartier-maître de ce corps. En conséquence, on trancha la tête de Jean Claude qui fut mise dans un sac, pour servir de preuve matérielle de la sincérité de la soumission de la garnison de Saint-Marc ; et des officiers furent expédiés au jour, le 3 octobre, pour la porter au Port-au-Prince avec une lettre signée de Constant Paul, demandant de prompts secours : ils y arrivèrent le 4 au matin. Ils firent savoir à Boyer que la garnison de Saint-Marc se composait de la 8e, d'un bataillon d'artillerie et d'un escadron de cavalerie, en ajoutant les autres particularités qui avaient eu lieu [1].

Le président accueillit les officiers venus auprès de lui avec la bienveillance la plus empressée ; il les complimenta ainsi que les braves dont ils étaient les organes, sur la résolution patriotique qu'ils avaient prise de se réunir à la République, qui n'aspirait qu'au bonheur de tous les Haïtiens. Il leur promit d'envoyer sans délai des forces à Saint-Marc pour les soutenir, en attendant qu'il pût s'y rendre lui-même. Mais il jugea qu'il était important d'y expédier par mer, de suite, un officier général renommé pour en prendre le commandement et diriger la défense : le brave Bauvoir fixa son choix, qui ne pouvait être meilleur. Cet officier partit le 4 même, avec le colonel Malette et les chefs d'escadron Souffrant, Saladin et Backer, tous aides de camp du président, chargés de porter ses paroles à la garnison de Saint-Marc, de l'argent

[1] D'après le *Télégraphe* du 8 octobre, n° 56.

pour la solder, etc. ; trois barges armées formèrent cette expédition. Bauvoir, promu au grade de général de brigade, fut chargé de remettre à Constant Paul un brevet et des épaulettes de colonel, afin de prendre le commandement de la 8° : c'était récompenser en même temps les services et les sentiments de deux citoyens honorables.

Constant Paul méritait d'autant plus cette distinction, qu'il ne conçut pas même l'idée de s'attribuer un grade supérieur à celui de chef de bataillon, tandis que le jeune et présomptueux Victor Toby prit le titre de général de brigade, en s'affublant de l'habit, du chapeau et des insignes de Jean Claude.

Le général Bauvoir et ses compagnons arrivèrent à Saint-Marc dans la nuit du 5 octobre et y débarquèrent le 6 au jour. Ils furent accueillis avec l'empressement le plus chaleureux par la garnison et la population de la place. Depuis le 3, elles supportaient une canonnade que dirigeait contre elles le général Romain, des divers forts extérieurs qu'il occupait, sans pouvoir tenter un assaut, n'ayant pas assez de troupes et la place étant fortifiée on ne peut mieux. L'air martial de Bauvoir, sa réputation militaire connue de la garnison, son courage, communiquèrent encore plus de résolution aux troupes qu'il fit solder immédiatement. Les aides de camp du Président d'Haïti retournèrent au Port-au-Prince, après avoir rempli leur mission.

Dans l'intervalle, le président avait fait partir le général de brigade Marc Servant avec le 7° régiment et d'autres corps. Il était rendu aux portes de Saint-Marc le 8 au soir, mais il ne put y entrer que le 9 au matin. La place avait essuyé, dans la journée du 8, un assaut que sa brave garnison repoussa vaillamment, après avoir subi une canonnade des plus vives. Le général Bauvoir se montra fidèle à ses antécédens du Môle et de la ligne extérieure du Port-au-Prince.

C'était encore à Romain et Guerrier qu'il opposait son intrépidité, comme à ces temps reculés. Le général Guerrier étant arrivé au secours de Romain, ils avaient pu tenter cet assaut. Mais, dans la soirée du 9, ils évacuèrent les forts qu'ils occupaient, pour se rendre au Cap. Non-seulement ils avaient pu savoir l'arrivée des troupes sous les ordres de Marc Servant, mais ils avaient appris le suicide de Christophe qui avait eu lieu 24 heures auparavant.

S'il est vrai qu'une conspiration avait été formée contre lui dans le Nord, il est impossible que ces deux principaux généraux n'en aient pas fait partie. En combattant contre la garnison de Saint-Marc et pour la cause royale, c'est que la soumission de cette place à la République d'Haïti contrariait leur plan primitif, qui était d'établir un gouvernement indépendant d'elle. Quel qu'il dût être, l'évacuation qu'ils opérèrent facilita la défection, en faveur de la République, des corps de troupes de l'Artibonite, la 4e, la 20e, etc., et des populations de ces quartiers.

Aussitôt l'arrivée, au Port-au-Prince, des officiers porteurs de la tête de Jean Claude, le président avait expédié l'ordre au général Benjamin Noël de se tenir prêt avec ses troupes pour marcher sur les Verrettes, afin d'aider aux défections et de seconder la place de Saint-Marc dans sa résistance. Il avait écrit également à tous les commandans d'arrondissement de l'Ouest et du Sud, de réunir celles qui étaient sous leurs ordres respectifs et de les envoyer à la capitale, — ces officiers supérieurs devant tous rester à leurs commandemens pour le maintien de l'ordre, à l'exception toutefois du général Borgella qui fut mandé avec le régiment d'Aquin [1]. Les généraux Lys et Francisque furent aussi appelés par le président.

Dans tous ces lieux, comme au Port-au-Prince, l'enthousiasme des troupes fut à son comble. Chacun de ces braves soldats, de même que leurs officiers, comprit à l'égal du Président d'Haïti, que la Providence avait marqué la fin du règne affreux de Henry Christophe dans l'insurrection de Saint-Marc, et que la République réclamait le concours de tous ses défenseurs; à la voix de leurs chefs, ils se réunirent sans effort sous leurs drapeaux. Néanmoins, le 8 octobre, le président publia un ordre du jour à ce sujet, parce qu'un gouvernement doit toujours se faire entendre en de telles circonstances. La réunion successive des troupes à la capitale, donna lieu à la formation de diverses colonnes qui, sous les ordres des généraux Nicolas Louis, Bergerac Trichet et Frédéric, se rendirent à Saint-Marc.

Tandis que les généraux Romain, Guerrier et Bazin soutenaient sa cause contre cette ville rebelle, le Roi d'Haïti voulut leur envoyer de nouvelles forces pour l'enlever et la punir d'une aussi *horrible trahison*. A cet effet, il expédia l'ordre au général Richard, duc de la Marmelade et gouverneur du Cap-Henry, de réunir les troupes de cette ville afin de les mettre en marche : c'était le 6 octobre. Mais Richard était l'un des principaux auteurs de la conspiration qui s'ourdissait depuis quelques mois, s'il n'en fut pas le chef : d'accord avec ses complices, il

---

[1] Le colonel Colin remplaça Borgella provisoirement à Aquin dont il commandait la place.

entraîna les troupes, au contraire, et se prononça contre le roi, dans la soirée du même jour.

On conçoit quel dut être l'étonnement de Christophe, lorsqu'il connut le soulèvement de Richard et des autres officiers supérieurs avec ces troupes; à quelle fureur il dut se livrer lorsqu'il apprit que le trésor du Cap était devenu la proie de ces hommes, naguère si courbés sous le joug de fer de sa tyrannie; que ses châteaux, ses haras étaient livrés au pillage des soldats et des cultivateurs; lorsqu'il vit, de Sans-Souci, ses belles plantations de cannes livrées aux flammes dans la plaine de Limonade![1]. Car toutes ces choses eurent lieu aussitôt qu'on se fût prononcé contre sa cruelle autorité. Mais en même temps, la délivrance des nombreux prisonniers chargés de chaînes, compensait, aux yeux de la société, ces actes de désordre inévitables de la part d'un peuple secouant le joug qui pesait sur sa tête depuis quatorze années.

Ce fut sans doute la plus grande punition que Dieu pût infliger à cet homme dont la vanité et l'orgueil se complurent pendant si longtemps à avilir ses concitoyens, *ses égaux*, à leur imposer une obéissance servile, par l'exercice d'une autorité capricieuse qui ne trouvait de satisfaction que dans les crimes les plus monstrueux. Après l'avoir frappé d'impuissance physique, la Providence voulut qu'il assistât à la chute de ce pouvoir sanguinaire, qu'il vît *le Peuple Souverain* reprendre tout son empire pour l'anéantir. Car, qu'est-ce que la mort pour

---

1 Outre les véritables *palais* de Sans-Souci et du Cap-Henry, il y avait sept autres résidences qualifiées ainsi dans différentes villes. Quant aux *châteaux*, ou anciennes habitations coloniales, il y en avait quinze désignés chacun par un nom particulier : ainsi, *les Délices de la Reine, Bellevue-le-Roi, la Conquête, la Victoire, la Gloire, Tenez-y, Mettez-y*, etc. La plupart étaient des sucreries, d'autres, des cotonneries dans la plaine de l'Artibonite.

un Tyran, si elle n'est pas précédée de ces circonstances qui l'humilient, qui portent le désespoir dans son âme? C'est là ce qui constitue la moralité qui ressort comme enseignement dans l'histoire des nations. Quand elles ont le malheur d'être opprimées par leurs chefs, il faut qu'elles puissent nourrir l'espérance qu'un jour arrivera où Dieu punira ainsi ces pervers de leurs exécrables forfaits.

Toutefois, Henry Christophe était doué de trop d'énergie, d'un caractère trop impérieux, pour s'avouer à lui-même que son règne abhorré était fini. Reconnaissant que sa paralysie s'opposait à ce qu'il montât à cheval pour aller combattre ses sujets révoltés, il imagina un moyen extrême de donner à ses membres la vigueur dont ils étaient privés. Il se fit faire un bain de *rhum* et de *piment* dans lequel il se plongea pendant une heure; et durant ce temps, ses serviteurs lui faisaient des frictions avec de la flanelle. Le remède d'invention royale produisit l'effet désiré; il sortit du bain, tout joyeux de l'idée d'être en mesure de se mettre à la tête de sa garde haïtienne et d'aller détruire les révoltés du Cap [1]. Après s'être habillé militairement et avoir fait venir son cheval, il sortit de sa chambre. Mais une grande stupéfaction lui était réservée au-dehors : frappée comme d'un coup de foudre au grand air, *Sa Majesté* s'affaissa et tomba sur les genoux, en présence de toute sa garde. Elle semblait demander pardon à Dieu de tous ses crimes. Il fallut enfin emporter cette personne sacrée sur son lit où elle fut déshabillée.

[1] De toute sa maison militaire, composée d'artillerie à cheval, de gardes du corps, d'infanterie et de chevau-légers, ces derniers seuls avaient d'abord pris part à la révolte du Cap; mais cette cavalerie était le corps le plus redouté dans le Nord.

Aux yeux de tous ceux qui l'environnaient à Sans-Souci, le Roi n'était plus que l'ombre de lui-même; mais, chose étonnante! la crainte les retenait encore dans l'obéissance, tant est puissant sur l'âme des hommes le respect dû à l'autorité!

Enfin, le dimanche 8 octobre, Christophe, en robe de chambre, coiffé d'un énorme chapeau rond à grands bords (tenue peu *royale*, peu faite pour imposer), se fit porter dans la galerie extérieure de son palais; et là, assis dans un fauteuil, il fit défiler devant lui les troupes de sa garde, en distribuant quatre gourdes à chaque soldat, pour les exciter à aller combattre les révoltés. Il leur dit d'une voix débile, qu'il ne voulait que *la liberté* de ses concitoyens, mais que *sa noblesse* l'avait trahi, parce qu'elle aspirait à les rendre *esclaves*; qu'il leur permettait de tuer tous les révoltés et de se livrer au pillage de la ville du Cap [1].

La garde haïtienne, sous les ordres supérieurs de Joachim Deschamps, secondé surtout du général J.-B. Riché, partit au cri de : *Vive le Roi!* en promettant de mettre tout à feu et à sang.

Jusqu'alors, les généraux révoltés n'avaient fait aucun mouvement contre le palais de Sans-Souci; mais, avertis des dispositions ordonnées par Christophe, ils se portèrent au Haut-du-Cap, où la rencontre eut lieu. Quelques coups de fusil furent tirés pour l'honneur du drapeau; car la propagande révolutionnaire s'était si bien faite dans les rangs de la garde haïtienne, qu'elle passa tout entière du côté des révoltés au cri de : *Vive la Liberté!* Son chef principal prit la fuite pour retourner auprès du

---

[1] Ce récit est emprunté au N° 4 de *la Concorde*, journal que le général Prévost, ex-ministre de Christophe, publiait au Cap en 1821.

Roi ou se cacher, tandis que Riché et la plupart des autres officiers fraternisèrent avec ceux du Cap. Toutes ces troupes réunies se disposèrent alors à marcher sur Sans-Souci.

Après le départ de sa garde, Christophe était resté dans la même position sur la galerie ; il avait ses deux filles auprès de lui, les princesses Améthyste et Athénaïs. Son agitation, ses inquiétudes augmentaient à chaque instant ; car il ne savait pas quelle serait l'issue de la marche de sa garde contre les révoltés, et il apercevait les tourbillons de fumée qui prouvaient l'incendie des cannes de ses diverses habitations. A tout moment, il ordonnait à un officier de charger ses armes, à d'autres d'aller s'enquérir des nouvelles. La nuit survint, et un jeune officier arriva au palais et lui apprit que sa garde avait fait défection, qu'on allait se porter contre lui. Il était alors dans sa chambre : il fit appeler sa femme et ses enfans, et leur donna les derniers témoignages de sa tendresse, en leur disant de se retirer et de le laisser avec ses valets. Par ses ordres, ceux-ci lui donnèrent de l'eau pour se laver les mains et les bras, puis du linge blanc[1]. Ces préparatifs annonçaient certainement sa résolution de se suicider ; et vraiment, dans la situation désespérée où il se trouvait, il n'eût pas convenu que sa famille même cherchât à l'en détourner. Quand il eut reçu ces choses de ses valets, il les renvoya de sa chambre. A peine en étaient-ils sortis, qu'on entendit la détonation d'une arme à feu : HENRY CHRISTOPHE avait mis fin à ses jours, en se donnant un coup

---

[1] *La Concorde*, N° 4. Par cette ablution et ce linge blanc, il semble que Christophe croyait se laver de tous ses crimes et paraître devant Dieu avec le costume de l'innocence.

de pistolet au cœur[1]! Sa famille, ses serviteurs, quelques officiers restés encore au palais, se précipitèrent dans sa chambre : ils le trouvèrent renversé sur son lit, baigné de sang.

Enfin, le Tyran n'était plus! Il s'était fait justice à lui-même; il avait vengé la société de sa propre main!

La certitude acquise de ce fait n'était propre qu'à occasionner la plus grande confusion, le désordre le plus complet dans le palais de Sans-Souci. Les chefs du Cap avaient tracé un exemple en permettant le pillage de celui de cette ville, des châteaux royaux situés dans les campagnes, de tous les établissemens appartenant à la couronne, soit à leur profit, soit à celui des troupes et de la multitude : les nombreux serviteurs, la population de Sans-Souci et le peu de soldats qui y étaient encore, commencèrent immédiatement le sac de cette riche demeure royale; c'était à qui en emporterait le plus, de toutes les choses précieuses rassemblées à grands frais dans ce palais.

Tandis que ce pillage s'accomplissait dans le tumulte le plus violent, Madame Christophe, en femme dévouée, en épouse fidèle à son mari, aidée de ses deux filles non moins attachées à la mémoire de leur père, toutes trois pleines de courage, ne songèrent qu'à donner la sépulture à son cadavre, pour le soustraire aux mutilations, aux fureurs d'une multitude effrénée. Pour remplir ce pieux devoir, il leur fallait néanmoins l'assistance d'of-

---

[1] On a prétendu que quelque temps auparavant, il avait demandé au docteur Stewart, Écossais qui dirigeait une école de médecine et de chirurgie au Cap, quelle était la partie du corps où un homme résolu à se suicider avec un pistolet devait plutôt frapper pour mourir instantanément; et que Stewart lui avait répondu: « Au cœur. » Si cette anecdote est vraie, c'est que Christophe ne se faisait plus illusion sur le terme de sa tyrannie.

ticiers capables d'inspirer assez d'estime et de respect par leurs qualités personnelles, afin d'être écoutés de ceux dont on avait besoin. En cette circonstance difficile, elles ne virent à leurs côtés que le général Dupuy et le colonel Prézeau, les deux seuls hommes qui réunissaient ces conditions, parce que leur conduite à la cour de Christophe les avait toujours distingués entre tous les autres officiers : ces derniers s'étaient empressés d'aller faire leur soumission au Cap. Sensibles au malheur de ces femmes qui avaient pour eux la même estime que leur accordait Christophe, Dupuy et Prézeau réussirent, à force d'argent néanmoins, à persuader quelques soldats de porter le cadavre à la citadelle Henry pour l'y enterrer : on le mit dans un hamac. Dans la nuit même, Madame Christophe et ses demoiselles, escortées de leurs deux fidèles amis, marchant tous à pied, s'y rendirent avec les restes du Roi qui avait mis tout son orgueil à construire cette forteresse.

Ce fut avec peine et une précipitation extrême, qu'ils purent faire admettre et placer le cadavre dans la partie appelée *le Cavalier* de la citadelle, située au sud, en le recouvrant d'un peu de terre. Car, à la vue de ces restes d'un homme qui leur avait fait tant de mal, qui avait fait périr tant de victimes dans la construction de la forteresse, la garnison, les nombreux ouvriers, les cultivateurs et les cultivatrices, servant de manouvriers pour les travaux, les prisonniers délivrés de leurs chaînes, tous s'ameutèrent et voulurent jeter le cadavre dans la profonde ravine où Christophe lui-même avait fait précipiter tant d'innocens. Dupuy et Prézeau seuls pouvaient apaiser cette effervescence si naturelle : ils s'empressèrent de soustraire leurs vertueuses protégées aux insultes de cette multitude et de les ramener en lieu sûr, afin de négocier avec les chefs en révolte pour les faire respecter [1].

Nous ne pouvons dire où se trouvaient, ni ce que firent dans ces momens périlleux, les deux fils de Christophe : Eugène, l'aîné, enfant naturel d'une autre femme que son épouse, et Victor Henry, prince royal, qui était l'héritier présomptif de sa couronne. Mais, ces infortunés jeunes gens ne tardèrent pas à être le point de mire de l'ambition des chefs de la révolte du Cap. Quel que fût leur dessein ultérieur, ces chefs crurent qu'ils devaient impitoyablement y sacrifier ces deux rejetons de la dynastie fondée par Christophe : ils résolurent leur assassinat, en comprenant dans cet acte affreux plusieurs individus qu'ils détestaient. Le 18 octobre, ils firent tuer en même temps Victor Henry, Eugène, Vastey, les généraux Jean-Philippe Daut, Joachim Deschamps, Achille, Dessalines jeune et Toussaint.

Ce fut ce qu'il y eut de plus blâmable dans la révolution du 8 octobre ; car les fils de Christophe n'auraient pas été plus redoutables que ne le furent ceux de Dessalines, malgré l'hérédité instituée en leur faveur, sa royauté n'étant plus possible. Les autres victimes n'étaient pas plus coupables que bien des survivans, que ceux qui les firent tuer. Et quant au pillage des trésors du Cap, de Sans-Souci et de la citadelle, des couronnes et autres joyaux enrichis de pierres précieuses, des effets mobiliers qui ornaient les palais et châteaux royaux, des animaux qui se trouvaient dans les haras, il s'explique par la tyrannie même de Christophe qui avilit les âmes. La

---

[1] Ils conduisirent ces personnes abandonnées de tous, sur une petite habitation du nom de Lambert, près du Cap, qui appartenait à Madame Christophe.

plupart des généraux s'enrichirent à la citadelle, où il y avait des sommes immenses [1].

Évidemment, l'intérêt public, le rétablissement de la liberté et de la dignité humaine, n'avaient pas été leur mobile : de là cet esprit personnel, cette avidité coupable.

Quel était donc le but de leur conspiration, avant l'insurrection de Saint-Marc ? Se proposaient-ils de continuer la *Royauté* dans le Nord et l'Artibonite, au profit de l'héritier du trône de Christophe ? Mais ils n'avaient pas tardé à l'immoler, ainsi que son frère. Voulurent-ils la continuer au profit de l'un d'eux qu'ils auraient élu, ou revenir tout simplement au gouvernement *aristocratique* qui la précéda, de 1807 à 1811, sous le nom d'*Etat d'Haïti ?* Les faits qui se sont passés alors ont prouvé seulement, que ces généraux ne voulaient pas se soumettre à la République d'Haïti ; car ils n'ont publié aucun acte, ils n'en eurent pas même le temps, et il n'est nullement probable, comme l'a prétendu l'ouvrage cité plus avant, qu'ils eussent l'intention d'établir « une « République *semblable* à celle du Sud [2]. » Elle eût entraîné *l'égalité* entre tous les citoyens, et il paraît qu'ils voulaient conserver leurs titres de *noblesse*. Mais les événemens marchèrent contre leur gré ; ils furent contraints de s'y résigner [3].

Suspendons le récit de ces événemens, afin d'appré-

[1] On a dit que Richard fut celui qui en prit le plus, et qu'il enfouit sa fortune.
[2] Placide Justin prétend même que « le 15 octobre, le Nord et le Nord-Ouest se constituèrent en une *République* dont Paul Romain fut nommé Président. » Comme Romain était le plus ancien des généraux de cette partie, ils l'auront reconnu peut-être sous ce titre, mais sans établir pour cela une République.
[3] On rapporte, qu'en retournant au Cap après l'évacuation devant Saint-Marc, le général

cier le gouvernement de HENRY CHRISTOPHE dont l'absolutisme et la tyrannie surpassèrent ceux de tous ses prédécesseurs. Il faut juger sa conduite dans son administration tant vantée par les Etrangers et certains Haïtiens, tous séduits par l'apparence de la prospérité qu'offrait son royaume et le faste qui entourait sa cour. Il est vrai qu'en général, l'imagination des hommes se laisse facilement éblouir par les grandeurs et les pompes du pouvoir, de la puissance, sans examiner si elles ennoblissent réellement l'autorité des chefs.

Celle qu'exerça Christophe dans le Nord et l'Artibonite, en qualité de Président-Généralissime ou de Roi, ne fut évidemment qu'une longue usurpation de la souveraineté populaire, ou tout au moins une application insensée de théories politiques à l'usage de l'arbitraire qui était dans sa nature personnelle : — *insensée*, en ce qu'il méconnut *le but* de la grande révolution commencée dans le pays, dès 1791, par les hommes de la race noire, et poursuivie incessamment dans tous les événemens postérieurs pour y atteindre, — *la liberté et l'égalité*, et avec ces droits, tous autres aussi essentiels dans tout état social, *la propriété, la sûreté*, etc.; — *insensée* encore, en ce que son égoïsme et son orgueil lui persuadèrent que le despotisme était le meilleur moyen d'assurer son autorité et de la perpétuer. Trop aveuglé par ces passions ou ces sentimens qui le dominaient, qui distinguaient son caractère fastueux, il ne put reconnaître que

---

Guerrier arracha sa croix de Saint-Henry et la jeta avec mépris, en disant : « Dès mes « jeunes ans, j'ai servi comme militaire sous les drapeaux d'une République : aujourd'hui, « je dois rester *républicain*, comme je l'ai toujours été au fond du cœur. »

Et l'on remarqua que les généraux Romain et Bazin ne l'imitèrent point. Guerrier se distinguait, en effet, par ses honorables sentimens : il fut un des quelques généraux auxquels Christophe n'osa jamais donner des coups de bâton.

le despotisme dégénère facilement en tyrannie, parce qu'il exige une tension continuelle des ressorts de l'autorité pour se faire obéir, et que le despote arrive ainsi aux actes les plus cruels[1].

Mais, que disons-nous ? L'instinct du crime, de la cruauté, de la férocité, ne fut-il pas plutôt dans la nature exceptionnelle de cet homme toujours altéré de sang ? Pour en juger, qu'on se rappelle sa conduite pendant les hécatombes ordonnées par Toussaint Louverture, en 1799 ; — après le siège de Jacmel, en 1800 ; — dans la répression de la révolte des cultivateurs du Nord, en 1801 ; — à l'égard de ces cultivateurs, lorsqu'il les désarmait par ordre de Leclerc, an 1802 ; — envers les habitans de l'Est, dans la campagne de 1805 ; — dans l'insurrection de la péninsule du Nord et au siège du Môle, de 1807 à 1810 ; — envers les blessés et les prisonniers de Sibert, en 1812 ; — dans les immolations qu'il ordonna durant la même année, et qui couvrirent de deuil l'Artibonite et le Nord ; — et, enfin, dans le sacrifice journalier des innombrables victimes qui périrent suc-

---

[1] Dans la *Notice sur H. Christophe*, déjà citée, par J.-B. Francisque, on lit ce qui suit :

« Le général en chef (Christophe) *conspira* avec Pétion... Dessalines fut tué... On convint de donner à l'État une forme *libre et républicaine* : idée digne des anciens, et belle et magnanime... Une constitution fut établie. Sauf quelques défauts non capitaux, elle était *un chef-d'œuvre* de la vraie science sociale : les principes éternels et sacrés de la liberté y étaient posés avec toute leur clarté et leur vérité, et rappelaient l'homme à sa dignité primitive... Mais Christophe ne voulut pas accepter cette constitution qui parut, à ses yeux, lui laisser trop peu d'autorité... Il se qualifie, dans ses actes, Généralissime des forces de l'État... Le Généralissime se fit couronner *Roi*, et donna à penser *aux bons citoyens* que la destinée de ce pays était d'être *toujours régi par des chefs absolus*, quelque dénomination qu'ils prissent. L'on vit alors le spectacle d'une *cour*, d'une *noblesse*, des *ducs*, des *princes*, etc., et une monarchie héréditaire... Son gouvernement reposait principalement sur *la terreur* dont il en avait fait le ressort. Aussi fit-il tout trembler pendant sa vie, et s'en servit-il pour tout ployer sous sa volonté orgueilleuse et arbitraire. Il fit sentir sa dureté également au peuple et à l'armée, qu'il condamnait à des travaux continuels... »

Nous sommes heureux d'avoir retrouvé cette appréciation judicieuse du règne de H. Christophe, par un citoyen éclairé de notre pays.

cessivement à la citadelle ou ailleurs. Non! à moins d'être de la même nature que celle du *Tigre*, un homme ne se complaît pas à verser autant de sang que le fit Henry Christophe.

C'est à son palais de *Sans-Souci* surtout que, durant quatorze années, il fit sentir le poids de son joug de fer. Assis ordinairement sur une espèce de trône qu'il avait fait placer entre les branches d'un *Caymittier* de la terrasse attenante au palais, il y rendait ce qu'il appelait *la justice*, dans sa prétention d'imiter Louis IX exerçant réellement cet attribut des rois sous les chênes de Vincennes, de même que, dans le faste de sa cour, il croyait imiter Louis XIV [1]. Les nobles qui la formaient étaient tenus de se rendre au palais avant le jour, quelque temps qu'il fît, en grand costume et pour attendre le lever de Sa Majesté, dans l'attitude du respect servile qu'elle exigeait. Nul d'entre eux n'osait regarder ce roi en face; tous tremblaient à son approche, dans la crainte qu'un caprice ne le portât à ordonner leur décapitation : ce qui, dans son langage ironique et barbare, s'appelait « changer la tête, » comme la mise aux fers s'appelait « une paire de bas de soie aux pieds. » Quand il sortait de sa chambre pour venir sous le *Caymittier*, vingt sentinelles portaient les armes en même temps, toutes les issues du palais étant gardées. Ses nobles officiers se rangeaient en ligne, le front courbé vers la terre, mais jetant chacun un regard à la dérobée sur lui, afin de s'assurer si sa physionomie respirait le calme, ou l'agitation précurseur d'un ordre de rigueur ou d'un arrêt de mort. Des cachots

---

[1] Vastey et J. Chanlatte, surtout, le lui persuadaient dans leurs écrits. Ce dernier fit un opéra intitulé : *La partie de chasse du Roi*, pour comparer son maître à Henry IV, dans un opéra du même titre.

étaient tout près du palais, pour recevoir les prisonniers qui n'étaient pas envoyés à ceux de la citadelle Henry, à deux lieues de là [1].

Dans ces derniers cachots, une infinité de victimes ont péri d'une mort plus ou moins lente, selon la force de leur tempérament; leur agonie commençait dès qu'elles y entraient, par le froid, l'humidité, la privation d'air, de clarté et de nourriture. Les infortunés que la colère du tyran faisait jeter du haut de la forteresse, dans le profond précipice nommé la Ravine du *Grand-Boucan*, étaient certainement plus heureux, si l'on peut s'exprimer ainsi, de mourir immédiatement [2].

La citadelle, construite sur la chaîne de la montagne nommée *le Bonnet-à-l'Evêque*, d'une élévation de plusieurs centaines de toises au-dessus du niveau de la mer, et faisant partie de l'ancienne habitation *Laferrière*, donne par elle seule une idée du caractère de Henry Christophe : il en fit un monument de sa vanité, de son orgueil, de son despotisme et de sa cruauté inexorable. Commencée dès les premiers mois de 1804, elle n'était

[1] Cette période est écrite d'après le journal *la Concorde*, du 3 juin 1821, N° 4.
Le palais de *Sans-Souci* fut construit sur la pente d'une colline de l'habitation Milot, ancienne sucrerie. Le site en fut bien choisi, car on y jouissait d'une belle vue, de même que son aspect avait quelque chose d'imposant quand on y venait de la plaine. Bâti sans plan primitif et agrandi successivement, son architecture était irrégulière ; il y avait un rez-de-chaussée, un étage et un belvédère d'où l'on découvrait au loin. Sur sa droite, était la salle du trône où Christophe tenait son grand conseil, et au-dessous, plus bas, était l'église en rotonde. Sur la gauche se trouvait la terrasse du *Caymittier* ; puis, des logemens pour les secrétaires et d'autres officiers, et des remises pour les nombreuses voitures de la cour. Derrière le palais étaient un jardin et un parterre où des fleurs et des légumes étaient cultivés avec soin ; l'eau d'une source de la montagne y tombait en cascades pour alimenter des bassins et des fontaines. Plus loin se trouvaient l'arsenal, les casernes de l'artillerie, de l'infanterie et de la cavalerie, l'imprimerie, l'hôtel des monnaies, etc. Toutes ces constructions étaient en maçonnerie et couvertes en ardoises ou en tuiles : le tremblement de terre de 1842 les a démolies en partie.

[2] *Souverain Brun*, frère de Boyer, y fut précipité. Quand, du haut de la citadelle, on jette les yeux dans ce gouffre, on se sent disposé au vertige.

pas encore achevée en octobre 1820, parce qu'il y faisait exécuter toujours de nouveaux travaux, pour entretenir l'oppression sous laquelle toutes les têtes étaient courbées. De nombreux ouvriers de tous états y étaient employés ; des prisonniers encore plus nombreux, ayant la chaîne aux pieds, faisaient le service de manouvriers, concurremment avec des hommes et des femmes arrachés de la culture des champs, d'un bout du royaume à l'autre. Il est entendu qu'aucun de tous ces malheureux ne recevait un salaire quelconque, puisqu'ils travaillaient au « Boulevard de la Liberté nationale. » Ils ne recevaient qu'une mince ration en vivres du pays, insuffisante pour réparer leurs forces : aussi en mourut-il une infinité dans ces travaux incessans [1]. Les murailles de la forteresse, qui est assise sur le roc vif, ont quinze ou vingt pieds d'épaisseur et sont d'une hauteur prodigieuse. Il y a plusieurs batteries superposées les unes sur les autres au moyen de fortes voûtes ; elles sont garnies de canons du plus gros calibre, de mortiers et d'obusiers, tous en bronze : il a fallu l'énergique volonté de Christophe pour faire traîner ou porter à une telle élévation ces pièces d'artillerie, la plupart d'un poids énorme. Les batteries étaient désignées sous le nom de : « Batteries du Roi, de la Reine, « du Prince Royal, des Princesses Royales [2]. » Des casemates, des magasins, des poudrières, un arsenal, une place d'armes, un logement en forme de palais, où se trouvait le trésor de la couronne, et surtout de nombreux cachots souterrains à côté des citernes remplies

---

[1] Des témoins oculaires ont évalué à 20 mille individus des deux sexes, ceux qui ont péri dans la construction de la citadelle, sans compter les victimes désignées d'avance à la mort.

[2] Améthyste, l'aînée des deux filles de Christophe, mit elle-même le feu à une pièce de 36, le jour où l'on inaugura avec pompes la Batterie de la Reine.

d'eau, tout est réuni dans la citadelle Henry, construite avec tout l'art possible [1]. Un immense dépôt de fusils et d'autres armes, de boulets, de bombes, d'obus, de poudre, etc.[1] en faisait le lieu presque unique d'approvisionnement de tous ces objets de guerre, pour le peuple haïtien, disait le tyran, en cas d'invasion du territoire par une puissance étrangère, par la France principalement, en vue de laquelle la forteresse fut d'abord construite. Raisonnant toujours ainsi, il s'autorisait à la continuation de ces ouvrages gigantesques pour le pays ; mais au fait, il y trouvait un moyen d'oppression pour satisfaire à son goût de domination absolue.

On a beaucoup vanté l'état prospère du royaume de Christophe, parce qu'il vendait de grandes quantités de denrées au commerce étranger : du sucre, du coton, du café. Mais comment obtenait-il ces produits ? Aux dépens du peuple entier qui était effectivement misérable. Ayant choisi pour ses châteaux royaux les plus belles propriétés rurales des anciens colons, il y faisait réunir, contre leur gré, de nombreux cultivateurs pris de toutes les autres, qui y travaillaient en ateliers sous un régime plus dur que dans l'ancien système : il fallait bien qu'il obtînt des résultats étonnans, qu'il eût des denrées à vendre, afin d'augmenter son trésor, d'entasser des sommes considérables en numéraire [2]. Avec elles, il se procurait de

---

[1] Le tremblement de terre de 1842 a lézardé presque toutes les voûtes et les murailles de la citadelle. Sur la même chaîne de montagnes où elle a été élevée, se trouvait la maison appelée *le palais du Ramier* : de là on découvrait les montagnes du Dondon, de la Marmelade, la plaine du Nord, etc. Quatre blockaus de grande dimension l'entouraient et le reliaient à la citadelle.

[2] Si l'on ajoute foi aux renseignemens fournis par un agent consulaire de France au Cap-Haïtien et pris sur les lieux, en 1819, on aurait exporté de ce *seul* port, le principal du royaume de Christophe : 1,200,000 livres de sucre ; 15,500,000 livres de café ; 200,000 livres de cacao ; 2,000,000 livres de coton ; 300,000 livres de tabac ; 250,000 d'acajou

l'étranger tous les approvisionnemens de guerre, les effets d'habillement et d'équipement pour ses troupes, et surtout tous les objets de grand luxe qui ornaient son palais de *Sans-Souci* et ses châteaux, qui servaient à sa personne et à celle des membres de sa famille, — couronnes enrichies de diamans et autres pierres précieuses, carrosses, etc., etc.

Mais le peuple du Nord et de l'Artibonite était-il heureux sous une telle administration? Si Christophe avait l'intelligence du despotisme, il n'avait certainement pas la bienveillance d'un législateur, d'un chef de gouvernement humain. Ses prôneurs, étrangers ou nationaux, ne jugeaient des choses qu'à leur superficie, à l'apparence de la prospérité factice qui en découlait. L'armée, les généraux, nobles de tous étages, le peuple enfin, jugèrent différemment en conspirant, en se révoltant contre le tyran, dès que la Providence eut marqué la fin de son règne, en le frappant d'impuissance physique. Son prestige, son pouvoir s'écroulèrent aussitôt, et il n'eut d'autres ressources, pour se soustraire à leur juste vengeance, que la résolution désespérée de se suicider. Sans le dévouement de sa famille et l'assistance qu'elle reçut de deux cœurs généreux, on ne sait ce que serait devenu son cadavre jeté si précipitamment dans un coin de la citadelle[1],

---

1,500,000 de campêche, etc. Mais le coton se produisait dans l'Artibonite, et le sucre principalement dans le Nord, et il y a lieu de croire que l'exportation générale du royaume était un peu plus considérable.

1 Ayant visité cette forteresse en 1824, on me fit voir l'endroit où ce cadavre fut placé; un morceau du hamac qui avait servi à le porter était détaché du reste, par la dégradation de la terre qui le recouvrait. Avisé que le toit du cavalier était en mauvais état, le président Boyer avait fait poser un plancher au-dessus de la partie où reposaient les restes de Henry Christophe, pour les garantir de la pluie; mais ce plancher se pourrit avec le temps, et les ossemens étaient à découvert en janvier 1846, quand j'allai visiter la citadelle une seconde fois.

Revenu au Cap-Haïtien, j'engageai les secrétaires d'État Hyppolite et J. Paul, mes col-

Nous avons souvent comparé le gouvernement et l'administration de Pétion à ceux de Christophe ; mais il n'y a aucune comparaison, aucun parallèle à établir entre ces deux hommes. Ils étaient d'une nature essentiellement différente, et ils ont influé d'une manière tout à fait opposée sur les destinées de la portion du pays qui fut soumise respectivement à leur autorité. Pétion, guidé par le bon sens du génie politique et par la bienfaisance, a laissé des institutions durables qui l'ont emporté à la fin sur celles que Christophe avait fondées, parce que ce dernier ne se laissait guider que par la vanité et l'orgueil, et le désir de dominer ses semblables, par l'étroit égoïsme que ces vices engendrent. Pétion a fait le bonheur du peuple par la liberté : Christophe l'a rendu misérable à force d'oppression.

« Christophe avait *de grandes vues* pour introduire la « civilisation en Haïti, » ont dit ses aveugles admirateurs qui se sont étayés surtout sur son ordonnance relative à l'instruction publique, et sur la présence dans le Nord de quelques étrangers qu'il fit venir à cet effet. Mais cette ordonnance ne fut qu'un acte de pure complaisance

---

lègues, de nous réunir tous trois pour proposer au président Pierrot d'ordonner l'érection d'une tombe dans la citadelle, afin d'y placer ces ossemens d'un homme qui avait été un tyran cruel, il est vrai, mais qui fut un des chefs remarquables du pays. Cette proposition fut accueillie et la tombe préparée, au milieu de la place d'armes. L'avènement du président Riché empêcha l'opération, qu'il fit ensuite exécuter, en janvier 1847, par mon frère C. Ardouin, secrétaire d'État de l'intérieur : lui et A. Dupuy, secrétaire d'État de la guerre, en firent la proposition à Riché.

A ceux qui *blâmeraient* la mienne, je répondrais : — « Ministre de la *Justice*, je dus croire qu'il était de mon devoir de faire donner la sépulture aux restes d'un grand criminel, ainsi qu'on le fait pour tous autres qui sont frappés par la loi. — Ministre de *l'Instruction publique*, il était encore dans mes attributions de provoquer une mesure qui tendait à inspirer des idées morales, en éloignant jusqu'à l'apparence de la vengeance dans l'état où se trouvaient ces ossemens, pour laisser à l'histoire et à la postérité leur mission de juger la mémoire de Henry Christophe. — Enfin, Ministre des *Cultes*, je ne devais pas oublier que la Religion commande de laisser à Dieu la punition finale des coupables, et que

[1820] CHAPITRE X. 463

envers les philanthropes anglais qui lui conseillèrent de répandre les lumières dans son royaume ; car il n'y établit que des écoles d'enseignement primaire, sous la direction de quelques professeurs *protestans*, de la fin de 1818 à 1820. Christophe, qui interdisait l'examen des actes affreux de son administration, ne pouvait vouloir sincèrement *éclairer son peuple ;* car il eût été en contradiction avec son despotisme : ce mode de gouvernement exige *un mutisme absolu,* et les esprits ne s'éclairent que par la parole et la discussion.

En preuve du prétendu *génie* qu'on lui attribua, on a dit qu'il eût voulu changer l'*idiome* et même *la religion* du peuple haïtien, en lui faisant adopter la langue *anglaise.* Ce ne serait alors, de sa part, qu'une sottise de plus ajoutée à tant d'autres : la religion protestante facilite la liberté des âmes dont Christophe ne voulait pas. En se rendant indépendans de la Grande-Bretagne, les États-Unis n'ont pas eu la pensée, qui eût été ridicule, d'abandonner la langue anglaise pour adopter la langue française. Les colonies espagnoles ont également conservé la langue de leur ancienne métropole, en s'émancipant. Pourquoi donc Haïti eût-elle désiré de rompre avec la langue française, comme elle a rompu avec la France ?[1].

Mais, Christophe fut réellement *conséquent* avec le système despotique qu'il pratiquait, quand il *refusait* d'admettre les Français et leurs navires dans les ports de

---

la charité chrétienne impose l'obligation de l'oubli des injures, des offenses, même des plus grands crimes. »

[1] Il n'est pas possible de croire que Christophe eut cette idée, quand on lit les actes de son gouvernement et les écrits publiés par ses secrétaires ; car on ne peut qu'y trouver la preuve qu'*ils* voulaient écrire en français aussi bien que possible. Le *Code Henry* seul offrit une rédaction contraire au bon sens, parce qu'on voulait y dissimuler l'adoption de la législation française.

son royaume, — non, parce qu'il montra en cela plus de *dignité* et de *patriotisme* que Pétion, ainsi qu'on l'a dit ; mais parce que son gouvernement n'aurait pas pu supporter *l'examen* des hommes de cette nation, qui sont naturellement expansifs et qui auraient trouvé dans la similitude du langage, un moyen de communiquer leurs idées et leurs réflexions à ses sujets : danger qui n'existait pas pour lui avec les Anglais, les Américains et tous autres Etrangers, plus portés *à se taire* sur ce qu'ils voient chez les autres peuples.

Dans la République, gouvernée avec tant de sagesse et de bonté, Pétion n'avait rien à craindre de *l'esprit frondeur* des Français, parce qu'il savait que les citoyens se moqueraient d'eux, s'ils s'avisaient de leur faire la moindre observation. En les admettant, toutefois sous un autre pavillon que celui de la France, il obtint pour son pays le profit de leurs lumières personnelles, l'entrée de leurs livres et des professeurs pour l'enseignement de la jeunesse, des marchandises dont on avait conservé le goût ; et avec leur commerce, une concurrence utile à la vente des produits haïtiens et au développement de la production agricole. Il obtint enfin le retour dans la patrie, de nombreux citoyens que les évènemens révolutionnaires en avaient éloignés depuis longtemps.

Il nous semble que de tels résultats ont mieux valu pour les Haïtiens, que ces ridicules prétentions de *dignité royale* dans lesquelles Christophe s'enveloppait, pour ainsi dire, pour repousser les Français et leur commerce. Il eût voulu que le gouvernement de France le reconnût, *à priori*, comme *Roi d'Haïti*, même dans les dépêches qui lui seraient adressées pour faire des ouvertures de négociations ; mais c'était demander *l'impossible*. Car, en le qualifiant ainsi, c'eût été tout d'abord *une reconnaissance* de l'indépendance et de la souveraineté d'Haïti : ce que la France ne pouvait pas faire, il faut l'avouer [1]. Certainement, il eut raison d'être indigné de la conduite de son gouvernement de 1814, dans la mission de Dauxion Lavaysse et consorts; mais Pétion, qui ne s'abusait point sur les projets odieux que ce gouvernement avait conçus, se conduisit avec plus d'habileté en cette occasion; et en définitive, son système politique a obtenu ce qu'il avait voulu.

Christophe ne voulait traiter avec la France, que sous la *médiation* de la Grande-Bretagne. Pétion avait désiré aussi obtenir cette médiation; mais on a vu que cette puissance la déclina. L'eût-elle accordée à Christophe, quand elle ne l'a jamais reconnu *officiellement*, selon les formes diplomatiques, ni en sa qualité de Président-Généralissime, ni en celle de Roi? Cependant, la conduite tenue à Haïti par les officiers de sa marine, a prouvé que ses sympathies étaient plutôt en faveur du Nord que de l'Ouest; mais il n'y a eu rien d'officiel de la part de son gouvernement : il a laissé ses nationaux exploiter le monopole qui leur était à peu près assuré sous Christophe, et les avantages commerciaux que leur accorda Pétion. Pétion a donc bien agi, dans l'intérêt de son pays, en admettant le commerce français dans les ports de la République; il en a fait son *auxiliaire* le plus puissant pour plaider la cause de l'indépendance d'Haïti. Toutefois, la Grande-Bretagne l'a plaidée aussi; elle l'a servie puissamment par sa sollicitude pour l'abolition de la traite

---

[1] A l'égard d'Haïti, la France était dans une autre situation que les États-Unis, par exemple, dont le gouvernement avait nommé un agent commercial pour résider « au Cap-Français de Saint-Domingue. »

des noirs; et ce n'est pas nous qui refuserons jamais de reconnaître le droit qu'elle a à la gratitude des Haïtiens et de la race noire tout entière.

Enfin, nous résumons nos observations à l'égard de HENRY CHRISTOPHE, en faisant remarquer que nous avons successivement reconnu les qualités dont il était doué, et au premier rang desquelles il faut placer son énergie, son courage, sa volonté ferme, sa persévérance. L'esprit d'organisation hiérarchique dont il fit preuve aussi eût été une qualité appréciable, s'il n'était pas contraire à tous les droits conquis par le peuple haïtien avec son indépendance; car son système aristocratique et monarchique n'était que la reproduction de l'ancien régime colonial, de même que celui établi par Toussaint Louverture. On s'était soulevé contre *les priviléges* des colons, on avait résisté à la France, pour jouir de la *liberté* et de *l'égalité*. Toussaint Louverture avait rétabli les colons dans leurs priviléges, et Christophe leur substitua ses nobles privilégiés en prenant lui-même le titre de Roi qui en comporte de plus grands encore, se substituant ainsi au Roi de France. Les populations soumises à ses ordres perdaient donc le fruit de la révolution. Elles perdaient encore par son système de gouvernement; car, en expulsant les colons et en confisquant leurs biens, la justice voulait que ces biens fussent partagés entre le plus grand nombre des citoyens, et non pas entre des privilégiés, pour constituer des fiefs et des apanages. La distribution des terres faite aux officiers inférieurs, la vente générale des biens du domaine non réservés, ordonnées tardivement par Christophe, furent tout à fait insuffisantes.

S'il subit l'influence des idées traditionnelles du Nord,

que son caractère personnel s'y prêtait merveilleusement. Mais il aurait pu, s'il avait été mieux intentionné, tempérer ce régime par la justice et l'humanité, tandis que sa cruauté instinctive n'a fait de lui qu'un exécrable Tyran [1].

---

[1] Le livre publié en 1824 par Hérard Dumesle, sous le titre de : *Voyage dans le Nord d'Haïti*, etc., offre une infinité de traits de la vie privée et publique de Henry Christophe, en appréciant avec une haute intelligence le déplorable système de gouvernement qu'il adopta. Nous y renvoyons nos lecteurs nationaux, qui verront aussi dans cette estimable production, une appréciation raisonnée et consciencieuse du système politique de Pétion, de ses actes, des beaux traits de toute sa vie, et du reste, bien des opinions sur nos fastes révolutionnaires, avec lesquelles nous sommes heureux de nous trouver en parfait accord.

CHAPITRE XI.

Mesures militaires que prend le Président d'Haïti. — Il se rend à Saint-Marc où l'armée de la République est réunie. — Sa proclamation au peuple et à l'armée de l'Artibonite et du Nord. — Son ordre du jour annonçant la mort de Henry Christophe. — Les généraux du Cap lui expédient des députés : il les renvoie avec des aides de camp porteurs d'une dépêche qui les invite à se réunir à la République. — Marche de l'armée sur le Nord. — Soumission des Gonaïves. — Boyer s'y rend avec une faible escorte et trouve les troupes mutinées : elles lui obéissent. — Il écrit au Sénat et lui rend compte de ses opérations. — Il se rend à Pongaudin pour y attendre l'armée. — Lettre qu'il y reçoit des généraux du Cap qui l'invitent à retourner au Port-au-Prince. — Sa réponse. — Ces généraux se soumettent avant de la recevoir, et proclament la Réunion du Nord à la République. — Boyer en informe le Sénat et poursuit sa marche sur le Cap. — Il y fait son entrée en l'appelant *Cap-Haïtien*. — Il y publie une proclamation et la constitution de la République, en ordonnant *l'oubli du passé*. — Il protége les familles de Christophe et de J.-J. Dessalines, et laisse en fonction l'officier qui a fait mourir son frère par ordre du premier. — Il organise l'administration militaire, judiciaire et civile, dans le Nord et l'Artibonite, et fait transporter au Port-au-Prince les fonds trouvés à la citadelle. — Mort du général Lys. — Boyer délivre les dons nationaux aux officiers de tous grades, et des concessions de terrain aux vieux soldats qu'il congédie. — Il fait donner aux cultivateurs le quart des denrées récoltées sur les habitations de Christophe, ouvre le Port-de-Paix au commerce étranger, fait planter l'arbre de la Liberté dans les communes. — L'amiral français Duperré vient avec deux frégates en vue du Cap-Haïtien, et échange des lettres avec le Président d'Haïti. — Le président fait une tournée dans tout le Nord, en informe le Sénat, quitte le Cap-Haïtien et retourne à la capitale, où il adresse au Sénat des copies de sa correspondance avec les généraux du Nord. — Résumé de la troisième Époque.

Les généraux du Cap, avons-nous dit, durent se résigner aux événemens accomplis contre leur gré.

En effet, après avoir envoyé plusieurs corps de troupes à Saint-Marc, le Président d'Haïti avait attendu l'arrivée à la capitale de celles du Sud et des généraux Borgella, Francisque et Lys, pour s'y rendre lui-même. Dans l'intervalle, les bâtimens de la flotte y apportèrent les approvisionnemens et les objets de guerre dont l'armée aurait besoin, même une imprimerie destinée à la publication des actes du gouvernement.

L'ordre fut envoyé au général B. Noël de se porter aux Verrettes, où il entra le 13 octobre, et à la Petite-Rivière qu'il occupa le 15. Pendant ce temps, Quayer Larivière, élevé au grade de général de brigade, marchait à la tête d'une colonne avec les colonels Lannes et Obas, par Las Caobas et Hinche, pour atteindre la Grande-Rivière et Vallière.

Les divers régimens de l'Ouest et du Sud étant partis pour Saint-Marc, la garde du gouvernement sortit du Port-au-Prince le 15, et le Président d'Haïti, le 16. Dans l'après-midi, il était rendu à Saint-Marc où il data sa première proclamation adressée « au peuple et à l'armée de « l'Artibonite et du Nord[1]. » Elle fut une profession de foi des principes politiques de la République d'Haïti, applicables à tous les Haïtiens, en rappelant que ses institutions avaient été fondées par le concours des Représentans de tous les départemens à l'Assemblée constituante de 1806; mais que Christophe avait violé la constitution qu'ils publièrent, en venant attaquer le Port-au-Prince et occasionner la guerre civile, pour satisfaire à son ambition et dominer par le pouvoir absolu.

Depuis huit jours, ce tyran n'existait plus, et on igno-

---

[1] Cette proclamation du 16 octobre fut imprimée au Port-au-Prince, avant le départ de Boyer pour Saint-Marc : il fit imprimer en même temps de nombreux titres de concessions de terre, pour en délivrer aux officiers de tous grades et aux soldats, dans l'Artibonite et le Nord. La *propriété* marchait de pair avec la *liberté*, sous les drapeaux de la République.

rait sa mort à Saint-Marc : c'est pourquoi le président disait dans sa proclamation :

« La verge de fer qu'il aimait à appesantir sur vos têtes « *va se briser* enfin dans ses mains... La vaillante 8e demi-« brigade et la garnison de Saint-Marc viennent de vous « donner l'exemple ; empressez-vous de le suivre, et tous « les militaires qui se réuniront à la République, en ren-« dant des services essentiels, seront récompensés conve-« nablement. Au jour de la douleur et de l'éloignement, « va succéder celui de la réunion et de la fraternité.

« Habitans de l'Artibonite et du Nord ! Militaires, mes « camarades d'armes ! les Haïtiens n'ont plus de combat « à se livrer entre eux. Rendons-en grâces à l'Éternel. « *Oublions tout ce qui s'est passé* : soyons toujours géné-« reux envers les malheureux. L'armée de la République « que vous voyez à Saint-Marc, dans la commune des « Verrettes, aux Cahos, à Saint-Raphaël, à Vallière, n'est « destinée qu'à vous protéger et à faire respecter vos de-« meures, vos familles et vos propriétés : elle ne touchera « à rien de ce qui vous appartient ; elle achètera tout ce « dont elle aura besoin. Empressez-vous, mes amis, à « relever dans vos communes l'arbre sacré de la Liberté « renversé par vos tyrans ; entourez-le, et livrez-vous à « la joie ; mais sur toute chose, *épargnez le sang de vos* « *frères*, quels que soient les reproches que vous vous « croiriez fondés à leur faire. *La République ne veut point* « *de conquêtes ensanglantées ; elle n'aspire qu'à celle des* « *cœurs*. S'il est de grands coupables, laissez aux lois le « soin de les punir, s'ils ne peuvent se disculper. *Ou-* « *blions le passé*, je vous le répète, pour ne nous occuper « que de l'avenir. Venez avec confiance, mes enfans, « jouir du bénéfice de nos lois... »

La voix d'un gouvernement qui ‚   de tels principes, qui les pratiquait envers ses citoyens, devait nécessairement être écoutée par des populations qui avaient tant souffert d'un régime diamétralement opposé. « Toutes les fois que la Vertu est en lutte avec le Vice, « le triomphe de celui-ci ne saurait être de longue durée. » Cette pensée était aussi exprimée dans la proclamation, et la mort de Christophe venait de la justifier.

Boyer apprit cette importante nouvelle, le 17, par le citoyen Constant Saul envoyé à Saint-Marc par les généraux du Cap, pour l'annoncer et essayer de faire comprendre à sa garnison originaire, qu'en se révoltant contre le tyran, ils avaient eu l'intention de fonder une *République* à l'instar de celle d'Haïti, pour gouverner *séparément* l'ancien Royaume de Christophe [1]. C'était une tentative machiavélique de leur part dont le but était d'exciter dans l'esprit des troupes de l'Artibonite, un revirement d'opinion. Elle échoua, non pas seulement par la présence du Président d'Haïti avec des forces imposantes à Saint-Marc, mais parce qu'en fraternisant avec leurs camarades d'armes, en revoyant ceux qui avaient fait défection à la République en 1812, au siége du Port-au-Prince, les troupes et les populations de l'Artibonite surent qu'elles devaient avoir plus de confiance en son régime, qu'en celui qu'elles trouveraient sous le gouvernement des hommes qui n'avaient été, durant quatorze ans, que les suppôts de la tyrannie. Et n'était-il pas évident, qu'en prétendant établir une *République*, alors seulement,

---

[1] C'est ce qui aura donné lieu à l'erreur commise par Placide Justin. Et pourquoi cette hésitation des généraux, jusqu'à laisser écouler 8 jours après la mort de Christophe, sans annoncer cette nouvelle, sans faire connaître leurs intentions ?

ces généraux y avaient été contraints par les événemens accomplis à Saint-Marc et dans l'Artibonite?

Quoi qu'il en soit, le même jour, 17 octobre, le Président d'Haïti publia un ordre du jour pour annoncer la mort de Christophe. Dans le premier paragraphe de cet acte, il relata les circonstances qui avaient amené cet événement, de manière à ne pas admettre que le soulèvement du Cap et la défection de la garde haïtienne eussent eu un autre but que celui de se réunir à la République d'Haïti, *une et indivisible.*

« Le Président d'Haïti, dit-il, s'empresse de témoigner
« sa satisfaction, au nom de la patrie, à tous les Haïtiens
« qui, dans ces circonstances, ont servi utilement la cause
« *de la liberté et de l'égalité,* et de leur assurer que rien
« ne sera épargné pour adoucir leur sort. Les militaires
« qui sont en retard de faire leur *soumission,* doivent se
« présenter sans crainte. *La République est clémente,*
« *parce qu'elle est forte ; elle n'a que des enfans à réunir*
« *et point d'ennemis à combattre : ceux-là, seuls, qui ose-*
« *raient résister au vœu du peuple, en se conduisant par*
« *des vues particulières, seront livrés au glaive de la loi...*
« Il est *défendu* de faire couler le sang de personne : celui
« qui se le permettra sera considéré comme *assassin.* Le
« Président d'Haïti doit parcourir toute la partie du Nord,
« avec des forces imposantes, non pas *pour conquérir,*
« mais *pour concilier et pacifier.* Le peuple veut être libre,
« il le sera : la constitution, seule, peut lui garantir ce
« précieux avantage, parce que la constitution de la
« République est l'ouvrage de ses Représentans. »

Cet ordre du jour était aussi habilement écrit que pensé. Il reconnaissait les services que les militaires du Nord venaient de rendre à la patrie commune ; ils ne pouvaient donc se plaindre que le président les traitât avec orgueil. Mais en même temps, le président tenait le langage qu'il appartenait au Chef de l'État d'avoir en cette circonstance, en les avertissant tous, que *l'opposition* au vœu réel du peuple serait puni d'après la loi; et comme il se préoccupait des meurtres qui pouvaient se commettre, il *défendit* ces actes de fureur après avoir simplement *conseillé* de ne pas s'y livrer. En s'appuyant enfin sur la constitution de la République une et indivisible, le Président d'Haïti se posait en chef légal du pays, afin de faire sentir aux généraux du Nord qu'il ne reconnaîtrait aucun autre établissement de gouvernement particulier. Il ne pouvait parler plus dignement, qu'en se présentant comme *conciliateur et pacificateur*.

Cependant, les généraux du Cap, informés de la présence de nombreuses troupes de la République à Saint-Marc, et de l'occupation des Verrettes et de la Petite-Rivière par le général B. Noël, dès le 13 et le 15, se décidèrent à envoyer les colonels J.-J. Adonis et Edouard Michaud à Saint-Marc, chargés d'annoncer *officiellement* la mort de Christophe et ce qu'ils se proposaient depuis lors. C'était un ballon d'essai qu'ils lançaient à propos du rétablissement de *l'Etat d'Haïti* qu'ils prétendaient effectuer. Ces officiers n'étaient porteurs d'aucune dépêche; ils arrivèrent à Saint-Marc dans l'après-midi du 18, et communiquèrent à Boyer leur mission verbale. Il les accueillit avec bienveillance, mais il était loin d'admettre une nouvelle division du territoire de la République par un État séparé ; car, dès le matin du 18, un ordre général de l'armée sortait de l'imprimerie de Saint-Marc, réglant sa marche pour se rendre dans le Nord.

Par cet acte militaire, l'armée était partagée en quatre

divisions et une puissante *réserve*, sous les ordres supérieurs du Président d'Haïti.

Le général de division Magny commandait la première, composée de 14 bataillons d'infanterie et de 4 escadrons de cavalerie. Il avait sous ses ordres le général de brigade Bauvoir et le général de brigade Victor Toby jeune, reconnu et confirmé tel par le président.

Le général de division Borgella commandait la deuxième, composée de 12 bataillons d'infanterie et de 2 escadrons de cavalerie. Il avait sous ses ordres les généraux Nicolas Louis et Bergerac Trichet.

Le général de division Bonnet commandait la troisième, composée de 6 bataillons d'infanterie seulement, ayant sous ses ordres l'adjudant-général Lacroix [1].

Le général de brigade Benjamin Noël commandait la quatrième, composée de 8 bataillons d'infanterie.

Le général de brigade Lys commandait la réserve, composée de 6 bataillons d'infanterie de ligne, de 2 bataillons de la garde à pied, de 1 bataillon des bombardiers et de 8 escadrons de la garde à cheval [2].

L'ordre de l'armée disait : « Il est expressément *défendu* de toucher à la moindre des choses sur le territoire qui sera parcouru, attendu qu'il n'est occupé que par *des frères et des amis*. La discipline sera régulièrement observée : les honneurs militaires seront rendus à tous les officiers décorés, suivant leurs grades... »

---

[1] C'est alors que Bonnet reprit définitivement son rang dans l'armée, à la satisfaction générale. On sut bon gré à Boyer, au Port-au-Prince surtout, de cette décision qui prouvait qu'ils étaient sincèrement réconciliés.

[2] En venant à la capitale, Lys était déjà atteint de l'hydrothorax dont il mourut peu après. Le docteur Williamson lui représenta le danger qu'il y avait pour lui de se mettre en campagne; mais il répondit que dans une telle circonstance, il devait donner sa vie à la patrie, d'une manière ou d'une autre. Noble dévouement qui ne peut étonner de la part d'un militaire aussi distingué.

Et il prescrivait le cantonnement actif du reste des troupes dans tous les arrondissemens de l'Ouest et du Sud, sous les ordres de leurs commandans respectifs, pour le maintien de l'ordre, sauf les dispositions contraires qui les feraient appeler à l'armée. Le général de brigade Marc Servant resta commandant des dépendances de Saint-Marc, et le général de brigade Frédéric, de la commune des Verrettes et de ses dépendances, chacun ayant des corps de troupes sous leurs ordres. La capitale de la République et son arrondissement furent confiés au commandement supérieur du général de brigade Lamothe Aigron, sous-chef de l'état-major général de l'armée, dès le départ du président de cette ville.

Si toutes ces dispositions prouvent l'esprit d'ordre intelligent de Boyer, il est à remarquer, à l'honneur du peuple de la République, que d'un bout à l'autre de son territoire, tous les citoyens restèrent paisibles, soumis aux lois et laissant au gouvernement le soin d'accomplir les destinées de la patrie, sous la puissante protection de la Providence.

Ses dispositions étant prises pour pénétrer dans le Nord, le 18 même, le président renvoya les colonels Adonis et Michaud, et le citoyen Constant Saul, accompagnés de ses aides de camp Ulysse, Saladin, Souffrant et Backer, porteurs d'une dépêche, adressée aux généraux du Cap, qui renouvelait les assurances données dans sa proclamation du 16 et son ordre du jour du 17, en les engageant à profiter de l'heureux événement de la mort de Christophe, pour faire cesser toute division dans la famille haïtienne et consolider son indépendance nationale par son étroite union, parce qu'elle devait toujours envisager des éventualités possibles de la part de la France.

Le 19 octobre, pendant que l'armée se mettait en mouvement pour commencer sa marche, un officier vint apporter au Président d'Haïti, une lettre du général de brigade Jérôme, commandant aux Gonaïves, qui faisait sa soumission à la République. Le 20, le président quitta Saint-Marc et se porta aux bords de l'Artibonite, que l'armée allait traverser par le bac Coursaint. Mais là, il apprit que les troupes des Gonaïves montraient un esprit hostile à la soumission de leur général Jérôme : elles y étaient excitées par des officiers que le général Romain y avait envoyés, car Romain espérait pouvoir résister à l'armée républicaine et avait même fait occuper la route de Plaisance par l'Escalier, pour s'opposer à sa marche.

Les troupes mettant beaucoup de temps à passer le fleuve dans le bac Coursaint, Boyer, impatient, le traversa avec une escorte de cavalerie de sa garde, d'environ 50 hommes, et les officiers de son état-major, et commit l'imprudence, non-seulement de s'aventurer ainsi dans une route dont il n'était pas sûr, mais de se porter en toute diligence aux Gonaïves où il trouva deux demi-brigades *mutinées*, rangées en ligne de bataille sur la place d'armes, et étonnées de voir le Chef de la République pénétrer jusque-là avec une si faible escorte. Comme tous ceux qui la formaient, Boyer reconnut son imprudence; mais s'armant de courage et de résolution, il harangua ces soldats mutinés par des paroles chaleureuses, en ordonnant de les passer en revue pour recevoir un mois de solde. Heureusement qu'en ce moment, des bâtimens de la République, sous les ordres de Morette, entraient dans le port des Gonaïves au bruit de leur artillerie. Ces bâtimens avaient à leur bord quelques soldats de la garde à pied qui furent aussitôt débarqués avec des fonds qui servirent à payer la solde ordonnée. Les deux demi-brigades furent contenues dans le respect dû au chef de l'État; mais, lorsqu'il sortit des Gonaïves, la plupart de ces militaires allèrent grossir les rangs des troupes encore soumises aux généraux du Cap [1].

Avant de se rendre sur l'habitation Pongaudin, près des Gonaïves, pour y attendre l'armée, le Président d'Haïti adressa au Sénat un message pour lui rendre compte de ses opérations depuis son départ de la capitale jusqu'alors. Il le termina en annonçant au Sénat, qu'ayant une puissante armée sous ses ordres, pleine d'enthousiasme et augmentée de sept régimens d'infanterie et de cavalerie, ralliés à la République, ainsi que les populations de l'Artibonite, il se disposait à marcher en avant, pour pouvoir proclamer la constitution au Cap, et déjouer les factieux qui essayaient de se faire des partisans, afin d'empêcher la réunion du Nord.

Étant à Pongaudin, où il arriva dans la soirée du 20, n'ayant avec lui que son escorte de cavalerie, son état-major et les quelques soldats de sa garde débarqués de la flotte, Boyer reçut aussitôt, par un dragon, la lettre suivante qu'il faut produire tout entière avec sa réponse :

Liberté, Indépendance.
Au quartier-général du Cap, le 19 octobre 1820, an 17e.
Au citoyen Jean-Pierre Boyer,
Président de la République du Sud-Ouest d'Haïti.

« Citoyen Président,
« Les généraux, organes du peuple et de l'armée du

[1] Mémoires de B. Inginac, pages 41 à 43.

Nord-Ouest d'Haïti, en prenant les armes pour abattre la tyrannie sous laquelle gémissaient depuis quatorze années leurs frères du Nord-Ouest, n'ont eu en vue que de rendre à la liberté et au bonheur leurs concitoyens, de substituer au gouvernement despotique et tyrannique de Christophe, *des institutions justes et libérales*, où chacun dût trouver sa garantie, sa liberté et ses droits. Mus par des motifs si puissans et humains, les généraux organes du peuple et de l'armée n'ont pas hésité à affronter courageusement la mort pour atteindre à ce but glorieux et honorable. Le Dieu des armées, protégeant cette sainte entreprise, l'a couronnée du succès le plus complet.

« C'est au moment même où les mandataires *s'occupaient de ces institutions*, qui consacrent les droits du peuple, que la proclamation du président Boyer, datée de Saint-Marc le 16 du présent mois, est parvenue, où dans les 5° et 6° paragraphes, sous l'appât de récompenses proportionnées à leurs défections, il provoque les militaires à quitter leurs rangs et à méconnaître l'autorité des chefs qui les ont dirigés et conduits dans l'heureuse révolution qui vient de s'opérer et qui a fait rentrer le peuple en possession de sa liberté. Les généraux organes du peuple et de l'armée *voient avec indignation* que cette impulsion, soufflée par le président Boyer, tend à amener des résultats que sa sagesse aurait dû prévoir.

« Par une erreur digne d'être rectifiée, le président Boyer paraît ignorer les événemens qui se sont passés dans cette partie-ci depuis le 8 du présent. Les colonels Jean-Jacques Adonis et Edouard Michaud, expédiés du Cap le 9, ont dû être arrivés à Saint-Marc, lieu de leur destination, avant le 16, époque de la proclamation susrelatée, et ont dû avoir suffisamment instruit de l'état des choses, lorsqu'ils ont quitté cette première ville [1].

« Le président Boyer attribue au 8ᵉ régiment le mérite d'avoir, le premier, donné l'exemple de la prise d'armes pour résister à la tyrannie. Tout en admirant la résolution déterminée de ce brave régiment, les généraux organes du peuple et de l'armée croient devoir faire connaître que c'est *au Cap* qu'a été conçu et exécuté *le grand plan* qui a renversé l'hydre de la tyrannie et du despotisme, et rétabli le peuple dans ses droits, et que cette conjuration *date d'une époque bien antérieure* à cette prise d'armes du 8ᵉ régiment [2].

« Les généraux organes du peuple et de l'armée étaient loin de penser qu'au moment où *leurs envoyés* étaient en route *avec des dépêches* pour le président Boyer [3], pour lui faire part de l'heureux succès de leur entreprise et *de l'ordre* qui règne dans tout le Nord, il eût entrepris de faire des expéditions de troupes sur différens points, pour envahir le territoire du Nord-Ouest, expéditions qui ne peuvent être considérées que comme hostiles, vu que tout est dans l'ordre, ce qui, indubitablement, amènerait à des rixes où le sang haïtien coulerait inutilement par le fait des mouvemens de quelques imprudens, lorsque *les deux partis* doivent être avares de ce sang précieux.

« Pour obvier à ces conséquences funestes, que de semblables expéditions entraîneraient infailliblement, les généraux organes du peuple et de l'armée, pénétrés de

---

[1] Ils n'arrivèrent à Saint-Marc que le 18, un jour après Constant Saul. Il est impossible qu'ils n'y fussent pas arrivés plus tôt, s'ils étaient réellement partis du Cap le 9.

[2] La conspiration du Cap a pu être conçue et machinée auparavant ; mais elle n'a éclaté que le 6 octobre, quatre jours après l'insurrection de Saint-Marc.

[3] Adonis et Michaud ne furent point porteurs de dépêches : cette allégation était contraire à la vérité ; du moins, s'ils en avaient, ils ne les remirent point.

sentimens pacifiques et du désir de vivre en parfaite union et bonne intelligence avec leurs frères du Sud-Ouest, croient devoir inviter le président Boyer *à rappeler immédiatement les troupes sous son commandement,* détachées dans lesdites expéditions, et *à retourner* sur son territoire. Dans le cas contraire, il attirerait sur lui seul toute la responsabilité du sang qui pourrait être répandu, si l'on était dans la nécessité de repousser une force envahissant injustement *le territoire d'un voisin* paisible et tranquille et qui, dès le premier instant, a fait auprès du président Boyer, des démarches si loyales et si dignes d'éloges.

« Les généraux organes du peuple et de l'armée ne doivent pas laisser ignorer au président Boyer, qu'ils tiennent en leur possession copies *de ses lettres* et autres documens, dont Sir Home Popham avait fait remise à la secrétairerie d'Etat, sous le règne du tyran, dans lesquelles pièces le président Boyer manifeste *le désir où il était,* que la République d'Haïti fût *reconnue* par le gouvernement du Nord, ne prétendant pas se mêler en aucune manière du régime de ce dernier, pourvu que dans le cas d'une invasion étrangère, les Haïtiens *se confédérassent* pour la défense commune. D'après des sentimens si authentiquement exprimés et qui sont *en harmonie* avec les principes *qui doivent constituer le gouvernement* que le peuple du Nord-Ouest *est à même de se donner*, les généraux organes du peuple et de l'armée sont fondés à croire que le président Boyer n'entreprendra rien de contraire à *l'établissement de ce gouvernement*[1]. Vouloir comprimer

---

[1] D'après cette phrase, au 19 octobre *la forme* de ce gouvernement n'était donc pas encore fixée : on n'a donc pas pu dire que, dès le 13, une *République* avait été établie ; ce mot ne se trouve pas même écrit dans toute cette lettre. Mais on y reconnaît que les généraux pré-

cette volonté du peuple, c'est non-seulement commettre un acte attentatoire à sa liberté, mais c'est encore s'écarter de la saine raison, c'est fouler au pied les droits les plus sacrés. Les généraux organes du peuple et de l'armée sont d'autant plus imbus de ce principe naturel, qu'ils croient avoir autant de droits à la gratitude de leurs concitoyens que le président Boyer lui-même à celle du peuple du Sud-Ouest, et que, par conséquent, ils se croient fondés *à commander* légalement et constitutionnellement à leurs concitoyens, comme lui-même le président Boyer doit se croire fondé à commander à ceux qui ont confié leurs destinées entre ses mains.

« Tous ces motifs, franchement exposés, les généraux organes du peuple et de l'armée se flattent que le président Boyer prendra la détermination qui, seule, convient à son caractère et à son honneur, et qui, seule, peut lui mériter les éloges, l'estime et l'admiration des philanthropes de tous les pays, qui, avec l'Europe entière, ont les yeux fixés sur nous ; nous voulons dire, *l'évacuation de la partie de notre territoire envahie et sa restitution dans toute son intégrité.*

« Signé : LEBRUN, RICHARD, PROPHÈTE DANIEL, généraux de division le général de brigade JEAN-JOSEPH SAINTE-FLEUR [1]. »

Boyer attendit que toute l'armée fût rendue à proxi-

---

tendaient proposer ensuite une *confédération* avec la République d'Haïti, pour *le seul cas* de la défense du pays contre l'agression d'une puissance étrangère : — idée semblable à celle du conseil départemental du Sud, pendant la scission, pour la défense commune contre Christophe ; idée creuse, dangereuse pour *l'unité politique* d'Haïti.

[1] Prophète Daniel, Sainte-Fleur et Nord Alexis étaient tous trois, colonels des trois corps de chevau-légers : le premier prit le grade de général de division ; le second, celui de général de brigade. Nord Alexis, d'un caractère plus sérieux, attendit que le Président d'Haïti l'élevât à ce dernier grade, bien que sa troupe l'eût reconnu en cette qualité.

mité des limites de Plaisance pour répondre à ces prétendus « organes du peuple et de l'armée du Nord-Ouest. » Voici sa réponse :

Au quartier-général du Poteau, le 22 octobre 1820, an 17ᵉ de l'indépendance.
Jean-Pierre Boyer, Président d'Haïti,
Aux généraux *Richard, Lebrun, Prophète Daniel* et *Sainte-Fleur*, au Cap.

« J'ai reçu et lu attentivement, Messieurs, votre lettre du 19 courant. Je suis fâché que vous ayez mal interprété mes intentions, qui n'ont jamais cessé d'être favorables à la cause de la vraie liberté. Si vous eussiez réfléchi sérieusement sur la mission dont vous avez chargé le citoyen Constant Saul à Saint-Marc, sur l'envoi de vos députés (J.-J. Adonis et E. Michaud) près de moi, vous eussiez attendu leurs nouvelles avant de m'écrire la lettre que j'ai sous les yeux, et dans laquelle se trouvent *des expressions* peu faites pour amener une réconciliation entre des frères qui doivent, de bonne foi, vivre réunis pour le bonheur de leur pays ¹.

« Comme je n'ai jamais eu aucune vue hostile, et que toutes mes démarches se rattachent à ce qui peut consolider l'indépendance nationale, je ne m'arrêterai pas aux mots et je me réfère *à ma lettre* à vous adressée le 18 de ce mois, par mes aides de camp qui ont accompagné vos envoyés au Cap. J'espère que vous avez trouvé dans ma dépêche en réponse à votre ouverture (verbale), dans mon ordre du jour du 17 courant, dans le rapport de vos

---

1 La lettre des quatre généraux signataires fut écrite par Prézeau. Le président eut le tort de lui garder une certaine rancune à ce sujet, comme s'il eût pu refuser de l'écrire dans le moment où l'on venait d'assassiner huit individus.

propres envoyés, toutes les assurances possibles sur mes intentions pacifiques. Je n'ai pour boussole que *la constitution* de la République, qui a été l'ouvrage des Représentans du peuple, tant du Nord que des autres départemens. Je ne suis dominé par aucune ambition particulière ; je n'agis que pour faire mon devoir. Je me plais à croire, qu'après avoir concouru à abattre la tyrannie de Christophe, vous ne voudriez pas *méconnaître* le gouvernement légal de la Nation et compromettre, *par de fausses vues*, la sécurité publique.

« Je n'ai jamais fait un acte qui fût contraire à mes devoirs. En répondant à Sir Home Popham, sur sa proposition, que je formais *des vœux* pour la réconciliation des Haïtiens, je n'ai pu penser porter atteinte à la constitution de l'Etat ; je ne pouvais pas non plus le faire.

« L'armée qui s'avance avec moi ne compte, dans le Nord, que *des frères et des amis;* elle n'est point destinée à combattre : je l'ai déjà dit, et je le répète avec plaisir. Si on veut *s'opposer* à sa marche, *on pourra l'essayer* ; les premiers coups ne partiront pas d'elle ; mais, malheur à celui qui *oserait* donner le signal de la guerre et du deuil ! Il sera responsable à la Nation, à l'univers entier, du sang qu'il fera verser et duquel je serai toujours très-avare. La postérité le jugera d'après les faits qui seront clairement exposés aux philanthropes des deux mondes.

« Signé : BOYER. »

La première remarque à faire sur la lettre des généraux du Cap, c'est qu'elle reprenait la formule des actes de 1807 : *liberté,* — *indépendance,* et non pas *égalité,* comme dans la République [1] ; ce qui nous porte à penser

---

[1] Au commencement de 1807, Christophe adopta cette formule dans ses actes ; à la fin de

qu'ils n'aspiraient qu'à rétablir *l'Etat d'Haïti,* avec un *Président Généralissime des forces de terre et de mer,* une *Altesse Sérénissime,* peut-être sous la réserve d'avoir ensuite une *Majesté Royale* ou *Impériale.* Que pouvait-on attendre d'ailleurs de plusieurs de ces hommes, vains et orgueilleux de leurs titres *de noblesse héréditaire* ou *à brevet ?* Se croire *des êtres privilégiés,* d'une nature supérieure à celle de leurs concitoyens, ayant cependant la même origine qu'eux : c'était le *nec-plus-ultrà* de leurs idées.

Et comment se peut-il que *quatre généraux* seulement, au milieu de plus de cent autres, signèrent cette lettre au Président d'Haïti, en se qualifiant « d'organes du peuple « et de l'armée du Nord-Ouest ? » Etait-ce là le cachet d'une représentation *populaire,* propre à arrêter la marche de son armée ?

Toutefois, nous aimons le ton et le style de la réponse de Boyer, empreinte du sentiment de la fraternité haïtienne, de ménagemens pour l'amour-propre de ses compagnons d'armes, guidés par des vues personnelles ou erronées, et d'un esprit de conciliation qui le plaçait au niveau de Pétion ramenant au giron de la République, des frères égarés dans le Sud. Comme son illustre prédécesseur, il sentit en cette circonstance qu'il ne pouvait avoir d'autre langage que celui *de la persuasion,* pour honorer son propre caractère et honorer aussi le système républicain.

Mais déjà ce langage fraternel, transmis au Cap par les aides de camp du président et par les envoyés des

---

la même année et dans les premiers momens de sa monarchie, il la supprima. Cependant, en 1818 et 1819, il y faisait écrire : *liberté, indépendance ou la mort.* Il eut toujours *l'égalité* en horreur.

généraux, avait produit son effet, en même temps que ces généraux avaient enfin compris *le vœu réel* des populations de l'Artibonite et du Nord. Le 21 octobre, veille de la réponse du président, ils firent publier au Cap l'acte suivant :

   Liberté,   Egalité,   Indépendance.
      République d'Haïti.
   Adresse au Peuple et à l'Armée.
  « Citoyens, Soldats !

« Les magistrats et les généraux soussignés vous annoncent avec la plus vive joie, qu'ils viennent de déclarer solennellement qu'il n'existe plus aujourd'hui à Haïti, *qu'un seul gouvernement et qu'une seule constitution.*

« Citoyens, Soldats ! la paix est faite, plus de guerre parmi nous ! *Tous les Haïtiens sont frères et réunis.* Le président Boyer et son armée vont bientôt entrer en cette ville, pour recevoir et donner le baiser de paix et de fraternité. Préparez-vous à les recevoir avec tout l'enthousiasme qui caractérise de vrais Haïtiens.

« En conséquence, nous répétons mille fois ces cris, gage à jamais du bonheur et du salut de la patrie :

« Vive la République d'Haïti ! Vive l'Indépendance ! Vivent la Liberté et l'Égalité ! Vive le Président Boyer !

« Nous vous engageons à les répéter mille fois avec nous.

« Donné en l'hôtel de ville du Cap, le 21 octobre 1820, an 17° de l'indépendance d'Haïti.

« Signé : P. ROMAIN, RICHARD, CHARLES PIERRE, LEBRUN, PROPHÈTE DANIEL, JOSEPH SAINTE-FLEUR, MONTPOINT, GUERRIER, PREVOST, et de 48 autres généraux ou magistrats. »

Cet acte fut accueilli avec un indicible enthousiasme par l'armée et le peuple du Nord, par la population du Cap, la première, qui l'entendit publier. Il terminait, enfin, une guerre civile de quatorze années entre des frères, enfans d'une même famille; il mettait le sceau à la politique humaine d'Alexandre Petion qui prédit sans cesse cet heureux résultat.

En arrivant à Plaisance, le 23 octobre, le Président d'Haïti reçut cet acte par ses aides de camp. Il s'empressa de l'adresser au Sénat de la République, en lui disant que les généraux du Nord ayant reconnu son autorité, ce département pouvait être considéré comme réuni sous la constitution qu'il allait proclamer au Cap. Toutefois, sa prudence l'avait porté à ne pas envoyer à ce corps, la copie de la dépêche des généraux, du 19, ni celle de sa réponse du 22 : il ne voulait pas que l'on conçût à la capitale, des inquiétudes sur l'issue des événemens, pendant que l'armée était en marche : ce ne fut que le 29 décembre suivant, à son retour du Nord, qu'il adressa copie de ces documens au Sénat.

Au fait, la reconnaissance de l'autorité de la République et du Président d'Haïti, par certains généraux du Nord, Romain et Richard surtout, n'était que *simulée*, par les circonstances qui les dominaient. Ils voyaient l'entraînement général du peuple et des troupes vers la cessation de toute hostilité, de toute division de territoire; ils savaient que le président venait avec une armée de plus de 20 mille hommes, et ils se soumirent, avec *l'ar-*

---

1 « Savez-vous ce qui me frappe ? C'est l'insuffisance de la force à rien fonder. Il y a « deux puissances dans le monde : *le sabre et l'esprit* ; et, à la fin, *l'esprit tue le sabre.* » — Napoléon ".

rière-pensée d'intriguer plus tard pour tâcher de ressaisir la proie qui leur échappait des mains [1].

Les aides de camp du président, informés de cet esprit mal intentionné, en firent leur rapport. Le général Nord Alexis, dont les sentimens étaient si honorables, avait même été obligé de les accompagner jusqu'à Plaisance, avec son corps de chevau-légers, pour les protéger contre une *embuscade* que Romain avait fait poser vers le Camp-Coq, pour les assassiner [2].

Cette information porta le président à faire accélérer la marche de l'armée pour arriver au Cap, et déjouer ces intrigues factieuses. Cette armée était d'une discipline, d'une tenue admirables, par les soins des généraux commandant les diverses divisions. Partout sur son passage, les populations des campagnes accouraient pour la voir [3]. Le digne et vertueux Magny, en tête avec sa division, allait enfin retrouver sa famille après huit années de séparation.

La plupart des généraux et des officiers de tous grades vinrent au-devant du Président d'Haïti, qu'ils rencontrèrent au Morne Rouge et qu'ils complimentèrent, en lui présentant leurs hommages de dévouement à la République. Il les accueillit avec cette gracieuse affabilité qui lui était particulière, en les félicitant de la résolution patriotique qu'ils avaient prise de s'y réunir, pour reconstituer désormais *l'unité haïtienne*, si nécessaire, si indis-

---

[1] On sera convaincu de cette assertion, dans la relation des faits en 1821.

[2] Le vieux colonel Macaya, qui figura en 1793, était le chef de cette embuscade placée sous le nom de *poste*, soi-disant pour faire la police de cette partie de la route. Arrivé là, le général Nord lui tint un langage menaçant, en lui déclarant qu'il n'ignorait pas *de qui* il avait reçu des ordres pour exécuter le projet qu'il venait déjouer avec son corps de cavalerie.

[3] Pendant que l'armée marchait sur le Cap, le général Nicolas Louis allait à la tête d'une colonne s'emparer du Port-de-Paix, où il entra sans coup férir.

pensable au bonheur de tous les citoyens. Et sous l'inspiration de ses propres sentimens de satisfaction de voir cesser la guerre civile qui fit leur malheur, en entrant au Cap par la Barrière-Bouteille, le 26 octobre, Boyer dit : « Cette ville devient aujourd'hui *le Cap-Haïtien.* »

Son entrée se fit entre la division Magny et la division Borgella. Il était précédé et escorté d'un nombreux état-major ; la population de cette ville l'accueillit par de chaleureuses acclamations, aux cris de : Vive la République ! Vive le Président d'Haïti ! tandis que les cloches de l'église étaient en branle et que l'artillerie des forts le saluait [1]. Il assista aussitôt à un *Te Deum* qui fut chanté pour remercier et louer Dieu de l'heureux terme qu'il mettait aux dissensions intestines des Haïtiens, sans effusion de sang. Boyer occupa ensuite le palais situé près de l'église, sur la place d'armes, le même qui servait à Christophe.

Dans la même journée, il fit publier la constitution de la République et une proclamation adressée *aux Haïtiens*. Il y disait :

« Les temps de discorde et de division sont passés...
« Le jour de la réunion et de la concorde, le plus beau de
« ma vie, est enfin arrivé [2]!... Enfans de la même fa-
« mille, vous êtes tous ralliés à l'ombre de l'arbre sacré
« de la Liberté : la Constitution de l'État est reconnue
« dans tout Haïti. Du Nord au Sud, de l'Est à l'Ouest, la
« République ne compte plus que des citoyens dévoués à
« sa prospérité et à son Indépendance.

---

[1] Un peintre haïtien, du Cap, a fait le tableau historique de l'entrée de Boyer en cette ville, qu'on voyait au palais du Port-au-Prince.

[2] En ce moment, Boyer put comparer sa haute position au Cap-Haïtien, à celle où il s'était trouvé dans la même ville, en 1802, lorsqu'il faillit d'être noyé par rapport à ses liaisons d'amitié avec Pétion. En 1820, il en recueillait tous les avantages.

« Je ne vous rappellerai pas l'histoire de vos malheurs :
« le souvenir n'en doit être conservé que pour vous en
« faire éviter de semblables à l'avenir... La Constitution
« de la République, ouvrage des Représentans de tous les
« départemens, a établi de sages garanties contre l'arbi-
« traire. Si, depuis quatorze ans, elle a fait le bonheur de
« ceux qui lui sont restés fidèles, elle fera également le
« bonheur de ceux que le rebelle Christophe avait en-
« traînés dans l'erreur et qui se rallient aujourd'hui au
« gouvernement constitutionnel....

« Je regrette que le sang, dont je serai toujours avare,
« ait coulé le 18 de ce mois : toute ma sollicitude ten-
« dra à l'épargner. Mon ordre du jour, du 17, envoyé
« exprès au Cap, par mes aides de camp, n'a pas dû y ar-
« river assez tôt pour sauver la vie aux fils de Christophe
« et à quelques officiers qui s'étaient fait trop remarquer,
« en exécutant ses ordres barbares ....

« Haïtiens ! *le passé est oublié !...* Rendons grâces à
« l'Être suprême qui nous a permis de nous réunir, pour
« nous donner mutuellement le baiser fraternel. Invo-
« quons sa toute-puissance, afin qu'il nous inspire des
« idées de paix et de sagesse, et que nous puissions laisser
« à nos enfans, une existence assurée, un pays libre et
« indépendant.

« Vive la République ! Vive la Constitution ! Vivent la
« Liberté et l'Égalité ! »

Il y a des pensées patriotiques dans cette proclamation du chef de l'État, du successeur de Pétion qui avait
fondé la République pour garantir les droits et assurer le
bonheur du peuple haïtien tout entier ! Pétion lui avait tracé
un noble exemple dans la pacification du Sud. Dans l'une et
l'autre circonstance, c'étaient des frères, des enfans d'une

même famille que le gouvernement constitutionnel ralliait autour de l'autel élevé à la patrie commune. Les destinées d'Haïti ne pouvaient être fixées qu'à ces conditions ! Si Pétion mérita les louanges de la postérité pour sa conduite envers le Sud, Boyer ne les mérita pas moins pour la sienne envers le Nord.

La famille de Rigaud avait été respectée et protégée par son prédécesseur ; il se fit un devoir d'étendre également toute sa sollicitude sur la famille de Christophe, placée dans une situation encore plus malheureuse, et avec d'autant plus de mérite, qu'il étouffa tout ressentiment contre la mémoire du tyran qui avait fait périr son frère, uniquement à cause des liens qui les attachaient l'un à l'autre. Boyer se rendit auprès de la Veuve de Christophe et de ses filles, pour leur offrir des consolations et leur donner l'assurance de sa protection ; il le fit avec un sentiment de louable délicatesse, en leur adressant les paroles les plus affectueuses. Dans l'excès de sa gratitude pour ce témoignage d'une bienveillance à laquelle elle ne s'attendait point, peut-être, Madame Christophe se jeta aux genoux du président, pour l'en remercier : « Relevez-vous, Madame, lui dit-il en lui prenant « la main : c'est votre frère, c'est votre ami qui se pré- « sente pardevant vous et vos demoiselles, pour vous « consoler toutes trois dans le malheur dont vous êtes « frappées. Le Chef de la République ne saurait éprouver « d'autres sentimens pour vous. » Et il leur demanda la permission de les embrasser avec ce respect dû à leur infortune : son émotion leur prouva la sincérité qu'il mettait dans ses procédés.

La Veuve de Jean-Jacques Dessalines se trouvait aussi au Cap-Haïtien. Boyer lui donna également les témoignages de sa respectueuse sympathie, en allant la voir et lui offrir toute l'assistance dont elle aurait besoin. Elle avait auprès d'elle deux filles naturelles de son mari, et d'autres jeunes personnes qu'elle avait élevées comme si elles eussent été ses enfans [1].

Ces deux familles se rendirent au Port-au-Prince à la fin de l'année, sur l'invitation du président qui voulait les voir près de lui, pour leur continuer sa haute protection et leur donner de nouvelles preuves de l'intérêt affectueux qu'il prenait au sort que les événemens politiques leur avaient fait. Il ne pouvait mieux honorer la République dont il était le chef.

Dans la situation des choses, il était indispensable que le gouvernement se donnât toutes les garanties de sécurité pour le maintien de son autorité dans le Nord, comme dans l'Artibonite. En conséquence, le général Magny fut placé commandant de l'arrondissement du Cap-Haïtien : personne n'en était plus digne que lui [2]. Néanmoins, agissant dans un esprit de conciliation, Boyer laissa le général Richard en qualité de commandant de la place ; mais on verra que cet homme ambitieux démérita de la confiance que le président eut dans ses sentimens et son jugement.

Il plaça également au commandement de l'arrondissement du Fort-Liberté, le général Jacques Simon ; à celui du Trou, le général Pierre Poux ; à celui du Borgne, le

---

[1] Si Boyer ne fit pas donner, par l'État, une pension à la Veuve de J.-J. Dessalines, je sais qu'il lui donnait fréquemment des sommes d'argent de sa cassette particulière. Cette respectable femme était digne de sa sollicitude.

[2] Magny méritait à tous égards ce témoignage de grande distinction : aucun général n'était plus propre que lui, à faire comprendre aux troupes et aux populations du Nord, le régime de la République qu'il avait étudié durant huit années au Port-au-Prince.

général Bottex; à celui de la Marmelade, le général Guerrier; à celui du Môle-Saint-Nicolas, le contre-amiral Bastien : tous cinq officiers du Nord. Mais il confia l'arrondissement de la Grande-Rivière, au général Quayer Larivière ; celui du Port-de-Paix, au général Nicolas Louis; celui de Plaisance, au général Obas [1].

Et dans l'Artibonite, le général Francisque eut le commandement de celui des Gonaïves ; le général Bonnet, celui de Saint-Marc, la place étant commandée par le général Marc Servant ; la commune des Verrettes, par le général Bazin, celle de la Petite-Rivière, par le général Victor Toby [2].

Les communes des deux départemens, non désignées ici, restèrent sous le commandement d'officiers qui avaient servi sous Christophe et les autres généraux passèrent à l'état-major général de l'armée. Le général Bergerac Trichet resta en garnison au Cap-Haïtien, avec les 10e et 24e régimens de l'Ouest qu'il commandait [3].

Les fonctionnaires de l'ordre judiciaire et de l'administration civile furent tous choisis et nommés parmi les citoyens des deux départemens, réunis désormais à la République. Des tribunaux civils furent formés au Cap-Haïtien, aux Gonaïves et au Port-de-Paix.

En proclamant *l'oubli du passé*, le chef du gouvernement était sincère dans le sentiment qui le portait à ne voir que des frères parmi ses concitoyens : aucune persécution n'eut lieu contre aucun d'eux. Boyer honora

---

[1] Obas ut promu à ce grade dans ces circonstances. Il était sénateur.

[2] Bonnet était pour l'Artibonite, ce que Magny fut pour le Nord.

[3] A l'occasion d'une velléité d'émeute, manifestée au Cap-Haïtien par les 1er et 2e régimens d'infanterie de cette ville, le président avait reconnu qu'il fallait y laisser ces deux corps de l'Ouest avec un général capable de seconder le général Magny au besoin, pour le maintien de la tranquillité publique : Bergerac Trichet répondit parfaitement à sa confiance.

encore son caractère et la haute position qu'il occupait dans son pays, en repoussant les insinuations d'un individu qui vint lui désigner celui qui avait exécuté les ordres barbares de Christophe, à l'égard de son jeune frère Souverain Brun. Il lui répondit : « Mon frère n'a « sans doute péri qu'à cause de moi ; mais je ne suis pas « venu ici pour venger sa mort. J'ai fait mon devoir « comme chef de l'État, en ordonnant *l'oubli du passé*, et « je punirai quiconque trangressera cet ordre. » L'officier désigné fut laissé au commandement qu'il exerçait. Cet exemple de généreuse modération fit comprendre à tous, qu'aucune récrimination ne serait tolérée.

Le gouvernement ne pouvait pas laisser à la citadelle *Henry* (qui reprit alors le nom de *Laferrière*, de celui de l'habitation sur laquelle elle fut construite), les sommes importantes qui s'y trouvaient encore après le pillage des généraux ; il fallait les transporter à la trésorerie générale de la République. Le président forma à cet effet une commission chargée de compter ces fonds, en or et en argent, d'en constater le montant par des procès-verbaux journaliers de chaque opération, de les envoyer au Cap-Haïtien d'où ils furent expédiés ensuite au Port-au-Prince, sur le garde-côtes *la Mouche*, à la fin de novembre [1].

Ce navire fut placé sous le commandement spécial de Panayoty, élevé au grade de contre-amiral, pour accompagner en même temps son ami, le général Lys, dont la maladie s'était aggravée à tel point, qu'il demanda au président de l'envoyer mourir au sein de sa famille. Ce brave officier n'eut pas même cette satisfaction ; car il

---

[1] Dans ses Mémoires, B. Inginac évalue ces fonds à la somme d'environ 1,600,000 gourdes, et ce chiffre paraît être assez exact.

trépassa en mer. La République perdit en lui l'un de ses fondateurs les plus éminens, et il fut généralement regretté [1].

Quelques jours après son entrée au Cap-Haïtien, le président avait publié une proclamation pour ordonner la restitution au trésor public, des diamans, des joyaux

---

[1] Lys (Pierre-Charles) naquit au Port-au-Prince le 22 décembre 1775, et mourut le 28 novembre 1820, en vue de Mont-Rouï. Envoyé fort jeune en France, il y reçut une brillante instruction qui, jointe au physique le plus agréable, au caractère le plus franc et aux qualités du cœur le plus aimant, le fit estimer généralement de ses concitoyens. Parmi eux, les militaires appréciaient en lui cette bravoure rare, ce courage calme à la guerre, qui le distinguaient, cette bonté inépuisable qu'il avait pour ses inférieurs : ses égaux ne furent jamais envieux des positions qu'il occupa successivement, tant ses relations étaient affables. Lys montra toujours un désintéressement patriotique. Revenu dans le pays au commencement de 1791, il se lia intimement avec Pétion, et devint, à 16 ans, le lieutenant de cette célèbre compagnie d'artillerie dont son ami fut le capitaine. Devenu chef de bataillon de cette arme, Lys commanda la place du Petit-Trou jusqu'en 1800 où il s'expatria avec Rigaud et ses autres officiers ; il ne revint à Haïti qu'après la déclaration de l'indépendance, pour s'attacher de nouveau à Pétion et contribuer avec lui à la fondation de la République. Promu au grade de général de brigade, le 26 juillet 1809, son brevet constata 12 campagnes, 16 actions d'éclat, une blessure à l'attaque du fort du Mirebalais, en 1808. En cette qualité, il commanda les arrondissemens de Jérémie et du Port-au-Prince ; et s'il se laissa entraîner dans l'opposition du Sénat contre Pétion et dans la déplorable scission du Sud, on a vu quelle a été sa brillante et valeureuse conduite dans le siège du Port-au-Prince. Ses dépouilles mortelles furent enterrées au fort National (devenu fort Alexandre) qu'il avait si bien défendu, à côté des entrailles de Pétion. L'élite de la population de la capitale assista à ses obsèques qui furent dignes de ses services.

Dans sa maladie au Cap-Haïtien, Boyer lui donna les témoignages de la plus vive amitié, de même que Borgella : ses autres compagnons d'armes, les généraux du Nord aussi, le visitaient souvent. Lys s'honora en accueillant sans rancune, J. Chanlatte qui l'avait maltraité dans sa diatribe contre le Sénat. Chanlatte était constamment chez lui ; et, pour se distraire de ses souffrances, Lys lui faisait réciter les plus belles poésies des grands poètes français : ce que Chanlatte entendait à merveille.

A cette époque, on regretta que Boyer n'eût pas élevé Lys au grade de général de division qu'il méritait par ses longs services et pour avoir puissamment contribué à la pacification de la Grande-Anse. On pensait aussi qu'il aurait dû profiter de la Réunion du Nord pour élever au même grade, les anciens généraux de brigade de la République qui avaient été nommés par Pétion, en même temps que lui, en 1809, avec d'autant plus de convenance, qu'il y avait de nombreux généraux de division parmi ceux de Christophe : six autres de plus dans l'armée n'auraient pas dérangé l'économie militaire du pays, et Marion, Nicolas Louis, B. Leblanc, Lamothe-Aigron, Frédéric et Bergerac Trichet méritaient bien cette récompense, par leurs services et le concours qu'ils donnaient à Boyer depuis plus de deux ans.

et de l'argenterie, dits de la couronne, qui avaient été pillés à Sans-Souci et dans les autres châteaux ou palais de Christophe, attendu que tous ces objets appartenaient à l'État ; et la restitution à des officiers généraux et des particuliers, de beaucoup d'animaux qui leur furent dérobés dans les momens de désordre qui suivirent la révolte du Cap et la mort du tyran. Cet acte était basé sur les considérations les plus morales, afin d'inspirer en même temps des idées d'ordre et de subordination et des sentimens d'honneur, aux populations qui avaient secoué le joug affreux de Christophe. Mais il ne produisit aucun effet, quant aux restitutions ordonnées, parce qu'aucun des pillards ne voulut s'avouer coupable par l'exécution de cette mesure : en restituant au trésor, chacun devait en prendre *récépissé* de ce qu'il aurait remis ; c'eût été le moyen de se faire connaître. On considéra cet acte comme intempestif, puisque le gouvernement ne pouvait contraindre les généraux eux-mêmes, à restituer au trésor les sommes qu'ils avaient enlevées à la citadelle ou ailleurs.

Le président fit mieux sans doute, en ordonnant des revues de solde en faveur des troupes de Christophe, en congédiant les vieux soldats auxquels il délivra de nombreuses *concessions de terrain*, à titre de don national, pour rémunérer les services qu'ils avaient rendus à la patrie, en même temps que les généraux et les officiers de tous grades recevaient leurs *dons nationaux*, comme ceux de l'Ouest et du Sud.

Il forma aussi des commissions chargées de répartir entre les cultivateurs des habitations possédées par Christophe, à titre de domaine de la couronne, *le quart* des denrées existantes sur ces biens qu'ils avaient cultivés ; et d'autres commissions pour la vérification des titres de propriétés de nombreux particuliers qui avaient été dépouillés de leurs biens et qui n'avaient pu les réclamer, ou de ceux qui s'étaient réfugiés dans la République, durant la guerre civile, et qui retournaient dans leurs foyers.

Le Port-de-Paix devint un port ouvert au commerce étranger, pour favoriser les habitans de la péninsule du Nord qui étaient dans la plus profonde misère : ceux qui y revinrent de la République purent profiter également de cette mesure qui récompensait le dévouement qu'ils lui avaient montré. En même temps, le président accorda une distinction particulière aux corps de cavalerie connus sous le nom de *chevau-légers*, qui avaient pris une grande part dans la révolution du 8 octobre, en en formant un seul régiment de *carabiniers* de la garde du gouvernement, ayant son cantonnement au Cap-Haïtien. Cette troupe d'élite servit bientôt après au maintien de la tranquillité publique dans le Nord.

Le 24 novembre, un arrêté du chef de l'État ordonna ce qui suit :

« Le 1ᵉʳ du mois de décembre prochain, à 7 heures du
« matin, le *palmiste*, emblême de la Liberté, sera planté
« dans chaque commune du Nord et de l'Ouest d'Haïti,
« qui s'est ralliée à la République, au milieu de la place
« d'armes, par les autorités constituées, civiles et mili-
« taires du lieu ; des salves d'artillerie annonceront ce
« beau jour, la garnison prendra les armes, et il sera
« chanté un *Te Deum* en actions de grâce. »

En fondant sa monarchie et sa noblesse, Henry Christophe n'avait pas seulement supprimé *l'égalité* entre les citoyens ou sujets de son royaume ; mais il avait détruit aussi *la liberté* dont ils auraient dû jouir. Il en avait bien laissé *le mot* dans ses actes ; et, pour leur ôter jusqu'au désir de recouvrer *la chose*, il en avait ou abattu ou laissé périr l'emblême le plus significatif aux yeux des populations qui ne savaient pas lire [1].

Le même jour où l'arrêté du Président d'Haïti fut publié, on vit paraître devant le Cap-Haïtien deux frégates *françaises* : elles venaient avec une sorte d'opportunité pour justifier la mesure que cet acte ordonnait, et qui était destinée à réveiller le sentiment de la liberté dans le cœur du peuple de cette partie de la République.

C'étaient *la Gloire* et *la Cléopâtre*, sortant de la Martinique, et l'amiral Duperré montait sur la première. Ayant appris la mort de Christophe et les événemens qui se passaient, l'amiral venait pour s'en assurer dans l'intérêt de son pays. Il adressa d'abord une lettre au gouverneur du Cap, pour demander la remise de six matelots et un mousse composant l'équipage d'une goëlette, qui était sortie de la Martinique dans la même année et qui fut capturée par un navire du Nord. Il y rappelait que, s'étant trouvé à la Havane, quelque temps auparavant, il avait procuré la liberté à des Haïtiens qui y étaient détetenus pour avoir été sur les côtes de Cuba en contrebande ; et il demandait qu'on agît avec réciprocité par rapport à l'équipage français.

---

[1] A cette époque, Bruno Blanchet était encore sur sa hatte près de Saint-Jean. Il écrivit une lettre à Dugué, notaire du gouvernement au Port-au-Prince, à l'occasion de la mort de Christophe. Il lui disait que cet événement prouvait, comme la mort de Dessalines, que le *despotisme* ne pouvait durer toujours en Haïti ; et il ajouta : « Il faut sans doute rendre à « César ce qui est à César ; mais que César rende aussi au peuple ce qui est au peuple. » Dugué crut y trouver une allusion à Boyer auquel il était déjà opposé, et à la constitution de 1816 qui accordait au Président d'Haïti plus de pouvoir que celle de 1806. Dugué me fit lire cette lettre en me communiquant ses réflexions personnelles à ce sujet. Dans la narration des faits de 1822, je produirai des notes sur la constitution, de la main de Blanchet que le président avait chargé de préparer une révision de cet acte.

Rien n'eût été plus juste et plus agréable au Président d'Haïti, si Christophe n'avait pas eu la cruauté de faire tuer ces hommes et ce mousse. D'après les renseignemens qui lui furent donnés à ce sujet, le secrétaire général Inginac répondit à la lettre de l'amiral Duperré pour lui dire cette pénible vérité, et le remercier d'avoir débarqué les Haïtiens à l'Anse-d'Eynaud, dont le commandant avait fait le rapport au président dans le temps.

Alors, l'amiral français adressa une nouvelle lettre au Président d'Haïti, qu'il fit porter par le capitaine Mallet, de *la Cléopâtre*. Il complimenta le président à propos des événemens qui venaient de réunir le Nord et l'Artibonite à la République, en lui donnant l'assurance des bonnes dispositions de la France envers elle, et que ces nouvelles y seraient bien accueillies. Le président répondit à sa lettre d'une manière analogue, et fit une réception gracieuse au capitaine Mallet. Après cet échange de bons procédés, les deux frégates continuèrent leur route à l'ouest du Cap-Haïtien.

Il faut dire aussi que le capitaine Mallet, reçu d'abord par le secrétaire général Inginac, avait eu une conversation avec lui sur les relations commerciales qu'il eût été convenable d'établir régulièrement entre les deux pays, afin de soustraire les navires français à la nécessité d'emprunter le pavillon d'autres peuples ; et en outre, il fut question entre eux de l'indemnité offerte par Pétion et repoussée jusqu'alors par le gouvernement français. Du rapport fait par cet officier et de la correspondance échangée entre l'amiral Duperré et le président, sortit la mission *secrète* de M. Du Petit-Thouars dont il sera parlé dans la narration des faits en 1821 [1].

---

1 Voyez les Mémoires de B. Inginac, pages 48 et 49.

Après une tournée de Boyer au Fort-Liberté, à la Grande-Rivière, et dans les autres localités voisines du Cap-Haïtien, il adressa un message au Sénat et lui dit que partout il avait parlé aux populations pour leur expliquer le régime de la République, et qu'il avait trouvé un excellent esprit en ses nouveaux citoyens, qui en assurait la parfaite soumission. Ensuite, il quitta le chef-lieu du Nord pour visiter les autres communes à l'ouest jusqu'au Môle, d'où il revint au Port-de-Paix pour prendre la route du Gros-Morne et se rendre aux Gonaïves : dans tous ces lieux, il entretint les populations avec bienveillance pour leur faire oublier leurs longues souffrances. Enfin, le 17 décembre, le Président d'Haïti rentra à la capitale, deux mois après en être sorti pour remplir la plus belle mission qui puisse échoir au chef d'un gouvernement libéral : — la réunion, sous sa constitution, de populations naguère ennemies, sans effusion de sang, uniquement par la conquête des cœurs et des esprits.

Au moment du départ de Boyer du Cap-Haïtien, le brave Eveillard, colonel de sa garde à pied, se mourait d'une maladie aiguë. Arrivé à Saint-Marc, le président le remplaça par le chef de bataillon Bédart, des grenadiers ; et il promut au même grade de colonel, le chef de bataillon Cazeau, des chasseurs, pour commander la commune du Port-Salut où il se trouvait alors en traitement. Cazeau étant plus ancien chef de bataillon que Bédart, on supposa que le président l'avait ainsi éliminé de la garde, parce qu'il ne voulait pas que cette garde fût commandée *par un noir*.

A peine les dissensions intestines venaient d'être terminées entre les Haïtiens, que des turbulens insinuaient la malveillance dans les esprits. Le fait est, que le président n'agréait pas Cazeau qui lançait comme d'autres, sous Pétion, des traits contre *le général Boyer*, commandant supérieur de la garde. Boyer n'agréait pas davantage le colonel Eveillard, par des motifs analogues, et cependant ce dernier était *un mulâtre* [1].

Revenu à la capitale, le président adressa au Sénat le message suivant, en date du 29 décembre.

« Citoyens Sénateurs,

« Je vous adresse sous ce pli copie de la lettre que je reçus, le 20 octobre dernier, étant campé à Pongaudin, près des Gonaïves, de quelques généraux du Nord qui s'intitulaient « les organes du peuple et de l'armée, » et de la réponse que je leur fis le 22, étant alors au Poteau, à même de prendre la route du Cap.

« Dirigé par la prospérité de mon pays, j'ai cru prudent, en prenant les précautions nécessaires pour accélérer la marche vers le Nord, de laisser ignorer à l'armée le contenu de cette dépêche virulente, afin de ne point l'exaspérer contre ceux qui en étaient les auteurs et dont j'ai paralysé complètement les vues particulières. Maintenant que la tranquillité est parfaite [2], je pense qu'il est important que le Sénat ait une entière connaissance de ce qui s'est passé, et que les copies des pièces aussi conséquentes restent déposées dans ses archives.

« J'ai la faveur de vous saluer, citoyens sénateurs, avec la considération la plus distinguée. « Signé : BOYER. »

[1] A ce sujet, l'histoire doit faire remarquer, que Boyer ne voulut jamais, comme Pétion, donner un commandant *supérieur* aux divers corps de troupes formant sa garde : leurs colonels recevaient directement ses ordres. Durant les 25 années de sa présidence, l'arrondissement du Port-au-Prince même n'eut toujours que des commandans à titre *provisoire*, qui recevaient aussi, directement, ses ordres pour les moindres affaires.

[2] Le même jour, 29 décembre, où Boyer écrivait cette phrase, le général Magny lui adressait une lettre par laquelle il lui dénonçait Richard, comme tramant une vaste conspiration contre la République ; mais il ne pouvait encore savoir cette particularité.

C'était le quatrième message qu'il adressait au Sénat, dans la circonstance la plus glorieuse qui se fût encore présentée depuis son avènement à la présidence, pour le tenir informé de toutes les opérations militaires et politiques qu'il avait faites ; car la constitution donnait à ce corps une large part dans l'administration des affaires publiques en général.

On aime à voir le chef de l'État comprendre ainsi son devoir, afin d'entretenir l'harmonie entre les grands pouvoirs qui le régissent, et de se donner par là une nouvelle force d'action sur l'opinion nationale. Cependant, dans la même année, le président s'en était abstenu, à propos des singulières propositions faites par Sir Home Popham, probablement parce qu'aux yeux de la République, Christophe n'étant qu'un *révolté*, il n'y avait pas lieu de les prendre au sérieux. Mais, par la suite, on verra que dans toutes les occasions importantes, Boyer sut toujours agir envers le Sénat avec la déférence qu'il lui devait.

Si l'abstention de Pétion occasionna quelques reproches de la part de ce corps, en 1808, c'est qu'il y avait trouvé une sorte d'esprit de chicane, une opposition intempestive, à raison des circonstances de la guerre civile qui était alors en pleine activité, et des factions qui agitaient l'État ; c'est que ces reproches mêmes étaient le résultat de la mésintelligence existante entre les meneurs du Sénat et le président, et dont nous avons signalé les causes : mésintelligence qui aboutit à la réintégration inconsidérée du général Gérin dans ce corps et à son ajournement. Mais dans la suite, Pétion sut garder envers le Sénat la déférence qui lui était due, non qu'il y trouvât moins d'indépendance, mais parce que le patriotisme de ses membres leur inspirait plus de calme.

Par rapport au Sénat, il y a eu encore entre Pétion et Boyer une différence de situation. Pétion avait des antécédens et une position dans l'opinion publique que ne possédait pas Boyer ; son influence absorbait sans effort toutes autres qui essayaient de se poser en rivales : il pouvait donc moins ménager les opposans dans le Sénat, lesquels lui étaient subordonnés, et dans l'ordre militaire et dans le parti politique qui érigea la République. Peut-être s'abstint-il de cette correspondance active que réclamait le Sénat, pour ne pas y mettre l'aigreur dont elle aurait pu se ressentir, et qui n'eût été propre qu'à froisser davantage ses adversaires.

Néanmoins, on doit regretter que ces procédés aient eu lieu entre les fondateurs de nos institutions républicaines, et que Pétion, comme étant le premier, le plus illustre parmi eux, n'ait pu lui-même tracer un exemple utile à cet égard, à cause des circonstances où il se trouvait au début de sa présidence.

Au moment où son successeur recueillait le fruit le plus important de sa sagesse politique, des faits se passaient dans la partie de l'Est d'Haïti, qui purent faire présager que bientôt, là aussi, Boyer irait moissonner pacifiquement d'autres lauriers que cette sagesse y faisait croître depuis longtemps. Mais ce serait empiéter sur une autre Époque, que d'en parler ici.

RÉSUMÉ DE LA TROISIÈME ÉPOQUE.

La défection d'une partie de la flotte de Christophe, à Miragoane, et celle de quelques régimens de son armée au siége du Port-au-Prince, en 1812, étaient des événemens trop graves pour qu'il ne reconnût pas la nécessité d'observer une trève entre son Royaume et la République : il devait craindre que ces défections ne fussent d'un funeste exemple, s'il renouvelait les opérations d'une guerre active.

Quant à Pétion, au contraire, cette trève entrait dans ses vues politiques ; car il est évident qu'il lui avait toujours répugné de porter la guerre sur le territoire ennemi, et qu'il ne l'avait fait antérieurement que pour seconder l'action des populations soulevées contre Christophe.

Dans ce nouvel état de choses, l'intérêt respectif des deux États exigeait que chacun de ces deux chefs s'occupât de leur administration intérieure, selon les principes de leur gouvernement, et encore en ne perdant jamais de vue, qu'une paix générale en Europe pourrait menacer l'indépendance nationale et l'existence même du peuple d'Haïti ; car la France ne renoncerait pas facilement à ses droits sur son ancienne colonie, puisqu'à cette époque elle en avait même sur la partie orientale de l'île qui lui fut cédée par un traité, bien que les naturels de cette possession eussent spontanément déchiré ce traité pour se replacer sous la domination de l'Espagne. La raison, une sage politique, commandaient donc à Christophe, comme à Pétion, de conserver, de ménager les populations soumises à leurs ordres, pour mieux résister à toute entreprise contre l'indépendance de la nation.

Mais Christophe, honteux de l'échec moral, surtout, que ses institutions monarchiques venaient de subir en présence du système républicain de Pétion, s'était retiré devant lui avec des sentimens de vengeance pour compenser en quelque sorte tous les crimes qu'il avait médités, au cas où il fût resté vainqueur de la République. Il les mit à exécution aussitôt, en faisant immoler des hommes, des vieillards, des femmes, jusqu'à de pauvres enfans de la classe des mulâtres de son Royaume, bien certainement innocens des faits de défection qu'il n'attribuait qu'à deux hommes de cette classe. En agissant avec cette férocité du Tigre, il sapa lui-même les bases de son trône, par la pitié qu'il excita dans le cœur d'une foule de noirs qui s'honorèrent en se plaisant à sauver autant d'individus qu'ils purent, ou qui opérèrent de nouvelles défections en faveur de la République, en passant sous ses bannières avec ceux qui étaient dévoués à la mort. La chute du tyran n'était plus qu'une affaire de temps, parce que son régime insensé devait l'entraîner à des crimes perpétuels, et qu'il n'avait plus l'assentiment des populations.

En accueillant comme des frères, les Haïtiens que ces injustices contraignirent à abandonner leurs foyers, Pétion leur procura les mêmes avantages dont jouissaient les citoyens de la République; et par là, il minait insensiblement le trône de son ennemi.

Mais, en ce temps-là, il ajoutait à ses principes de bienfaisance un acte d'humanité envers les populations des îles de l'archipel des Antilles, envers celles surtout qui sont semblables au peuple haïtien, et principalement de de la Jamaïque, en autorisant les navires étrangers et nationaux à exporter de la République, des provisions alimentaires dont elles avaient alors un extrême besoin, par suite de la guerre entre la Grande-Bretagne et les Etats-Unis, ce dernier pays ne pouvant pas y apporter ses produits de même nature.

Dans ces circonstances, un agent secret du gouvernement impérial de France s'introduisit dans la République, pour s'enquérir de l'état des choses et des dispositions des Haïtiens envers son pays. Sa mission devenait une sorte d'avertissement pour persévérer dans la trêve observée depuis quelques mois, puisque ce gouverment avait toujours les yeux fixés sur l'ancien Saint-Domingue. Mais Pétion à qui il l'avoua, parce qu'il était assuré qu'il n'avait rien à craindre, lui fit comprendre que la résolution des Haïtiens, de rester indépendans, était irrévocable, et il repartit sain et sauf.

Toutefois, cette mission porta Pétion à donner suite à l'idée qu'il avait conçue, d'étendre les relations de la République avec l'étranger, pour mieux constater l'existence politique du pays aux yeux de la France elle-même. Dans ce dessein, il essaya de faire flotter le pavillon national dans les ports des Etats-Unis, où l'esclavage et les préjugés de couleur étant pratiqués, il semblerait devoir n'être pas admis. Mais le plein succès de cette heureuse tentative le décida à envoyer aussi des navires haïtiens à Londres, qui y furent accueillis avec autant de faveur.

La conséquence de ces procédés était en quelque sorte des mesures à prendre par le gouvernement de la République, afin de maintenir sa neutralité et de prouver la moralité de ses intentions. Il interdit l'accès de ses ports aux corsaires qui naviguaient dans la mer des Antilles et qui, le plus souvent, commettaient des déprédations et des actes de piraterie.

L'insurrection de la Grande-Anse s'était amoindrie, depuis que Christophe n'avait plus de flotte pour la secourir. Pétion profita de la vacance du siége de cet arrondissement pour y envoyer un général, à qui il donna des instructions si judicieuses, qu'en très peu de temps cette insurrection fut réduite à une complète impuissance, les rebelles ayant été forcés à se réfugier dans les plus hautes montagnes de ce vaste quartier.

Aussi attentif aux événemens qui se passaient en Europe, depuis le grand échec éprouvé en Russie par l'armée française; informé de la chute de l'Empereur Napoléon, de la restauration des Bourbons sur le trône de France, et des stipulations des traités qui réservaient à cette puissance la faculté de continuer la traite des noirs pendant cinq années, Pétion conçut facilement que cette réserve prouvait un esprit hostile à Haïti. Afin de prévenir, s'il était possible, l'éventualité d'une agression, il se résolut à expédier à Londres un envoyé chargé de réclamer la médiation de la Grande-Bretagne, pour offrir de traiter avec la France de la reconnaissance de l'indépendance et de la souveraineté d'Haïti, sur des bases équitables.

En même temps, Christophe étant informé des mêmes faits, fit écrire à une sorte d'agent qu'il avait à Londres, pour le charger de déclarer en son nom, de publier sur les journaux et même de préparer une négociation dans laquelle il était disposé à écouter, de la part de la France, des propositions justes et raisonnables, si elles lui étaient faites, moyennant la reconnaissance de l'indépendance et de la souveraineté d'Haïti.

Cependant, Pétion, comptant plus sur ses concitoyens pour défendre leurs droits, saisit cette grave circonstance pour achever son système de rémunération nationale, par la distribution des biens des anciens colons à tous les officiers de l'armée et aux fonctionnaires civils, et la vente générale du reste du domaine public aux particuliers ; car il se persuada que la défense du sol ajouterait à celle de la liberté de chacun, si le pays venait à être attaqué. Et de nouvelles informations lui étant parvenues d'Europe, il donna l'ordre aux généraux de l'armée de se préparer à cette défense pour la rendre vigoureuse et triomphante.

En effet, le gouvernement royal de France se préoccupait du soin de rétablir son autorité dans son ancienne colonie. Dans ce but, il fit envoyer trois agents dont la mission devait être secrète, avec les instructions les plus perfides, puisqu'elles tendaient à exciter de funestes divisions entre les chefs d'Haïti et leurs concitoyens, pour mieux assurer le succès de l'expédition armée qu'il faisait préparer dans les ports de France. Mais cette mission déloyale fut éventée et dénoncée à Pétion et à Christophe, et les agents se virent contraints, pour pouvoir s'introduire à Haïti, de s'annoncer sous l'apparence d'une négociation régulière.

Pétion reçut avec égards le chef de cette mission qui avait ordre de conférer spécialement avec lui pendant que l'agent chargé de voir Christophe se rendait auprès de ce dernier. Une correspondance eut lieu entre eux, dans laquelle l'agent français lui proposa de proclamer la souveraineté du Roi de France dans le pays, pour le replacer à l'état de colonie. Mais, en repoussant cette proposition, comme inacceptable, Pétion lui offrit de rétablir les relations commerciales entre Haïti et la France, et de payer à celle-ci une indemnité en faveur des anciens colons, pour leurs propriétés foncières confisquées : ce qui était en corrélation avec les instructions qu'il donna à son envoyé à Londres. La négociation ne put donc aboutir à aucun résultat.

Le chef de la mission française allait partir, lorsque Christophe dévoila la perfidie de son but, par les instructions qu'il saisit sur la personne de l'agent envoyé auprès de lui et qu'il fit imprimer, en envoyant des copies à Pétion. Mais ayant considéré cet agent comme un espion, il lui fit subir des interrogatoires dans lesquels il introduisit des imputations contre Pétion, tendantes à le perdre aux yeux des Haïtiens, comme s'il conspirait avec le gouvernement français pour les replacer sous le joug de l'esclavage. Christophe envoya également des copies imprimées de ces actes, non moins perfides que ceux émanés du gouvernement français.

Les uns et les autres ne purent ébranler la confiance que le peuple de la République avait en son premier magistrat. Mais celui-ci congédia immédiatement l'agent français qui était auprès de lui, tandis que Christophe fit condamner l'autre à mort et le fit exécuter.

Pendant que les deux chefs d'Haïti renouvelaient le serment prêté le 1er janvier 1804, de défendre l'indépendance et la souveraineté nationale contre la France et toutes autres puissances du monde, les écrits et les actes qu'ils firent publier à l'occasion de la mission française parvenaient en Europe, et y excitaient une vive indignation dans tous les esprits libéraux, contre les manœuvres perfides du gouvernement de la Restauration à l'endroit d'Haïti. Les philanthropes anglais plaidèrent la cause intéressante des noirs; les journaux de leur pays se joignirent à eux pour reprocher amèrement au gouvernement britannique, d'avoir condescendu aux vues de celui de France pour la continuation de la traite pendant cinq années, dans la coupable intention de repeupler Haïti d'esclaves après l'extermination de sa population, puisque le chef de la mission française en avait fait l'aveu. En France même, des cœurs généreux appuyèrent les philanthropes et les journaux anglais.

Alors, le gouvernement britannique saisit cette explosion de sentimens humains, pour porter les autres puissances européennes à déclarer avec lui, que la traite des noirs devait généralement cesser dans tous les États de la chrétienté.

Cependant, le Roi de France, quoique Très-Chrétien, ne tenait aucun compte de ces idées généreuses, de ces sentimens d'humanité et de la déclaration de ses puissans alliés ; et après avoir désavoué la gaucherie du chef de ses agents, il faisait activer dans ses ports une formidable expédition militaire contre Haïti, quand la Providence renvoya en France le grand capitaine qui lui en avait tracé l'exemple funeste dans des temps antérieurs. Succédant aux Bourbons sur le trône français, et agissant sous l'inspiration de nouvelles idées et de nouveaux sentimens, Napoléon s'empressa de décréter l'abolition de la traite des noirs, en même temps qu'il donnait une autre direction aux troupes destinées à l'expédition, pour se maintenir sur le trône.

Dès lors, la cause d'Haïti fut gagnée au tribunal de l'opinion publique en Europe ; et la nouvelle Restauration des Bourbons en France vint adhérer aux résolutions qui avaient prévalu dans les conseils de leurs alliés.

En Haïti, Christophe profita du moment où l'expiration des fonctions présidentielles de Pétion allait arriver, pour essayer de le dépopulariser et d'empêcher le renouvellement de sa magistrature. A cette fin, il singea la mission royale de la Restauration par l'envoi de quelques députés dans la République, chargés d'offrir un pardon à son président, de lui proposer de se soumettre à son autorité, pour réconcilier les Haïtiens des deux territoires, tout en expédiant des imprimés rédigés contre Pétion. Mais ses députés ne recueillirent que la manifestation du mépris populaire pour leur roi, et ils se retirèrent couverts eux-mêmes de ridicules.

Une nouvelle élection de Pétion à la présidence de la République suivit cette manifestation, en consolidant le pouvoir entre ses mains.

Presque en même temps, le troisième agent français de la mission de l'année précédente, qui n'était pas venu à Haïti alors, arrivait dans le port de la capitale de la République sur un navire de son pays portant un pavillon étranger; il sollicita la permission de vendre les marchandises qu'il avait à son bord pour en opérer le retour avec des denrées d'Haïti. Accueilli avec bienveillance par Pétion, il ouvrit ainsi les relations commerciales entre la France et son ancienne colonie; et l'opération avantageuse qu'il fit détermina d'autres commerçans à imiter son exemple, dans la même année. De son côté, le gouvernement français eut le bon esprit de ne pas s'opposer à ces relations qui, par leurs résultats fructueux, étaient destinées à réconcilier la France avec Haïti. En attendant ce moment désirable, Pétion fit servir les navires du commerce français au retour dans leur pays, de tous les Haïtiens qui se trouvaient encore en Europe par les événemens révolutionnaires, en payant généreusement leur passage.

A la fin de la même année, le Sénat de la République fut renouvelé par l'expiration des fonctions de ses anciens membres, alors que Pétion faisait préparer la révision de la constitution par une commission, pour la mettre en rapport avec les idées de l'époque : ce que le nouveau Sénat ne tarda pas à proposer au peuple réuni en assemblée de révision.

En ce moment, le célèbre Simon Bolivar et ses compatriotes de la Côte-Ferme se réfugièrent dans la République, ayant été expulsés de leur pays par les troupes espagnoles. Pétion les accueillit avec distinction et déféra aux sollicitations de Bolivar, en lui fournissant des armes, des munitions, etc., pour aller reconquérir son pays ; mais sous la condition, généreusement acceptée, de déclarer la liberté générale de tous les esclaves de cette contrée, comme le plus sûr moyen de faire triompher la cause de l'indépendance dans l'Amérique méridionale, et le plus propre à honorer cette intéressante cause. Bolivar et ses compatriotes quittèrent Haïti, après en avoir reçu la plus cordiale hospitalité, et il fut fidèle à la parole donnée à Pétion.

Pendant que l'assemblée de révision travaillait à l'œuvre constitutionnelle, Pétion faisait adopter les lois civiles de la France par les tribunaux de la République, comme préférables aux anciennes ordonnances des rois de ce pays qu'ils suivaient en vertu de leur loi organique.

La nouvelle constitution parut enfin. Elle institua une Chambre des représentans des communes pour partager l'exercice du pouvoir législatif avec le Sénat, et le Président d'Haïti qui eut seul l'initiative de la proposition de presque toutes les lois. Le président dut être désormais nommé à vie, avec les attributions inhérentes au pouvoir exécutif, afin d'asseoir la tranquillité publique sur des bases durables. En conséquence de ces dispositions nouvelles, Pétion fut élu à vie par le Sénat.

En même temps, une nouvelle mission du gouvernement français arriva dans la République, cette fois avec un caractère public et digne d'une nation puissante et civilisée. Mais, après une longue correspondance entre les commissaires et Pétion, et une infructueuse tentative de même nature de leur part envers Christophe, cette mission échoua dans le but qu'elle poursuivait, et qui tendait, comme en premier lieu, à faire proclamer la souveraineté du Roi de France à Haïti. Cependant, Pétion renouvela ses premières propositions, tandis que Christophe déclarait par un acte, qu'il ne traiterait avec la France que sous la médiation et la garantie de la Grande-Bretagne.

A cette époque, S. Bolivar reparut dans la République, après quelques revers dans sa patrie, et il reçut encore de Pétion d'autres secours pour l'aider, cette fois, à la reconquérir définitivement. Il se rencontra sur le sol hospitalier d'Haïti avec le général Mina qui y passa, en allant aider le Mexique dans son indépendance prononcée à l'égard de l'Espagne; et l'on voyait encore dans la République, des Français qui vinrent s'y réfugier en fuyant les réactions politiques de leur pays.

Dans la même année, Pétion fonda le lycée national de la capitale, destiné à l'enseignement des jeunes garçons, et un pensionnat, à celui des jeunes filles. En subvenant aux besoins intellectuels du pays dont il venait de défendre la cause diplomatiquement, c'est qu'il savait que l'instruction est la plus solide garantie de la liberté et de l'indépendance, parce qu'elle entretient et fortifie le patriotisme qui porte à défendre ces droits, et qu'elle assure le développement de la prospérité et de la civilisation d'une nation.

L'élection des représentans des communes vint bientôt après former la chambre législative, dont les travaux donnèrent à la République des lois appropriées plus ou moins à sa situation, selon les lumières du moment.

Presque en même temps, il s'opérait dans la rade du Cap une capture importante de malheureux Africains arrachés de leur terre natale pour être faits esclaves dans l'île de Cuba. Rendus à leur liberté naturelle, ils furent les précurseurs d'autres infortunés en plus grand nombre qui, une année après, furent capturés aussi sur les côtes de la République et libérés dans son sein.

Au moment où la situation du pays n'offrait que des chances heureuses pour l'avenir, que le présent prouvait la consolidation de l'ordre public par une prospérité croissante, la mort naturelle de Pétion vint porter la désolation dans tous les cœurs, en faisant éclater les sentimens les plus sincères du regret universel éprouvé par la perte de ce grand citoyen.

Le général Boyer fut appelé à le remplacer dans la présidence à vie de la République, et se montra digne du choix du Sénat, par les mesures qu'il prit dans ces douloureuses circonstances. Accepté loyalement par les généraux, ses compagnons d'armes, il le fut aussi, à leur exemple, par l'armée et les citoyens : ce qui prouva la solidité des institutions républicaines fondées par Pétion. Boyer, suivant sa politique, s'empressa de donner des gages aux puissances les plus voisines d'Haïti par leurs possessions dans les Antilles, en envoyant une mission à la Jamaïque et une autre à Santo-Domingo, qui, toutes deux, furent accueillies avec égards et considération.

Cependant, dans la pensée que l'élection de Boyer pouvait occasionner des divisions dans la République, Christophe se porta à Saint-Marc avec son armée : de là, il envoya des députés auprès du Président d'Haïti, pour le sommer de se soumettre à son autorité royale. Au fait, cette absurde mission n'était que dans le but de s'assurer de l'état des choses. Mais ses députés ne virent que le plus chaleureux enthousiasme en faveur du chef de la République, et retournèrent auprès de leur Roi, qualifié de rebelle à sa constitution et à ses lois. Des désertions individuelles parmi les troupes de ce dernier l'avertirent qu'il courait le danger de perdre sa couronne, s'il tentait le moindre mouvement contre l'État, et il se retira dans le Nord.

Rassuré sur la situation inattaquable de la République, Boyer alla visiter successivement ses deux départemens, pour connaître les besoins de chaque localité. Accueilli sur tous les points avec un empressement marqué, il résolut de donner suite au projet qu'avait conçu son prédécesseur, pour éteindre complètement l'insurrection de la Grande-Anse. Une campagne exécutée par les troupes du Sud, guidées par d'habiles généraux, parvint effectivement, en peu de temps, à réduire les révoltés au néant; et une nouvelle tournée du Président d'Haïti dans ce département le porta à annoncer cette pacification si longtemps désirée, en avertissant l'armée tout entière qu'elle aurait d'autres travaux guerriers à accomplir.

En attendant, le président proposa dans la session législative diverses lois dont la plus remarquable, sur les attributions des grands fonctionnaires publics, concentra dans les mains du chef du pouvoir exécutif des attributions plus étendues qu'auparavant.

L'appel fait au dévouement de l'armée, à l'occasion de l'extinction de l'insurrection de la Grande-Anse, et les succès administratifs du chef de la République, inspirèrent de telles craintes à Christophe, qu'il sollicita l'intervention de l'amiral anglais de la Jamaïque, pour s'entremettre de la paix entre lui et Boyer ; il redoutait évidemment l'activité que montrait ce dernier et l'amour de la gloire dont il paraissait animé. Mais en déférant à sa sollicitation, Sir Home Popham ne recueillit qu'un refus formel à l'égard de toute convention quelconque avec un rebelle. Peu après cette démarche, Christophe fut frappé d'apoplexie et resta paralysé dans la moitié de son corps.

Alors, les généraux de son Royaume conçurent un plan de conspiration contre sa vie languissante et son autorité ; et un incident provoqué par sa tyrannie aveugle amena le soulèvement de la garnison de Saint-Marc, qui se soumit spontanément à la République, en entraînant dans ce mouvement tout le département de l'Artibonite.

Boyer profita habilement de cette soumission volontaire. Il secourut ces troupes en se portant lui-même à Saint-Marc avec toute l'armée de la République, et en envoyant d'autres corps pour pénétrer dans l'est du département du Nord. Christophe ayant été contraint de se suicider, pour ne pas tomber victime de ses troupes du Cap que ses généraux y soulevèrent à leur tour, le Président de la République réussit à se rendre dans cette ville où il proclama la constitution, en opérant la réunion de tous les Haïtiens sous son égide, malgré les velléités des généraux du Nord pour ériger un nouvel Etat distinct.

La guerre civile s'éteignit ainsi, après quatorze années, sans effusion de sang, autre que celui de quelques victimes que ces généraux immolèrent à leur haine et à leur ambition, notamment les deux fils de Christophe.

FIN DU TOME HUITIÈME.

TABLE DES MATIÈRES

CONTENUES DANS CE VOLUME.

PÉRIODE HAÏTIENNE.

LIVRE TROISIÈME.

CHAPITRE PREMIER.

Situation d'Haïti après le siége du Port-au-Prince par H. Christophe. — Il commet des assassinats à son retour dans l'Artibonite et le Nord : examen de leur cause. — Défections que ces atrocités produisent en faveur de la République : beaux traits d'humanité qu'elles inspirent. — Pétion va recevoir la soumission du Mirebalais et des Grands-Bois, et en forme un arrondissement. — Il se porte dans la plaine des Verrettes. — Transfuges venus au Port-au-Prince : Pétion y retourne. — Il permet l'exportation des denrées alimentaires à la Jamaïque et autres îles de l'Archipel. — Il assimile les caboteurs haïtiens aux navires étrangers, à raison de ce commerce. — Affaire de J.-B. Beaugé, relative à l'assassinat de Sangosse. — Vaine démarche de l'Anglais O. Carter pour jouir de la qualité d'Haïtien. — Pétion envoie aux États-Unis un navire sous pavillon haïtien : il y est bien accueilli. — Le sénat accorde à Pétion deux sucreries, et une autre à Imbert, à titre de don national. — Loi sur l'établissement d'un hôtel des monnaies. — Le sénat invite Lys à reprendre dans son sein l'exercice de ses fonctions. — Daumec, devenu avocat, exerce une influence utile sur la magistrature. — Défense faite aux Haïtiens de servir sur les corsaires étrangers, de laisser entrer dans les ports ces corsaires et leurs prises, sous peine de confiscation. — Pétion envoie à Londres un navire sous pavillon haïtien qui y est bien accueilli. — Émission de billets de caisse pour le retrait de la petite monnaie dite *d'Haïti*. — Les réclamations pour anciennes créances d'Étrangers contre des Haïtiens sont ajournées à la paix intérieure. — Arrêté du Président d'Haïti relatif aux voleurs d'animaux. — Loi portant tarif des frais judiciaires et civils. — Loi sur les enfans nés hors mariage : examen des motifs et des dispositions de cette loi, comparées à d'autres antérieures. — Le sénat décharge Imbert des comptes généraux de 1810. — Loi additionnelle à celle sur les douanes. — Mort du général Wagnac, aux Cayes : il est remplacé par le général Marion. — Mission secrète de Liot, envoyé par le gouvernement français. 3

CHAPITRE II.

Les troupes de Christophe menacent le Mirebalais. — Pétion s'y rend et fait transférer ce bourg à Trianon. — Trait de mœurs scandaleuses : effet qu'il produit. — Arrêté qui défend les corporations de danses. — Le général Bazelais remplace Pierre Henry, mort à Jérémie. — Loi sur les registres de bord des navires haïtiens. — Mission diplomatique de Garbage à Londres, à l'occasion de la Restauration des Bourbons en France. — Dispositions de Christophe à ce sujet : lettre de Prévost à Peltier. — Dons nationaux délivrés dans la République ; mise en vente des biens du domaine. — Circulaire de Pétion pour se préparer à résister à la France. — Agens secrets envoyés à Haïti : leur mission est dévoilée. — Ils publient un écrit à la Jamaïque. — Pétion y fait faire une réponse, et prohibe l'exportation des vivres et grains du pays. — D. Lavaysse lui adresse une lettre : but de sa mission. — Pétion l'invite à venir au Port-au-Prince. — Franco de Médina va dans la colonie espagnole pour s'aboucher avec Christophe. — Dravermann retourne en France. — Lettre de D. Lavaysse à Christophe. — Christophe publie un manifeste. — Arrêté de Pétion réduisant les droits d'importation sur les marchandises anglaises. — D. Lavaysse arrive au Port-au-Prince : ses négociations avec Pétion. — Ordre du jour sur sa mission, convocation des généraux à la capitale. — Délibérations et propositions au nom d'Haïti : — de rétablir les relations commerciales avec la France, de payer une indemnité pour les colons. — Examen des motifs de ces propositions. — Christophe invite F. de Médina à venir au Cap, et le fait arrêter, incarcérer et interroger. — La saisie de ses papiers y fait découvrir ses instructions secrètes : citation de cette pièce. — Il est jugé et condamné *à mort*, comme *espion*. — Diverses publications par Christophe qui les fait jeter aux avant-postes de la République. — Indignation de Pétion, en lisant les instructions données aux agents français : il signifie à D. Lavaysse de quitter le Port-au-Prince. — Cet agent retourne à la Jamaïque. — Manifeste de Pétion. — Comparaison de sa conduite et de celle de Christophe, en cette circonstance. — Tous deux prennent des mesures pour se préparer à la guerre avec la France. 57

CHAPITRE III.

Pétion renouvelle le serment prêté le 1er janvier 1804, à la fête de l'Indépendance. — Christophe agit de même. — Intention criminelle qui paraît dans une de ses proclamations. — Effets produits en Europe par les publications faites à Haïti. — Louis XVIII fait désavouer *les lettres* écrites de la Jamaïque par D. Lavaysse. — Conventions patentes et secrètes entre la Grande-Bretagne et la France, à l'égard d'Haïti. — Examen à ce sujet. — La France prépare une expédition contre Haïti. — Le retour de Napoléon la fait avorter. — Déclaration du Congrès de Vienne relative à l'abolition de la traite des noirs. — Décret de Napoléon qui l'abolit. — Le Congrès invite Louis XVIII à l'abolir : il y souscrit. — Déclaration du Congrès pour son abolition complète et universelle. — Conclusions : 1° la France est obligée de renoncer à ses projets de conquête contre Haïti ; 2° Haïti en est redevable aux philanthropes anglais, au gouvernement britannique et à Napoléon. — Christophe envoie des députés auprès de Pétion, pour l'inviter à se soumettre à son autorité. — Accueil qui leur est fait par la population du Port-au-Prince et le président. — Ils sont renvoyés. — Proclamation du président et publications à cette occasion. — Réélection de Pétion à la présidence pour 4 ans : discours prononcés au sénat. — Christophe fait publier des écrits contre lui. — Pétion y fait répondre une fois pour toutes. — Loi sur la piraterie. — Garbage fait des propositions à Lord Liverpool en faveur de Louis XVIII, et meurt à Londres. — Pétion désapprouve ces propositions. — Dravermann arrive au Port-au-Prince avec un navire chargé de vins, etc. — Pétion lui permet d'en opérer la vente. — D'autres navires français suivent cet exemple et sont admis sous pavillon masqué, comme le premier. — Fête civique donnée à Pétion, au Port-au-Prince. — Il fait venir de l'étranger des armes et des munitions. — Arrêté sur la perte des objets d'armement et d'équipement par les militaires. — Loi qui augmente

TABLE DES MATIÈRES.   519

l'impôt territorial sur diverses denrées. — Nomination des nouveaux sénateurs pour remplacer les anciens. — Pétion fait préparer la révision de la constitution de 1806. — Il fait engager les Haïtiens résidans en France à revenir dans la République, en payant leur passage. — Retour du général Bonnet au Port-au-Prince. — Assassinat du général Delva dans la prison. 122

CHAPITRE IV.

Arrêté du Président d'Haïti, doublant l'impôt des patentes pour l'année 1816. — Acte du Sénat, sur l'incompatibilité entre les fonctions de sénateur et celles de défenseur public. Plusieurs sénateurs élus le 5 décembre 1815 n'acceptent pas cette dignité. — Le général Simon Bolivar vient solliciter de Pétion, des secours pour reconquérir son pays avec ses compatriotes réfugiés aux Cayes. — Pétion lui en accorde, à la condition d'y proclamer *la liberté générale des esclaves.* — Hospitalité exercée envers les Vénézuéliens, par ordre du président et par les citoyens des Cayes; ils quittent cette ville après trois mois de séjour. — Installation du nouveau Sénat d'Haïti. — Son adresse au peuple, convoquant une assemblée pour reviser la constitution de 1806. — Arrêté du Président d'Haïti qui défend aux femmes des négocians consignataires de faire le commerce en détail. — Il ordonne aux tribunaux d'appliquer *le Code Napoléon,* en attendant la promulgation du code civil haïtien. — Il établit un impôt sur le gingembre exporté du pays. — Les navires de la République sont admis sous pavillon haïtien dans la colonie hollandaise de Curaçao. — Remarques et réflexions diverses sur quelques dispositions de la constitution de 1816 décrétée par l'assemblée de révision, et sur les nouvelles institutions qu'elle établit. 177

CHAPITRE V.

Publication de la constitution. — Des commissaires français arrivent au Port-au-Prince. — Ils ouvrent une correspondance avec Pétion et se rendent sur les côtes du Nord. — Christophe ne répond pas à leurs lettres. — Élection de Pétion à la présidence à vie. — Discours, prestation de serment et installation du Président d'Haïti. — Il nomme Imbert, Secrétaire d'État; Sabourin, Grand Juge; Inginac, Secrétaire général. — S. Bolivar revient en fugitif: causes de ses revers. — Il adresse une lettre à Pétion. — De nouveaux secours lui sont accordés, et il retourne au Venezuela. — Le général Mina, allant auprès des Indépendans du Mexique, passe au Port-au-Prince où il est accueilli par Pétion. — Billaud-Varenne et d'autres étrangers se réfugient dans la République. — Les commissaires français reviennent au Port-au-Prince, et continuent leur négociation avec Pétion. — Leur mission tend à faire reconnaître la souveraineté du Roi de France: Pétion s'y refuse. — Réflexions à ce sujet. — Les commissaires repartent pour la France. — Proclamation du Président d'Haïti et publication des pièces de la négociation. — Christophe publie une Déclaration royale et d'autres documens. — Substance du rapport des commissaires au gouvernement français. — Avis du Secrétaire général, annonçant que les ports d'Autriche sont ouverts au commerce haïtien. — Circulaire du Grand Juge aux membres du corps judiciaire. — Avis du Secrétaire d'État sur le cabotage réservé aux Haïtiens. — Pétion fonde le lycée national du Port-au-Prince pour les jeunes garçons, et un pensionnat pour les jeunes filles. — Ses vues à l'égard de l'instruction publique. — Des Quakers américains viennent au Port-au-Prince où ils prêchent la doctrine évangélique. 225

CHAPITRE VI.

Proclamation du Président d'Haïti invitant le peuple à élire les Représentans des communes et leurs suppléans. — Le 22 avril, il ouvre la session législative. — Son discours en cette occasion, et discours du Président de la Chambre des représentans. — Réflexions sur les paroles prononcées par l'un et l'autre. — Élection de six sénateurs. — Motifs du Sénat qui refuse d'admettre le sénateur Larose. — Correspondance à ce sujet, entre le Sénat et le Président d'Haïti. — Le sénateur Larose est admis. — La Chambre rend 18 lois dans cette session, qui est prolongée d'un mois par le Président d'Haïti. — Adresse de la Chambre au peuple, rendant compte de ses travaux. — Réflexions diverses sur ces actes. — Prospectus et organisation du Lycée national du Port-au-Prince. — Edit de Christophe sur la vente des biens du domaine public dans le Nord et l'Artibonite. — Réflexions à ce sujet. — La foudre fait sauter une poudrière au Port-au-Prince. — Jean Marassa fait sauter celle du fort Bizoton et meurt volontairement dans l'explosion. — Installation du Tribunal de Cassation par le Grand Juge. — Capture d'un bâtiment négrier au Cap, ayant à son bord 143 *Africains* qui deviennent *Haïtiens*. — Christophe refuse d'admettre un agent commercial des États-Unis. — Approbation de sa conduite. — Un navire haïtien est admis à la Nouvelle-Orléans. — Des navires français arrivent au Port-au-Prince, ayant des Haïtiens à leur bord. — Arrêt de la Cour royale de Bordeaux, sur une contestation entre Dravermann et Hoog, capitaine d'un navire russe venu au Port-au-Prince. 265

CHAPITRE VII.

Situation rassurante de la République, à l'intérieur et à l'extérieur. — Embarras financiers : *soucis* qu'ils occasionnent à Pétion. — Paroles amères qui lui sont attribuées. — Assertion d'Inginac à ce sujet et concernant le général Boyer. — Examen des motifs qu'a eus Inginac à son égard. — Voyage du général Borgella au Port-au-Prince et son but : accueil qu'il reçoit de Pétion. — Particularités relatives au général Boyer. — Faits d'un officier du 15e régiment : indulgence de Pétion envers lui. — Examen des causes physiques et morales qui ont pu contribuer à la maladie et à la mort de Pétion. — Ce que l'on a cru généralement à cette époque. — Lettres du général Boyer au général Lys et à plusieurs autres, sur la gravité de la maladie, et les mandant au Port-au-Prince. — Pétion grâcie, avant de mourir, un soldat du 14e régiment condamné à la peine de mort. — Il meurt le 29 mars. — Lamentations de la population de la capitale, sympathie des Etrangers : particularités touchantes à cette occasion. — Préparatifs ordonnés pour les funérailles du Président d'Haïti. — Cérémonies religieuses dans toute la République. — Eloges funèbres prononcés au Port-au-Prince et aux Cayes. — Parallèle de TOUSSAINT LOUVERTURE et d'ALEXANDRE PÉTION. 301

CHAPITRE VIII.

Le général Jean-Pierre Boyer est élu *Président d'Haïti* : particularités relatives à cette élection. — Il prête son serment par-devant le Sénat, et publie une proclamation au peuple et à l'armée. — Il ordonne l'élargissement de certains détenus et une revue de solde à l'armée entière. — Il ouvre la session législative. — Ordre du jour sur l'inspection des armes des troupes. — Missions envoyées à la Jamaïque et à Santo-Domingo. — Loi portant reconnaissance des services rendus à la patrie par *Alexandre Pétion*. — Lois sur divers autres objets. — La Chambre des représentans décharge le Secrétaire d'État de la gestion des finances, de 1811 à 1817. — Christophe vient à Saint-Marc et envoie des députés au Port-au-Prince. — Capture d'un navire de traite ayant à son bord 171 Africains qui sont libérés et deviennent Haïtiens. — *Félix Darfour* arrive au Port-au-Prince : il est accueilli généreusement par le président qui lui permet de publier un journal. — Boyer va visiter les lignes de Trianon et l'arrondissement de Jacmel. — La foudre fait sauter la salle d'artifice de la citadelle Henry. — Formation d'une commission pour préparer le Code civil haïtien. — Tournée du président dans le département du Sud : il y prend la résolution de mettre fin à l'insurrection de la Grande-Anse. — Affreux matricide commis au Port-au-Prince. — Introduction du culte *Wesléyen* à Haïti. — Services funèbres particuliers en mémoire de Pétion. 385

CHAPITRE IX.

Proclamation de Boyer aux citoyens du Sud, annonçant la campagne contre les insurgés de la Grande-Anse. — Plan de cette campagne conçue par Pétion. — Les généraux Borgella, Francisque et Lys sont nommés pour l'exécuter. — Mort du grand juge Sabourin. — Ouverture de la session législative. — Instruction du président aux divers généraux employés dans la Grande-Anse. — La campagne s'ouvre le 1er février : premières opérations des troupes. — Modification ordonnée au plan de la campagne : marche générale sur le *Grand-Doco* de Goman, laquelle anéantit l'insurrection dès le 1er juillet. — Mort du général Vaval, à Aquin : le général Borgella est nommé pour l'y remplacer. — Le général Nicolas Louis remplace ce dernier dans la Grande-Anse. — Divers ordres du jour du Président d'Haïti, à propos de l'insurrection. — Il nomme le juge Fresnel à la charge de grand juge. — Diverses lois rendues dans la session législative. — Divers arrêtés du Président d'Haïti. — Portraits de *Henri Grégoire* placés aux palais du Sénat et de la présidence. — Boyer se rend dans le Sud où il est accueilli avec enthousiasme. — Proclamation qu'il publie pour annoncer la pacification de la Grande-Anse : mort présumable de *Goman*. — Le président retourne et est accueilli au Port-au-Prince. — Les commerçans nationaux de cette ville lui présentent un mémoire avec des considérations sur le commerce et l'agriculture. — Ce qu'il ordonne au Grand Juge. — Ses instructions aux commandans d'arrondissement et à ceux de place. — Session législative et lois rendues en 1820. — L'amiral anglais Sir Home Popham arrive au Port-au-Prince et propose à Boyer de faire la paix avec Christophe. — Le président s'y refuse. — L'amiral se rend au Cap d'où il écrit au président et lui envoie un projet de traité qui est encore repoussé. — Réflexions à ce sujet. — Prévarication de Cator, trésorier aux Cayes. — Incendie au Port-au-Prince : actes de Boyer à cette occasion. — Règlement sur les conseils d'administration dans les corps de troupes. — Ouragan au Port-au-Prince. — Le 15 août, Christophe est frappé d'apoplexie dans l'église de Limonade. 389

CHAPITRE X.

H. Christophe ordonne de nouveaux travaux de défense à Saint-Marc. — Au Cap, ses généraux conspirent contre lui. — Insurrection de la garnison de Saint-Marc. — Elle se soumet à la République en envoyant une députation au Port-au-Prince. — Boyer envoie des généraux et des troupes à Saint-Marc, et ordonne la réunion des autres régimens à la capitale. — Christophe envoie des forces contre Saint-Marc : cette place résiste. — Il veut envoyer les troupes du Cap contre elle. — Le général Richard les soulève : les populations du Nord participent au mouvement. — Pillage et dévastation des châteaux royaux, etc. — Christophe veut aller réprimer l'insurrection : sa paralysie l'en empêche. — Il envoie sa garde sous les ordres de Joachim Deschamps : elle fait défection en faveur des insurgés. — En apprenant cette nouvelle, Christophe se suicide. — Pillage et dévastation du palais de Sans-Souci. — Madame Christophe et ses filles, assistées de Dupuy et Prézeau, font porter le cadavre à la citadelle Henry et y vont l'enterrer. — Assassinat des deux fils de Christophe et de six autres individus. — Appréciations sur son gouvernement, son administration, son caractère et sa conduite en tous les temps. 437

CHAPITRE XI.

Mesures militaires que prend le Président d'Haïti. — Il se rend à Saint-Marc où l'armée de la République est réunie. — Sa proclamation au peuple et à l'armée de l'Artibonite et du Nord. — Son ordre du jour annonçant la mort de Henry Christophe. — Les généraux du Cap lui expédient des députés : il les renvoie avec des aides de camp porteurs d'une dépêche qui les invite à se réunir à la République. — Marche de l'armée sur le Nord. — Soumission des Gonaïves. — Boyer s'y rend avec une faible escorte et trouve les troupes mutinées : elles lui obéissent. — Il écrit au Sénat et lui rend compte de ses opérations. — Il se rend à Pongaudin pour y attendre l'armée. — Lettre qu'il y reçoit des généraux du Cap qui l'invitent à retourner au Port-au-Prince. — Sa réponse. — Ces généraux se soumettent avant de la recevoir, et proclament la Réunion du Nord à la République. — Boyer en informe le Sénat et poursuit sa marche sur le Cap. — Il y fait son entrée en l'appelant *Cap-Haïtien*. — Il y publie une proclamation et la constitution de la République, en ordonnant *l'oubli du passé*. — Il protège les familles de Christophe et de J.-J. Dessalines, et laisse en fonction l'officier qui a fait mourir son frère par ordre du premier. — Il organise l'administration militaire, judiciaire et civile, dans le Nord et l'Artibonite, et fait transporter au Port-au-Prince les fonds trouvés à la citadelle. — Mort du général Lys. — Boyer délivre les dons nationaux aux officiers de tous grades, et des concessions de terrain aux vieux soldats qu'il congédie. — Il fait donner aux cultivateurs le quart des denrées récoltées sur les habitations de Christophe, ouvre le Port-de-Paix au commerce étranger, fait planter l'arbre de la Liberté dans les communes. — L'amiral français Duperré vient avec deux frégates en vue du Cap-Haïtien, et échange des lettres avec le Président d'Haïti. — Le président fait une tournée dans tout le Nord, en informe le Sénat, quitte le Cap-Haïtien et retourne à la capitale, où il adresse au Sénat des copies de sa correspondance avec les généraux du Nord. — Résumé de la troisième Époque. 468

FIN DE LA TABLE DES MATIÈRES DU TOME HUITIÈME.

www.ingramcontent.com/pod-product-compliance
Lightning Source LLC
Chambersburg PA
CBHW071607230426
43669CB00012B/1861